FITTING PRIVATE EQUITY INVESTMENT IN COMMERCIAL LAW:
RULES, REGULATION AND DILEMMA

私募投资和商事法契合法律问题研究

——规则、监管与困境

沈　伟——著

法律出版社 | LAW PRESS

本课题受国家社会科学基金项目资助,特此致谢!

目　录

引言　问题的提出和研究的议题　1

第一章　私募投资的中国式成功与困境

——一个比较法经济学的视角　9

第二章　私募股权基金监管权力分配

——中央与地方监管权博弈　42

第三章　机构投资者股东能动主义的中国式困境　79

第一节　绪论　80

第二节　股东能动主义的一般机理

——以其在美国的兴起及发展为例　83

第三节　私募股权基金能动主义的契约路径　87

第四节　机构投资者股东能动主义的中国实践

——以非公开募集基金为视角　113

第五节　不兼容的法律及市场

——对中国机构投资者股东能动主义发展现状的反思　121

第六节　私募股权基金投资保护强化机制的公司法路径　132

第七节　结论　141

第四章　私募股权投资基金私募发行监管研究　144

第一节　私募股权基金发展存在的困境与风险　151

第二节　私募股权基金及其金融监管　160

第三节　美国私募股权基金发行监管　174

第四节　中国私募股权基金发行监管历史沿革与现状　180

第五节　私募股权基金发行监管的改革建议　190

第六节　私募股权基金和上市公司设立并购基金的含义及模式　202
第七节　私募股权基金和上市公司设立并购基金的公司治理问题　206
第八节　私募股权基金和上市公司设立并购基金的外部监管问题　215
第五章　有限合伙制私募股权基金投资者权益保护　222
第一节　有限合伙制私募股权基金概述　224
第二节　有限合伙制私募股权基金投资者权益内容　231
第三节　有限合伙制私募股权基金投资者面临的风险　241
第四节　对有限合伙制私募股权基金投资者权益保护的建议　247
第六章　外资人民币私募股权投资基金法律制度　256
第一节　外资人民币私募股权投资基金的概况及发展困境　257
第二节　外资人民币私募股权投资基金的设立
——市场准入法律制度　269
第三节　外资人民币私募股权投资基金的募集
——外汇管制与合格投资者制度　284
第四节　外资人民币私募股权投资基金的投资运作
——投资限制与运作管理　307
第五节　外资人民币私募股权投资基金法律制度完善的建议　312
第七章　私募股权投资估值调整机制研究
——以我国司法实践为视角　318
第一节　私募股权投资与估值调整机制　318
第二节　估值调整机制相关司法案例分析　338
第三节　从合同法和公司法角度分析估值调整机制　357
第四节　估值调整机制在域外和我国的适用方式　370
第五节　余论　378
第八章　可变利益实体(VIE)结构的法律效力及合法化路径　382
第一节　可变利益实体结构概述　387
第二节　可变利益实体协议的法律效力　396
第三节　可变利益实体结构的法律监管　408
第四节　可变利益实体结构的合法化路径　430
第五节　小结　449
结　语　453
后记说明　459

引言　问题的提出和研究的议题

全球金融危机之后,公司和企业面临融资困境。私募融资的重要性日益凸显。私募是从美国硅谷起步的融资方式,对小微企业和初创公司的成长至关重要。私募进入中国市场,面临着与本土法律制度和商事法律环境契合的问题。这也是本书研究的核心议题。

第一章确定了本书的研究框架。实证和经验研究证明,发达的证券市场、低税率的简单税制、适应市场的破产法和健全的司法体系是形成活跃私募市场的四大主要因素。从比较法的角度看,中国的资本市场以银行为中心,包括公司治理、投资者权利保护、法律执行和司法制度在内的法律体系很不完善,在理论上并无培育私募市场并给予其强有力制度支持的可能。然而,令人吃惊的是,中国的私募市场和私募投资活动异常活跃,吸收私募投资额在世界范围排名第二,仅次于美国。本书试图从法经济学的角度,以公司法为视角,分析起源于美国硅谷的私募投资在中国的法制环境下存活、成长并"成功"的个案。更为宏大的主题是,美国式的私募与中国的公司法如何共生相长。

具有中国特色的是,私募也从商法领域进入监管领域,成为金融监管的主要对象。第二章主要研究的监管议题在我国语境中就必然触及中央和地方之间的关系,也就是监管权力纵向分配问题。发改委以 5 亿元为界,将5亿元以上注册资本的私募股权基金收归中央监管，由地方协助备案部门进行备案初审，中央对初审意见进行核准后予以备案；5亿元以下私募股权基金放权给地方，由地方进行全权监管。这是中国目前私募股权基金中央与地方备案监管权力分配的方式。这一分配方式有两个问题值得探讨。第一，对于5亿元以上私募股权基金的监管如何减少中央与地方之间的代理成本，使中央与地方权力分配收益最大化？第二，5亿元以下私募股权基金全权交由地方监管是否妥当，会产生什么问题？为了解决这两个问题，本章从“西迁潮”引出问题，通过梳理私募股权基金监管权力分配现状，运用两个博弈模型对这两个问题分别进行解答，并且通过实证研究进行验证，得出的结论是：（1）如要最大限度地发挥地方作为初审机关的作用，必须加强中央对初审意见的核查；（2）不足5亿元的私募股权基金全权由地方监管的分配欠妥，应引入中央的指导和协调作用。

私募是以合同为基础的融资活动。私募投资者本质上是（控制性）小股东，但是在公司治理中扮演重要角色，这与股东能动主义的趋势相契合。第三章沿着比较法和法经济学的分析路径，针对机构投资者股东能动主义在中国的实践现状和发展不足展开研究。

第三章共七节。第一节引入机构投资者——尤其是非公开募集基金——在中国快速发展的背景，对机构投资者的定义和比较普遍的法律特点做了解读。第二节以机构投资者股东能动主义在美国的兴起和成熟为例，着重探讨机构投资者主导下的股东能动主义的一般机理，并借助LLSV分析范式探讨制度变革与机构投资者参与公司治理能动性的联系。第三节主要讨论私募投资者股东能动主义实现契合的路径。第四节通过田野调查和个案研究的方法，分析以非公开募集基金为代表的机构股东在中国参与上市及非上市公司治理的现状，证明尽管股东能动主义在公司治理中发挥了良好的作用，但是，股东能动主义仍然不是中国机构投资者在投资管理阶段的普遍选择。田野调查表明其有怠于行使股东权利的表现。第五节是本章的核心，分析股东能动主义看似是改善公司治理的良好进路，但是却不能在中国的资本市场和制度框架下充分发展的原因。第六节主要讨论公司法的改善能为股东能动主义提供机制化实现路径。第七节总结一些基本结论，并对可能的法律及市场方面的本土化改革进路做了梳理。

第三章的基本结论是,机构投资者股东能动主义能够改善公司治理及提高公司绩效,但是,这种机制的本土化实践囿于三方面的因素而未能成熟发展:中国公开资本市场和非公众公司都是以集中式的股权架构为特点的,大股东和机构投资者的代理问题抑制了股东能动主义的发挥;法律供给在顶层设计上存在缺陷,整体上未能给予股东权利足够的保护,同时机构投资者在美国赖以表达权利诉求的投票权代理征集和股东代表诉讼等制度安排在中国法律实践中并不行之有效;机构投资者自身还未进入价值发现和价值创造阶段,也是股东能动主义缺乏成长的内在基础。

基于这些基本结论,第三章研究在法律层面导向两条规制路径的变革。超前地关注基本制度的变革,从而牵引畸形的资本市场自我重塑或许是促进投资市场发展,进而带动机构股东能动主义改善中国公司治理的一种路径。此外,一个更加务实的态度似乎导向法律在细节上的修正:在股东权利方面,中国公司法应该作出努力,从股东提案、联合投票以及股东代表诉讼等角度将宣示性的规定落脚到具有详细程序规则保障的权利规范上来,平衡加强监管与金融创新两者之间的关系,采取更为有效和提高公司治理水平的方式保障投资者权益,释放出足够的信号效应,激发机构股东参与公司治理和投资热情,进而优化金融资源配置,促进经济的发展。

随着私募股权基金的蓬勃发展,一系列问题也应运而生,其中最为显著的就是与非法集资问题的纠缠。

私募股权基金不断演化为非法集资损害投资者的利益,扰乱金融市场的安全。要从根本上解决这一问题,应加强对私募股权基金的监管。第四章主要研究了这一问题。私募股权基金的发行监管是监管的首要和关键环节,制定适当的发行规则,可以有效阻止不符合法律规定的基金、投资者和基金管理人参与私募投资活动,避免其从一开始就沦为非法集资活动。从理论上说,政府对市场进行监管的宗旨是为了达到市场的公平与公正,使交易效率最大化,以实现社会资源的优化配置。市场交易最有效的情况是使市场主体在谈判力量以及信息的获取能力上处于相当的水平,在相对平等的情况下自由达成交易。因此,监管就是要尽最大努力使交易达到这样一种状态。因此,对市场参与者的参与能力和参与资格进行限制,可以使市场主体在谈判能力上尽可能地达到平衡,一定程度缓和信息不对称问题。所以,各国在私募股权基金监管上的首要环节就是对其发行进行规范。

第四章在阐述了美国和中国的私募股权基金监管历史和现状之后，分析私募股权基金监管中出现的问题，借鉴美国经验和理论分析，探究私募股权基金发行监管的改革路径——加快对私募股权基金专门立法，进一步完善政府监管的权力分配方式，更为重要的是，应确立合格投资者制度与基金管理人准入条件，并积极应对互联网金融对私募发行方式带来的挑战。第四章试图寻找出一条适合中国的私募股权基金发行监管之路，为私募股权基金的法制化发展建言献策。

第四章主要分为八节。第一节提出问题，阐述私募股权基金发展过程中遇到的困境与风险，其中最为显著的风险就是面临非法集资条款的俘获和适用。问题最严重与最典型的地区就是天津，截至 2012 年，在天津的两千多家私募基金中，已有十几家基金备查，涉案金额高达上千亿元，受害人达上百万人。第二节对私募股权基金进行概述，分别介绍了概念与特征，并进一步重点介绍私募股权基金的监管应该确立的监管原则。政府在探讨应持有的监管理念时，需要考虑两个问题：一方面要给予私募股权基金自由发展的空间，私募股权基金能在一定范围内提升金融业的竞争力，促进金融繁荣，因此，政府不宜阻碍其发展，应允许其在一定范围内摸索与试错；但另一方面也要避免私募股权基金发展产生负外部性，避免引发系统性风险，危害市场安全。投资者保护原则和避免系统性风险原则应该是监管目标。第三节介绍了美国的私募股权基金发行监管制度。美国的私募股权基金及其监管均较为成熟，对其进行分析可以为我国的私募股权基金发展及其监管提供借鉴。本节首先介绍了美国的监管思路，即先宽后严的监管态度。其次，对规制私募股权基金的法律进行了梳理，从最初的 1933 年《证券法》和 1934 年《证券交易法》，再到 2008 年《多德—弗兰克法案》，以及 2014 年 4 月颁布的《乔布斯法案》(Jumpstart Out Business Startups Act, JOBS)，美国对私募股权基金监管进行了非常详细的规定。本节着重对美国私募股权基金的四个方面进行论述：私募股权基金的监管主体、行业自律机制、合格投资者门槛和基金投资顾问的注册监管。第四节着重阐述了私募股权基金在中国的监管沿革和现状。对于监管现状，本节从监管主体、监管对象以及基金发行方式监管三个方面来探讨。首先，监管主体包括对私募股权基金的监管机构的权力之争，即从发改委到证监会的转移；

并介绍了行业的自律监管以及我国的基金强制性备案的发展。其次，监管对象又包括对合格投资者和基金管理人的监管。最后，基金发行方式的监管主要在于对“私募发行”的监管。在了解了私募股权基金的监管现状后，笔者进一步分析了监管中所存在的问题。第五节进一步提出私募股权基金发行的监管改革建议，应采取以下方式进行改革：第一，应对私募股权基金统一专门立法；第二，完善政府机关对私募股权基金监管的权力分配；第三，确立合格投资者制度以及基金管理人的准入门槛；第四，在互联网金融蓬勃发展之际，要积极应对互联网基金对私募发行方式所带来的挑战。第六节至第八节讨论的是一种特殊的私募股权投资方式。私募股权基金与上市公司设立的并购基金所产生的公司治理及外部监管问题。

我国的私募股权投资基金近年来发展迅速，其中，有限合伙是最常用的组织形式。但是，有限合伙制私募股权基金中投资者的权益被限制甚至被侵害的现象却层出不穷。投资者是有限合伙资金的供应源，是有限合伙私募股权基金存在和运行的坚实基础。只有有效保护了投资者的权益才能维持其信心，实现有限合伙价值最大化，提高资源配置效率，进而促进证券市场持续健康发展。基于此，第五章在分析我国有限合伙制私募股权基金投资者权益内容及面临的风险基础上，借鉴美国的立法经验，针对有限合伙形式的私募基金中的投资者权益保护提出相关建议，以维持投资者对私募基金的信心，进而促进基金产业的健康有序发展。

第五章分为四节。第一节介绍了有限合伙型私募股权基金的结构，分析了该类组织形式的私募股权基金的特征以阐明其与公司制私募股权基金、信托制私募股权基金的区别。本节还梳理了投资者的概念和类型，以明确法律保护的对象及其特点。第二节剖析了《合伙企业法》赋予投资者的诸多权利以及类比信托关系中的受益人而应享有的合法权益，重点阐述了投资者的分配权、参与权、知情权和诉权。第三节从不同角度考察了我国投资者权益面临的风险，主要分为外部环境风险、内部治理风险和信息劣势风险。外部环境风险主要源于现实生活中非法集资的陷阱。内部治理风险主要是基金管理人信义义务的缺失和内部人控制的风险。信息劣势风险，一方面是信息不对称引发的逆向选择和道德风险，另一方面是《合伙企业法》对有限合伙人知情权规定的漏洞所引起的。第四节立足于前述问题，从强化基金管理人的信义义务、合理分配管理权、健全基金管理人约束机制和完善有限合伙人派生诉讼制度等多个角度提出了对有限合伙制私募基金投资者合法权益进行有效保护的建议。保护投资者合法权益是证券市场持续发展的动力，也是各个国家证券监管的第一要务。具体到有限合伙制私募股权基金投资者的权益保护，应结合我国有限合伙制度，从外部监管和契约自由两个方面最大限度地维护投资者的权益。

私募股权投资基金主要指一种以获得高收益为目的的，对未上市的企业进行中长期的权益性投资，并在时机成熟后出售持有的权益退出（常见的是IPO后售出或通过其他企业并购而售出等方式）的私募投资基金。在我国私募股权投资市场的发展过程中，来自境外的私募股权基金及私募股权基金管理公司发挥了巨大的作用。早先境外私募股权投资机构通过“红筹模式”实现了大量中国企业的海外上市。此后“红筹模式”终结，我国本土私募股权基金的发展不断加速。截至2009年，我国私募股权基金市场新募基金总规模方面，人民币基金首次赶超外币基金。随着人民币基金的快速发展与我国国内资本市场的逐步完善，外资私募股权投资机构纷纷开始试水人民币私募股权基金。然而，外资人民币私募股权基金在我国的发展并不顺利。

第六章主要研究外资人民币私募的法律问题。第一节分析了私募股权基金的概念并界定了外资人民币私募股权基金的范围，提出需要解决的问题及其意义。第二节分别考察外资人民币私募股权基金设立、募集、投资管理相对应的法律制度，总结其中的问题，并对比国外的相应模式。第三节针对外资人民币私募股权基金法律制度的问题，结合国外经验，提出我国应统一外资人民币私募股权基金市场准入标准、通过继续放开机构投资限制鼓励其发展并继续完善相关法律等建议。第四节关注外资人民币私募股权投资基金的投资运作。第五节提出外资人民币私募股权投资基金法律制度的完善建议。

私募股权投融资是我国蓬勃发展的商事交易形式，估值调整机制是我国私募股权投融资合同中的常见条款。但是，我国立法尚未明确规定估值调整机制的性质和效力，商事交易实践及理论研究亦对估值调整机制的来源、性质、运作方式及效力众说纷纭。鉴于商事司法实践对商事交易的定分止争及规则构建作用，第七章试图以我国司法实践为视角，分析估值调整机制的法律性质和法律效力，探讨估值调整机制的运作方式和适用空间，以期增加私募股权投融资交易的确定性。

第七章主要分五节。第一节分析了私募股权投融资的内涵及在我国公司融资中的定位，以及经常出现在私募股权投融资合同中的估值调整机制的内涵、分类、产生动因及作用，并将其与域外类似机制进行对比分析。第二节聚焦涉及投资方、目标公司、融资方共同订立的估值调整机制的相关司法案例。在厘清苏州海富案、南京誉达案、北京昆吾案、厦门金泰案及北京富汇案的案情、诉求、裁判依据和结果后，归纳司法机关对估值调整机制的性质和效力的认定差异，进而分析各司法机关产生认定差异的真正原因及法理逻辑。第三节从合同法和公司法角度出发分析估值调整机制的法律性质和法律效力，着重对特殊情形下订立的估值调整机制的效力进行了分析。第四节主要探讨估值调整机制在域外和我国的适用空间，在简要论述估值调整机制在域外可能的适用方式后，着重分析投资方与目标公司订立的估值调整机制在我国的适用方式及其可行性。第五节为余论，主要论述商事裁判要遵循正确的司法政策导向，努力营造促进商事交易的法律环境，并对我国公司法的制度供给提出一些建议。

第八章分析了中国公司法背景下，外国私募投资者通过交易结构的方式绕开强制性的公司治理规则。第八章深入分析可变利益实体（Variable Interest Entities，VIE）结构的前因后果，特别是合法化路径。

我国资本市场的融资不便与国家对特定行业外资准入的限制催生了境内企业利用和搭建可变利益实体（VIE）结构在境外上市的热潮。然而，可变利益实体结构在我国一直处于灰色地带，法律效力不确定，使该结构面临政策、法律、税务、外汇等方面的风险。在当前资本市场迅速发展，法律法规日益更新完善，尤其是《外国投资法》通过的背景之下，研究可变利益实体结构的效力及其未来的出路具有重要意义。

本章分为五节。第一节是对可变利益实体结构的概述，说明可变利益实体这一结构的来源、产生原因和发展历程，并说明可变利益实体结构的搭建步骤，对可变利益实体结构存在的风险进行了分析。第二节重点讨论可变利益实体结构的法律效力，从法学理论研究与实践案例两个角度剖析说明了可变利益实体结构的效力问题，并通过案例，发现司法与行政规制上的冲突。第三节梳理了境内对可变利益实体结构进行监管的法律法规体系，并着重分析了《外国投资法》对可变利益实体结构的影响，包括“控制”的概念、负面清单管理模式、国家安全审查制度与信息报告制度。第四节基于对可变利益实体结构发展方向的分析指出了可变利益实体结构回归境内资本市场的出路，阐释可变利益实体结构的拆除过程，并通过资本市场中的典型案例展示了可变利益实体结构拆除后回归境内 A 股市场和新三板的具体运作。

本章通过理论研究与实践总结发现可变利益实体结构的效力依旧存在很大不确定性，司法规制与行政规制之间冲突不曾消除。法院在对可变利益实体结构作出判断时留有余地，意在为行政部门的行政执法提供空间，而行政部门则更多基于当下的市场、行业背景采取更具特殊性的规制手段。随着我国外商投资监管朝着开放模式发展，可变利益实体结构规避监管获利的空间逐渐减小，回归境内资本市场可能成为众多中概股公司的重要选择。具体到 A 股市场，首次公开发行 IPO、并购与重大资产重组都有成功的先例可循；在新三板领域，挂牌或者成为其他挂牌公司的控股股东也是不错的选择。可变利益实体结构企业应当综合考量宏观经济情况、相关行业市场走势以及公司自身的经营特点作出最适宜的选择。

关于私募的研究成果之巨已经到了令人叹为观止的地步。本书截取的只是几个维度，特别关注私募融资与现有法律，特别是与公司法和商法之间的矛盾和张力。本书的目的是试图了解和分析私募融资在中国公司法和商法语境中的适应性和对应性问题。私募融资实务还在继续发展，这种对应性的法律解释和分析还会继续下去。

沈 伟

于安娜堡

2019 年 2 月 25 日

第一章　私募投资的中国式成功与困境

——一个比较法经济学的视角

虽然后危机时代的世界经济正在缓慢复苏,新投资计划的融资却仍然存在困难。在此背景下,尽管外国直接投资依然占据主导地位,但越来越多的公司正积极吸引私募股权基金(Private Equity Fund,以下简称私募或PE)融资。中国在吸引私募投资方面,也像其吸引外国直接投资一样,表现得非常出色,博得了全球和地区投资者的青睐。中国的私募交易成长迅速,从交易额上来看,已成为仅次于美国的世界第二大私募市场。① 作为主要的私募净进口国,②中国迄今募集到的资金占亚洲总额的68.7%,而该比例在2006年还不足14%。③ 全球私募投资者大多将中国列为最有吸引力的投资"圣地"之一。④

---

① See the Report by ZEPHYR/BvDEP, available at http://www.altassets.com/private-equity-knowledge-bank/surveys/article/nz17133.html.

② Joshua Aizenman & Jake Kendall, "The Internationalization of Venture Capital and Private Equity" (2008) NBER Working Papers 14344, available at http://ssrn.com/abstract=1275544.

③ 黄继汇:《中国今年私募股权投资额已逾150亿美元,人民币基金受追捧》,载中证网:http://www.cs.com.cn/cqzk/02/201109/t20110926_3069945.html,2011年9月26日访问。

④ Emerging Markets Private Equity Association and Coller Capital, "Emerging Markets Private Equity Survey 2009", available at http://www.reuters.com/article/privateequity/idUSSIN43057820090406; Denis McMahon & Rick Carew, "Carlyle: China Most Attractive Private Equity Destination", *Wall Street Journal*, November 9, 2009, available at http://online.wsj.com/article/BT-CO-20091109-704733.

2005年之后,国内私募股权基金保持良好发展势头,2008年,募资总额达到611.54亿美元,2011年投资总额达到2500亿元人民币,接近当年非金融企业股票融资总额的60%,约占2011年社会融资总规模的2%。[①]截止到2015年6月底,国内登记备案的私募股权投资基金达到6695家,管理基金5018个,管理规模达到21120亿元。到2017年,中国私募股权投资市场可投资本存量为18452.37亿元人民币,私募股权基金2533个,募集基金规模达到14212.67亿元人民币。[②]

从经济学的观点来看,中国吸引私募投资的成功不难解释。一般而言,在一个更大的经济体里有更多的交易机会。如果经济规模太小,投资者便难以得到充足的投资机会。因此,经济规模和经济增长速度都会积极地影响私募。[③] 中国作为一个成长中的大型经济体自然会给私募投资者提供很多潜在的机会。从经济学上来说,中国吸收私募的能力是净流入的外国直接投资、高达9%的年经济增长率,[④]以及大量中国公司为了在境内外扩展业务而不断增长的资金需求的叠加效应的体现。由于不能从境内银行和股市获得充足的融资,那些成长型公司被迫求助致力于在新兴市场寻找投资机会的私募投资者。[⑤]

然而,经济学分析还不能从根本上解释中国成功吸收私募投资的法律因素。本章试图分析美国式的私募是如何融入中国公司法体系,并与之发生关系的。本章第一部分简要概述私募及其特征;第二部分至第五部分分别考察证券市场、税收、破产、退出和权利救济等制度与私募投资的互动;在最后一部分讨论机理性问题,即中国可以采取什么制度性的举措以保持

---

① 阎景阳:《国内私募股权投资基金发展现状及对策研究》,载《证券与保险》2016年第1期。

② 王飞、彭中:《中国私募股权投资发展的特征、问题与对策建议》,载《武汉金融》2018年第9期。

③ Astrid Romain & Bruno van Pottelsberghe, "The Determinants of Venture Capital: Additional Evidence" Deutsche Bundesbank Studies of the Economic Research Centre Discussion Paper No. 19/2004, available at http://www.bundesbank.de/download/volkswirtschaft/dkp/2004/200419dkp.pdf.

④ Astrid Romain & Bruno van Pottelsberghe de la Potterie, "The Determinants of Venture Capital: A Panel Analysis of 16 OECD Countries" (2004) Universite Libre de Bruxelles Working Paper WP-CEB 04/015.

⑤ 按照国际金融公司确定"新兴市场"标准之一的市场资本化和国民生产总值之间的比率,中国是一个完全意义上的新兴市场。中国的市场资本化比率是0.235972,远低于美国和英国的1.622009和1.933697。Cheol S. Eun and Bruce G. Resnick, *International Financial Management*, New York: McGraw-Hill/Irwin 2nd ed., 2001, http://www.oecd/org/std/gdp.htm.

私募的持续增长。

1. 私募、私募投资和法经济学特征

私募起源于风险投资(venture capital),是指向创业或成长型公司提供融资及其他具有附加值的专业化金融活动。私募通常涵盖了"筹资—投资—退出"的运作周期:从投资人募集资金,寻找目标投资组合,与创始股东谈判,完成交易,培育投资公司(通常是非上市的私人公司),直至达到投资预期收益后退出(exit)或目标公司上市后退出。

在私募界,[①]私募投资一般由投资者通过从非上市的创业公司购买优先股(preference shares)进行,即非公开配售。因为向专业投资者配售股份被视为"公开发售豁免"(exempt public offer),这就可以绕过一些国家,比如美国证券法规定的关于首次公开招股必须向投资者提供招股说明书的规定。[②] 优先股不同于普通股(ordinary shares),是介于股权和债权融资之间的一种夹层融资(mezzanine finance)。[③] 在私募投资的目标公司里,创始股东通常拥有普通股,而私募投资者持有优先股。由于不同种类的股份可以依附不同的股权,优先股股东通常拥有优先于普通股股东的股东权益,比如优先股息收益权、优先破产清偿权、某些公司管理事项上的否决权等。在目标公司破产清偿顺序排列中,优先股股东的受偿也相应地排在有担保的债权人之后,普通股股东之前。所以,尽管优先股股东是小股东,但由于依附于优先股的优先权益,私募投资者也可以保障其投资利益。收购优先股的经济投资理论支持这样的合理性:优先股可以平衡债权人和股东之间的利益和控制权竞争,故而给予私募投资者某些控制权(主要是一些否决权)以便监督公司的商业运作(或某些重要方面)。

公司法上一般将私募投资的优先股定性为金融中介或金融融资,以此区别于普通股股东出资的股本融资。优先股股东和普通股股东所享有的

---

① 此处仅讨论私募对外投资,而不涉及私募内部融资成立基金。就私募内部融资的法律问题,可参考,David J. Sorkin & Eric M. Swedenburg,"Recent US Deals Depart from Traditional Financing",*in International Financial Law Review*,*January* 2006,103。

② Hse-Yu Chiu,"Can UK Small Business Obtain Growth Capital in the Public Equity Markets? An Overview of the Shortcomings in UK and European Securities Regulation and Considerations for Reform",*in Delaware Journal of Corporate Law*,Vol. 28,No. 3,2003,pp. 933-965.

③ Eilis Ferran,*Principles of Corporate Finance Law*,Oxford:Oxford University Press,2008,pp. 57-58.

股权权利在属性上是截然不同的。首先,后者拥有股权,在公司破产后股东只享有剩余权(residual right)。也就是说,股东只能在债权人得到清偿之后,有权依法分得剩余的财产。而优先股股东享受的是类似于债权人的债权,因为其在破产清偿序列中排在普通股股东之前。如果公司经营表现不佳,优先股股东可以依照投资协议约定的条款,行使强制回购权,要求公司回购股份,获得高于利息的回报率。从这点上看,优先股具有贷款的性质。其次,由于优先股的优先权主要表现在经济利益上,优先股股东一般没有等同于普通股股东的参与权,例如,其在股东会上可能没有投票权。这就满足了公司发股融资,但又不稀释股东股权比例、维护初始控股股东地位的双重需要。

私募投资者是职业投资人,在融资和公司治理方面具有丰富经验,在参与目标公司运作的过程中可以发挥建设性作用,因此私募活动与公司法的联系非常紧密。由于私募投资的目标公司通常会上市以实现投资者的退出,私募活动同证券市场也有千丝万缕的联系。伴随日益剧增的交易数量和不断扩大的交易规模,[①]私募投资有主导市场的趋势和可能,并且有可能发展成一种崭新但却无法在短期内定性的企业秩序和金融秩序的潜在路标。[②] 从某种意义上说,私募的崛起可能会在未来市场上取代上市公司的主导地位,导致上市公司"下市"(going private)甚至国有经济体的进一步私有化。[③] 就公司法而言,私募的潜在优势(主导权)将重塑公司治理和商业道德规则。[④] 例如,由于缺少类似于对上市公司施行的公众监管,

① Thorold Baker,"Record Buyout Deals Do Not Mean Record Returns",*in Financial Times*,December 3,2006,p. 31;Martin Arnold and Anousha Sakoui,"Private Equity Pushes on With Listings",*in Financial Times*,October 12,2010,p. 24(报告说,根据安永会计师事务所最近的统计,在2010年的前9个月94家私募投资的公司的上市在全球范围内融资总额达216亿美元,这是2009年17家公司上市融资总额52亿美元的四倍)。

② David Skeel,"The Ghost of a Crisis in Equity Funds Hides the Real Benefits",*in Financial Times*,September 5,2006,p. 19.

③ 最近,一直存在一种"上市"的趋势。例如,百仕通(Blackstone)和KKR(Kohlberg Krais Roberts)都完成了其管理公司在纽约的上市。美国一些大的竞争对手包括凯雷(Carlyle)和德州太平洋集团(TPG)也可能效仿。Robin Wigglesworth and Martin Arnold,"Buy-outs Set to Divide Private Equity",*in Financial Times*,October 21,2010,p. 20.

④ Michael Kinsley,"A Capitalist Swindle",*in Washington Post*,November 21,2006.

私募投资的目标公司的经营责任和少数股权可能被稀释甚至被牺牲。[①]私募投资作为一个流行的商业模式,会使立法者和执法者陷入"爱恨交加"的两难境地。一方面,在后金融危机时代,政府和产业界融资困难,需要从非传统的银行界之外的渠道融资,而私募提供了这样一种渠道;另一方面,私募又不同于银行融资,执法者和立法者很难以监管银行的方法、工具和技术监管私募和私募投资活动。私募的交易结构、经济效益和市场功能有待进一步厘清。[②] 同时,立法者和执法者的监管方式和角度也有待考量。

2. 流动性弱的股市,增长强劲的私募

中国旺盛的私募投资活动与私募界的"内在规律"并不相符。实证研究和经验分析证明,一个发达并且流动性强的证券市场是吸引私募投资的决定性因素。[③] 只有在私募投资者能够通过被投资公司上市的方式成功退出的条件下,私募才能繁荣发展,而这当然是以一个成熟的证券市场为前提。在银行业发达的国家,银行规模相对较大,在监控公司方面起主导作用,通过银行融资较为容易,所以股市不甚活跃。因此,此类国家的私募就比不上银行业孱弱但证券市场强劲的国家。前者如德国、日本,后者如美国。美国拥有以证券市场为中心的资本市场,而德日的公司融资以银行为中心。德国和日本的主要银行规模宏大,并与国内的公司关系密切,且都没有一个堪比美国的活跃的证券市场。这两个法律体系对私募的影响主要体现在:私募在美国十分活跃并且地位重要,但是,在德日则明显不如

---

① 这方面的新闻报道很多。See Jason Singer & Henny Sender,"Growing Funds Fuel Buyout Boom",*in Wall Street Journal*,October 26,2006,p. C1;Francesco Guerrera & Carola Hoyous,"Hidden Value, How Unlisted Companies are Eclipsing the Public Market",*in Financial Times*,December 15,2006,p. 13. 在更多的私募基金上市后一种相反的发展趋势随之产生,更多的私募基金愿意公开它们的活动。Henny Sender,"KKR Ready to Tell its Story to Investors",*in Financial Times*,August 11,2010,p. 13(报告认为上市帮助 KKR 公司以某种方式重塑其商业模式,即在其纽约首秀之后搁置一项进一步公开发售融资 500 万美元的计划,并通过路演获取更多的宣传机会)。

② 其他针对私募的批评包括私募业在国际金融危机之后产生的令人失望的回报率、私募投资的目标公司在证券市场上的一般表现、高昂的投资人费用(一般有目标公司出资)、利益冲突等。Martin Arnold,"Private Equity Rejects Criticism by Think-Tank",*in Financial Times*,July 28,2010,p. 15.

③ Paul Gompers & Josh Lerner,"Money Chasing Deals? -The Impact of Funds Inflows on the Valuation of PE Investments",*in Journal of Financial Economics* 55,2000,pp. 281-325;Steven N. Kaplan & Antoinette Schoar,"PE Performance: Returns, Persistence, and Capital Flows",*in Journal of Finance* 60, 2005,pp. 1791-1823.

银行。[①] 中国和德日的相同之处在于，银行业在资本市场占据主导地位，证券市场融资并不发达。[②]

中国证券市场的一些显著特征和市场划分使以公司上市作为私募投资的退出机制不具有明显的吸引力。疲弱的国内证券市场被人为分割的状况已经持续了很多年。虽然公司法旨在平等保护股东的权益（"同股同利"原则），[③]但中国上市公司的股本依然按照持有人和上市地点进行划分。具体而言，中国上市公司的股本有以下几种，A 股、B 股、H 股（或者 N 股、S 股）。在获得中国证监会批准之后，A 股在上海或者深圳证券交易所上市交易，公司也可能同时向境外投资者发行 B 股。[④] 在大多数国家，如果境外投资者对证券市场的投资受到法律限制，他们会支付比本国投资者更高的价格。但是，中国的情况却相反，一家同时发行 A 股和 B 股的公司，B 股的价格可能是 A 股价格的折扣。同时，B 股却享有和 A 股同样的投票权和收益权。此外，B 股以人民币标价但以外汇进行交易。具体说来，上海证券交易所的 B 股以美元进行交易，深圳证券交易所的 B 股以港币进行交易。同样，上海证券交易所的 B 股股息以美元支付，深圳证券交易所的 B 股股息以港币支付。H 股、N 股、S 股和 T 股，分别指代在香港、纽约、新加坡和东京证券市场上市的股票，交易货币分别为港元、美元、新元和日元。这些分类和分割由初创时期中国证券市场自身的低效

① Ronald J. Gilson and Bernard Black, "Does Venture Capital Require an Active Stock Market?", *in Journal of Applied Corporate Finance*, Vol. 11, No. 4, 1999, pp. 36–48; and "Venture Capital and the Structure of Capital Markets: Banks versus Stock Markets", *in Journal of Financial Economics*, Vol. 47, No. 3, 1998, pp. 243–277; Walter Kuemmerle, "Comparing Catalysts of Change: Evolution and Institutional Differences in the Venture Capital Industry in the US, Japan and Germany" (2001) available at http://www.altassets.com/pdfs/Walter.pdf; Garry Bruton, David Ahlstrom & Kuang S. Yeh, "Understanding Venture Capital in East Asia: The Impact of Institutions on the Industry Today and Tomorrow", *in Journal of World Business*, Vol. 39, No. 1, 2004, pp. 72–88.

② Wei Shen, "Financial Regulations in China", in Andrew Halper & Carl Hinze (eds.), *Financial Services Regulation in Asia Pacific*, Oxford: Oxford University Press 2nd ed. 2008, Ch 3, pp. 44–45. 数据显示，中国证券市场在整个金融融资体系中只占很小一部分。上海和深圳两个证券交易所在 2010 年前 9 个月的上市融资额分别为 2.1 亿美元和 3.3 亿美元，而同时期中国银行安排的新增贷款总额为 600 亿元人民币（约 90 亿美元）。Robert Cookson, "Shenzhen Takes Over as China's Listing Hub", *in Financial Times*, October 19, 2010, p. 22.

③ 参见 Bitch v. Cropper(1889) 14 App Case 525 per Lord Macnaughten 及相关主文。

④ 根据中国证监会、中国人民银行和国家外汇管理局于 2006 年 8 月 24 日发布的《合格境外机构投资者境内证券投资管理办法》（俗称"QFII"），外国投资者可以认购中国证券交易所流通的 A 股。

率造成，严重限制了市场优化资源配置以及筹集资本和促进企业发展的能力。

更为严重的是，只有流通股才可以在证券交易所公开上市交易，与流通股没有实质区别的非流通股却不能公开上市交易。[①] 国有的非流通股已经给资本市场的流动性和上市公司治理带来了消极的影响。第一，非流通股曾经占据中国股市总市值的2/3，高达2500亿美元。[②] 股票的高度集中降低了市场供给从而限制了股票的流动性，[③]因此，国内股票市场的流动性差，价格波动频繁，[④]内幕交易和市场操纵屡禁不绝。第二，大量股票由政府机构持有，流通股股东成为事实上的小股东，缺乏动力和权利改善公司治理促进公司发展。国内股票市场遍布大量的个人投资者，他们并不掌握大量的股权，只是以投机为目标，把股票当作短期投资工具。[⑤] 因此，证券市场不能成为小股东有效的退出机制，上市公司也更加容易受到要约收购的威胁。第三，流通股和非流通股的分割会带来严重的代理问题。由于流通股股东有决策权，而非流通股股东没有决策权，非流通股股东的利益实现有赖于流通股股东在股东会上的决策。这样，流通股股东事实上成为非流通股股东的代理人，代理问题自然产生，流通股股东为了自身的利益可能损害甚至牺牲非流通股股东的利益。代理问题中比较突出的问题包括信息不对称、合约不完整、控股大股东和不知情小股东之间代理成本过高。由于小股东没有保护自己的手段和机制，[⑥]因此，更容易被控股大

① 流通股和非流通股分割的所有权结构与在许多国家经常见到的分股结构（split-share structure）不同。分股结构保证了股东的不同权利，但是非流通股是由国有企业、金融机构或其他政府支持的机构专门持有的。

② Richard Guo，“Foreign Buyers Get First Bite at G-share Market”，*in IFLR*，February 2006，41.

③ 平行的股权机构是分散的股份制，少数股份由大多数的小股东持有。Klaus J. Hopt，Hideki Kanda，Mark J. Roe and Eddy Wymeersch（eds.），*Comparative Corporate Governance-The State of the Art and Emerging Research*，Oxford：Clarendon Press，1998.

④ Zhiwu Chen and Peng Xiong，“Discounts on Illiquid Stocks：Evidence from China”（September 2001）Yale ICF Working Paper No. 00-56，available at http://papers.ssrn.com/abstract=286169（显示仅仅通过私人转让和偶然拍卖进行的限制性的法人股的价格同公开交易的股份相比存在着近乎80%的折价）。

⑤ 中国证券市场上的平均流通率要远高于其他发达国家证券市场流通率。高企的流通率反映了交易行为中的投机性质。纽约证交所的2001年的流通率为94%。参见NYSE网站：www.nyse.com。

⑥ 股息支付被视为是一个信号机制和限制内部剥削的工具，通过从内部转移现金的方式解决控股股东和少数股股东之间的代理问题。Mara Faccio，Larry H. P. Lang and Leslie Young，“Dividends and Expropriation”，*in American Economic Review* 91，2001，pp. 54-78.

股东强行收购其所持有的股票。这种平行股权结构容易造成股东间的分裂,在公司的管理和经营上形成利益分歧,进而伤害公司治理水平和运营效率。[①] 以国家或者国有控股法人为代表的控股大股东的存在容易造成一股独大的局面,进而诱发公司治理失败。[②] 第四,国内股票市场的效率低和流动性差的特点促使越来越多有价值的中国公司绕过国内证券市场,选择到国际市场(主要是香港和纽约)上市。大量私人企业也被国际资本市场的流动性、市场深度和监管质量吸引,作出境外上市的选择。中国证券市场高质量上市企业的稀缺反过来推动虚高的发行价格,本就不发达的市场也更容易产生泡沫。[③]

有"中国纳斯达克"之称的深圳创业板市场于2009年10月23日正式启动。[④] 创业板的启动是中国学习硅谷私募融资的成功经验而推进的又一次尝试,旨在填补创业企业在证券市场上融资的空白,并为私募提供退出渠道。然而,创业板的上市标准并不低于主板市场上市要求。[⑤] 交易规则客观上限制小额投资者的参与,限制价格的波动,通过保荐人加强对上市公司的监督,并设定了控股股东的限售期。[⑥] 年轻的创业板能给中国资本市场以及私募带来怎样的影响,现在还言之尚早。

2004年5月,深交所正式启动中小企业板。2012年8月,新三板扩容正式启动,定向增发有效缓解挂牌企业的资金"瓶颈",场外交易市场发展

---

① Martin Hovey, Larry Li and Anthony Naughton, "The Relationship between Valuation and Ownership of Listed Firms in China", *in Corporate Governance: An International Review*, Vol. 11, No. 2, 2003, pp. 112-123.

② Jing Leng, *Corporate Governance and Financial Reform in China's Transition Economy*, Hong Kong: Hong Kong University Press, 2009, p. 78.

③ 中国证监会及其他监管部门意识到非流通股的主导地位对本地股票市场的运作是一个严重的问题,并推出一个股改方案,通过各种手段如红股、分股、认股权证、现金和期权来补偿现有股东,使非流通股强制性地被转换成流通股。股改方案完成后,本地资本市场的情况可能会得到改善,股票在市场中的流动性和自由浮动水平也将得到提高。

④ Patti Waldmeir, "China Launches Own 'Nasdaq'", *in Financial Times*, October 19, 2009, p. 19.

⑤ 规定上述上市条件的法律文件是《首次公开发行股票并在创业板上市管理暂行办法》。《首次公开发行股票并在创业板上市管理暂行办法》第11条第1款第2项规定:"发行人申请首次公开发行股票应当符合下列条件:……最近两年连续盈利,最近两年净利润累计不少于一千万元,且持续增长;或者最近一年盈利,且净利润不少于五百万元,最近一年营业收入不少于五千万元,最近两年营业收入增长率均不低于百分之三十。净利润以扣除非经常性损益前后孰低者为计算依据。"

⑥ 中国证监会于2009年3月31日发布《首次公开发行股票并在创业板上市管理暂行办法》。

迅速。首次公开募股注册制改革、上交所新兴板以及上海股权托管交易中心的科技创新专板,为科技成果产业化、资本化和财富化渠道提供了新的可能。但是,2006 年到 2012 年,首次公开募股方式占私募股权投资退出的较大比例。2009 年和 2013 年中国 A 股市场股市低迷,首次公开募股两度停摆,私募股权基金投资退出渠道受到影响。2012 年之后,兼并收购退出方式成为主要方式。2014 年新三板的扩容为私募股权资本提供了上市机会,2015 年选择新三板退出的占比迅速升至 51%,到 2016 年这一比例升至 71%。[①] 显然,资本市场的监管变化直接影响了私募投资的撤出机制。

中国的证券市场过于弱小,效率低下,流动性差,外国私募投资者因此并不倚重成长型公司在国内上市。一个强大的私募市场依赖于成熟的证券市场,这是私募发展的基本规律,那么,中国是不是这个规律的例外呢?

在中国,流动性差的证券市场并没有在很大程度上阻碍私募投资,主要是因为私募投资者通过交易安排巧妙地避开了中国证券市场天然的机理性弱点。许多中国的成长型公司(私募投资的目标公司)在海外(主要是在开曼群岛、英属维尔京群岛或者百慕大以及我国香港特区)注册一个特殊目的公司作为离岸控股公司,由中国目标公司的原中国股东拥有或者控股。境内的目标公司拥有商业资产并继续在国内经营,但股权所有人由中国股东变为境外的特殊目的公司,而股息(分红和利润)通过特殊目的公司支付给实际的中国股东。当公司重组完成后,外国私募投资者就能通过购买优先股的方式投资离岸控股公司。由于重组过程牵涉到中国居民将股本(或资产)转移到一个离岸司法管辖区(通常是一个避税天堂),并重新通过境外控股公司投资目标公司,目标公司的所有权或控制权仍然在中国股东手中,这种方式被形象地称为“返程投资”模式。[②] 图 1-1 显示了目标公司重组完成之后私募投资之前的目标公司结构。

与“返程投资”模式一脉相承,但更为复杂或高级的是“可变利益实体”结构(Variable Interest Entity, VIE),具体如图 1-2 所示。与“返程投

① 王飞、彭中:《中国私募股权投资发展的特征、问题与对策建议》,载《武汉金融》2018 年第 9 期。

② “返程投资”在其他法域也有发生,是一个经常诉讼或仲裁的法律问题。See *Tokios Tokeles v. Ukraine*, ICSID Case No. ARB/02/18, Decision on Jurisdiction, April 29, 2004, available at http://ita/law.univ.ca/documents.

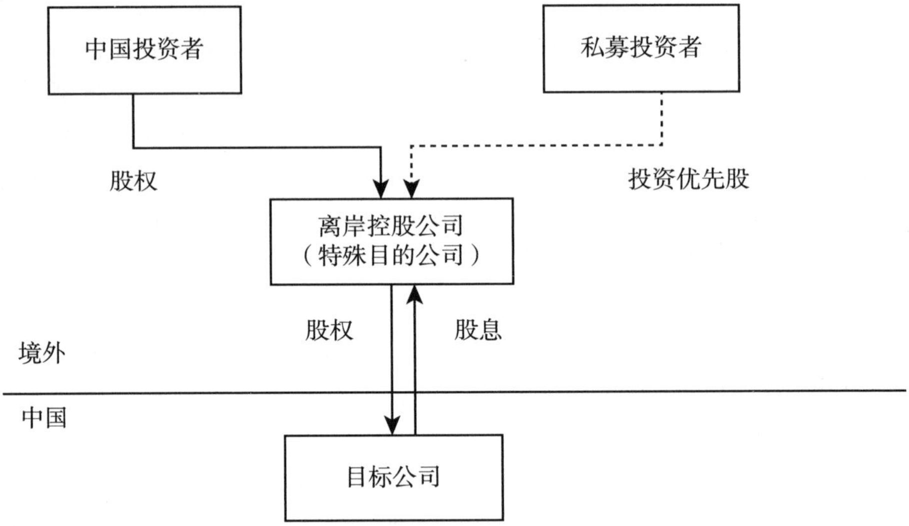

图 1-1 “返程投资”模式

资”模式不同，离岸控股公司在境内设立一个外商独资企业。目标公司的股份仍然由原来的中国投资者持有。外商独资企业和目标公司之间需要建立控制机制和利益输出机制。由于独资企业与境内的目标公司没有股权联系，而目标公司的名义股东是中国投资者，在外商独资企业与目标公司之间的控制机制主要作用是使外国投资者能通过独资企业对目标公司的名义股东实施有效控制。这些控制通过贷款协议、质押协议、期权协议、转让协议、投票协议、投票代理协议、托管账户协议等合同实现。通过质押协议，中国投资者将其在目标公司的股份质押给独资企业，以便独资企业在必要时行使质押权；期权协议可以使独资企业在中国法律允许外资控股时行使期权，取得股权；中国投资者通过投票代理协议委托独资企业行使其在股东大会上的投票权；转让协议可以约定引发股权转让的触发事件，这些事件可以直接导致中国投资者向独资企业转让其在目标公司中的股份。这些协议有效地帮助独资企业对目标公司股东的控制。由于不存在股权关系，外商独资企业无法享有目标公司的经营所得。因此，还必须有利益输出机制。外商独资企业和目标公司可以签订一系列商业协议，诸如知识产权使用许可协议、咨询协议、技术服务协议，等等。通过这些协议，外商独资企业向目标公司提供各类服务，以获得事先约定的特许费和各类服务费用,间接地享有目标公司的经营收益。

"可变利益实体"结构主要被各类电信服务业公司,特别是互联网公司所采用。因为外商直接投资增值电信企业受到严格限制,而互联网业务在我国又属于"增值电信业务",只有纯内资的企业可以获得资质许可,经营增值电信业务。[①] 这个模式可以使内资企业在不违法的情况下获得并持有合法的经营牌照,外商独资企业通过一系列合同间接但有效地进行实际控制,以规避中国法对外商投资限制类产业的限制性规定。这个模式被相当广泛地应用于互联网公司的境外私募与境外上市。截至 2011 年 4 月,在美国上市的中国公司中有 42% 的公司使用"可变利益实体"结构在中国运营互联网引擎或电子商务平台。[②] 新浪、搜狐、百度等一大批中国互联网公司都通过这一方式进行私募融资,并最终在境外上市。尽管"可变利益实体"模式得到美国会计准则[③]和香港证券交易所[④]的认可,其在中国法下的法律地位和有效性仍然存疑。特别是 2011 年的"支付宝"事件更突出了这一交易模式的风险性。

私募投资者为什么甘愿承担公司重组的交易成本而进行这些复杂的重组呢?这似乎并没有道理。中国在 2005 年颁布了修订的《公司法》,该法受到普通法系和大陆法系公司法最新发展的影响,承认了商事自由促进商业发展,借鉴了公司自治和股东保护的理念,放宽了许多限制,吸收了包括股东派生诉讼、[⑤]揭开公司面纱、[⑥]信息披露、[⑦]公司董事和高管信义义务[⑧]在内的诸多法律原则。从这个意义上来说,2005 年《公司法》是中国公司法律发展过程中的一个里程碑。

---

① Qingjiang Kong, "EU's Monitoring of China's Compliance with WTO Obligations", December, 2008, EAI Background Brief No. 417.

② Kathrin Hille, "China in New Push on Web Ownership", *in Financial Times*, September 2011, p. 14.

③ Financial Accounting Standards Board, Interpretation No. 46, December 2003, available at http://www.fasb.org/cs/BlobServer? blobcol = urldata&blobtable = MungoBlobs&blobkey = id&blobwhere = 1175820930817&blobheader = application%2Fpdf.

④ Jeanette Chan and Vivek Baid, "Additional Requirements for Hong Kong Listings Involving VIE Structures", *ALB January*, 2012, p. 22.

⑤ 《公司法》第 152 条。

⑥ 《公司法》第 20 条。

⑦ 《公司法》第 34 条。

⑧ 《公司法》第六章。

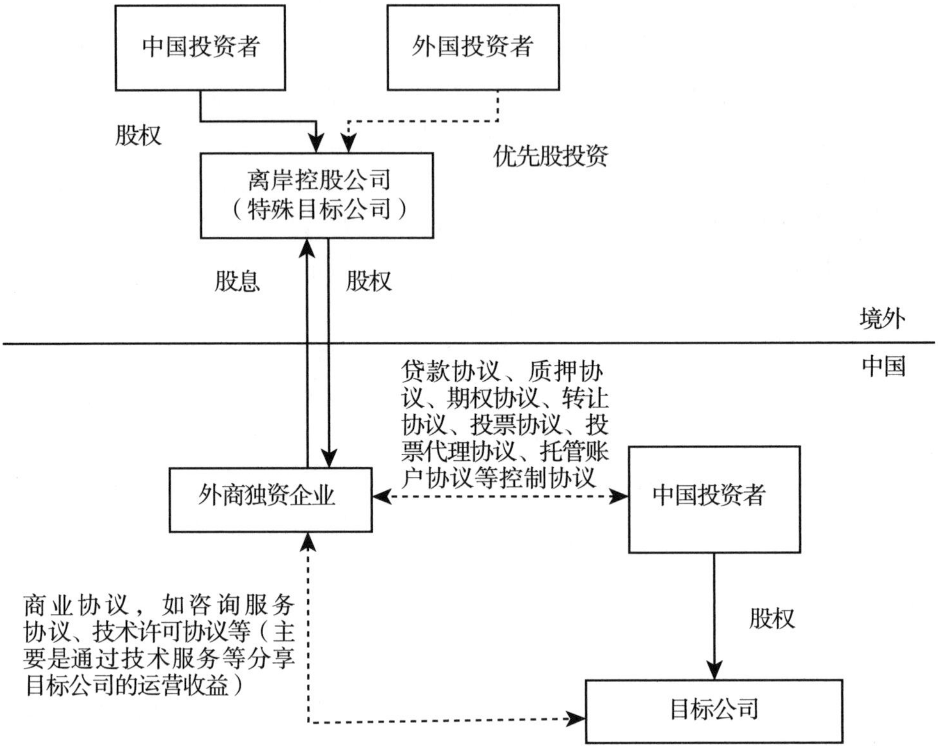

图 1-2 “可变利益实体”模式

虽然 2005 年《公司法》的颁布使公司法跟上了时代的步伐，但是很多问题依然没有得到解决。和私募投资尤为相关的是，股份、优先股、授权资本以及有限公司发行股份等概念的缺失[①]使私募投资很难通过购买优先股的交易方式向中国注册的目标公司进行投资。《公司法》上“同股同利”原则[②]的字面意思是相同种类的股份持有者享有相同的权益，受到同等对待。[③] 理论上似乎可以进行这样的解读：该原则允许中国的目标公司发行几种股份，包括了美国私募交易经常涉及的优先股。然而，尽管法理上并

① 参见《公司法》第 26 条、第 81 条及第 27 条。

② 参见《公司法》第 127 条。

③ 这个原则基本上同普通法上股东利益具有相同基础（membership benefits are on an equal footing）的原则相同。See *Birch v Cropper*（1889）14 App Case 525 per Lord Macnaughten at 543.

没有排除公司发行多种股份的可能性,[①]但《公司法》也没有明确规定公司可以发行多种类别的股份。[②] 并且,法院的司法解释也没有暗示或认可这样的可能性。[③] 因此,优先股股东可否请求法院保护优先权还未可知。此外,私募交易文件中常用的概念,比如股权的反稀释(anti-dilution)、强卖权(drag-along)和附随权(tag-along)、认购期权(put option)和卖出期权(call option),《公司法》都没有规定。更为重要的是,"制定出色的法律规则"并不能保证公司法律的有效实施。在中国这样一个法律实施不力的法域,[④]《公司法》如何得到有效适用和实施仍然是悬而未决的问题。

理论上,私募投资者可以采取一种迂回的方式收购目标公司一定比例的股权,然后附加一些优先权利。这种通过合同方式获得股权优先权的有效性和强制力并不明晰。然而,目标公司和投资者或许可以相信下述假定:在没有明确的法律予以禁止的情形下,中国法院会依照合同自由原则认可合同的效力。[⑤] 在实际操作层面,如果包括公司章程在内的投资文件规定了附有不同优先权的不同种类的股份并且依法向当地的工商管理部门进行登记,合同缔约方可能会获得某种认可,因为登记行为本身可以被视为是一种官方认可。[⑥] 但需要指出的是,由于法院有权否决行政行为,[⑦]公司章程的登记行为并不能保证法院的认可。这种通过合同方式获得优先权的方法也没有为私募投资者在中国法框架下进行惯常的私募交易提供可靠的保障。

---

① 严格的法律解释学可能暗示中国《公司法》事实上没有区分不同种类的股份。不同于普通法原则,《公司法》的用语并没有提到"不同类别的股份",而是仅仅提到"相同的股份"。

② 《公司法》仅仅提到国务院可以规定发行其他股份的规定。《公司法》第132条。《创业投资企业管理暂行办法》第15条、经与被投资企业签订投资协议,创业投资企业可以以股权和优先股、可转换优先股等准股权方式对未上市企业进行投资。严格地说,这个规定未必能够普遍性地适用于所有的有限责任公司。

③ 根据作者的调查,目前仍没有中国法院审理并判决涉及优先股有效性或者发行优先股合同效力的案件。

④ Jing Leng, Corporate Governance and Financial Reform in China's Transition Economy, Hong Kong: Hong Kong University Press, 2009, p. 166.

⑤ 参见《合同法》第4条。

⑥ 国家工商行政管理局并没有公司章程办理登记的指引。工商局是否对有优先权条款的公司章程进行登记有赖于工商局的自由裁量权,其对优先权条款是做从严还是从宽的解释。

⑦ 参见《行政诉讼法》第6条、《行政许可法》第7条。

通过上述的"返程投资"或"可变利益实体"模式,目标公司的实际所有人和私募投资者可以利用离岸控股公司完成私募,并且该离岸控股公司可在海外证券市场上市,受境外法域法律的管辖,实现退出投资。因此,私募投资者不再需要担心在中国法下收购优先股、订立美式私募融资合同的司法不确定性。许多著名的中国门户网站,比如百度、搜狐、阿里巴巴、前程无忧网、易龙网和空中网都采用了这种"返程投资"模式或"可变利益实体"模式,并相继成功在纽约或者香港上市。① 海外上市还有许多其他交易便利和经济利益方面的好处,其中之一是可以减少一些交易成本,例如,中国公司上市需要通过监管机关漫长和困难重重的选择性的核准过程所必需的花费。海外的公司法和上市规则给海外上市公开发行提供了更多的灵活性,比如发行时间安排、收益要求、公众持股比率,以及退出机制。

乏善可陈的境内证券市场与活跃的私募投资之间仍然存在某种关系。正因为境内证券市场不能担当私募投资的退出机制,投资者才更倾向于通过境外上市这一退出路径实现私募投资的潜在或预期回报。② 采用"返程投资"模式或"可变利益实体"模式设立离岸控股公司使中国目标公司便于搭载(piggyback)和利用境外证券市场。这强有力地解释了中国的私募投资者偏好让国内企业进行离岸上市这一行为模式。依据 2011 年的一份调查,在有效的退出机制方面,大多数私募投资者依然对在香港或者纳斯达克上市的退出方式情有独钟,如图 1-3 所示。③

---

① 实证研究很难对"返程投资"的数额做量化的统计。世界银行估计中国 25%的外商直接投资其实是返程投资,而其他一些研究将这一比例上升到 30%或 50%。See World Bank,"Private Capital Flows to Emerging Markets" in *Global Development Finance*, New York: World Bank Publication, 2002, p. 41 (Box 2. 3: Round-tripping of Capital Flows between China and Hong Kong), available at http://siteresources. worldbank. org/INTGDF2002/Resources/chapter2. pdf; Geng Xiao, "People's Republic of China's Round Tipping FDI: Scale, Causes and Implications" (July 2004) Asian Development Bank Institute Discussion Paper (Tokyo) No. 7, available at http://www. hiebs. hku. hk/working_paper_updates/pdf/wp1137. pdf; David Dollar and Aart Kraay, "Neither a Borrower Nor a Lender: Does China's Zero Net Foreign Asset Position Make Economic Sense?", *in Journal of Monetary Economics*, Vol. 53, No. 5, 2006, pp. 943 - 971; IMF, "Foreign Direct Investment in China: What Do We Need To Know?" (May 2002) Economic Forum, available at http://www. imf. org/external/np/tr/2002/tr020502. htm(估计 15%的香港投资是返程投资)。

② Leslie Jeng and Philippe C. Wells, "The Determinants of Venture Capital Funding: Evidence across Countries", *in Journal of Corporate Finance*, Vol. 6, No. 3, 2000, pp. 241-289.

③ KPMG, "Private Equity in China-Market Sentiment Survey", available at www. kpmg. com/sitecollectiondocuments/private-equity-china-market-sentiment. pdf.

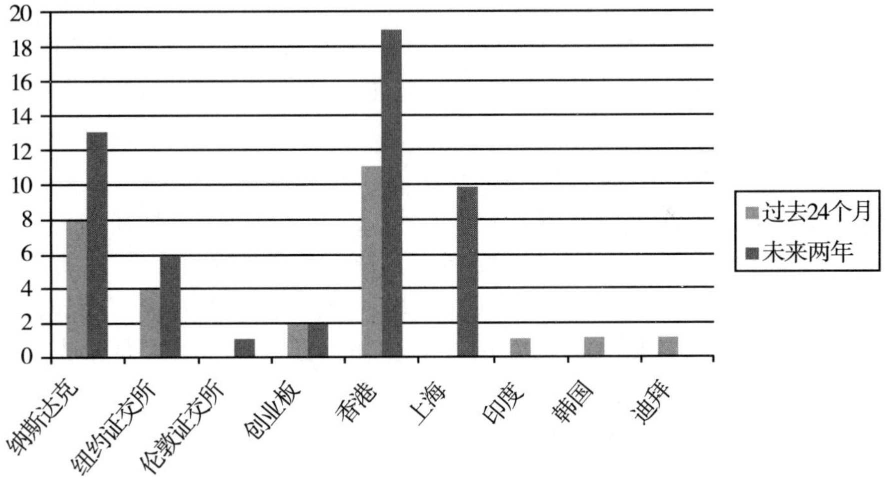

图 1-3　投资中国的私募投资者的退出机制选择

到目前为止,“返程投资”模式或“可变利益实体”模式还没有得到中国法院的检验,所以,该模式的合法性仍然存疑。包括“实际投资地”在内的许多法律问题还没有在中国法院得到检验。① 从商业角度来看,外国产业和私募投资者似乎都认为,鉴于大批中国企业海外上市的成功案例,采用“返程投资”或“可变利益实体”模式所具有的商业风险是值得承担的。

“返程投资”或“可变利益实体”模式的广泛采用已经给中国的税基、国有资产和监管效率造成了巨大的伤害。此外,该模式还涉及针对人民币资产的洗钱活动。② 中国政府已经采取了多种措施管制对海外离岸控股公司的利用。例如,在 20 世纪 90 年代,中国试图监管在海外上市的红筹股。③ 国务院要求所有在海外上市的公司如果有中方资本或者资产,则需

① 中国税法上,“建立地”的概念同美国联邦税法上的“交易或业务地”的概念类似。“建立地”的概念决定了纯收入和入境投资的总收入之间的区别界限,被中国税务当局用来规管“返程投资”模式。详见本章第三部分。

② See Round-trip Investments Key to Reversing FDI Decline, available at http://www.chinalawandpractice.com/article/2194941.

③ 香港交易所对“红筹股”的定义是,对在香港或其他中国大陆外的地区注册,但公司起始于中国大陆并主要在大陆开展业务的具有中资背景,尤指具有官方背景的股票的俗称。http://www.hkex.com.hk/chi/global/faq/hkex%20markets_c.htm.

要得到国家证券委(证监会的前身)的批准。[①] 2000年网络股泡沫破裂后,证监会进一步要求涉及境内权益的境外公司在海外上市前需要得到证监会“没有进一步意见”的回复,[②]此举有效限制了海外控股公司的上市潮。由于缺少《行政许可法》上的依据,证监会于2003年4月废除了这个要求。[③] 监管当局对“返程投资”模式做出进一步控制的努力表现在2006年颁布的《外国投资者并购境内企业暂行规定》(以下简称《兼并条例》),[④]使离岸重组和“返程投资”或“可变利益实体”模式在程序上更为烦琐,技术上更为困难。[⑤] 许多计划采用“返程投资”或“可变利益实体”模式作为交易模式的项目可能因无法得到商务部和外汇管理局的批文而无法操作,胎死腹中。

3. 中国税法对私募投资的影响

税收是影响公司决策和经营活动的重要的经济和法律要素。在私募投资领域,至少有两类主要的税收:一种是资本收益税,另一种是针对股息和利润的企业所得税。私募投资者在设计交易架构和选择投资目标时都会将这两种税收考虑在内。[⑥] 股份转移款项适用的税种,根据国家或者地区的不同而有所区别,这必然对资金流动[⑦]和投资活动产生影响。[⑧]

财政部、税务总局、发改委和中国证监会于2019年1月10日发布了《关于创业投资企业个人合伙人所得税政策问题的通知》(财税〔2019〕8

---

① 国务院于1997年6月20日颁布《关于进一步加强在境外发行股票和上市管理的通知》。

② 中国证监会于2000年6月9日发布《关于涉及境内权益的境外公司在境外发行股票和上市有关问题的通知》(已失效)。

③ 参见《行政许可法》第7条。

④ 参见《兼并条例》由商务部、国家外汇管理局和国家工商行政管理局等六个部委于2006年8月8日发布。

⑤ Wei Shen, “Is SAFE Safe Now-Foreign Exchange Regulatory Control over Chinese Outbound and Inbound Investments and a Political Economy Analysis of Policies”, *in Journal of World Investment & Trade*, Vol. 11, No. 2, 2010, pp. 227, 246-250.

⑥ 其他与税收有关的考虑包括税收透明度,来自避免双重征税条约国家的投资者避免因永久建立地而被纳税的可能性,避免就管理收费而被征收增值税的可能性,股票期权税等。See European Venture Capital Association, *Benchmarking European Tax and Legal Environment*, Zaventum, 2003.

⑦ Julie Berry Cullen et al., “Taxes and Entrepreneurial Activity: Theory and Evidence for the US”, (2002) NBER Working Paper 9015; Donald Bruce, “Taxes and Entrepreneurial Endurance: Evidence from the Self-employed”, *in National Tax Journal*, Vol. 54, No. 1, 2002, pp. 5-24.

⑧ Paul Gompers et al., “What Drives Venture Fundraising?”, Brooking Papers on Economic Activity, Microeconomics, 1998, pp. 149-192.

号),为进一步支持创业投资企业(含创投基金)的发展,规定了个人所得税相关政策。

创投企业可以选择按单一投资基金核算或者按创投企业年度所得整体核算两种方式之一,对其个人合伙人来源于创投企业的所得计算个人所得税应纳税额。[①] 创投企业选择按单一投资基金核算的,其个人合伙人从该基金应分得的股权转让所得和股息红利所得,按照20%税率计算缴纳个人所得税。创投企业选择按年度所得整体核算的,其个人合伙人应从创投企业取得的所得,按照“经营所得”项目、5%~35%的超额累进税率计算缴纳个人所得税。[②]

单一投资基金核算,是指单一投资基金(包括不以基金名义设立的创投企业)在一个纳税年度内从不同创业投资项目取得的股权转让所得和股息红利所得按下述方法分别核算纳税:(1)股权转让所得。单个投资项目的股权转让所得,按年度股权转让收入扣除对应股权原值和转让环节合理费用后的余额计算,股权原值和转让环节合理费用的确定方法,参照股权转让所得个人所得税有关政策规定执行;单一投资基金的股权转让所得,按一个纳税年度内不同投资项目的所得和损失相互抵减后的余额计算,余额大于或等于零的,即确认为该基金的年度股权转让所得;余额小于零的,该基金年度股权转让所得按零计算且不能跨年结转。个人合伙人按照其应从基金年度股权转让所得中分得的份额计算其应纳税额,并由创投企业在次年3月31日前代扣代缴个人所得税。如符合《财政部 税务总局关于创业投资企业和天使投资个人有关税收政策的通知》(财税〔2018〕55号)规定条件的,创投企业个人合伙人可以按照被转让项目对应投资额的70%抵扣其应从基金年度股权转让所得中分得的份额后再计算其应纳税额,当期不足抵扣的,不得向以后年度结转。(2)股息红利所得。单一投资基金的股息红利所得,以其来源于所投资项目分配的股息、红利收入以及其他固定收益类证券等收入的全额计算。个人合伙人按照其应从基金股息红利所得中分得的份额计算其应纳税额,并由创投企业按次代扣代缴

① 此处的创投企业是指符合《创业投资企业管理暂行办法》(发展改革委等十部门令第39号)或者《私募投资基金监督管理暂行办法》(证监会令第105号)关于创业投资企业(基金)的有关规定,并按照上述规定完成备案且规范运作的合伙制创业投资企业(基金)。

② 参见财政部《关于创业投资企业个人合伙人所得税政策问题的通知》第2条(财税〔2019〕8号)。

个人所得税。(3)除前述可以扣除的成本、费用之外,单一投资基金发生的包括投资基金管理人的管理费和业绩报酬在内的其他支出,不得在核算时扣除。本条规定的单一投资基金核算方法仅适用于计算创投企业个人合伙人的应纳税额。[①]

创投企业年度所得整体核算,是指将创投企业以每一纳税年度的收入总额减除成本、费用以及损失后,计算应分配给个人合伙人的所得。如符合《财政部 税务总局关于创业投资企业和天使投资个人有关税收政策的通知》(财税〔2018〕55 号)规定条件的,创投企业个人合伙人可以按照被转让项目对应投资额的 70%抵扣其可以从创投企业应分得的经营所得后再计算其应纳税额。年度核算亏损的,准予按有关规定向以后年度结转。按照“经营所得”项目计税的个人合伙人,没有综合所得的,可依法减除基本减除费用、专项扣除、专项附加扣除以及国务院确定的其他扣除。从多处取得经营所得的,应汇总计算个人所得税,只减除一次上述费用和扣除。[②]

从实证的角度看,资本收益税的减少和投资的增加之间存在一定的联系。[③] 然而,税收并非是私募投资者选择并购优先股的决定性因素,因为支付给投资者的红利或者股息不可以从应税所得中扣除。[④] 在某些情形下,税收是选择避税交易结构的决定性要素。

“返程投资”模式主要由避税和对外国投资者的税收优惠所驱动。直到现在,各地形形色色的鼓励外资的优惠政策依然存在。早在 2007 年中国通过《企业所得税法》之前,外资企业的所得税率在 15%~25%之间,而国内企业的所得税率是 33%。[⑤] 通过采用“返程投资”模式,中国企业或者

---

① 参见财政部《关于创业投资企业个人合伙人所得税政策问题的通知》第 3 条(财税〔2019〕8 号)。

② 参见财政部《关于创业投资企业个人合伙人所得税政策问题的通知》第 4 条(财税〔2019〕8 号)。

③ Christian Keuschnigg, “Taxation of a Venture Capitalist with a Portfolio of Firms”, Oxford Economic Papers Oxford University Press, 2004, pp. 285-306; James M. Poterba, “Venture Capital and Capital Gains Taxation” (1989) NBER Working Papers 2832.

④ Richard A. Brealey and Stewart Myers, *Principles of Corporate Finance*, Hightstown, New Jersey: McGraw-Hill/Irwin 7th ed. 2003, p. 228. 然而,也有一些研究显示税收改革可能对收购优先股的交易有潜在的限制作用,产生更为不利的结果。See Iraj Fooladi, Patricia McGraw and Gordon S. Roberts, “Preferred Stock and Taxes”, *in Journal of Business Finance and Accounting*, Vol. 18, No. 1, 1991, pp. 99-107.

⑤ 除了低税率之外,中央和地方政府还向境外投资者提供“两免三减半”的优惠措施。一个外商投资企业在获利的第一个两年里可以免除企业所得税,在接下来的三年里可以免除 50%的企业所得税。落户于国家级高新园区的外商投资企业可以享受 15%的优惠税率。

居民可以利用这种税收差异享受到税收优惠。换句话说，相同的商业活动由于有了“返程投资”模式而享受到更低的税率。统一企业所得税改革降低了“返程投资”模式的吸引力，因为内外资企业间的所得税税率、免税期和其他税收优惠的差异原则上都消失了。

即使在《企业所得税法》把内外资企业的所得税税率统一为25%之后，[①]“返程投资”模式依然能够使实际股东享受某些优惠的税收政策。通过“返程投资”模式，离岸控股公司只会被征收针对中国目标公司分配的股息的预扣税。依据中国和离岸控股公司所在国（或地区）的双边税收协定，预扣税率一般是10%。[②] 如果特殊目标公司注册地在香港，预提税税率可以低至5%。[③] 离岸控股公司支付的任何利息或者股息，以及退出投资时转让股份所得的资本收益都会免于中国的税收。相反，对于一家中国企业而言，股份转让所得款项是应税收入，并且，和同一财政年度其他应税所得一样，在扣除可扣成本之后，适用25%企业所得税税率。这些税收方面的差别会鼓励更多的中国投资者利用离岸控股公司“返程投资”国内企业，从而获得更优惠的税率、更长的免税期和更多的税收优惠。总之，“返程投资”模式下的税负比正常水平要低很多。从这个意义上来讲，“返程投资”模式可以被视为国内企业家“用脚来投票”的实例——到一个有着更好的税制的国家或地区投资和进行商业活动，以获得在中国没有的税收方面的优惠从而降低交易成本。

为保证一个更优的税基，中国国税总局在2009年4月22日发布《关于境外注册中资控股企业依据实际管理机构标准认定为居民企业有关问题的通知》（国税发〔2009〕82号，以下简称《第82号通知》）中，澄清“返程投资”模式下“实际管理机构”的概念。[④] 根据《企业所得税法》，一家海外成立的公司如果在中国境内存在“实际管理机构”就会被视为税法上的居

---

① 《企业所得税法》第4条第1款。

② 《企业所得税法实施条例》第91条第1款。

③ Trico, “New Double Tax Arrangement Strengthens Hong Kong's Position as the Investment Gateway to China”, September 2006, available at http://www.tricor.com.hk/HK/pdf/PubTechNews200609.pdf.

④ 国家税务局于2009年4月22日颁布《关于境外注册中资控股企业依据实际管理机构标准认定为居民企业有关问题的通知》。（国税发〔2009〕82号，以下简称《第82号通知》）

民企业。[①] 依据《第82号通知》,海外企业如果被中国企业实际控制,只要满足一定的条件,就会被视为中国税法上的居民。[②]《第82号通知》下发后,"返程投资"模式下海外控股公司在中国的非居民状态似乎难以为继了。[③]《第82号通知》是中国政府加强对"返程投资"模式进行监管而作的努力,促使私募投资者重新思考"返程投资"模式或者寻求其他对中国目标公司进行投资的策略。

4. 破产法和企业家精神

当目标公司处于严重困境时,破产清算或回赎是私募投资者退出的不二选择。投资者可以要求公司回赎优先股,或者在公司破产清算时清算优先股。[④] 回赎可以因投资者和目标公司事先约定的"回赎触发事件"的发生而启动。"回赎触发事件"一般是对公司经营管理产生重大影响的事件,如公司将知识产权或者其他重大资产销售给第三方。如果公司在"回赎触发事件"发生后不能回购投资者所持有的股份,破产清算就成为投资者收回投资的最后救济方式。[⑤]

实证研究证明一个更富有"原谅"精神的个人破产法和更高的私募需

---

① 2008年1月1日起生效的《企业所得税法》引入了"居民企业"这一新的概念。居民企业是指依法在中国境内成立,或者依照外国(地区)法律成立但实际管理机构在中国境内的企业。中国的居民企业应就其全球收入缴纳企业所得税。《第82号通知》特别针对那些境外注册中资控股企业,并明确了中国居民企业身份的认定标准。

② 这些条件包括:高管负责日常活动并且高管行使职权的地点在中国;财务和人事决定的战略管理是由在中国的机构或个人作出的;企业的主要资产,财务记录,公司印章和董事会的记录以及股东会议记录在中国做出或者保管;至少有50%的具有投票权的董事会成员或高管习惯性地居住在中国等。《第82号通知》第2条。

③ 《第82号通知》对境外中资企业的企业所得税事项处理、居民企业身份申请等仅作出了指引性的规定。据了解,《第82号通知》颁布至今只有少数符合条件的境外中资企业主动申请和获得了国家税务总局对"居民企业身份认定"的确认。根据《企业所得税法》,获得居民企业身份后,这些企业可以享受从另一家居民企业所收到的股息的免税待遇。但在实际操作中,这些获得认定的境外注册的中资控股居民企业(以下简称境外中资居民企业)如何履行申报义务、计算缴纳税款等问题都还未有明确规定。为了落实和加强这类企业的税收征管,国税总局于2011年7月27日出台了《境外注册中资控股居民企业所得税管理办法(试行)》(国家税务总局公告〔2011〕45号,以下简称《试行办法》)。该试行办法涵盖了与境外中资居民企业相关的登记程序、申报资料、企业所得税事项处理和征收管理包括税收协定的适用等问题,于2011年9月1日起执行。

④ Eilis Ferran, *Principles of Corporate Finance Law*, Cambridge: Cambridge University Press, 2008, p. 152.

⑤ Vanessa Finch, *Corporate Insolvency Law: Perspectives and Principles*, Cambridge: Cambridge University Press, 2nd ed., 2009, p. 22.

求之间存在本能的关联。[①] 通过缩短恢复期或者满足其他复生条件的方式,一个不过于严格的个人破产法能够使失败的企业家更快有一个崭新的开端,鼓励他再次涉足商业活动。[②] 这可以激励企业家的进取心,增加私募融资的需求以及提高融资和收益的水平。与此相反,过于严厉的破产法将会降低国内产业和企业的资源配置效率。中国的破产法仅仅适用于企业,而不适用于个人。虽然中国企业破产法提供了一个有序的方式,缩短了破产企业资产变现的时间,但对于优先股股东而言帮助并不大,因为他们作为股东在破产清偿中排在担保或者非担保债权人之后。

在"返程投资"或"可变利益实体"模式下,破产法并不是在中国投资的私募投资者关注的重点。这主要是因为离岸控股公司注册于境外的"避税天堂",因此,其破产也就适用于当地的破产法,比如香港、英属维尔京群岛或者开曼群岛的普通法系的破产法。只要中国与控股公司所在的国家或者地区之间存在互惠协议,涉及中国目标公司资产的海外破产程序便可以得到中国破产法的承认。仅就这点,在香港注册一家离岸控股公司就会享有一些独特的优势,因为内地和香港之间存在相互间执行民商事法院判决的互惠安排,[③]即使一家在香港注册的公司破产清算,其主要运营资产位于中国内地,香港法院的清算判决也可以在内地法院得到执行。

---

① Wei Fan and Michelle J. White, "Personal Bankruptcy and the Level of Entrepreneurial Activity", *in Journal of Law and Economics* 46, 2003, pp. 543-568.

② Nicholas L. Georgakopoulos, "Bankruptcy Law for Productivity", *in Wake Forest Law Review* 37, 2002, pp. 51-95.

③ 香港目前并没有一个类似于美国第十一章的破产法体系。唯一的法律安排是香港公司条例第166条规定的重组程序。2001年发布的公司(救援)法案仍未成为法律。香港法院在 *Re Keview Technology (BVI) Ltd.* [2002] 2 HKLRD 29 一案中采纳了临时破产(provisional liquidation)的概念。自2008年8月1日起,根据《关于内地与香港特别行政区相互认可和执行当事人协议管辖的民商事案件判决的安排》,香港和内地的法院承认和执行彼此的判决。香港《内地判决(交互强制执行)条例》于2008年8月1日起生效。最高人民法院和香港特别行政区政府律政司于2019年1月18日在北京签署了《关于内地与香港特别行政区法院相互认可和执行民商事案件判决的安排》。这是自香港回归祖国以来,内地和香港商签订的第六个司法协助安排,也是覆盖面最广、最为重要的一项安排。该安排的签署,标志着两地民商事领域司法协助已基本全面覆盖。《安排》共31条,对两地相互认可和执行民商事案件判决的范围和判决的内容、申请认可和执行的程序和方式、对原审法院管辖权的审查、不予认可和执行的情形、救济途径等作出规定。《安排》尽可能扩大了两地相互认可和执行民商事案件判决的范围,将非金钱判决和部分知识产权案件的判决也纳入相互认可和执行的范围,充分体现最大限度减少重复诉讼,增进两地民众福祉、增进相互信任,贯彻"一国两制"方针的精神。

5. 退出机制、合同执行和中国的法律体系对私募的影响

虽然目标公司上市是私募投资获利的最佳退出方式，但执行私募投资合同的退出条款对于私募投资者而言也一样重要，特别是在目标公司的发展不尽如人意但还没有到破产地步的时候。[①] 私募基金有固定的存续期和预期的回报率，这强化了退出的动机。因此，当股权转让由于没有被转让人而无法及时完成时，私募投资者会倾向于上市退出，以实现更大的收益。当其他的战略投资者青睐目标公司的时候，“同行拍卖”给公司，或者“转手”给另外一家私募，都是很常见的退出机制。[②] 在没有外来的购买者或者没有实现预期业绩的时候，投资者将股权出售给目标公司的发起人和管理者也是一种选择。在大部分投资损失的情形下，公司清盘也许是最后的选择。这些以合同为基础的退出方式由于牵扯到复杂的交易合同、商务背景下的合作关系和社会交易准则，会涉及更高的交易成本和更大的法律风险。[③] 为降低上述成本，一个功能健全的法律体系就显得尤为重要。[④]

以合同为基础的退出机制的效力和执行还有赖于司法制度的效率，因为私募投资者经常通过仲裁或者诉讼实现私募投资合同项下的权益，比如清算优先股（liquidation preferences）、回赎权（redemption rights）、共同出售权（co-sale rights）、认购或者出售期权（put or call option）等。在诉讼中，法院经常被要求对各类投资合同中相关条款的有效性和可执行性进行审查，例如，依附于优先股的优先权的合法性和可执行性；[⑤]针对发行人投机行为的信义保护；[⑥]在交易完成之前目标公司出现实质的不利改变时允许

---

① Raphael Amit et al.，“Why Do Venture Capital Firms Exit? Theory and Canadian Evidence”，*in Journal of Business Venturing*，Vol. 13，No. 6，1998，pp. 441-466.

② George W. Fenn，Nelie Liang and Stephen Prowse，“The Private Equity Market：An Overview”，*in Financial Markets，Institution and Industry* 6，1997，p. 28；UK Financial Services Authority，“Private Equity：A Discussion of Risk and Regulatory Engagement”，2006，Discussion Paper 06/6，23.

③ Karl N. Llewellyn，“What Price Contract? -An Essay in Perspectives”，*in Yale Law Journal* 40，1931，pp. 704，740-741；Lisa Bernstein，“Opting Out Of the Legal System：Extralegal Contractual Relations in the Diamond Industry”，*in Journal of Legal Studies* 21，1992，pp. 115，117.

④ John Green，“The Paradox Behind the Invasion of the Privateers”，*in Financial Times*，February 13，2007，p. 15.

⑤ *Equity-Linked Investors L. P. v. Adams*，705 A. 2d 1040（Del. Ch. 1997）.

⑥ *Dalton v. American Investment Co.*，490 A. 2d 574（Del. Ch. 1985）；*Jedwab v. MGM Grand Hotels，Inc.*，509 A. 2d 584（Del. Ch. 1986）.

投资人终止投资的情势变更条款;[①]只要支付了反向终止赔偿金,投资者可以依据任何理由终止投资的反向终止条款;[②]除非没有融资可能而阻止投资者随便撤回投资的特别履行的救济方式的范围和途径;[③]以及强制投资者完成交易,特别是融资或者获得监管机构批准的"合理努力"条款。[④]尽管中国法院在处理复杂商事纠纷中所表现出的专业技能明显不足,但它们依然需要在一些私募投资案件中对履行强卖权(enforceability of drag-along rights)[⑤]和违反证券法[⑥]等问题作出判决。

相对于一国证券市场的规模[⑦]和本土成长型企业吸收外国投资的能力而言,[⑧]一个国家法律体系的质量对于私募投资实现退出机制更为重要。法律起源学派一般认为,普通法系下当事人更容易实现交易合同项下的权利。[⑨] 虽然这个概括的或者简化的"法律起源"效果假说已经受到广泛质疑和批评,[⑩]但若考虑司法的独立性和政府的管治效率,香港作为一

---

① Lingling Wei and Kevin Kingsbury,"Accredited Home Sues Lone Star to Save Deal",*in Wall Street Journal*,August 14,2007,p. C5;Steven M. Davidoff and Kristen Baiardi,"Accredited Home Lenders v. Lone Star Funds:A MAC Case Study",2008,Wayne State University Law School Legal Studies Research Paper Series No. 08-16,13-17,available at http://ssrn. com/abstract=1092115.

② Matthew Karnitschnig & Lingling Wei,"Economy Conspires to Dog Cerberus:United Rentals Sues over Collapsed Deal,Chrysler Loans Stall",*in Wall Street Journal*,November 20,2007,p. C1.

③ Steven M. Davidoff,"Who's Next For the Deal Dead Pool?",DealBook,*New York Times*,January 10,2008,http://dealbook. blogs. nytimes. com/2008/01/10/whos-next-for-the-deal-dead-pool.

④ *Alliance Data Sys. Corp v. Aladdin Solutions,Inc.*,No. 3507-VCS (Del. Ch. January 29,2008),available at http://www. sec. gov/Archives/edgar/data/1101215/000129993308000505/exhibit2. htm.

⑤ Chunsheng Lu & Gary P. Biehn,"Private Equity in China:Enforceability of Drag-along Rights",available at www. whiteandwilliams. com.

⑥ Hubert Tse,"A Landmark QFII Case:Nanning Sugar vs Martin Currie",available at http://www. chinaandpractice. com/article/2125213.

⑦ Douglas Cumming,Grant Flemming & Armin Schwienbacher,"Legality and Venture Capital Exits",*in Journal of Corporate Finance* 12,2006,pp. 214-245.

⑧ Rafael La Porta et al.,"Legal Determinants of External Finance",*in Journal of Finance* 52,1997,pp. 1131-1150;"Law and Finance",in Journal of Finance 57,2002,pp. 1147-1170.

⑨ Edward Glaeser,Simon Johnson and Andrei Shleifer,"Coase vs. the Coasians",*in Quarterly Journal of Economics* 116,2001,pp. 853-899;Simone Djankov et al.,"Courts",*in Quarterly Journal of Economics* Vol. 118,No. 2,2003,pp. 453-517.

⑩ John Armour,et al.,"Shareholder Protection and Stock Market Development:An Empirical Test of the Legal Origins Hypothesis",2008,ECGI Working Paper No. 108/2008,available at http://ssrn. com/abstract=1094355;Mathias M. Siems,"Legal Origins:Reconciling Law & Finance and Comparative Law",2006 University of Cambridge Centre for Business Research Working Paper No. 321,available at www. cbr. cam. ac. uk.

个法域的法律体系质量的确优于内地法律体系的质量。一个更为有效的司法系统便于当事人评估获得不利判决的风险,并为双方提供高效率、低成本的争端解决方式。因此,私募投资者经常选择美国特拉华州公司法解决相关法律争议的原因也就不难理解了。① 当某一司法管辖区的法院能够高效、公正、老练和专业地解决复杂的商业争端,并建立起良好声誉时,投资者就会形成对这些法院的依赖,并更倾向于借助这些法域解决争议。

法律体系的质量是多维度的概念,包括但不限于更好更公平的法律,更强的财产权保护,②更强的商务合同执行力,③更有效和透明的行政行为,更少的官僚拖延,更少的受贿和腐败。④ 这些指标不仅对投资流入和私募治理有深刻的影响,⑤而且对国家经济也有正面和直接的影响。⑥ 例如,当投资者的财产权和合法交易诉求得不到高效公正的保护,也不能得到有效的强制执行时,他们就有理由怀疑目标公司的质量,甚至怀疑东道国的投资环境。虽然中国在法治和社会管理方面取得了进步,但是,与合理预期的进度相比仍然缓慢了许多。⑦ 根据世界银行的全球治理指数

---

① Steven M. Davidoff, "Battle-Tested Delaware", DealBook, *New York Times*, November 4, 2008. http://dealbook. blogs. nytimes. com/2008/02/17/another-broken-deal-ends-up-in-court.

② Mihir Desai et al. ,"Institutions and Entrepreneurial Firm Dynamics: Evidence from Europe",2006, Harvard NOM Research Paper 03 - 59; Simon Johnson et al. , " Property Rights, Finance and Entrepreneurship",1999, SSRN Working Paper 198409; and Jakob Svensson, "Investment, Property Rights and Political Instability: Theory and Evidence", *in European Economic Review* 42,1998, pp. 1317-1341.

③ Simeon Djankov et al. ,"Courts", *in Quarterly Journal of Economics* 118, 2003, pp. 453-517; and "The Law and Economics of Self-dealing",2005, NBER Working Paper 11883.

④ Simeon Djankov,"The Regulation of Entry", *in Quarterly Journal of Economics* Vol. 117, No. 1, 2002, pp. 1-37.

⑤ Douglas Cumming, Daniel Schmidt and Uwe Walz, "Legality and Venture Governance around the World", *in Journal of Business Venturing* 25,2010, pp. 54-72, available at http://ssrn. com/abstract=537243.

⑥ Douglass C. North, *Institutions, Institutional Change and Economic Performance*, Cambridge: Cambridge University Press, 1990, p. 35.

⑦ 世界银行全球治理指标,即 World Bank's Worldwide Governance Indicators(WGI),主要评价政府治理的六个方面,即声音和可信度,政治稳定和缺少暴力/恐怖主义活动,政府效率,监管质量,法治和贪污控制。See Daniel Kaufmann, Aart Kraay and Massimo Mastruzzi, "Governance Matters Ⅷ: Aggregate and Individual Governance Indicators 1996-2008", June 2009, World Bank Policy Research Working Paper WPS 4978. 但是,必须指出的是这个评价体系的建立者也承认评价一个特定国家的趋势是相当困难的,其中存在大量错误的可能。评价的公正与否取决于是否能够获得足够的信息。此外,评价体系依赖的部分信息源是公共或私人机构提供的主观信息,未必是专家或客观评价。即使根据这个评价体系,中国同相同收入水平的国家相比也是表现良好或处于相同水平。

(WGI),除了政府效率和法治两项指标外,2010年中国在问责制、稳定、监管质量和反腐败等其他指标的治理分值都要低于1996年的水平。[①]

由于中国的法律(司法)体系的不完善,不免遭人病诟,[②]财产权保护力度的不足[③]和判决的执行难。[④] 法院常因缺乏处理复杂商务案件的专业知识和经验而饱受批评。[⑤] 对在中国投资抱有雄心壮志的私募投资者亦认为中国私募市场增长的首要障碍是中国规制制度,如图1-4所示。[⑥] 私募投资者的其他忧虑包括交易机会、退出途径和投资收益变现,而这些都与中国政府的治理质量密切相关,并受其影响。外国投资者必须不时采取风险控制措施,克服监管障碍。[⑦] 私募界对中国投资和法治环境的评价与外国投资界的评价总体吻合。根据在中国的美国商会2011年的调查,分别有31%和29%参加调查的美国在华企业认为官僚体系和模糊不清的法律法规是中国私募市场增长中最大的五个障碍之一。[⑧] 图1-4中所反映

① Kaufmann et al., Aart kraay and Massino Mastruzzi, "Governance Matters Ⅷ: Aggregate and Individual Governance Indicators 1996-2008", June 2009, World Bank Policy Research Working Paper WPS 4978; and http://info.worldbank.org/governance/wgi/sc_country.asp.

② See Randall Peerenboom, *China's Long March Toward Rule of Law*, Cambridge: Cambridge University Press, 2002; Margaret Y. K. Woo, "Law and Discretion in the Contemporary Chinese Courts", *in Pacific Rim Law & Policy Journal* 8, 1999, pp. 581, 584. 最高人民法院前院长肖扬制定了一幅改革中国法院系统的路线图。Yang Xiao, "A New Chapter in Constructing China's Legal System", in Laurence Brahm (ed.), *China's Century: The Awakening of the New Economic Powerhouse*, John Wiley & Sons (Asia) Pte Ltd. 2001, pp. 219-233.

③ Donald C. Clarke, "Economic Development and the Rights Hypothesis: The China Problem", *in American Journal of Comparative Law* 51, 2003, p. 89.

④ Donald C. Clarke, "Power and Politics in the Chinese Court System: The Enforcement of Civil Judgments", *in Columbia Journal of Asian Law* 10, 1996, p. 43.

⑤ Weixia Gu, "Judicial Review over Arbitration in China: Assessing the Extent of the Latest Pro-arbitration Move by the Supreme People's Court in the PRC", *in Wisconsin International Law Journal* Vol. 27, No. 2, 2009, pp. 221-269.

⑥ KPMG, "Private Equity in China - Market Sentiment Survey", available at www.kpmg.com/sitecollection documents/private-equity-china-market-sentiment.pdf.

⑦ Sundeep Tucker and Jamil Anderlini, "Carlyle to Set up Renminbi-based Fund in Beijing' and Back in China with An Eye on Domestic Politics", *Financial Times*, January 13, 2010, p. 17(披露了外国私募投资者在中国的主要焦虑是他们如何退出投资);"Carlyle Launches Renminbi Fund Tie-up", *Financial Times*, February 25, 2010, p. 14(指出外国私募同中国地方政府成立人民币基金是外国私募投资者进入快速发展的中国市场,获取交易机会和克服管制障碍的方式)。

⑧ 2011 Business Climate Survey by American Chamber of Commerce in China. See Kathy Chu, "Is China Turning against Foreign Businesses?", 25 October 2011, US Today, 8A.

的业界评价也印证了在其他国家或者地区的田野调查,即包括破产清算、股权控制、现金流、董事会参与度、估值和投资者保护在内的诸多权利其实都与司法和行政治理质量密切相关。[①]

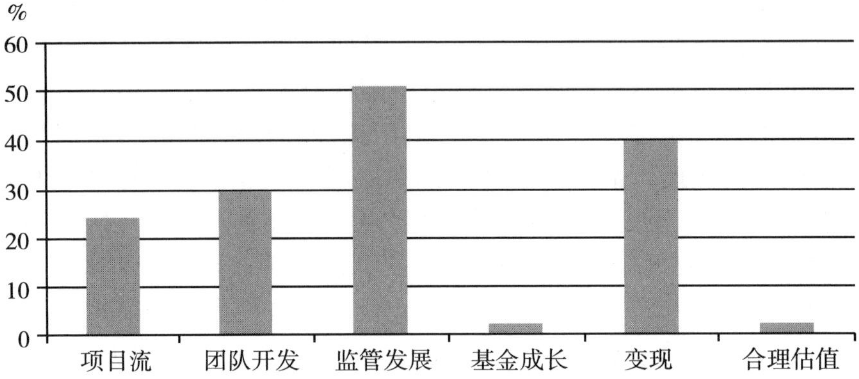

图 1-4 私募投资者在中国投资遇到的主要障碍

如果中国的法律制度、体系和环境问题重重,不可依赖,为什么中国所吸收的私募无论从规模上还是数量上都很巨大以至于中国成为私募“圣地”呢?[②] 这是否暗示着“法律重要”(law matters)的理论与中国现实不符呢?考虑到市场经济下资本的逐利性,也就不难理解为什么私募投资者愿意花费额外的时间和成本于投资之前在境外重组中国目标公司。这些重组常发生在香港、开曼群岛和英属维尔京群岛,它们都拥有普通法系的法律制度,公正的司法系统,以及私募投资者所熟悉的公司法和财产权保护制度。此外,在这些地方还可以获得符合国际水准的专业服务,以保障私募交易顺利进行,确保退出机制有效运行。[③] 这些普通法系法域向外国投资者提供的制度红利可以削减包括代理成本在内的交易成本。这正反映

① Josh Lerner & Antoinette Schoar, “Does Legal Enforcement Affect Financial Transactions? The Contractual Channel in Private Equity”, *in Quarterly Journal of Economics* Vol. 120, No. 1, 2005, pp. 223-246; Steven N. Kaplan, Frederic Martel & Per Stromberg, “How Do Legal Differences and Learning Affect Financial Contracts?”, 2004, National Bureau of Economic Research Working Paper, available at http://ssrn.com/abstract=557007.

② Joshua Aizenman & Jake Kendall, “The Internationalization of Venture Capital and Private Equity”, 2008, NBER Working Papers 14344, available at http://ssrn.com/abstract=1275544.

③ Bernard S. Black and Ronald J. Gilson, “Venture Capital and the Structure of Capital Markets: Banks versus Stock Markets”, *in Journal of Financial Economics* Vol. 47, No. 3, 1998, pp. 243-277.

了低成本的公司融资与更优的法律体系和财产权保护制度之间的正面与共生的关系。[①]

6. 通向硅谷之路——公司法制度的改造路径

中国的制度环境与美国有根本区别，特别是在证券市场、公司治理传统、权利保障制度和司法系统效率等方面。这些特征把中国的私募增长模式和美国模式区别开来。美国私募业的成功是“原生态”的，是根植于美国经济制度的融资模式的成功。中国式的私募成功是非“原生态”的，私募融资在中国没有适合的公司法土壤。而正是这样的非本土性特征驱动投资者为了规避中国缺乏可预期性的公司法和司法体系，去“寻求”私募投资者更加熟悉的离岸投资地，借助更为有效并且合理的法域。

（1）“牵引”中国私募成功之路

私募产业的成败与否给政策或规则制定者出了一个富有挑战性的“牵引”问题，[②]即采取怎样的有效而高效的行政、立法、监管或者财政制度来吸引私募投资？行业领先者的经验给我们提供了两种选择。首先，政府可以设立宗旨明确的公共基金，直接进行私募运作，用社会福利资金投资目标公司。[③] 虽然这种方式可以扩大私募的规模，但存在“挤走”私人投资者的风险，或是缺乏明确的投资计划，导致投资收益逐渐减少。[④] 由于政府所有的投资者与市场有天然的隔阂，这类政府支撑的投资者模式成功个案不多。其次，立法机关、证券或者金融监管机构可以制定并实施富有前瞻性的措施，比如小股东保护、董事权力监督以及信息披露，以此引导证券市场的发展，增强市场流动性。[⑤] 第二种选择更“合乎”私募投资者的需求和期待。然而，一个流动性强的证券市场并不可能一蹴而就。为了满足当前的迫切需要，立法或者行政机关可以专注于促进法律体系良好运转，加强投资者保护。重视权利及其救济的法律制度能够给私募的发展营造成

---

① Rafael La Porta et al.,“Investor Protection and Corporate Valuation”, *in Journal of Finance*, Vol. 57, No. 3, 2002, pp. 1147-1170.

② Ronald J. Gilson,“Engineering a Venture Capital Market: Lessons from the American Experience”, *in Stanford Law Review* 55, 2003, pp. 1067-1103.

③ Ibid.

④ John Armour and Douglas Cumming,“The Legislative Road to Silicon Valley”, 2006, Oxford Economic Papers 58, pp. 596-635.

⑤ Bernard S. Black,“The Legal and Institutional Preconditions for Strong Securities Markets”, in UCLA Law Review 48, 2001, pp. 781-858.

熟的营商环境。

中国政府成功地促进了私募的发展，不仅订立了发展政策，也吸引了大量的私募投资。[①] 然而，补贴和信贷优惠等措施，对吸引私募投资帮助不大。[②] 理论上，对私募业提供公共基金等形式的补贴，不仅降低了公共福利，也因为产生的直接竞争而“挤走”私人投资。[③] 实践中，公共基金自身的优势地位可能会重构私募产业：更多的资金、更宽松的预算限制、更少的经济利润上的担忧、更优的谈判地位，这些都与政策制定者预期的效果和业界逐利的本性相悖。当牵涉“真正的”决定性因素时，一国法律制度对促进私募投资的供需两面具有统计以及经济上的显著性。只有拥有一个功能健全的公司法制保障公司重组、并购、分立、私募和公开募股等活动，加之一个保障法律、合同和权利的制度体系，[④]私募才能得到可持续发展。

中国政府政策经常而不可预期的变化也被认为是切实的风险之一，妨碍了外商直接投资的增长。[⑤] 政策和法律的持续变化不利于形成路径依赖（一种规范、示范[⑥]和标准化私募交易结构和合同条款的力量）。[⑦] 一旦私募投资者通过有效的谈判和充分的市场考察找到了一种可行的交易结

① Jonathan Zhou, “Getting Nowhere: Private Equity in China”, available at http://www.iflr.com//popups/printarticle.aspx? articleid=2027258.

② Marco Da Rin et al., “Public Policy and the Creation of Active Venture Capital Markets”, 2005, European Central Bank Working Paper 430; Armour and Cumming, 同注③, pp. 596-625.

③ See Douglas Cumming and Jeffrey G. MacIntosh, “Crowding out Private Equity: Canadian Evidence”, *in Journal of Business Venturing* 21, 2006, pp. 569-609（提供证据确认在加拿大存在这种“挤出”效应）; Armour and Cumming, 同注③（确认“挤出”效应比公共和私人资助的基金的共生现象更加真实）and Benoit Leleux and Bernard Surlemont, “Public Versus Private Venture Capital: Seeding or Crowding Out?, A Pan-European Analysis”, *in Journal of Business Venturing* 18, 2003, pp. 81-104（提出“挤出”效应没有在20世纪早期的欧洲十五国出现过）.

④ 关于法律制度和私募投资活动之间的关系的研究，可见 Cumming, Flemming & Schwienbacher; Mihir Desai, Paul Gompers & Josh Lerner, “Institutions and Entrepreneurial Firm Dynamics: Evidence from Europe”, 2006, Harvard NOM Research Paper 3-59; Josh Lerner & Antoinette Schoar, “Does Legal Enforcement Affect Financial Transactions? The Contractual Channel in Private Equity”, *in Quarterly Journal of Economics* 120, 2005, pp. 223-246.

⑤ See Stanley B. Lubman, “Introduction: The Environment for Foreign Business in China: Two Decades of Progress, Continuing Uncertainties” in Freshfields (eds), *Doing Business in China*, Juris Publishing, Inc. 2006, Ch 1.

⑥ 信号效果是指律师和市场参与者注意并参考市场实践和定律以保证有更高的执行力和安全性。

⑦ Marcel Kahan & Michael Klausner, “Standardization and Innovation in Corporate Contracting (or ‘The Economics of Boilerplate’)”, *in Va. L. Review* 83, 1997, pp. 713, 729-736.

构,这种结构和合同条款就会成为"固定的"模版或者交易习惯,并在市场中广泛传播,其稳定性会得到进一步巩固。业界因循这种"固定的"交易习惯,[①]是因为经常提及的一些因素:商业交易网络效应、交易转换成本。[②]更为重要的是,在中国的语境里,代理问题大大削弱了律师重新设计和优化交易结构及条款的动力,令现有的做法与市场规范背道而驰。[③] 强势的路径依赖展现出"受约束的"理性和对法律以外的其他外在影响和变化的抵制。[④] 类似地,由于代理问题,律师和市场参与者自发地通过限定符合习惯的交易结构来抵制外在的影响和变化。即使这么做没有达到预期的效果,也要把变化控制在既有的结构范围内。[⑤]

虽然中国尝试把离岸公司纳入公司法的监管范围,但立法和行政机关的努力和预期相比收效甚微。原因很简单,私募投资者可以把投资重组到其他国家或者地区,以应对立法或者行政举措。换句话说,限制私募规避行为的新举措会向私募投资者发出一个错误的信号,即政府在加大对私募投资的干涉力度,这和私募以合同为基础的意思自治和商业自由的属性相悖。这种政府行为往往存在偏见,毕竟在没有明确监管框架的情况下应该允许双方当事人意思自治。监管或者政策改变等形式的干涉会增加私募交易成本,影响私募投资者的行为模式。2005~2007 年期间私募数量的急剧下降[⑥]证明了中国应当更加关注公司法的改革,满足私募业界对财产权益保护的合理期待。外资参股的中国公司一般会采用更好的公司治理模

① Omri Ben-Shahar & John A. E. Pottow, "On the Stickness of Default Rules", *in Fla. St. U. L. Rev.* 33, 2006, pp. 651, 652-653.

② See Stephen J. Choi & G. Mitu Gulati, "Innovation in Boilerplate Contracts: An Empirical Examination of Sovereign Bonds", *in Emory L. J.* 53, 2004, pp. 929, 930 - 38; Michael Klausner, "Corporations, Corporate Law, and Networks of Contracts", *in Va. L. Rev.* 81, 1995, pp. 757, 817-818.

③ Russell Korobkin, "The Status Quo Bias and Contract Default Rules", *in Cornell L. Rev.* 83, 1998, pp. 608, 611-612.

④ Marcel Kahan & Michael Klausner, "Path Dependence in Corporate Contracting: Increasing Returns, Herd Behaviour and Cognitive Biases", *in Wash. U. L. Q.* 74, 1996, pp. 347, 353-355.

⑤ W. Scott Frame & Lawrence J. White, "Empirical Studies of Financial Innovation: Lots of Talk, Little Action?", *in J. Econ. Literature* 42, 2004, pp. 116, 121-122.

⑥ Ran Zhang, "China to Boost Share in PE Pie", *China Daily*, September 10, 2009, available at http://www.chinadaily.com.cn/cndy/2009-09/10/content_8674786.htm.

式,向投资者提供更多的保护,以便在盈利的基础上高价卖出持股。[①] 这是私募投资者在扩展业务、降低代理成本和改进中国公司治理方面所起到的战略性作用。

(2)“移植”和“搭便车”

法律制度特别是公司法不健全的国家一般会采取两种范式革新法律规范。一是“移植”(transplant)他国更良好的规则和制度,融入自己的立法和司法体系;[②]二是作为“免费的乘车者”(free-rider),“搭便车”(free-ride),利用他国更优的法律制度。[③] “返程投资”和“可变利益实体”模式说明了投资者尝试“搭便车”,以获得更值得信赖的公司法、证券市场和司法制度。中国不时采取的多种针对该模式的阻却措施表明中国对“移植”和“搭载”境外法域制度的抵制。

“返程投资”或“可变利益实体”模式可能会使目标公司在适用更高标准的外国公司法的过程中获得改善公司治理的益处。大量的目标公司经历重组而建立起海外控股公司将带来积极的示范效应,即外部的内生性。经过这个过程,许多达到国际公司治理标准的高质量公司就会出现。因此,其他法域的标准、规则、法律和司法制度事实上“溢出”(spillover)到中国市场上来。这种模式对境内企业和外国投资者而言都很有好处。

“返程投资”模式还会允许本国制度“搭上外国体系的便车”。[④] 然而,过分依赖“搭便车”升级本国制度成本不菲。许多公司会发现外国的高标准带来了很多商业上的或者融资上的麻烦。[⑤] 此外,虽然本国可以享受到

---

① Chong-En Bai, Qiao Liu, Joe Lu, Frank M. Song and Junxi Zhang, “Corporate Governance and Firm Valuation in China”, *in Journal of Comparative Economics*, Vol. 32, No. 4, 2004, pp. 599-616.

② See Alan Watson, *Legal Transplants: An Approach to Comparative Law*, Athens, Georgia: University of Georgia Press, 1974; Jonathan M. Miller, “A Typology of Legal Transplants: Using Sociology, Legal History and Argentina Examples to Explain the Transplant Process”, *in American Journal of Comparative Law* 51, 2003, pp. 839, 847.

③ Black and Gilson, “Venture Capital and the Structure of Capital Markets: Banks versus Stock Markets”, *in Journal of Financial Economics* Vol. 47, No. 3, 1998, pp. 243-277.

④ “搭便车”方式关注于供应方。如果本地没有需求,这个方式也就无从谈起。

⑤ 在美国证券市场上发行股票的成本在二百万美元以上。而合规的成本可能更高。General Electric 为了遵守 Sarbanes-Oxley Act 的规定,花费了三千万美元建立起合规体系。即使是一些大型跨国企业也开始撤出美国证券市场。See Dan Roberts, “GE Says It Faces Dollars 30 Million Bill for Governance”, *in Financial Times*, April 29, 2004, p. 1; and Peter Stiff & Rod Stone, “British Airways Approves Delisting From NYSE as More European Firms Tire of US Rules”, *in Wall Street Journal*, April 26, 2007, p. C3.

"搭便车"的好处,但同时也会受到一些副作用的影响。中国曾经积极鼓励中国的公司到香港等海外市场上市,[①]希望可以"搭便车",借以改善国内公司治理水平。不过此举却给人留下了错误的印象:沪深两市的上市公司质量不高,治理水平很差。这给中国证券市场的发展造成了巨大障碍,[②]迫使证监会专注国内证券市场的建设。[③] 许多例子说明,无论是"移植"还是"搭便车",欠发达国家都会失去自主发展、形成适合自身需要和特征的制度的宝贵机会。[④]

从中国法的角度看,"返程投资"和"可变利益实体"模式都富有创意,它们在没有移植普通法系公司法的条件下实现了"移植"或者"溢出"的效果,使中国可以继续自身的公司法改革。作为正式法律制度的一部分或者说是非正式的替代品,[⑤]它们有助于减少"移植"所带来的潜在的副作用,即忽视了法律规则本身所根植的社会环境的独特性,以及司法工作人员为了适应这个过程所需要的漫长的适应和调整时间。[⑥] 普通法制度引入的滞后性,使人质疑中国法律的理论基础和制度假设。事实上,"返程投资"模式似乎减少了法律体系间的摩擦,降低了产生未知结果的可能性。为了应对中国公司法发展所遇到的意识形态领域的质疑,营造一种对支持私募投资和发展的辅助合约式公司法的需求,该模式似乎是可行的捷径,并可以借此平衡股东保护和董事勤勉义务的强制性要求。此外,这种模式的另一个创新之处在于它在商业和法律上符合中国的"一国两制"政策。中国内地和香港特区(Closen Economic Partnership Arrangement,之间《内地与

---

① It was reported that 58% of PE-backed Chinese companies divested via Hong Kong Stock Exchange in 2005, available at www. hkvca. com. hk/hkvcpea/files/writeup0607. pdf.

② 当股票市场进行股权分置改革之时,中国政府暂时停止了国内证券交易所发行新股,资本市场从2005年起处于休眠状态。这也可见于中国证监会于2005年发布的《上市公司股权分置的改革试点有关问题的通知》(已失效)。同时,中国公司在离岸股票市场寻求筹措新的资金仅限于香港、纽约和新加坡。

③ Nisha Gopalan, "China Crimps Hong Kong IPOs: Regulator Steers New Listings to Mainland", *Wall Street Journal*, April 18, 2007, p. C6.

④ See generally, Clifford Geertz, *Local Knowledge: Further Essays in Interpretive Sociology*, New York: Basic Books, 1983.

⑤ Simon Johnson, John McMillan and Christopher Woodruff, "Courts and Relational Contracts", *in Journal of Law and Economics and Organization* 18, 2001, p. 221.

⑥ Katharina Pistor, "The Standardization of Law and Its Effect on Developing Economies", *in American Journal of Comparative Law* 50, 2002, p. 97.

香港关于建立更紧密经贸关系的安排》CEPA)式的不同法域之间"联邦"式共生体系使得跨境公司重组可以带来更多的经济利益。[①] "返程投资"模式对中国公司法没有产生全面的影响,却有助于境内外投资者的相互理解和认知。在相关的投资主体熟悉了中国的制度、法律和实际运作之后,公司法的改革才会更加有效。至少,短期看来,对于大多数中国公司来说,这种模式不仅可以解决它们吸引私募增加公司融资的迫切需要,还可以把它们引入国际市场以获得新的发展机会。

(3)巩固私募业绩的下一步是什么?

全球市场逐步恶化,但是,与不断萎缩的国际金融机构和商业银行形成鲜明对比的是,私募投资对中国而言变得越发重要,它能够给中小企业提供充足的资金支持,创造更多的就业和发展机会,[②]并且激励公司参与创新和竞争。[③] 商业界和学术界已经就"一个强大的私募市场是培育现代经济朝着商业化和创新性方向发展的奠基石"这一命题达成广泛的共识。[④] 私募领域机构投资者的投资活动受到许多因素的影响,除了经济的和市场的因素,证券市场的规模和流动性也是区分资本流入国家的吸引力

---

① CEPA是指《内地与香港关于建立更紧密经贸关系的安排》,是由中国内地和香港特别行政区签署的第一个自由贸易协定。CEPA的主要文本于2003年6月29日签订,涵盖三大领域:货物贸易、服务贸易以及贸易投资便利化。CEPA是一个互利双赢的协议,它给内地、香港以及外国投资者带来了新的商业机会。对香港而言,CEPA为香港企业提供了一个机遇之窗以获得更多途径进入内地市场。CEPA也有利于中国大陆,因为香港作为内地企业进入到全球市场的"跳板",并加速中国内地与世界经济的一体化。国外投资者可以充分利用CEPA的益处,通过香港控股公司来开拓中国内地市场的庞大商机。

② Ansgar Belke, Rainer Fehn and Neil Foster, "Does Venture Capital Investment Spur Employment Growth?", 2003, CESIFO Working Paper 930; Rainer Fehn and Thomas Fuches, "Capital Market Institutions and Venture Capital: Do They Affect Unemployment and Labour Demand?", 2003, CESIFO Working Paper 898.

③ Thomas Hellmann & Manju Puri, "The Interaction between Product Market and Financing Strategy: The Role of Venture Capital", *in Review of Financial Studies*, Vol. 13, No. 4, 2000, pp. 959-984. 但是,也有观点认为私募仅仅是"临时性"的增长融资,不能为中小型企业提供持久的融资。See Hse-Yu Chiu, "Can UK Small Business Obtain Growth Capital in the Public Equity Markets? An Overview of the Shortcomings in UK and European Securities Regulation and Considerations for Reform", *in Delaware Journal of Corporate Law* Vol. 28, No. 3, 2003, pp. 933, 971.

④ Ross Levine, "Financial Development and Economic Growth: Views and Agenda", *in Journal of Economic Literature* 35, 1997, pp. 688-726; Samuel Kortum & Josh Lerner, "Assessing the Contribution of Venture Capital to Innovation", in RAND Journal of Economics, Vol. 31, No. 4, 2000, pp. 674-692(证明私募投资和被投资的目标公司研发活动产生的高专利率之间的紧密关系)。

的关键指标。同时促进证券市场和私募市场的发展就是一个“鸡生蛋”还是“蛋生鸡”的难题。学习美国私募发展的经验,启动一个专注于小型或新型企业的证券市场,[①]这种努力不一定富有成效。法国和德国曾经尝试了这种捷径,在20世纪80年代成立了中小型公司的股票交易所,不过这些交易所最终都以失败而告终,或是倒闭,或是被边缘化。[②] 创造硅谷奇迹、促进国内私募发展的“第三条道路”是:不再关注基本制度,而是发展一系列相互依赖的从属型制度,比如投资者保护、公司治理、信息披露规则和合同的强制执行机制,[③]这些都对国内股市和企业发展有引导作用。

中国版的“硅谷式成功”鲜明地展示了在路径依赖的平衡中,就价值增长、权利保障、收益分配和除权退出方面而言,尚在沿革之中、效率不高的公司法体系还无法满足私募投资者的合理需要。为规避低水平的股东权益保护制度,实现利润最大化、风险最小化,私募投资者可能不得不选择离开中国,到更合适的其他法域重新注册一家公司。全球化带来司法管辖权的竞争和融合,[④]私募投资者最为关切的是中国应当通过采用切实有效的措施以“治疗”本地监管模式,并采用和实施更为高效、最优和可以提高价值的规则来实现公司法体制现代化,以吸引本国和外国的投资,营造良好的从商环境。如此,私募投资者才会对中国的工业政策、公司治理、监管环境和司法体系更有信心,私募投资才会有“中国式”的成功,并得以持续发展。

---

① 中国国家领导人于2018年11月5日在首届中国国际进口博览会上表示,在上海证券交易所设立科创板并试点注册制,这是实施创新驱动发展战略,深化资本市场改革的主要举措。此举有助于增强资本市场对科技创新企业的包容性,着力支持关键核心技术创新,提高服务实体经济能力。稳步试点注册制,需要推进发行、上市、信息披露、交易、选市等基础制度改革,建立健全以信息披露为中心的股票发行上市制度。

② Sebastian Rasch,“Special Stock Market Segments for Small Company Shares in Europe-What Went Wrong?”,Centre for European Economic Research Discussion Paper No. 93-13. 这些小的证券交易市场最近又以 Alternext 和 Open Market 的形式复活了。

③ La Porta,“Investor Protection and Corporate Valuation”,in Journal of Finance,Vol. 57,No. 3,2002,pp. 1147-1170.

④ Ronald J. Gilson,“Globalizing Corporate Governance:Convergence of Form or Function”,in Jeffrey N. Gordon & Mark J. Roe(eds.),*Convergence and Persistence in Corporate Governance*,Cambridge:Cambridge University Press 2004,pp. 128-158.

第二章　私募股权基金监管权力分配
——中央与地方监管权博弈

一、问题的提出

（一）西迁潮——从天津到乌鲁木齐

作为私募股权基金先行先试区域，天津一度成为中国股权投资基金增长最快、活跃度最高、机构最集中的地区之一。[①] 但是，在“全民私募股权投资基金”的同时，诸如非法集资、私募股权基金腐败、运营不规范等一系列问题也随之而来。因此，天津市从2011年起加大对私募股权基金的监管力度，大幅提高基金设立门槛、[②] 整顿空头基金。[③] 然而，其他地方尤其是中西部欠发达地区，为吸引私募股权基金落户本地，给予私募股权基金较低的注册门槛及优惠政策。乌鲁木齐，私募股权投

① 郭卫锋：《优化行业发展环境 天津PE监管率先升级》，载http://wq.zfwlxt.com/blog/blogshow.aspx?user=184241&itemid=5b4bcb9a-3b02-480a-b4ef-a03000bcee7b，2012年5月10日访问。

② 例如，将股权投资企业强制备案的范围从资本规模5亿元扩大到1亿元以上5亿元以下，将股权投资企业的注册资本从不低于1亿元提高到2亿元。参见国家发展改革委办公厅《关于进一步规范试点地区股权投资企业发展和备案管理工作的通知》、《天津股权投资企业和股权投资管理机构管理办法》（675号文）、天津港保税区管委会2011年8月发文。

③ 指那些光有注册资本，实际上募资不到位的基金。

资基金发展的后起之秀，2010 年 8 月公布了《促进股权投资类企业发展暂行办法》，以 200 万元的低门槛吸引着大量中小型的投资企业。除此以外，新疆还加大了税收优惠，[①]支持中小私募股权。私募股权基金的西迁潮由此产生。根据天津滨海新区的公示，从 2012 年 1 月 1 日之后的两年内，只有天津武科创盈股权投资基金合伙企业等不到 10 家机构准予注册，而一些大型私募股权基金均选择了落户其他城市。[②] 但是在新疆，截至 2011 年 12 月，股权投资类企业增至 337 家，其中新注册基金达 250 家，疆外迁入的基金 87 家，管理资产超过 800 亿元。[③]

天津、乌鲁木齐等地对私募股权基金的监管政策如此大相径庭，是否符合国家对私募股权基金监管的规定？答案是符合，因为根据国家发改委《关于促进股权投资企业规范发展的通知》，募资规模 5 亿元的股权投资企业在国家发改委备案；不足 5 亿元的则在省级备案管理部门备案。中央确实授权地方对 5 亿元以下的股权投资企业进行监管。

如今私募股权基金[④]在中国炙手可热，似乎一提到私募股权基金就会想到巨额的投资回报和钱生钱的巨大利润。既然私募股权基金发展如此迅速，其监管失灵和有效监管问题也呼之欲出。私募股权基金究竟要不要监管？如果要监管那么究竟包括哪些方面？目前私募股权基金正在由哪个或者哪些机构进行监管？对于私募股权基金的监管中央和地方究竟做了怎样的分工？这样的分工是否合理？本章以这些问题为脉络，对私募股权基金监管的权力分配现状进行梳理和分析，运用两个博弈模型提出现状的不足和修改建议。

---

① 例如，公司制的股权投资类企业纳入自治区支持中小企业服务体系，依法享受国家西部大开发各项优惠政策；合伙制股权投资类企业的合伙人，按照“先分后税”缴纳所得税后，自治区按其对地方财政贡献的 50% 予以奖励。

② 参见王月平：《天津滨海新区监管升级 PE 转移阵地静观其变》，载《投资者报》，http://www.p5w.net/fund/smjj/201203/t4115138.htm，2012 年 3 月 5 日访问。

③ 参见李小晓：《西部门槛低 PE 西迁》，载中财网，http://www.cfi.net.cn/p20120424001482.html，2012 年 4 月 24 日访问。

④ 私募股权基金究其实质而言，是投资人将资金交由管理人管理的一种信托行为，而其投资方向基本限定于非上市股权。参见陈道富：《中国私募股权投资：最敏感的神经在哪里》，载中国银保监会官网，http://www.circ.gov.cn/tabid/106/InfoID/53777/frtid/3871/Default.aspx，2007 年 9 月 19 日访问。

(二)私募股权基金监管的必要性

在探讨如何监管私募股权基金之前,笔者认为有必要先对私募股权基金监管的必要性进行分析,因为如果没有私募股权基金监管的必要性,私募股权基金的监管方式就无从谈起。私募股权基金是否需要监管,一直众说纷纭。私募股权基金也一度出现监官真空。支持私募股权基金无需监管的最重要理由之一,是私募股权基金不存在信息不对称的问题。私募股权基金的募集对象是定向投资者,他们往往拥有较大资产规模,风险评估能力和风险克服能力较强、自我保护能力强、拥有更强的获取投资信息的能力。在与基金管理人对话时拥有更强的谈判能力。基于此,私募股权基金不需要监管。

也有观点认为私募股权基金仍需监管。第一,事前审查可以减少风险。对私募股权基金的备案监管可以防止在私募股权基金设立时就出现空头基金等问题。降低投资者损失,减少事后诉讼。第二,监管是打击非法行为的前提。没有监管,就无从发现和打击如变相公开等非法行为。一部分私募股权基金管理者可能以私募之名,行公募之实,规避公募基金的严格监管,损害投资者利益、扰乱市场。

但是,私募股权基金只需适度监管。监管的任务只在于保护金融经济的正常运行,创造稳定的竞争环境,其框架模式可表示为:有效金融监管=市场自由竞争+政府有限干预。[①] 对于私募股权本身可以自我调节的领域或者微观经营活动,政府无需介入。

二、私募股权基金两级多头监管权力分配现状

私募股权基金的监管机构权力分配是“两级多头”式,“两级”是指在纵向上监管权力在中央和地方之间分配,“多头”是指在横向上有多个部门对私募股权基金进行监管。笔者将对私募股权基金的横向和纵向监管现状进行梳理和分析。

① 寿伟光著:《论基金监管政策》,复旦大学出版社2007年版,第45页。

（一）多部门对私募股权基金监管权力分配现状

在中央，国务院下属多个部门对私募股权基金进行监管。（1）私募股权基金在工商局注册登记设立。[①]（2）创业投资企业、股权投资企业、产业基金[②]由发改委监管。（3）外资私募股权基金由商务部监管。[③]（4）作为私募股权基金资金募集来源之一的信托基金由银监会监管。[④]（5）上市私募股权基金由证监会监管。（6）投入私募股权基金的保险资金由保监会监管，[⑤]具体如图 2-1 所示。

私募基金首次登上中国资本市场舞台的时间是 2003 年，当时私募基金领域的相关立法几乎空白。私募证券基金多是以阳光私募基金的形式存在——即私募基金管理人通过投资顾问的形式，借助信托计划等正规金融机构的产品为载体，来进行投资运作。[⑥]之后相当长的时间内，私募业监管体系以及监管部门职责划分经历了许多变化，监管体系发展路线图可见表 2-1。

① 工商局负责私募股权基金设立注册登记，对股权投资基金监管来说是最基础的监管，通过登记的方式保证私募股权投资基金市场准入的规范性。参见张玉玲：《中国私募股权投资基金监管制度研究》，中国社会科学院研究生院 2011 年硕士学位论文，第 9 页。

② 创业投资企业、股权投资企业、产业基金是私募股权基金在中国历史发展中出现的合法形式。

③ 对于外资私募股权投资基金的设立施行审批制，监管最为严格。2003 年对外贸易经济合作部、科学技术部、国家工商行政管理总局、国家税务总局和外汇管理局发布《外商投资创业投资企业管理规定》，对外商投资私募股权投资基金的设立审批、对外投资审批、投资限制、投资备案、资金使用情况、投资管理人监督等方面作了规定。参见魏君贤：《PE/VC 在中国发展的法律环境和监管现状》，载 http://doc.mbalib.com/view/8fdc47bc82bd6fd323142cfde4fbe467.html，2012 年 5 月 10 日访问。

④ 随着《信托投资公司管理办法》（中国人民银行令〔2002〕第 5 号）的废止，银监会代替中国人民银行对信托公司及其业务活动实施监督管理。

⑤ 保险公司在国务院《关于保险业改革发展的若干意见》中，就取得了“开展保险资金投资不动产和创业投资企业试点”的资格。虽然保监会在此问题上还比较谨慎，但在法律上已没有限制。社保基金将进军私募股权基金，在配置比例上为总资产的 20%。参见李文绚、吕蓁：《20%社保基金资产将瞄准私募股权投资》，载中国银保监会官网，http://www.cinc.gov.cn/tabid/106/InfoID/47779/frtid/3871/Default.aspx，2007 年 6 月 8 日访问。

⑥ 广发证券私募视界：《中国私募基金发展历程、现状及趋势展望》，2016 年 9 月 6 日。载 https://mp.weixin.qq.com/s?src=3&timestamp=1550245332&ver=1&signature=YgegqIvFXNju7Yi3vMGmSwClFLrQY*Oh90c9aKGLY13MrXF7CIzkBASLnxy3jG1WQu3tkk6jaCyL2bMRjsRknGwgLiGaUBpaskF-PCjroj-CVq50V2VVrlc8vNw9OULk06nlnMliaHaEgVq97QL-xHqU-xcH7Yawp1KJWY5r0GU=，2019 年 2 月 15 日访问。

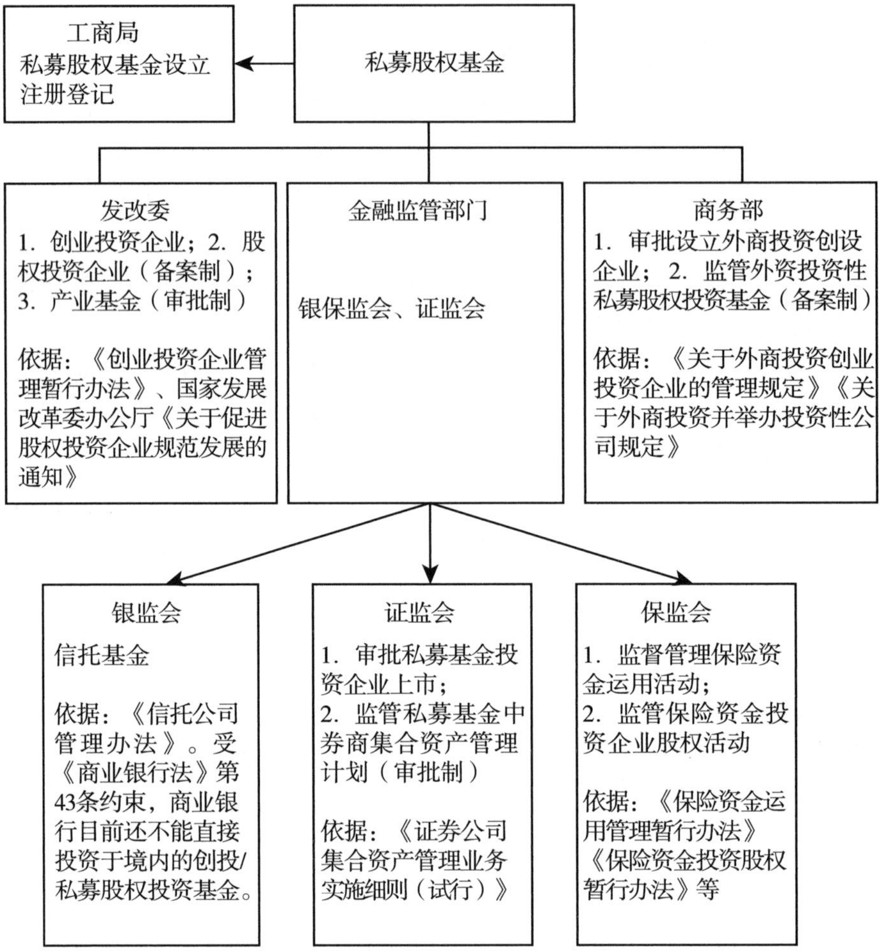

图 2-1　多部门对私募股权基金的监管权力分配

表 2-1　私募监管体系发展路线表(2006~2019 年)

时间	部门及相关规定	主要内容
2006 年 3 月 1 日	发改委令 2005 年第 39 号《创业投资企业管理暂行办法》	定义了“创业投资”、“创业投资企业”和“创业投资引导基金”,并对其首提备案要求。同时,对创业投资企业提供一定政策扶持,可享受国税总局的税收优惠政策。(第 2 条)

续表

时间	部门及相关规定	主要内容
2008年8月	发改委《股权投资基金管理办法》起草小组座谈会	对产业投资基金的管理从“审批制”改为“备案制”。①
2008年10月18日	国务院办公厅转发了《关于创业投资引导基金规范设立与运作的指导意见》	对“创业投资引导基金”的性质与宗旨、设立与资金来源、运作原则与方式、管理、监管与指导、风险控制等方面做出规定,并将创业投资引导基金纳入公共财政考核评价体系,由财政部门和负责推进创业投资发展的有关部门实施监管与指导。 引导基金是“由政府设立并按市场化运作的政策性基金,主要通过扶持创业投资企业发展,引导社会资金进入创业投资领域。引导基金本身不直接从事创业投资业务”。(第1条) 要求引导基金作为母基金只投资子基金,不直接投资企业的做法仍然广泛使用。(第3条)
2010年10月	上海市批转了市发改委和市财政局制定的《上海市创业投资引导基金管理暂行办法》	—
2010年	中国投资协会股权和创业投资专业委员会(以下简称中国创投委)经发改委批准成立	国内首个经政府主管部门正式审批注册的全国性股权和创业投资行业协会组织,旨在宣传贯彻政策法规、推进理论研究和推动行业发展。
2011年1月31日	发改委办公厅发布《关于进一步规范试点地区股权投资企业发展和备案管理工作的通知》(现已失效)	除了某些特定情形外,股权投资企业均应当按照该通知要求,申请到国家发改委备案并接受备案管理。(第5条)

① 参见周扬:《从审批制到备案制:地方产业投资基金立法提速》,载《21世纪经济报》2008年12月16日,http://news.hexun.com/2008-12-16/112400123.html,2019年2月15日访问。

续表

时间	部门及相关规定	主要内容
2011年11月23日	发改办财金〔2011〕2864号文《关于促进股权投资企业规范发展的通知》	规范了股权投资企业的设立、资本募集与投资领域,健全股权投企业的风险控制机制,明确股权投资管理机构的基本职责(第一章,第二章);建立股权投资企业信息披露制度(第13条、第14条);加强对股权投资企业的备案管理和行业自律,并要求股权投资企业至发改委或省级备案管理部门备案。(第17条)
2012年5月	发改委《关于进一步做好股权投资企业备案管理工作的通知》(发改办财金〔2013〕694)	在全国股权投资备案管理工作会议上明确要求,各省级备案管理部门应在2012年10月底以前,完成本地区股权投资企业备案管理规则的立法程序。(序言)
2012年6月6日	国务院	中国证券投资基金业协会(以下简称中基协)经国务院批准后成立,是证券投资基金行业的自律性组织,接受证监会和民政部的业务指导和监督管理。基金业协会主要职责包括:制定实施自律规则,监督检查会员及其从业人员;制定行业标准和业务规范,组织从业考试、开展资质管理和业务培训等等。
2013年2月	证监会公告〔2013〕10号《资产管理机构开展公募证券投资基金管理业务暂行规定》	规定符合条件的私募证券基金管理机构,可向证监会申请开展公募基金管理业务。(第3条)
2013年3月25日	发改办财金〔2013〕694号文《关于进一步做好股权投资企业备案管理工作的通知》	要求各地抓紧推进股权投资企业备案管理制度建设、尽快出台地方性股权投资企业备案管理规则。各地方股权投资企业发起或管理公募或私募证券投资基金、投资金融衍生品、发放贷款将被认定为违规行为。(第1条)
2013年6月	《证券投资基金法》正式实施	在市场准入、投资范围、业务运作等多方面优化了行业业态,还将非公开募集基金纳入法律调整范围,拓展了行业的发展空间。对于私募基金行业而言,2013年的基金法修订正式将"非公开募集基金"纳入监管范畴,相当于给了私募基金正式法律身份。修订后的《证券投资基金法》将私募证券投资纳入监管,但是没有对私募股权和创投作出规定。(第十章)

续表

时间	部门及相关规定	主要内容
2013年6月27日	中央机构编制委员会办公室发布《关于私募股权基金管理职责分工的通知》	明确将私募基金划归证监会管理,即证监会负责制定私募股权基金的政策、标准与规范,对设立私募股权基金实行事后备案管理,负责统计和风险监测,组织开展监督检查,依法查处违法违纪行为,承担保护投资者权益工作。发改委则负责组织拟订促进私募股权基金发展的政策措施,会同有关部门研究制定政府对私募股权基金出资的标准和规范。①
2014年1月17日	中基协发〔2014〕1号《私募投资基金管理人登记和基金备案办法(试行)》	证监会正式授权中基协负责对私募基金管理人进行登记,监管思路是从保护投资者权益的角度出发,对私募基金产品进行备案,对私募基金行业进行自律管理。从监督内容上,基金业协会注重于资金募集、信息披露、管理人建设完善内控体系、杜绝利益输送等主要涉及投资权益保护的事项。
2014年2月	中央编办综合司发布《关于创业投资基金管理职责问题意见的函》	强调中国证监会为创业投资基金的主要监管部门,并将创业投资企业的称谓改为创业投资基金。2014年2月,中国证监会正式接替发改委对私募行业进行监管。
2014年2月7日	—	中基协私募登记备案工作开启,私募基金登记备案性质定位还较为模糊,缺乏规则,属于登记备案的探索期。当时,平均每月有765家机构申请登记,1563只产品申请备案。
2014年4月	—	证监会成立私募基金监管部,专门负责私募基金监管。
2014年5月	国发〔2014〕17号《关于进一步促进资本市场健康发展的若干意见》	为私募基金的发展方向定调,建立健全私募发行制度、规范募集行为。对私募发行不设行政审批,并提出发展私募投资基金。按照功能监管、适度监管的原则,完善股权投资基金、私募资产管理计划、私募集合理财产品、集合资金信托计划等各类私募投资产品的监管标准。
2014年8月21日	证监会令105号《私募投资基金监督管理暂行办法》发布	授权中国证券投资基金业协会对私募基金业开展行业自律管理(第六章);从整体上规范私募投资基金活动,保护投资者及相关当事人的合法权益,促进私募投资基金行业健康发展。

① 参见中国编制机构网:《中央编办发文明确私募股权基金管理职责分工》,2013年6月,载http://www.scopsr.gov.cn/bbyw/qwfb/201306/t20130627_227855.html,2019年2月15日访问。

续表

时间	部门及相关规定	主要内容
2014年12月22日	—	中基协私募登记备案工作开启全口径登记备案期。当时中基协为摸清行业底数,响应商事改革和“双创”要求,对该时期的登记备案不设门槛。这也导致当时大量背景各异、主业模糊或无明确展业目标的机构纷纷申请登记,登记数呈爆发式增长。这一时期,平均每月有2016家机构申请登记,2294只产品申请备案。①
2015年11月12日	财政部印发《政府投资基金暂行管理办法》	将“政府投资基金”定义为“由各级政府通过预算安排,以单独出资或与社会资本共同出资设立,采用股权投资等市场化方式,引导社会各类资本投资经济社会发展的重点领域和薄弱环节,支持相关产业和领域发展的资金”。表明各级财政部门对“政府投资基金”的监管职责,规定了“预算管理”“资产管理”。
2015年12月	财政部发布《关于财政资金注资政府投资基金支持产业发展的指导意见》	提出规范设立运作支持产业的政府投资基金。(第3条)
2016年初开始至今	—	证监会与中基协持续细化私募监管体系。
2016年12月30日	发改委印发《政府出资产业投资基金管理暂行办法》	将“政府出资产业投资基金”定义为“指由政府向产业投资基金出资,可以采取全部由政府出资、与社会资本共同出资或向符合条件的已有产业投资基金投资等形式”“政府出资产业投资基金社会资金部分应当采取私募方式募集,募集行为应符合相关法律法规及国家有关部门规定”。(第1条) 表明发改委对“政府出资产业投资基金”的监管职责,对政府出资类基金的募集、信息登记管理制度作了要求,包括登记程序、方法和内容等;也对基金的投资领域、投资对象等作出规定;对基金的绩效评价、行业信用建设、监督管理作出规定。

① 参见洪磊:《私募登记备案经历了三个时期,未来将探索新路径》,载《金融界基金》2017年12月,http://simu.jrj.com.cn/2017/12/02205623731409.shtml,2019年2月15日访问。

续表

时间	部门及相关规定	主要内容
进入2017年后	—	监管力度与深度持续增长。
2016年2月5日	中基协发〔2016〕4号文《关于进一步规范私募基金管理人登记若干事项的公告》	中基协私募登记备案工作开启底线审核和信用约束期。以中基协发〔2016〕4号文《关于进一步规范私募基金管理人登记若干事项的公告》的发布为标志,协会从登记备案的源头开始,全面规范私募基金行业的展业秩序和信用环境。
2016年7月15日	证监会公告〔2016〕13号《证券期货经营机构私募资产管理业务运作管理暂行规定》	在业内被称作"新八条底线",在正本清源的前提下,重点加强对违规宣传推介、结构化产品、违法活动、"资金池"业务等的规范。私募证券投资基金管理人亦需参照执行。
2016年12月12日	证监会〔2016〕第130号令《证券期货投资者适当性管理办法》	将投资者分为专业投资者和普通投资者,私募基金行业也在其调整范围之内。(第2条)
2017年1月13日	发改财金规〔2016〕2800号《政府出资产业投资基金管理暂行办法》	该办法明确政府出资产业基金的定义及范畴,并确立了管理体制,要求此类管理人在相关信用信息登记系统登记。中央各部门及其直属机构出资设立的产业投资基金募集完毕后20个工作日内,应在全国政府出资产业投资基金信用信息登记系统登记。地方政府或所属部门、直属机构出资设立的产业投资基金募集完毕后20个工作日内,应在本区域政府出资产业投资基金信用信息登记子系统登记。发展改革部门应于报送材料齐备后五个工作日内予以登记。(第12条)此外明确管理人实收资本不低于1000万元,产品应委托商业银行托管。在投资范围上,该办法明确此类基金应当以未上市企业股权投资为主,禁止明股实债等变相增加政府债务的行为。
2017年2月	证监办发〔2017〕2号《关于开展2017年私募基金专项检查的通知》	各地证监局开展专项检查。上海、四川、海南、青岛、甘肃、宁夏、陕西、江西等地区证监局按照"两随机、一公开"要求,依据"问题导向随机抽取"原则,陆续开展辖区内的私募检查。
2017年2月14日	中基协发布《证券期货经营机构私募资产管理计划备案管理规范第4号》	限制私募基金投向不符合国家相关产业政策的领域。(第1条)

续表

时间	部门及相关规定	主要内容
2017年3月1日	中基协《私募投资基金服务业务管理办法（试行）》	规范了基金募集、投资顾问、份额登记、估值核算、信息技术系统等服务业务。此外规定申请机构应当根据《私募投资基金服务机构法律意见书指引》的要求，在登记系统中上传法律意见书。
2017年3月31日	基金业协会发布《私募基金登记备案相关问题解答（十三）》①	进一步提高了对私募基金管理人“专业化管理”的要求，规定同一私募基金管理人不可兼营多种类型的私募基金管理业务，明确私募基金管理人在申请登记时仅选择一类机构及业务类型进行登记，且只可备案与本机构已登记业务类型相符的私募基金，不允许此前所谓的“全牌照”“多牌照”私募管理人的存在。 对于此前已登记多类业务类型、兼营多类私募基金管理业务的私募基金管理人，该文件要求整改以落实相关要求，应当从已登记的多类业务类型中仅选择一类业务类型作为展业范围，确认自身机构类型。
2017年4月5日	基金业协会发布《关于“资产管理业务综合管理平台”第二阶段上线运行与私募基金信息报送相关事项的通知》	资产管理业务综合管理平台第二阶段上线运行，要求管理人上传运营风险控制制度等八类制度，并且不再提示“退回补正超过5次，机构申请将会被锁定3个月”。同时全面启动私募基金从业人员注册管理功能。
2017年4月10日	发改委发布《国家发展改革委办公厅关于印发《政府出资产业投资基金信用信息登记指引（试行）》的通知》（发改办财金规〔2017〕571号）	这是继《政府出资产业投资基金管理暂行办法》（发改财金规〔2016〕2800号）（以下简称《办法》）发布后，为了规范政府出资产业投资基金登记管理工作，进一步细化完善落实政府出资产业投资基金的文件。

① 中基协：《私募基金登记备案相关问题解答（十三）》（2017年3月31日），载中国证券投资基金业协会官网，http://www.amac.org.cn/xhdt/zxdt/391907.shtml，2019年2月15日访问。

续表

时间	部门及相关规定	主要内容
2017 年 6 月 28 日	中基协发布《基金募集机构投资者适当性管理实施指引(试行)》	规范了基金募集机构销售行为,以使投资者适当性管理得到有效落实。其中明确将投资者适当性匹配作为募集程序的必备环节,并规定了投资者分类、产品风险分级;以及投资者与产品风险匹配等内容,核心要求是将适当的产品提供给适合的投资者。
2017 年 8 月 30 日	国务院法制办对《私募投资基金管理暂行条例(征求意见稿)》公开征求意见	条例的出台对完善私募基金的法律基础具有重大意义。征求意见稿首次对私募基金管理人股东/合伙人提出财务标准,规定了严格的董监高、执行事务合伙人及委派代表任职要求,此外条例还对私募基金的范围、私募管理人以及托管人的职责、投资者适当性管理等方面均作了明确的要求。此外,为贯彻相关规定,条例还对 33 类行为明确规定了处罚措施。
2017 年 10 月	—	其他类私募零登记。本月其他类私募管理人登记数量 0 增加。实际上自 2017 年伊始,基金业协会就逐步收紧该类私募机构的登记。据统计,2017 年 8 月 1 日至 10 月 27 日,其他类私募管理人共新增 13 家,远低于此前每月的平均水平。
2017 年 11 月 3 日	《私募基金登记备案相关问题解答(十四)》发布①	明确了六种不予办理登记的情形。此外,该问答明确协会将定期对外公示不予办理登记的申请机构名称及不予登记原因,同时公示为该机构出具法律意见书的律师事务所及经办律师名单。同时,在该问答中,明确要求申请私募基金管理人登记的机构应当书面承诺:在完成首只私募基金备案前,不进行法定代表人、实际控制人或控股股东的重大事项变更。
2017 年 12 月 2 日	基金业协会会长洪磊在第四届中国私募投资基金峰会上做了《防范利益冲突完善内部治理推动私募基金行业专业化发展》的发言	提出任何基金产品都不能对投资者保底保收益,不能搞名股实债或明基实贷。同时强调一下情形不予备案: (1)涉嫌非法集资; (2)合伙型私募基金中有限合伙人直接担任基金管理人或通过代持成为管理人; (3)私募基金产品担任普通合伙人; (4)基金投资者中出现代缴代付等违反法律法规原则要求的; (5)违法违规开展金融机构持牌专营业务或者不符合协会自律规则的产品,如进行直接借贷、民间借贷、P2P、众筹投资等,或直接购买商品房出售获取差价等的。

① 中基协:《私募基金登记备案相关问题解答(十四)》(2017 年 11 月 3 日),载中国证券投资基金业协会官网,http://www.amac.org.cn/xhdt/zxdt/392552.shtml,2019 年 2 月 15 日访问。

续表

时间	部门及相关规定	主要内容
2017年12月7日	中国证券投资基金业协会发布《中国证券投资基金业协会私募登记备案特别提醒》	提醒广大私募基金管理人和申请机构，在办理私募基金登记备案的过程中应严格按照相关系统（协会官网上的资产管理业务综合报送平台AMBERS系统）提示及协会正式反馈要求进行填报。
2017年12月20日	中基协官网首次根据《私募基金登记备案相关问题解答（十四）》	正式开始披露不予登记的申请机构及所涉律师事务所、律师情况。
2018年1月5日	保监资金〔2017〕282号文《关于保险资金设立股权投资计划有关事项的通知》	明确要求股权投资收益，应与被投资未上市企业的经营业绩或私募股权投资基金的投资收益挂钩，不得采取“名股实债”方式承诺保障本金和投资收益。同时通知要求不得直接或变相开展通道业务，不得投资嵌套其他资产管理产品的私募股权投资基金。（第3条）
2018年1月6日	银监发〔2018〕2号《商业银行委托贷款管理办法》	禁止私募基金等资管产品作为委托方——包含私募基金在内的任何资产管理产品，其募集的资金都不能再发放委托贷款。这等于封堵了私募基金开展的非标投资的一个重要途径。（第7条）
2018年1月6日	珠海市下发《珠海市外商投资股权投资企业试点管理暂行办法》	标志着外商投资股权投资企业（QFLP）试点在珠海正式落地，是广东省内继深圳之后的第二个实行QFLP试点的城市。
2018年1月12日	中基协于在系统发布最新《私募投资基金备案须知》	禁止私募基金从事借贷活动，对于底层标的为民间借贷、小额贷款、保理资产等属于借贷性质的资产或其收（受）益权，通过委托贷款、信托贷款等方式从事借贷活动的产品，2月12日之后将不予备案；明确三大不符合“投资”本质情形不属于私募基金范围：底层标的为民间借贷、小额贷款、保理资产等属于借贷性质的资产或其收（受）益权；通过委托贷款、信托贷款等方式直接或间接从事借贷活动的；通过特殊目的载体、投资类企业等方式变相从事上述活动的。（第2条）
2018年1月16日	中基协MEBRS系统的最新补充意见	暂不办理“其他类私募投资基金管理人”（除QDLP等试点机构）的实际控制人、控股股东和法定代表人的重大事项变更申请。

续表

时间	部门及相关规定	主要内容
2018年1月19日	中证登发布中国结算发〔2018〕10号《关于加强私募投资基金等产品账户管理有关事项的通知》	明确包括私募投资基金在内的各类资管产品开户条件。
2018年1月26日	发改委《关于市场化银行债权转股权实施中有关具体政策问题的通知》(发改财〔2018〕152号)	允许各类债转股实施机构发起设立私募股权投资基金开展市场化债转股。(第1条)
2018年2月23日	中基协发布《私募投资基金备案须知》	对细目基金备案的重点事项说明:(1)确定备案的总体性要求;(2)明确不属于私募基金范围的情形;(3)资金池不可有,关联关系要披露,风险揭示须充分。
2018年3月1日	证监会发布《上市公司创业投资基金股东减持股份的特别规定》	对专注于长期投资和价值投资的创业投资基金减持其持有的上市公司首次公开发行前的股份在股份锁定期和减持比例方面给予政策支持。
2018年3月23日	中基协出台《关于私募证券投资基金管理人提供投资建议服务线上提交材料功能上线的通知》	落实证监会《证券期货经营机构私募资产管理业务运作管理暂行规定》中对于私募证券投资基金管理人为证券期货经营机构提供投资建议服务的条件和要求:(1)新增登记需一年,多名人员业绩好;人员注册须前置,其他信息后填报;(2)存量信息需补录,过渡期内事照做;期间过后未补录,不得再接新业务;(3)执业信息需真实,信用报告将采用。
2018年3月27日	中基协发布《关于进一步加强私募基金行业自律管理的决定》	从四个方面加强对私募基金管理人的自律监管:(1)主动交代不调查,消除影响不处分;(2)三种情形不入会,诚信约束社会化;(3)不符合条件即注销,异常经营律师查,调查期间停备案,高管责任须追究;(4)法律服务需健全,追责机制不可少;出具一年即注销,三年不得出意见;事后回访有问题,撤销意见不追责。
2018年3月27日	中基协还发布《关于私募基金管理人在异常经营情形下提交专项法律意见书的公告》	对私募基金管理人在异常经营情形下提交专项法律意见书的有关制度安排加以明确。

续表

时间	部门及相关规定	主要内容
2018年4月1日	国税总局发布《关于税收协定执行若干问题的公告》	明确涉外合伙型基金使用税收协定原则。
2018年4月10日	发改委、财政部、商务部、中国人民银行、银保监会、证监会发布了《关于引导对外投融资基金健康发展的意见》(发改外〔2018〕553号)	对对外投融资基金的资金来源、业务开展、监管要求作出指引。
2018年4月16日	基金业协会颁布《中国证券投资基金业协会会费收缴办法》	明确规定了各类会员会费标准。
2018年4月27日	中国人民银行、证监会、外管局以及银保监会发布《关于规范金融机构资产管理业务的指导意见》	资产管理业务是指银行、信托、证券、基金、期货、保险资产管理机构、金融资产投资公司等金融机构接受投资者委托,对受托的投资者财产进行投资和管理的金融服务。 私募投资基金适用私募投资基金专门法律、行政法规,私募投资基金专门法律、行政法规中没有明确规定的适用本意见,创业投资基金、政府出资产业投资基金的相关规定另行制定。(第2条) 从覆盖范围上讲,指导意见不包括私募基金,但私募基金也需要参照执行。在发行和销售环节如果和现行私募基金冲突的地方以现行规则为准。所以所有关于杠杆率、分级产品的限制、关于嵌套的限制、以及未来非标的规定都适用于私募基金。 对于私募基金而言,管理人也不能直接或间接作出保底保收益的承诺。如果管理人作出相关行政处罚和基金业协会的自律处分,在实践中还可能进一步引发关于基金合同效力和投资行为性质的争议。《合同法》第52条规定,违反法律、行政法规的效力性强制性规定的合同无效。《资管新规》对于私募基金管理人不得向投资者承诺固定收益作出了相应规定。但是《资管新规》不是法律、行政法规,违反《资管新规》不必然影响基金合同的法律效力。

续表

时间	部门及相关规定	主要内容
2019年1月10日	财政部、税务总局、发改委、证监会	在2019年1月1日至2023年12月31日期间,创投企业选择按单一投资基金核算的,其个人合伙人从该基金应分得的股权转让所得和股息红利所得,按照20%税率计算缴纳个人所得税。创投企业选择按年度所得整体核算的,其个人合伙人应从创投企业取得的所得,按照"经营所得"项目、5%~35%的超额累进税率计算缴纳个人所得税。

2017年4月10日,发改委发布国家发展改革委办公厅《关于印发〈政府出资产业投资基金信用信息登记指引(试行)〉的通知》(发改办财金规〔2017〕571号)(以下简称《指引》),这是继《政府出资产业投资基金管理暂行办法》(发改财金规〔2016〕2800号)(以下简称《办法》)发布后,为了规范政府出资产业投资基金登记管理工作,进一步细化完善落实政府出资产业投资基金的文件。

《指引》宣告"政府出资产业投资基金信用信息登记系统"正式启用,规定了登记主体、登记系统、登记信息、登记时间、登记原则、登记审核以及审核内容。相较于中国证监会发布的《私募投资基金监督管理暂行办法》(以下简称《私募基金管理办法》),两者之间在登记主体、登记原则、登记系统、登记时间、基金托管有所不同,详细如表2-2所示。

表2-2　登记备案要求比较

监管主体	登记主体	登记原则	登记系统	登记时间	基金托管
中基协	私募投资基金,以非公开方式向投资者募集设立的投资基金	无强制要求	中国证券投资基金业协会备案	无强制要求	无强制要求
发改委	政府出资产业投资基金,由政府(含所属部门、直属机构)直接或委托出资	实行穿透填报,基金投资信息要穿透填报至被投项目有关情况,合伙人需填报至个人和公司法人	全国政府出资产业投资基金信用信息登记系统	政府出资产业投资基金应在任教协议签订20个工作日内,由基金管理人通过登记系统填报	应将基金资产委托给在中国境内设立的商业银行进行托管

从表 2-2 可见,从范围上讲,中基协的范围更广,原因是中基协做备案的出发点是规范整个行业的非法集资等不规范发展。发改委做备案主要针对政府出资产业投资基金,2014 年《国务院关于创新重点领域投融资机制鼓励社会投资的指导意见》(国发〔2014〕60 号)明确要求"发展改革委制定政府使用包括中央预算内投资在内的财政性资金,支持重点领域产业投资基金管理办法",于是,2016 年 12 月发改委出台了《办法》。

从监管脉络上看,2011 年 1 月和 11 月国家发改委连续发布了国家发展改革委办公厅《关于进一步规范试点地区股权投资企业发展和备案管理工作的通知》(发改办财金〔2011〕253 号)和国家发展改革委办公厅《关于促进股权投资企业规范发展的通知》(发改办财金〔2011〕2864 号),明确了私募股权投资基金由发改委进行备案管理。2013 年 6 月中央编办发布《关于私募股权基金管理职责分工的通知》,明确由证监会负责私募股权基金的监管。2014 年 8 月中国证监会发布《私募投资基金监督管理暂行办法》(证监会令〔105〕号),明确私募股权基金的备案管理由中国证券投资基金业协会(以下简称中基协)负责。2016 年 12 月发改委发布《办法》和 2017 年 4 月发布《指引》,连续发文明确对政府出资产业投资基金进行信用信息登记管理,没有提及是否还需要在中基协备案。双重监管局面有其形成的历史根源和存在的现实依据,但无疑在一定程度会增加机构管理者的时间成本,如表 2-3 所示。

表 2-3　私募股权投资基金监管政策走向

发布机关	时间	规定名称	要点
发改委	2011 年 1 月	关于进一步规范试点地区股权投资企业发展和备案管理工作的通知(发改办财金〔2011〕253 号)	明确试点区域股权投资企业资金募集范围、风险控制、股权投资管理机构的基本职责、建立信息披露制度等,要求股权投资企业到发改委备案管理
	2011 年 11 月	关于促进股权投资企业规范发展的通知	明确资本规模 5 亿元以上(或等值外币)的股权投资企业由发改委备案管理,资本规模不足 5 亿元的股权投资企业,由省级备案管理部门登记。(第 17 条)

续表

发布机关	时间	规定名称	要点
中央编办	2013 年 6 月	关于私募股权基金管理职责分工的通知	证券会负责制定私募股权基金的政策、规范和标准,对私募股权基金实行事后备案管理
证监会	2014 年 8 月	私募投资基金监督管理暂行办法(证监会令〔105〕号)	明确私募投资基金的概念、投资范围、登记备案管理由中国证券投资基金业协会负责
发改委	2016 年 12 月	政府出资产业投资基金管理暂行办法(发改财金规〔2016〕2800 号)	发改委对政府出资产业投资基金进行信用信息登记管理,政府出资产业投资基金对单个企业的投资额不得超过基金资产总值的 20%。(第 26 条)
	2017 年 4 月	政府出资产业投资基金信用信息登记指引(试行)的通知(发改办财金规〔2017〕571 号)	明确政府出资产业投资基金的概念,进一步细化信息登记的内容和要求

《指引》中还明确了“采用母子基金模式运作,同时具备下列条件的,相关子基金具体投资信息可免于登记:(1)母基金投资子基金的金额低于 1 亿元人民币(或等值外币);(2)母基金投资子基金的金额在子基金规模中占比低于 5%;(3)母基金投资子基金的金额在母基金规模中占比低于 5%”。[①] 发改委发布此项登记豁免规定在一定程度上能简化投资机构登记流程,提高工作效率。

《指引》中还指出“各级发展改革部门按照《办法》第 15 条确定的权限范围负责进行基金材料齐备性核对和产业政策符合性审查。国家发展改革委授权并指导中央国债登记结算有限责任公司(以下简称中债公司)开发、运行登记系统,负责对基金信用信息进行登记确认、数据保管和统计分析等”,如表 2-4 所示。[②]

① 参见《政府出资产业投资基金信用信息登记指引(试行)的通知》(发改办财金规〔2017〕571 号)第 10 条。

② 参见《政府出资产业投资基金信用信息登记指引(试行)的通知》(发改办财金规〔2017〕571 号)第 14 条、第 15 条。

表 2-4 监管部门及其职责

监管部门	监管职责
中国证监会	证监会负责对私募基金实施统一集中行政监管。根据《证券投资基金法》,证监会承担以下职责:拟订监管私募基金的规则、实施细则;拟订私募基金合格投资者标准、信息披露规则等;负责私募基金的信息统计和风险监测工作;组织对私募基金开展监督检查;牵头负责私募基金风险处置工作;指导中国证券投资基金业协会开展登记备案工作;负责私募基金的投资者教育保护、国际交往合作等工作。为更好履行监管职责,证监会于 2014 年 4 月成立了私募基金监管部,专门负责私募基金监管。
地方证监局	各地方证监局依照中国证监会的授权履行职责,负责对经营所在地在其辖区内的私募证券投资基金管理人进行日常监管,包括对公司治理及其内部控制、私募基金运作等进行日常监管。目前对私募基金的各项现场检查,通常都由地方证监局具体实施。
中国证券投资基金业协会	中基协成立于 2012 年 6 月 6 日,是依据《基金法》和《社会团体登记管理条例》在国家民政部登记的社会团体法人,系证券投资基金行业的自律性组织,接受中国证监会和国家民政部的业务指导和监督管理。根据《基金法》及证监会授权,中国证券投资基金业协会的主要职责包括: (1)教育和组织会员遵守有关法律法规,维护投资者合法权益; (2)依法维护会员的合法权益,反映会员的建议和要求; (3)制定实施行业自律规则,监督、检查会员及其从业人员的执业行为,对违反自律规则和协会章程的给予纪律处分; (4)制定执业标准和业务规范,组织从业考试、资质管理和业务培训; (5)提供会员服务,组织行业交流,推动行业创新,开展行业宣传和投资者教育; (6)对会员间、会员与客户之间发生业务纠纷进行调解; (7)依法办理私募基金的登记、备案; (8)中国证券投资基金业协会章程规定的其他职责。 此外,中国证券投资基金业协会制定发布了《纪律处分实施办法(试行)》《投诉处理办法(试行)》《纠纷调解规则(试行)》《自律检查规则(试行)》,配套建立投诉、受理、检查、调解、答复工作机制。同时,成立自律监察专业委员,引入市场机构、监管部门、高校等专家资源,随机组成审理小组,优化纪律处分工作机制。

续表

监管部门	监管职责
上交所、深交所、中金所等交易所，以及中国证券登记结算有限公司、中央国债登记结算有限责任公司等证券登记机构	均对私募证券投资基金的运作同样十分重要，从不同业务角度对私募证券投资基金实施自律管理。 证券交易所设有基金交易监控系统，对私募证券投资基金在证券市场的投资运作行为的合法合规性进行日常监控，重点监控涉嫌违法违规的交易行为。交易所在监控中发现私募基金交易行为异常，涉嫌违法违规的，可视情况采取电话提示、警告、约谈、公开谴责等措施，并向证监会报告。

（二）中央与地方两级对私募股权基金监管权力分配现状

中央和地方两级私募股权基金监管架构是从2011年建立的。

2011年1月，发改委办公厅下发了《关于进一步规范试点地区股权投资企业发展和备案管理工作的通知》（发改办财金〔2011〕253号文，以下简称《通知》），要求试点地区设立的、募集规模达到5亿元人民币的股权投资企业接受强制备案管理、运作规范管理并按要求进行信息披露。此前，国内股权投资行业的快速发展却无国家层面立法，国家发改委拟联合其他部委出台《股权投资基金管理暂行办法》，但未能与其他部委形成广泛共识。之后，国家发改委拟作为股权投资基金行业主管部门出台部门规章，先行对部分股权投资基金试点地区进行监管。原拟出台文件多次易稿，名称亦由“办法”、“意见”改为现在的“通知”，适用范围也由全国范围（整个行业）改为试点地区。

《通知》针对的试点地区为北京、天津、上海三市及江苏、浙江、湖北三省。该通知包括六部分：（1）规范股权投资企业的设立、资本募集与投资领域；（2）健全股权投资企业的风险控制机制；（3）明确股权投资管理机构的基本职责；（4）建立股权投资企业信息披露制度；（5）完善股权投资企业备案程序；（6）构建适度监管和行业自律相结合的管理机制。

《通知》从六个方面提出了一系列规范性要求：（1）规范股权投资企业的设立、资本募集与投资领域。要求股权投资企业应当遵照《公司法》和《合伙企业法》有关规定设立，且只能以私募方式向具有风险识别和承受能力的特定对象募集资本，不得通过发布公告等方式直接或间接向不特定的公众进行推介。股权投资企业的投资领域限于非公开交易的企业股权，投资过程中的闲置资金只能存放银行或用于购买国债等固定收益类投资产品。(2)健全股权投资企业的风险控制机制。包括实行适度的分散投资、对关联投资实行投资决策关联方回避制度、建立业绩激励机制和风险约束机制等。(3)明确股权投资管理机构的职责，以规范其管理运作行为。(4)建立股权投资企业信息披露制度。除应向投资者披露投资运作信息外，还应向备案管理部门提交年度业务报告和经会计师事务所审计的年度财务报告，在投资运作过程中发生重大事件的，应及时向备案管理部门报告。(5)完善股权投资企业备案程序。除按照"抓大放小"原则，明确了股权投资企业备案管理范围外，还明确了股权投资企业的备案程序，以及应当提交的文件和材料。(6)构建适度监管和行业自律相结合的管理体制。

在政府监管方面，该《通知》明确国家发改委通过建立健全备案管理系统，完善相关信息披露制度，对股权投资企业实施适度监管。显然，国家发改委通过该通知表明了对股权投资基金行业监管诉求，也是对持不同监管思路相关部门的积极响应。根据该通知，除已经备案的创投企业或资本规模不足5亿元人民币或单一出资人设立的股权投资企业外，其余股权投资企业均需到发改委进行备案。逾期不备案的企业，发改委将在其门户网站上向全社会公示，视其为"规避备案监管股权投资企业和受托管理机构"。对于不按规定备案的企业，发改委尚缺乏有效的制约手段，但毕竟迈出了监管的重要一步。

2011年3月，发改委又公布了《股权投资企业备案文件指引/标准文本/表格下载》，进一步细化了股权投资企业(基金)及股权投资管理企业(管理机构)的备案工作。到了6月，天津又推出了地方版本的私募股权基金备案规定。[①]

2011年11月，发改委办公厅下发了《关于促进股权投资企业规范发展的通知》(发改办财金〔2011〕2864号，以下简称《规范发展通知》)，私募股权基金强制备案制度由试点地区推广至全国。这份《规范发展通知》也成为国内第一个全国性的股权投资企业规范条例。投资者为集合资金信

---

① 参见《天津股权投资企业和股权投资管理机构管理办法》(津发改财金〔2011〕675号)。

托、合伙企业等非法人机构的，应打通核查最终的自然人和法人机构是否为合格投资者，并打通计算投资者总数，但投资者为股权投资母基金(FOF)的除外。但《规范发展通知》并未给出关于母基金的详细定义。

发改委办公厅于2011年11月23日发布的《规范发展通知》分别在股权投资企业的募投管理、风险控制、信息披露、备案管理等方面做出明确规定，成为第一个全国性的规制股权投资企业的规范性文件。

1. 备案要求

在这个文件出台前，上海、天津等地已实行，但没有强制实行。这次标准仍是以5亿作为分界点，且各地方有灵活把握的空间。①

2. 关于投资领域

在投资领域，股权投资企业的投资领域限于非公开交易的股权，闲置资金只能存放银行或用于购买国债等固定收益类投资产品；投资方向应当符合国家产业政策、投资政策和宏观调控政策。股权投资企业所投资项目必须履行固定资产投资项目的合规管理程序。外资股权投资企业进行投资，应当依照国家有关规定办理投资项目核准手续。②

目前很多基金并不只涉及股权投资业务，还包括其他业务，甚至高利贷。笔者非常理解监管人出台这条规定的初衷。但是，目前很多新的规模比较小的基金，其管理人——其实中国本土真正的管理人是屈指可数的，很多并不懂规范的股权投资管理。为了分散风险，为了给予目前还不成熟的中国LP们回报，面对股权投资的高风险低流动性的致命弱点，这些基金管理人们经常会选择投资其他投资产品。

3. 放低了对高管的要求

对高级管理人员的界定与要求。《规范发展通知》所称高级管理人员，系指公司型企业的董事、监事、经理、副经理、财务负责人、董事会秘书和公司章程约定的其他人员，以及合伙型企业的普通合伙人和合伙协议约定的其他人员。合伙型企业的普通合伙人为法人或非法人机构的，则该机构的高级管理人员一并视为高级管理人员。股权投资企业及其受托管理

---

① 参见发改委：《关于促进股权投资企业规范发展的通知》(发改办财金〔2011〕2864号)第17条。

② 参见发改委：《关于促进股权投资企业规范发展的通知》(发改办财金〔2011〕2864号)第5条。

机构所有高管人员在最近5年内没有违法记录或尚在处理的重大经济纠纷诉讼案件，至少3名高管人员具备2年以上股权投资或相关业务经验。具有2年以上的股权投资或相关业务经验，就有资格成为管理公司的高管，这个和国外的要求相差甚远。有限合伙人需要提高普通合伙人的条件。①

4. 投资人人数

关于投资人的人数，《规范发展通知》是这样表述的："……(四)投资者人数限制。股权投资企业的投资者人数应当符合《中华人民共和国公司法》和《中华人民共和国合伙企业法》的规定。投资者为集合资金信托、合伙企业等非法人机构的，应打通核查最终的自然人和法人机构是否为合格投资者，并打通计算投资者总数，但投资者为股权投资母基金的除外。"②

各地对有限合伙人认缴单位金额的规定不同(300万~1000万元，有地方政府要求自然人1000万元，普通合伙人公司自己设定高于1000万元认购单元的不算在内)，如果单位金额低，采取合伙制度，即使人数保持在法律要求的50人以内，但如被投企业由多家这样的投资者共同投资或原有股东人数已较多的话，上市前股东人数可能会超出法律规定。

该条款监管意图明确，但规定较为原则，在缺少上位法的规定且配套指引文件未出台之前，"打通"之相关表述容易产生理解上的困扰，其适用在实务中存在不确定性。

第一，打通计算是穿透式监管的源头，被穿透式监管所包含。穿透式监管包括向上穿透看投资者是否符合条件，向下穿透看底层资产是否符合要求；向上穿透时审核的是：(1)人数是否符合私募要求；(2)投资者的资产是否满足合格投资者的资产要求。而资管行业中的一个问题就是存在资管产品层层嵌套，不适格投资者投资高风险领域，突破了资管产品的合格投资者和投资范围的限制，使得投资者与承担的风险不匹配。打通计算投资者人数，确定合格投资者标准，能够解决中小投资者先汇集资金，形成一个公司法人或私募产品，再投资私募基金的合法性。

---

① 参见发改委：《关于促进股权投资企业规范发展的通知》(发改办财金〔2011〕2864号)第23条。

② 参见发改委：《关于促进股权投资企业规范发展的通知》(发改办财金〔2011〕2864号)第4条。

第二，如何打通计算涉及登记备案制度。要实现打通计算，需要不同监管部门工商部门、中基协、中国银监会、中国证监会、中国保监会的信息互通，这也和功能监管有联系。

本章试图就《规范发展通知》“打通计算”规定的适用对象等问题作一简要分析。《规范发展通知》第1条第4项所规定的“打通计算”问题分解为以下方面进行分析：

1.“打通计算”实质是人数限制依据混同适用的“累加计算”

“打通计算”的目的是审核投资者人数(总数)是否符合法定的人数限制。打通计算和《规范发展通知》颁布前的投资者人数计算的区别在于是否累计计算，以及适用的有关人数限制的法规依据不同。

“打通计算”除了统计股权投资企业层面的投资者人数，在投资者为非法人机构时，还可能汇总计算投资者的上层投资者人数。可见，打通计算具有累加计算之意。累加计算适用什么依据来判别是否符合人数限制要求？在《规范发展通知》颁布之前，业界一般认为，在投资者和股权投资企业层面分别适用各自的依据：在股权投资企业层面以股权投资企业所采用的企业形式的组织法(《公司法》或《合伙企业法》)的相关规定作为依据，而股权投资企业的投资者层面以其他相关规定(如《信托公司集合资金信托计划管理办法》)作为依据而不直接适用企业组织法的相关规定。以私募股权基金信托为例，在计算有限合伙制私募股权基金信托的合伙人人数时，一个信托计划(以信托公司名义登记)整体上仅计为一个合伙人，实践中此类有限合伙办理工商登记时，也仅将信托公司记载为一个有限合伙人，而不会去讨论和审查信托计划的投资人人数是否符合公司法或合伙企业法对股东、发起人、合伙人的人数限制。但从《规范发展通知》的监管目的考虑，“打通计算”(累加计算)后无法直接适用原有依据进行人数限制的核查，而很有可能统一适用对人数限制更为严格的规制股权投资企业层面的《公司法》或《合伙企业法》对股东、合伙人的人数限制。因此，“打通计算”实质上是人数限制依据混同适用的“累加计算”。实际上，即便暂不考虑累加计算的影响，只是人数限制依据混同适用这一项改变，就会对原有的“信托+有限合伙”或有限合伙嵌套的模式带来巨大的影响。“择其严(高)者适用”产生的标准和依据混同，有“张冠李戴”之嫌，如何在《规范发展通知》之外的规范层面找到合理依据，应当是监管部门亟待解决的问题。

2. “打通”监管适用的前提条件是股权投资企业的“投资者为集合资金信托、合伙企业等非法人机构”

《规范发展通知》第1条第4项明确规定了须“打通”核查和计算的适用对象是“非法人机构”，并特别列明了“集合资金信托”或“合伙企业”两种“非法人机构”形式。按文义理解，只有股权投资企业的投资者为“集合资金信托”或“合伙企业”等“非法人机构”时，才应进行打通计算投资者总数，核查最终的“自然人”和“法人机构”是否为合格投资者。换言之，如果股权投资企业投资者不是非法人机构，如股权投资企业的投资者为自然人或公司制等法人机构，就无须进行“打通”核查和计算。当然，得出这个结论的尚需分析“投资者”概念的内涵和外延。

对私募股权基金信托模式，如果股权投资企业采用公司制的组织形式，即由信托公司等投资者作为股东共同设立一个有限责任公司，再由该公司作为有限合伙人，与普通合伙人共同设立有限合伙形式的股权投资企业，鉴于该股权投资企业的投资者中不含有“集合资金信托、合伙企业等非法人机构”，就无须对投资者总数进行打通计算，也无须打通核查公司股东出资是否达到合格投资者的要求（不核查投资门槛要求）。

也有观点认为，《规范发展通知》仅规定了“打通核查”至最终自然人或法人机构，并没有明确规定“打通计算”至最终自然人或法人机构，目前还无法确定“打通计算”的审查“深度”。此外，“打通核查”和“打通计算”的审查“深度”还取决于对“投资者”概念的理解，有关分析请详见《解读发改委〈通知〉——两个基本概念的厘清》一文。[①]

3. 对股权投资母基金（Fund of Funds，FOF）的除外适用，不进行打通核查和打通计算

《规范发展通知》规定了“打通核查”和“打通计算”的除外事项，即“投资者为股权投资母基金的除外”，也就是说，股权投资企业的投资者为股权投资母基金时，视为单个投资者，股权投资母基金的投资者人数不再累加计入投资者总数的计算，也不打通核查最终的自然人和法人机构是否为合格投资者。鉴于《规范发展通知》仅规定了对于股权投资母基金的特殊监管处理，但并未明确规定“股权投资母基金”的设立及认定标准，给实

① 秦茂宪、李锐：《德恒 E-NEWSLETTER》，载《电子简报》2012年第2期，载 http://blog.sina.com.cn/s/blog_a19761c801011ei6.html，2019年2月15日访问。

务界留下了业务创新的空间。为了在私募股权基金信托中引入股权投资母基金,可以把有限合伙和信托的结合从传统的私募股权基金层面上移到股权投资母基金层面:即由风险投资基金/私募股权投资基金机构发起设立有限合伙制母基金,并嵌套信托计划,设计为股权投资母基金信托计划,投资者以认购信托计划的形式完成对该股权投资母基金的投资,或由信托公司直接发起股权投资母基金并完成投资者募资,再以股权投资母基金名义向私募股权投资基金/风险投资基金注资。相比前述公司制私募股权投资基金模式,由股权投资母基金作为有限合伙人可以充分利用合伙制基金不征企业所得税的穿透优势,节省股权投资母基金投资者的税负成本。但股权投资母基金信托模式直接受股权投资母基金设立认定标准的影响,设立门槛可能较高。

国家发展改革委办公厅于 2013 年发布了《关于进一步做好股权投资企业备案管理工作的通知》(发改办财金〔2013〕694 号),2017 年国家发改委废止了这个规范性文件,如表 2-5 所示。①

表 2-5　中央与地方两级对私募股权基金监管权力分配现状②

发改委	共同职责③	接受股权投资企业的年度财务报告等报告。
	专属中央④	①备案资本规模达到 5 亿元的股权投资企业。 ②接受在国家工商行政管理部门注册登记的创业投资企业的备案申请。 ③对省级管理部门的指导。
	专属地方⑤	①备案资本规模不足 5 亿元的股权投资企业。 ②对股权投资企业的备案申请进行初审,出具初步审查意见。 ③接受在省级及以下工商行政管理部门注册登记的创业投资企业的备案申请。

① 中华人民共和国国家发展和改革委员会令第 12 号,附件 2:国家发展改革委决定废止的规范性文件目录。

② 由于字数限制,本表只列明在中央与地方权力分配上最明确的机构,即发改委、中国证监会、中国银保监会。

③ 国家发展改革委办公厅《关于进一步规范试点地区股权投资企业发展和备案管理工作的通知》第四章。

④ 分别见国家发展改革委办公厅《关于促进股权投资企业规范发展的通知》第 17 条规定、《创业投资企业管理暂行办法》第 8 条、《创业投资企业管理暂行办法》第 29 条。

⑤ 分别见国家发展改革委办公厅《关于促进股权投资企业规范发展的通知》第 17 条、国家发展改革委办公厅《关于促进股权投资企业规范发展的通知》第 19 条、《创业投资企业管理暂行办法》第 8 条。

续表

证监会	共同职责①	①依法履行对集合资产管理业务的监管职责。 ②备案证券公司按季编制客户资产管理业务的报告等。 ③对证券公司和资产托管机构进行定期或者不定期的检查。
	专属中央②	①证券公司证监会向证监会提出计划展期申请。 ②批准证券公司从事集合资产管理业务，暂停、撤销证券公司集合资产管理业务许可。
	专属地方③	①负责集合计划的投资管理事宜投资主办人变更的报告。 ②备案集合计划账户、专用交易单元等。
银保监会	共同职责④	①信托公司报告第三方顾问选聘规程等。 ②对公司检查后提出整改意见。
	专属中央⑤	①负责其直接监管的信托投资公司的集合资金信托业务资格审批和接受集合信托计划报告工作。 ②接受信托投资公司申请延迟披露。 ③依法对信托公司私人股权投资信托业务实施现场检查和非现场监管。
	专属地方⑥	①信托投资公司推介集合信托计划向银监局报告。 ②备案负责信息披露事务人员。

从表2-5可以看出，中央监管机构大多会授权地方进行协助监管。私募股权基金监管权分配可分为三类，第一类是直接放权。中央直接授权地方进行管理，甚至没有保留对地方的指导权。例如，国家发展改革委办公厅《关于促进股权投资企业规范发展的通知》第17条，对资本规模5亿元以上的股权投资企业归中央管理，5亿元以下的归地方管理。第二类是

① 分别见《证券公司集合资产管理业务实施细则（试行）》第65条、《证券公司客户资产管理业务试行办法》第58条、《证券公司客户资产管理业务试行办法》第62条。

② 分别见《证券公司集合资产管理业务实施细则（试行）》第46条、《证券公司集合资产管理业务实施细则（试行）》第5条、《证券公司集合资产管理业务实施细则（试行）》第66条第2款。

③ 《证券公司集合资产管理业务实施细则（试行）》第31条。

④ 分别参见《信托公司证券投资信托业务操作指引》第23条、《信托投资公司信息披露管理暂行办法》第17条。

⑤ 分别参见《中国银行业监督管理委员会关于进一步规范集合资金信托业务有关问题的通知》第25条、《信托投资公司信息披露管理暂行办法》第22条、《信托公司私人股权投资信托业务操作指引》第24条。

⑥ 分别参见《中国银行业监督管理委员会关于进一步规范集合资金信托业务有关问题的通知》第2条、《信托投资公司信息披露管理暂行办法》第21条。

部分授权。中央授权地方对一些申请进行初审并由中央进行决策，例如国家发展改革委办公厅《关于促进股权投资企业规范发展的通知》第 19 条，对股权投资企业的备案申请进行初审，出具初步审查意见，上报中央备案管理部门。或者由地方接受常规的年度或者季度报告，①中央一般会保留对地方的指导权。② 第三类是不放权。往往针对一些重要权力。例如国家发展改革委办公厅《关于促进股权投资企业规范发展的通知》第 17 条，中央对资本规模达到 5 亿元的股权投资企业进行备案。

中央和地方是委托代理关系，会产生代理问题。中央对地方的授权一般会选择代理成本最小、收益最大的策略。在选择了策略之后也可以通过其他影响因素使策略得到最大价值的发挥。第三部分从私募股权监管权力分配框架中选出两个最典型的法规③进行进一步分析，通过博弈论的变量分析方法探讨两个问题：(1)如何减少中央与地方之间的代理成本，使中央与地方权力分配收益最大化；(2)5 亿元以下私募股权全权交由地方管理所产生的问题以及解决的建议。

三、中央与地方私募股权基金监管权力分配的法经济学分析——两个博弈模型

由于备案制是私募基金监管最重要的内容之一，且我国规章制度对备案规定相对比较详细，因此，第三部分将着重探讨监管的备案方面。

国家发展改革委办公厅《关于促进股权投资企业规范发展的通知》第 17 条规定，资本规模达到 5 亿元的股权投资企业，在发改委备案；资本规模不足 5 亿元的股权投资企业，在省级备案管理部门备案。由此可见，中央与地方的权力分配以 5 亿元为界，各自负责。一方面，中央委托地方对 5 亿元以上的备案申请进行初审，为中央分担一部分职能；另一方面，

① 例如，《中国银行业监督管理委员会关于进一步规范集合资金信托业务有关问题的通知》第 2 条，信托投资公司推介集合信托计划向银监局报告。

② 参见《创业投资企业管理暂行办法》第 29 条中央对省级管理部门的指导。

③ 这两个法规分别是：(1)国家发展改革委办公厅《关于促进股权投资企业规范发展的通知》第 19 条，股权投资企业申请向国家备案管理部门备案，应当将材料送所在地省级备案管理部门进行初审。省级备案管理部门向国家备案管理部门出具初步审查意见。国家备案管理部门对经复核无异议的股权投资企业。(2)国家发展改革委办公厅《关于促进股权投资企业规范发展的通知》第 17 条，资本规模达到 5 亿元的股权投资企业，在国家发改委备案；资本规模不足 5 亿元的股权投资企业，在省级备案管理部门备案。

地方对5亿元以下的私募基金全权负责。但这里的核心问题是:(1)要最大限度地发挥地方作为初审机关作用,同时加强中央对初审意见的核查。(2)不足5亿元的私募基金全权由地方负责监管的安排如何与中央的指导、协调职能相互平衡。下文将运用两个博弈模型对此进行分析论证。

(一)中央与地方私募设立监管的博弈

1. 博弈背景

在中央与地方的权力分配中,中央往往委托地方行使一定权力,由此产生了代理关系。例如,私募股权基金的备案,①中央与地方之间产生了代理关系。一方面,中央委托地方行使一定的权力,例如,中央委托地方对5亿元以上的备案申请进行初审。由于发改委对每一个地区的私募股权基金情况的了解不如省级协助备案部门,而且备案申请繁多,由地方分担一部分初审可以节约中央的成本。另一方面,中央部委对地方的初审意见有审核权,可以选择接纳或者推翻初审意见。

在中央、地方、私募基金备案申请者三者的博弈中,中央是最终的决策制定者,然而其决策所需的信息来自省级协助备案部门的初审意见以及基金申请者所递交的材料,因为从国家发展改革委办公厅《关于促进股权投资企业规范发展的通知》第19条来看,中央对初审经复核无异议的股权投资企业进行备案。可见中央只是对地方的初审进行核查,并没有很仔细地核查私募基金。对于私募基金的申请者来说,2011年后②国家实行注册资本5亿元以上私募基金强制备案制,对不符合条件的私募基金不予备案,还要查处整顿,因此,申请者有很大的动机申请基金的备案成功。但是,不合格的私募基金备案成功开始运作后如果侵吞投资者的财产,一旦事发,

① 对于私募基金设立的最大的监管是发改委对其设立的申请是否准予其备案。中国的备案监管在注册制和审批制之间徘徊,如果申请都只进行形式审查,只要符合要求就予以备案,那么就是注册制,如果还要进行进一步实质审查,并可以作出不予备案的决定,那么就是审批制。现在中国往往更倾向于审批制。

② 在2011年《关于促进股权投资企业规范发展的通知》出台以前,私募基金是自愿备案制,如果在发改委备案,会享受税收等优惠,并有机会得到社保资金的注资。

投资者将会质疑政府备案的能力，就像天凯、活立木基金一样。[1] 因此，地方监管部门的作用就在于此，对私募基金的备案进行初审，地方可以凭借地理优势对私募基金进行了解和审查，给出初审意见，由中央进行审核。

2. 中央、地方、备案申请者之间的博弈

根据中央、地方、备案申请者三者的关系，可以借助以下博弈模型加以分析。

现提出两个假设：

(1) 中央和私募基金之间的信息是不完全的，需要依靠地方的初审意见。但是，中央对备案有最终的决定权。

(2) 私募基金对备案申请有两种策略，真实和造假，它既可以如实提供材料，也可以对材料进行造假。地方政府也有两种策略，尽职和不尽职，地方政府通过花费一定成本就可以了解私募基金的情况，它既可以选择尽职调查私募基金，也可以调查不尽职，以节约成本。

然后，我们对成本收益进行量化，可得：

(1) 地方政府调查私募基金的成本为 C。中央政府与地方政府之间是委托代理的关系，中央会支付给地方一定的激励，报酬为 W。因此，地方政府的收益是 W—C。

(2) 再假定，对于私募基金来说，如果备案了，就可以募集资金得到报酬，假定为 D。

(3) 然而，对于地方来说，可能会因为不愿意花费太大的成本对本该到中央进行备案的私募基金进行调查，因为地方只是协助备案。因此地方可能会不尽职。如果不尽职的话，省去了成本 C，得到的报酬是 W。但是也有可能被中央发现其不尽职。假设中央发现地方不尽职的概率为 x，惩罚就是地方从中央得来的报酬变为 0。[2]

(4) 私募基金如果确定自身符合要求，那么就会如实报告，备案成功，得到收益 D。如果本是合格的私募基金，但是，由于地方政府的不尽职而出具了否定的初审意见，若中央没有发现，那么初审被采纳，备案失败，私募基金遭到注销，得到 (1—x)×0；如果中央发现并纠正了地方的错误意

---

① 活立木基金属于非法集资，骗取投资者财产。但是，经过查证它在天津合法注册，因此投资者质疑政府注册审查形同虚设。

② 依据《创业投资企业管理办法》第 29 条。

见,那么初审被推翻,备案成功,得到 x×D。如果私募基金本来就是符合备案要求的,但是为了以防万一而造假,使其更符合备案要求,如果造假被地方或者中央发现后要求其重新申请备案,造假所付出的代价是 T。如果私募基金是不符合备案要求的,那么其造价使其符合备案要求,被备案机构发现了的话受到的损失为 T,没发现的话得到的收益为 D—T。

(5)如果私募基金知道自己不符合条件,选择造假,如果地方尽职,造假被发现,私募基金得到 0,地方政府得到 W—C。如果地方不尽职,造假没有被发现,地方政府得到(1—x)×W,私募基金得到(1—x)×D。

(6)假设地方政府不尽职的后果是将符合条件的企业认定为不合格,将不符合条件的企业认定为合格。

由此得到两个矩阵:

(1)当私募基金本身是合格的,矩阵 1 如表 2-6 所示。

表 2-6　私募基金合格时的决策矩阵

(私募基金,地方政府)		地方政府	
		尽职	不尽职
私募基金	真实	(D,W—C)①	(x×D,W—W×x)①②
	造假	(D—T,W—C)③	(D×x—T×x,W—W×x)②④

由此可知,私募基金的最优策略次序为:①、③、②、④,而地方的决策取决于被中央发现的概率,如果①—②>0,即 W—C>W—W×x,W×x>C,那么地方就会选择尽职,因为尽职所得到的报酬比不尽职大;如果 W—C<W—W×x,即 W×x<C,那么地方就会不尽职,因为选择不尽职的报酬大。若私募基金本身合格,对于私募基金最优的选择就是向地方如实报告,对于地方来说,如果 W×x>C,那么尽职就是其最优的选择。所以,如果想要使私募基金和地方政府的选择稳定在①策略组中,就要增大 W 和 x,减小 C。

由此,如果要使地方的作用最大化,就要(1)中央要加大对地方的激励;或者(2)中央加大对初审意见的核查;或者(3)地方减小监管成本。这样才会稳定在第一个决策组,即私募基金表述真实,地方政府尽责的

① 原始公式为:(1—x)×(0,W)+x×(D,0)。

② 原始公式为:(1—x)×(0,W)+x×(D—t,0)。

状态。

(2)当私募基金本身是不合格的,矩阵2如表2-7所示。

表2-7　私募基金不合格时的决策矩阵

(私募基金,地方政府)		地方政府	
		尽职	不尽职
私募基金	真实	(0,W—C)①	(x×D,W—W×x)①②
	造假	(—T,W—C)③	(D—T—D×x,W—W×x)②④

对于私募基金来说,②和④必然大于①和③。因为对于本身不合格的私募基金来说,地方的不尽职正好给了不合格的私募基金蒙混过关的机会。那么究竟怎样才能让本身不合格的私募基金选择如实递交备案材料和进行报告呢?那就要看②和④的大小,即究竟选择如实报告的收益大还是造假的收益大,②—④=2 x×D—D+T,T虚假备案成本相对于巨额的私募基金利润来说微不足道,可以忽略,因此,得②—④=2 x×D—D,当x>1/2时,私募基金会选择②,如实报告。只有中央能够发现一半以上的地方的不尽职时,私募基金才会偏向选择如实报告。因此,中央应加大对地方的初审意见的审核。

3. 博弈结果和启示

在发改委、地方协助备案部门和基金备案申请者之间的关系中,如果想要使地方尽可能多地在初审时发现不合格的私募基金,节约中央的监管成本和打击非法集资等非法行为,发改委应该:(1)加大对地方的初审意见的核查力度,尽可能多地发现地方的错误意见,进行批评指正;(2)发改委要加大对地方协助部门的激励,激励地方加大初审的正确率;(3)地方协助备案部门应在不影响备案监管效果的情况下减小备案成本。

中央加大对初审意见的审核力度会加大中央的监管成本,因此,为何不直接由中央来进行审核,略去初审?或者为何不直接放权给地方政府?David Epstein和Sharyn O'Halloran在"交易成本政治学理论"中指出,当完成某一工作的外部政治交易成本小于委托人内部政治交易成本时,委托人将授权给代理人。在备案审核中,由于中国省份繁多,而且越来越多省份

① 原始公式为:(1—x)×(0,W)+x×(D,0)。

② 原始公式为:(1—x)×(D—t,W)+x×(—t,0)。

的私募基金逐渐发展起来,备案申请也日渐增多。由地方进行初审是节约成本的方法,因为地方对本地区的私募比较了解。由中央进行审核的外部政治交易成本小于省内的交易成本,所以,中央会委托地方进行初审。但是,由于5亿元以上的私募基金一旦出现问题影响巨大,所以还需中央进行管理。

(二)私募在地方政府之间的监管博弈——5亿元以下私募基金地方全权监管的不合理性

1. 地方政府之间的博弈模型

在私募基金的监管中,资本规模不足5亿元的股权投资企业,在省级备案管理部门备案。但是地方政府之间的关系很大程度上是竞争关系。①由于地方政府本身都有对利益的追逐,加强监管、提高准入门槛无疑会使本地区失去政策优势。私募基金发展一度遥遥领先的天津,由于之前天津私募基金市场乱象频出,②出"重拳"整顿私募基金,③先后发布一系列文件,④准入门槛一次次调高。因此,越来越多中小私募基金流出天津,选择转投门槛低、监管宽的中西部地区,充分体现了蒂希特模型的"用脚投票理论"。⑤ 因此,中西部地区为了承接流出的基金,地区间的竞争更加激

① 多麦尔(Pau1R. Dollunel)就在《政府间关系》一文中分析了美国政府间的纵向与横向两种关系。"如果说政府间关系的纵向体系接近于一种命令/服从的等级结构,那么横向政府间关系则可以被设想为一种受竞争和协商的动力支配的对等权力的分割体系。"参见[美]理查德·D.宾厄姆等著:《美国地方政府的管理:实践中的公共行政》,九州译,北京大学出版社1997年版,第162页。

② 出现了如天凯、活立木等一批股权投资基金涉嫌非法集资重大案件,造成了大量投资者的损失。

③ 例如将股权投资企业强制备案的范围从资本规模5亿元扩大到1亿元以上5亿元以下,将股权投资企业的注册资本从不低于1亿元提高到2亿元。

④ 2011年7月11日《天津股权投资企业和股权投资管理机构管理办法》(675号文)、2011年8月的天津港保税区管委会发文、2011年10月的《关于落实〈天津股权投资企业和股权投资管理机构管理办法〉的意见》等一系列文件。

⑤ 美国经济学家查尔斯·蒂希特(Chailes Tiebont)于1956年建立了一个地方公共产品供给模型(Tiebont Model),通过分析在公共部分存在的条件下,各级政府提供的公共产品的最佳效益问题,指出资本、人才、技术流向能够提供更加优越的公共服务的行政区域。各个地方政府之间的竞争也会促使其更有效地提供人们所需的公共产品和服务。

烈。例如新疆①、吉林②、内蒙古③等地区都给予私募股权基金较低的注册门槛及优惠政策。

因此,中央对于5亿元以下的私募基金的放权会造成地方之间的激烈竞争,它们会试图将优势私募企业吸引到本地带动本地经济的发展,尤其是中西部欠发达地区。它们本身私募监管体系不完善,资本市场发展晚,市场还要负荷大量繁殖的私募基金所带来的紊乱,会造成严重的后果。

在此之前,私募基金经历了一个迅猛发展的阶段,出现了许多市场失灵和监管失灵的问题,因此,中央加大了宏观调控政策,例如,2011年发改委将私募基金强制备案制度推广至全国,加大监管力度,通过监管控制诸如非法集资、私募股权基金腐败、运营不规范等私募乱象。然而,对于急需发展私募基金的地方来说,是否会选择配合中央的号召,以达到对私募基金的有效监管?

2. 静态的博弈

从静态的角度出发,静态博弈或许可以解答这一问题。

首先提出四个假设:

(1)假定地方政府一切行为的目的是促进本区域的经济发展,同时也要得到中央政府的赏识。

(2)中央政府希望通过宏观调控政策加强监管以减少非法集资、私募股权基金腐败、运营不规范等问题。

(3)地方政府的行为是对宏观调控的政策作出抉择,抉择只有两种:配合和不配合,而且地方政府做出抉择没有受到中央政府的限制。

(4)只有两个地方政府甲和乙,且发展水平相同。

下面对地方政府的行为进行量化分析:

(1)如果地方政府配合中央的策略,提高准入门槛,会损失一部分达不到准入门槛的中小私募基金,得-2。同时也会得到中央的赏识2和本

① 2010年8月,新疆维吾尔自治区颁布的《促进股权投资类企业发展暂行办法》规定,股权投资企业(含公司制和合伙制)的注册资本(协议募集资金总额)不少于3000万元人民币、实收资本(首期认缴额)不少于1000万元人民币。

② 2011年8月,吉林省颁布《股权投资基金管理暂行办法》,规定股权投资基金最低注册资本3000万元,首期缴付不少于1500万元人民币。

③ 内蒙古《关于鼓励内蒙古地区私募股权投资基金发展的意见》规定股权投资企业的注册资本不低于人民币3000万元,首期出资不低于人民币1000万元。

地区的经济秩序的稳定3,总合为5;如果选择不配合,那么就会得到一部分私募基金的流入,得到为2,同时也会损失中央的赏识2和本地区经济秩序的稳定3,总合得5。

(2)如果双方行为相反,那么不配合的一方除了更多的中小基金得到设立外,还可以得到其他一方因不堪忍受高监管和高准入而转来的私募基金,假设为10。配合的一方会得到中央更多的赏识3,但是,会承担不配合那一方混乱的市场的外部性成本-1,而且还要承受流出的中小企业和达不到门槛的私募企业的损失-10,总合得-8。

(3)如果双方都不配合中央的策略,那么会被中央惩罚-2,地区市场秩序混乱-3,总合得-5。

于是就会有以下情形:

(1)如果地方政府甲和乙都配合中央政府的宏观调控政策,那么甲乙都得到5-2=3。

(2)如果地方政府甲不配合,乙配合,那么甲就会获得10-5=5,乙会损失-8。

(3)同样,如果地方政府乙不配合,甲采取配合,那么乙损失-8而甲得到5。

(4)如果甲和乙都不配合,甲和乙的损失都为-5。

因此,矩阵如表2-8所示。

表2-8

(甲,乙)		地方政府甲	
		配合	不配合
地方政府乙	配合	(3,3)①	(5,-8)②
	不配合	(-8,5)③	(-5,-5)④

从以上矩阵可以看出,地方政府甲的最优策略依次是:②>①>④>③,而地方政府乙的最优策略依次是:③>①>④>②,对于整个国家来说,追求社会的总价值,所以,最优策略依次是:①>②③>④。由此可以看出,对于甲或者乙来说,最优的选择都是自己不配合、对方配合。但是,对于国家来说,只有甲和乙都配合,价值才得到最大化。

3. 动态的博弈

现实生活中地方政府的选择是多次、动态的。在动态的情况下,在策略①中，双方都选择了配合，都得到了3，当地方政府甲策略不变的情况下，如果地方政府乙变成了不配合，那么乙就会得到5，而甲会损失-8，所以，乙是有经济动机去改变成不配合的。本章开头天津和乌鲁木齐的例子就是很好的印证。由于天津选择加大监管力度，配合中央的策略，于是，一些地区如乌鲁木齐选择了放松监管，相继出台了私募优惠政策、降低监管标准，由此私募基金得到迅猛发展。

在策略②中，地方政府甲选择了不配合，乙选择了配合，甲没有动机去改变策略，但是，乙有很大的动机改变成不配合，因为一旦如此就会变成策略组④，乙的损失从-8降到了-5。长此以往，各个地区都会选择不配合，最终导致的结果是地方各行其是非法集资事件猖獗。

在策略组④中，两个地方政府都选择不配合，只要有一个地方政府不改变策略，另外一个地方政府也不会改变策略，因为如果只有其中一个改变，就会变成策略组②或者③，改变策略的一方就会受到-8的损失。因此只要有一个地方政府选择不合作，其他的地方政府也不会改变策略选择配合，由此更加陷入地方恶性竞争的泥潭而无法自拔。

这场博弈中，完全没有外界的直接干预，即使有中央的赏识，但是中央不会将加强监管的政策强加于地方政府。因此，在没有中央能动参与的情况下，地方政府的策略只会从策略组①逐渐变为策略组④，最终稳定在策略组④。地方出于经济利益不会主动对私募进行监管，最终受到伤害的是私募基金的投资者和整个市场的秩序。

4. 实证分析验证

20世纪90年代，长三角地区出现过这样一场为了招商引资而发生的地方恶性竞争的闹剧。为了承接国际资本和产业的转移，长三角地区城市出台了竞相攀比的招商引资优惠政策，展开了激烈的引资大战。地价越压越低，税收过于优惠，基础设施重复建设等问题不断。例如，苏州工业园区开发后土地市场价格大概为20万元/亩，出让价平均仅8万元~12万元/亩。在税收方面，按照《外商投资企业和外国企业所得税法》的规定，外资企业可享受基本税15%及“两免三减半”的优惠政策，但长三角地区几乎所有城市都突破了这一政策底线。昆山经济技术开发区对产品出品型企业，按规定减免所得税期满后，所得税率按10%征收。基础建设方面，为吸引更多的辖区外流动资源，长三角地方政府都大力推进基础设施建设，努力改善硬环境。据统计，在长江从江阴至南通60公里的岸段，有68个万吨级泊位，平均0.9公里就有一个，有的港口利用率仅50%。南京以下的长江段，这些港口的投资建设都由当地政府操办。①

长三角的这种恶性竞争严重消耗了各自的实力。恶性竞争的一个最重要的原因是地区之间的竞争缺乏统一协调。中央对地方经济上放权，没有进行指导。这正印证了上文的假设，地区之间的竞争如果缺乏宏观引导，地方之间便会产生恶性竞争。在私募基金的监管中，中央将5亿以下全权交由地方政府管理，应该同时发挥中央的指导作用，积极引入中央作为地方的协调者。②

四、结语

本章以“西迁潮”作为引子，提出私募监管困境，首先论证了私募监管的必要性，然后梳理了私募监管权力分配现状，从纵向和横向监管两个方面分别作了介绍，接着引出本章的重点，从两个博弈模型分析私募备案监管中的不足之处以及修改建议，由此得出两个结论：(1)要最大限度地发挥地方作为初审机关作用，加强中央对初审意见的核查；(2)不足5亿元的私募股权全权由地方监管的分配欠妥，应增加中央的指导作用。最后以实证研究方法对此进行验证。

① 谢晓波、黄炯长：《长三角地方政府招商引资过度竞争行为研究》，载《技术经济》2005年第8期。

② 央地关系具有相当的复杂性，有研究认为在网约车监管政府领域，中央监管机构和地方监管机构之间出现一种相互俘获的倾向，利用对方政策和力量以实现自身的目标，在理论上被称为“互动强调主义”。同时，庇护网络广泛有专于转型社会的政府之中。恩庇网络(patron-dient networks)在政治之中发挥积极作用。通过促进相互信任和提示长期合作的价值，这些非正式关系有利于理顺政府代理人与其委托人之间的利益，并阻止短期的机会主义作为。当正式的激励方案或不完整时，这些个人关系可以作为委托人动员代理人完成重要的但具有挑战性的官现任务的替代机制。Jun yan Jiang, “Making Democracy Work: Payronage Nethoks, Performance Jucevtiveo, and Economic Develorment in China,”(2018) American Janrnal of Potiocal Scieuce 62(4).

第三章　机构投资者股东能动主义的中国式困境

引言

机构投资一直是金融投资领域的研究热点。就公司治理而言，机构投资的意义在于机构股东主动参与公司治理以利于提升公司绩效——国外学界称之为“股东能动主义”（Shareholder Activism）。实证研究表明，机构投资者发挥主导作用的股东能动主义是改善公司治理水平的有效进路。正因如此，在中国特殊的资本市场和法律供给语境下探讨现代公司制度改革及公司治理的改善，就应当深入分析股东能动主义在美国的发展轨迹，尝试寻求股东能动主义对中国公司治理水平提高的启发和借鉴意义。

本章力图沿着比较法和法经济分析的路径，从机构投资者股东能动主义在美国的形成和成熟入手，过渡到以非公开募集基金为代表的中国机构投资者的股东能动主义实践，着重分析这种本来行之有效的公司治理方式进行本土化实践的困局。本章研究的重点在于对资本市场、法律供给与股东能动主义“不兼容性”的反思。

法律移植和公司治理模式的建构与发展有着强烈的路径依赖和本土偏好。因此，机构投资者股东能动主义面临的“橘生淮南则为橘，生于淮北则为枳”困局，不是简单依靠“超常规培育机构投资者”的政策导向足以解决的，也不是凭借一项法律制度的改革可以一蹴而就的。本章试图从法律层面探寻可能的股东能动主义“培育”之路。

第一节 绪论

一、研究背景及意义

机构投资者是随着社会分工细化，金融业更加专业发展的产物。根据布莱克法律词典的定义，机构投资者是指“通过将他人财富注入大型管理基金进行巨额证券投资的投资者，一般是养老基金、投资公司、信托管理人或保险公司”。[①] 根据中国社会科学院经济研究所主编的《现代经济词典》定义，机构投资者，是指在证券和期货市场上从事大额交易的金融机构，主要有各种银行金融机构和非银行金融机构，包括各类投资基金、共同基金、养老基金、保险基金、投资公司等。[②] 广义上分析，机构投资者的外延较大，包括一切从事投资业务的机构，与个人投资者相对应；在中国视域内，证券投资基金、私募投资公司、信托及资产管理公司、保险公司、社会保险基金、企业年金和合格境外投资者（Qualified Foreign Institutional Investor，QFII）等均属于机构投资者范畴。

尽管机构投资者的内部架构、投资模式与融资渠道等存在差别，但是机构投资者一般有以下共性特点：与个体投资者相对应，投资主体是以法人或契约型基金等为主；除投资机构与被投资公司之间存在的代理关系以外，在投资机构内部还存在专业管理人员与最终出资人的第二重代理关系；机构投资管理以规模化和管理专业化为特征。目前，在发达资本市场

① “(Institutional investor) is one who trades large volumes of securities, usu. by investing other people's money into large managed funds. Institutional investors are often pension funds, investment companies, trust managers, or insurance companies”. Thomson Reuters, Black's Law Dictionary, 9th ed. 2009, online.

② 中国社会科学院经济研究所主编：《现代经济词典》，江苏人民出版社2005年版。

中，投资机构所持有的市值逾70%。[①] 而在中国，截至2013年底，A股市场的交易仍以中小散户为主，公募基金、保险机构、合格境外投资者等九类专业机构投资者合计持有A股市值2.58万亿元人民币，仅占沪深两市总市值的10.87%。[②] 随着中国金融市场发展，从最初的公募封闭式基金，到开放式基金，再到2003年开放的合格境外投资者，专业投资机构主体类型呈现出多元化趋势。尽管中国机构投资者的投资水平、风险规避能力及参与公司治理的积极程度均有显著改善，但是，专业机构投资规模仍然无法与发达的资本市场相比。养老金、住房公积金和保险基金等持有的大量社会财富长期与资本市场脱轨，保值增值能力不足，也从另一方面显示出推动中国机构投资进一步发展的必要性。[③]

中国的决策层意识到了迫切发展机构投资的重要性。新的《证券投资基金法》历时3年修订，于2013年6月开始实施。其中，第十章首次引入了"非公开募集基金"的概念并对此作出一些新规定。这标志着包括但不限于投资于未上市公司的私募股权基金（Private Equity Fund，PEF）、私募债权类基金、[④]上市后私募投资（Private Investment in Public Equity，PIPE）等符合私募特征的投资基金等，以"非公开募集基金"的名义正式被纳入法律监管。[⑤] 立法者希望藉此将非公开募集基金与公开募集基金区别对待，分开监管，促进私募行业的发展。[⑥]

对于公司治理而言，机构投资者的意义则在于机构股东主动参与公司治理、提升公司绩效的趋势日渐突出。尽管在美国，这种机构投资者股东能动主义（Shareholder Activism by Institutional Investors）[⑦]最先在社会保

---

① 张歆：《机构投资者超常规发展》，载《证券日报》2011年11月7日，第T11版。

② 参见中国证券监督管理委员会2014年6月13日新闻发布会，"答记者提问"部分，载中国证监会网，http://www.csrc.gov.cn/pub/newsite/zjhxwfb/xwfbh/201406/t20140613_256025.html，2015年1月6日访问。

③ 2001年12月，养老基金获准入市；2004年5月，企业年金获准入市；2004年10月，保险资金获准直接投资股票。在中国，机构投资者准入资格受到严格管制，从监管层面分析固然是出于金融稳定的考虑，然而这无疑限制了合格机构投资者的发展。

④ 私募债券类基金和投资于二级市场的私募基金在业内多被称为广义"私募"基金；与之对应，专注于一级市场的私募股权投资基金是狭义的"私募"。

⑤ 邹菁著：《私募股权基金的募集与运作》，法律出版社2014年版，第14～15页。

⑥ 孙霖：《〈基金法〉获人大通过，私募监管首次入法》，载《上海证券报》2012年12月29日，第1版。

⑦ 对于机构投资者股东能动主义的含义及特点，见本章第二节第一部分。

险基金和对冲基金等市场主体上形成并发展成熟，但考虑到中国金融业的发展实际情况，本章以中国境内非公开募集基金的发展为重点展开论述，以点带面探讨中国机构投资者能动主义发展现状和不足。

二、研究内容及方法论概述

本章分为七节。第一节引入了机构投资——尤其是非公开募集基金——在中国快速发展的背景，对机构投资的定义和比较普遍的法律特点做了解读；第二节以机构投资者股东能动主义在美国的兴起和成熟为例，着重探讨了机构投资者主导下的股东能动主义的一般机理，并借助 LLSV 分析范式[①]探讨制度变革与机构投资者参与公司治理能动性的联系；第三节通过田野调查和个案研究的方法研究以非公开募集基金为代表的机构股东在中国参与上市及非上市公司治理的现状，证明尽管股东能动主义在公司治理中发挥了良好的作用，但是，股东能动主义仍然不是中国机构投资者在投资管理阶段的普遍选择，田野调查甚至表明其有怠于行使股东权利的表现；第四节是本章的核心，聚焦于股东能动主义看似是改善公司治理的良好进路，但是，却不能在中国的资本市场和制度供给下充分发展的原因；第五节总结了一些基本结论，并对可能的法律及市场方面的本土化改革进路做了梳理；第六节讨论了私募股权投资基金保护强化机制的公司法路径；第七节对全章的论述进行了总结。

比较法和法律经济分析的研究路径贯穿本章，其他还有 LLSV 分析范式和实证研究方法的综合运用。本章重点就中美两国的制度环境和股东能动主义发展进行对比，以此为基础对中国的法律设计是否是有效率的制度供给做经济分析。本章最后从有效的制度供给层面探讨可能的改革进路。

① 对于 LLSV 的含义，见本章第二节第二部分。

第二节　股东能动主义的一般机理
——以其在美国的兴起及发展为例

一、公司治理视角下的股东能动主义

20世纪80年代前,机构投资者主要采取利润投机型的投资策略以及"用脚投票"①来表达自身利益诉求。分散化的持股比例导致机构投资者无暇、也无内在动力花费时间和金钱成本深入了解并参与其所持股的公司运作。在这一时期,鲜有投资机构者在股东大会或者董事会上投出针对管理者的反对票,机构投资者对公司的监管保持非常低调的姿态,仅仅通过了解公司提供的财务数据和买入或卖出公司股份对公司予以"评价"。

随着掌握大量资金的投资机构兴起——尤其是以美国养老基金为代表,投资者持仓增大,在证券市场上手持相当比重的股权,刺激了股东行权意识的产生和扩张。在成本收益分析机制的作用下,由于机构股东抛售股票将带来股价新一轮下跌,损害自身利益,因此,继续"用脚投票"的被动治理不如主动寻求提高公司绩效。机构股东开始发挥其能动性,主动行使股东权利监督公司管理层,致力于改进公司绩效。公司法和公司治理规则通过股东扩权机制(Shareloldes empovoerment mechanism)为能动性股东的行权提供制度保障。

在传统公司法理论中,产权与管理权的分离被视为现代公司制度的一大要义:公司的管理权被严格地与股东权分隔开来,股东对公司实际运营的掌控能力趋向于虚弱,公司股东只保留着产权及破产解散时对公司享有的残余权(residual right)。曾作为所有权之不可或缺构成要素的控制权能被让渡给手持控制权的群体,控制权已经在相当程度上摆脱了所有权。②

---

① "用脚投票"是指公司表现不佳时,作为投资者的股东非但不能主动致力于改善公司治理及绩效,反而是以在流动市场抛售股份的行为方式表达不满,放弃股东权利,即"用脚投票",也称为"华尔街准则"。由于股东权利弱小,在权利及主张得不到应有满足时,这是小股东对于公司决策最常采用的投票方式。例如,参见 Spencer Banzhaf and Randall Walsh,"Do People Vote with Their Feet? An Empirical Test of Tiebout's Mechanism",in *The American Economic Review* Vol. 98, No. 3, 2008, pp. 843-863。

② [美]阿道夫·A. 伯利、加德纳·C. 米恩斯著:《现代公司与私有财产》,甘华鸣等译,商务印书馆2005年版。

然而,从“经理人资本主义”向“投资人资本主义”的回归,显示了股东重新重视谋求公司治理的参与意识,也从侧面证明了公司治理制度本质上是一种“建构的理性主义”。[①] 机构投资者的公司治理策略从股东消极主义(Shareholder Passivism)向股东能动主义(Shareholder Activism)转变,从与公司保持“臂长”(Arm's Length)距离的“华尔街准则”,转向“控制型”(controlling)的参与公司治理风格;从对公司治理信息“不知情的”(uninformed),向“知情的”(informed)转变。[②] 迈克尔·尤辛(Michael Useem)直接称之为从“管理人资本主义”到“投资商资本主义”的转变:养老基金、私募机构、证券基金、保险公司将大量的资金优势化为在公司中直接谋求治理权力的巨大优势,通过与公司管理层谈判、代理权之争,“机构投资商”掌握了对公司施压的艺术。[③] 机构投资者渐渐成为参与公司治理的能动股东,这表明传统上股东权和公司运营权分离并由职业经理人主导公司发展的模式遭遇来自机构股东的挑战,投资者逐渐重新夺回公司发展的控制权,学者将这种发生于公司内部的运营权博弈视为公司再次进入“股东说话管用”的时代。[④]

二、股东能动主义发展的制度环境——LLSV 范式分析

从美国经验分析,机构股东逐渐在公司治理中发挥更大作用,与其赖以生存发展的金融制度环境变革导致其行为特征发生变化紧密相关。[⑤]

1998 年,拉波塔(La Porta)、洛佩兹·西拉贡(Lopez-de-Silanes)、施莱

---

① 社会秩序作为一种理性,其在最初形成时被哈耶克分为建构论的理性主义与进化论的理性主义。参见邓正来著:《哈耶克的社会理论》,载[英]弗里德里希·冯·哈耶克著:《自由秩序原理》,邓正来译,生活·读书·新知三联书店 1997 年版,代译序。公司治理体系中,股东与管理层的力量博弈趋势不断变化,“股东会中心主义”与“董事会中心主义”的轮回,表明了实然与应然的沟壑,也佐证了马克思“事物的逻辑不等于逻辑的事物”的论断。参见苏力:《制度是如何形成的》(增订版),北京大学出版社 2007 年版,第 53 页。

② See Bernard Black, Shareholder Activism and Corporate Governance in the United States, Working Paper, Columbia University, 1997.

③ [美]迈克尔·尤辛著:《投资商资本主义——一个颠覆经理职位的时代》,樊志刚等译,海南出版社 1999 年版,第 2 页。

④ 曾德明、刘袁、汪忠:《我国机构投资者参与公司治理的必要性及障碍分析》,载《湖南大学学报》(社会科学版)2006 年第 5 期,第 66-69 页。

⑤ 刘平安:《机构投资者参与公司治理的影响因素分析》,载《甘肃社会科学》2006 年第 1 期,第 234-237 页。

弗(Shleifer)和维什尼(Vishny)四位学者研究表明,法律起源决定金融发展,法律、执法机制和法律制度支配金融交易,这一研究路径被学界谓以 LLSV 范式,其核心是将法律视为一个自给自足的自我发展的系统,将市场和金融的发展置于法律制度的语境下看待和审视。美国学者布莱尔认为,探讨公司治理的结构和机制,必须基于公司所在地的政治、经济、文化和法律环境,并将公司治理视为法律、文化和制度性安排的有机整合。[①]在探讨机构投资者在美国初期的快速发展阶段时不难发现,联邦进行的大量制度革新的确为此创造了不可或缺的推动力。

1979 年,美国联邦劳工部修正和出台了《雇员退休收入保障法案》(The Employee Retirement Income Security Act of 1974,ERISA),重点是以投资组合安全为前提,养老基金可以对新兴企业股票和风险投资基金进行投资;1980 年,联邦政府出台《小企业投资法案》(Small Bussiness Investment Act),不再将机构投资者作为投资中介看待,从而无须强制在证监会注册,该法案同时删减了投资机构的资本披露要求;1989 年,联邦参议院通过了《过度流动与投机法案》,鼓励投资机构从短期投资向长期持有过渡,参与公司管治,进行"负责任的投资"。[②]

显而易见,这些放松监管(de-regulatory)的制度变革起到了鼓励和引导作用,给予了投资机构很大的灵活性,从法律供给层面减少了投资机构能动参与公司治理的制度成本与障碍。20 世纪 80 年代中期,机构投资者能动主义的先驱——加利福尼亚州公共雇员退休系统(California Public Employees Retirement System,Cal PERS)公开反对 Texaco 公司管理层回购公司股份,并同其他 19 家公共养老基金发起设立机构投资者委员会(Committee of Institutional Investors,CII)。Cal PERS 还与其他机构投资者共同谴责前通用汽车公司的首席执行官斯坦普尔,并施加影响迫使斯坦普尔辞职。

历经十几年发展,在 2001 年,75 家基金公司直接及间接持有美国股

① [美]玛格丽特·M. 布莱尔著:《所有权与控制:面向 21 世纪的公司治理探索》,张荣刚译,中国社会科学出版社 1999 年版。

② 参见汪忠:《基于机构投资者视角的目标公司治理评价及实证研究》,湖南大学出版社 2012 年版,第 37~38 页。

市44%的份额。[①] 正是这样高比例的持股份额，成为机构投资者参与公司治理的内在动因和主要工具，机构投资者不能因为不满公司表现而轻易套现离场——套现离场的后果对于持股比例更大的机构投资者是非理性选择。“华尔街准则”被更积极的股东能动主义参与所取代，而由强势的管理层主导的公司治理模式开始面临新的检讨。

三、旧的颠覆还是新的制衡？——股东能动主义与传统公司治理理论的关系

公司治理的规则，实际上是“一系列的合同束”：[②]股东签订共同投资的合同，管理层与股东签订承诺有偿承担信义义务接受投资人委托管治公司的合同，以及公司与利益攸关者（stakeholder）[③]签订的雇佣、购买、销售等合同。在传统公司治理理论中，重点是由股东、董事会和高级经理人三个“内部人”组成的治理架构。[④] 现代公司以所有权和控制权的分离为一大特征，然而传统公司治理思路和制度设计中隐含的片面性饱受诟病：董事以及高管们唯股价激励是从，无视股东和其他利益攸关者的利益，为道德风险的连锁显露和反应埋下祸根。[⑤] 机构股东能动主义的兴起和发展，使机构投资者能动地介入公司运营，成为一种企业组织内形成的力量，能够有效监督制衡管理层。尽管有不同的研究结论，但是，目前学界的理论和实证研究更倾向于将股东能动主义视作对公司委托代理的治理结构的

---

① ［美］肯尼斯·金、约翰·诺夫辛格著：《公司治理》，刘江译，何家成校，中国人民大学出版社2004年版，第117~118页。

② Michael Jensen and William Meckling, *Theory of the Firm*: *Managerial Behavior*, *Agency Costs and Ownership Structure*, Springer Netherlands, 1979, p. 305.

③ 比如，按照美国学者克拉克森广为援引的观点，利益相关者是对于公司及其过去、现在或未来的活动享有或者主张所有权、权利或者利益的自然人或社会团体。克拉克森进一步将其划分为两大类：一级利益相关团体，包括股东、债权债务人、雇员及政府；二级利益相关团体，包括竞争者等。Max E. Clarkson, “A Stakeholder Framework for Analyzing and Evaluating Corporate Social Performance”, 20 *Academy of Management Review*, 1995, pp. 106, 107. 再如，按照乔治·斯蒂纳和约翰·斯蒂纳在其合著《企业、政府与社会》中所持的观点，公司管理层需要向五大利益集团负责，这些集团可以被称之为利益相关者：股东、客户、雇员、政府和社区。参见［美］乔治·斯蒂纳、约翰·斯蒂纳著：《企业、政府与社会》（第八版），张志强等译，华夏出版社2002年版，第137页。

④ 虞政平：《构建中国多元化公司治理结构新模式》，载《中外法学》2008年第1期，第68页。

⑤ 李先腾：《后危机时代中企海外收购面临的安全审查困局及治理路径——以美国CFIUS监管机制为切入点》，载《交大法学》2014年第2期。

有效修正工具和进路。在广为援引的《大股东和公司控制权》一文中，**LLSV** 总结认为：机构投资者持股量较大，在一定程度上缓解"搭便车"问题，更有动机和能力参与公司治理，矫正由于委托—代理问题诱发的道德风险；机构投资股东能动主义总体上有助于公司治理结构的改进，提高公司绩效。① 第三节由此出发，分析机构投资者在中国独特的资本市场和法律制度下对股东能动主义的本土化实践。

第三节 私募股权基金能动主义的契约路径

私募股权基金践行股东能动主义的具体路径是在投资协议中明确规定具体的投资条款，通过契约安排对其权益进行保护。这些契约安排不仅需要能够实现私募股权基金的投资目标以及兼顾被投资企业以及创始股东权益，而且还需符合中国法律、法规的规定，以免在出现纠纷的情形下，该等条款不被法院及/或仲裁机构等认可。

关于投资保护条款的研究，一般来说，私募股权投资者在投资时最关注投资收益与投资安全，②所有条款都以此为中心进行设计。投资收益指的是投资人最终能从清算事件中（通常是公司出售或者上市）获得的利益。投资安全主要在于减少信息不对称，加强作为小股东的投资者对目标企业的控制，从而避免因投资后的道德风险及突发事件导致投资遭受不可控的异变风险。因此，如何在投资者与目标企业之间合理配置目标企业控制权，成为事关投资安全的重要内容。因此，私募股权投资者在投资契约条款设计时关注的要素为——收益分配与控制权配置。

焦祺森提出，③股权投资基金为更好地控制风险和确保自身权益，经

① Andrei Shleifer and Robert Vishny, "Large Shareholders and Corporate Control", *The Journal of Political Economy*, 1986, pp. 461-488.

② ［美］Brad Feld、Jason Mendelson 著：《风险投资交易》，金多多译，机械工业出版社 2012 年版，第 38 页。

③ 焦祺森：《私募股权投资的权益保护方法研》，载《发展金融》2015 年第 5 期。

常使用下列特殊合约条款以加强权益保护:强制分红、清算优先权、股息积累、反向特别保护权、拖带权、跟随性选择权、反稀释条款、特别投票权、估值调整机制。

李丹认为,[①]针对我国资本市场目前较为流行的创投和成长资本投资涉及的条款,大致可以分为三类:投资收益型条款、控制权条款及其他条款。投资收益型条款包括:估值条款(价格条款);估值调整机制(对赌协议);分红优先权;清算优先权;优先认购权、优先购买权;回赎、回售权;反稀释条款(反摊薄条款)。控制权条款包括董事选任条款、保护性条款、否决权条款、领售权条款。

从私募股权基金的投资目的来看,经济和控制是最重要的两个因素。[②] 经济因素是指私募股权基金最终通过流动性事件所获得的收益。流动性事件通常包括被投资企业成功实现首次公开募股、[③]被成功出售或最终清算。控制因素是指私募股权基金可以直接控制公司或者有权否决公司管理层做出的一些决策。

本节主要讨论估值调整机制之外的优先认购权、优先购买权、反稀释、优先分红权、保护性条款、拖售权、随售权、股权回购以及优先清算权等条款,以期帮助实现私募股权基金在投资实施阶段实现经济和控制目的。

一、优先认购权条款

(一)优先认购权的定义和作用

优先认购权(Right of First Offer),是指被投资企业未来发行新的股份或者可转换债券时,私募基金有权在同等条件下,根据事先约定的比例,优先认购新股或可转换债券的权利。[④]

---

① 李丹:《私募股权投资条款的〈公司法〉解读》,载《海问诉讼律评》,https://mp.weixin.qq.com/s?src=11&timestamp=1550316637&ver=1432&signature=uYhrymeH8ZLJ*lXavRZnh33u7UaLI5VaLMdciRivxHnfXeqyThU4hG1JoysxJxkBgF5qVcI2dAWZh8EFeMyn-hvKqtUxG4Vcdj0h3UYQHzCb9mpYe*Vsig5t1NfVgEFx&new=1,2019年2月16日访问。

② [美]布拉德·菲尔德、杰森·门德尔松著:《风投的技术——创业融资及条款清单大揭秘》,桂曙光译,机械工业出版社2017年版,第31、32页。

③ 即首次公开募股(Initial Public Offerings),是指一家企业或公司第一次将它的股份向公众出售。

④ 中国证券投资基金业协会组编:《股权投资基金》,中国金融出版社2017年版,第110页。

优先认购权是控制因素，其实质是私募股权基金希望借此条款维持其在目标公司的持股比例，同时尽可能维护被投资企业的人合性。优先认购权可以使私募基金在未来被投资企业增资或增加发行股份时，保护其持股比例不被稀释。[①]

（二）优先认购权在中国法律项下的应用

《公司法》第34条[②]对有限责任公司股东所享有的优先认购权进行了确认，即有限责任公司在出现新增注册资本的情形下，其股东可以根据出资比例优先于其他外部人士完成对新增注册资本的认购，该等股东亦可约定不按照出资比例优先认缴出资。在实践中，如果私募基金的谈判地位优势明显，私募基金作为投资人可以要求在目标公司增资的情形下，私募基金在同等条件下享有第一顺位的优先认购权，只有在私募基金放弃优先认购权的情形下，被投资企业原股东方可按照其实缴出资比例认缴或其他约定比例新增出资。

在股份有限公司增资的情形下，是否可以在投资协议或章程中约定某一股东对公司增发的新股享有优先认购权，《公司法》及其他现行法律、法规暂未提出明确要求。部分学者认为，[③]股份有限公司的老股东对新发行的股份不具有优先认购权，这与股份公司的资合性特征不无关系。如果老股东享有对新增发股份的优先认购权，则势必与股份公司典型的资合性特征相违背。《公司法》系商法，“私法自治”系商法的重要特征，在法律、法规没有提出明确要求或做出明确规定的情况下，尽管其投资对象为股份有限公司，私募基金作为投资人仍可以要求在其投资协议中体现其对被投资企业增资的优先认购权。

在实践中，优先认购权通常都会给予私募股权基金，被投资企业的原股东对此条款通常没有异议。但不同私募股权基金对该条款的设置会根据私募股权基金谈判地位的不同而有所差异，有的私募股权基金要求享有

① 中国证券投资基金业协会组编：《股权投资基金》，中国金融出版社2017年版，第110页。

② 《中华人民共和国公司法》（2013年修正）第34条规定：“股东按照实缴的出资比例分取红利；公司新增资本时，股东有权优先按照实缴的出资比例认缴出资。但是，全体股东约定不按照出资比例分取红利或者不按照出资比例优先认缴出资的除外。”

③ 李寿双著：《中国式私募股权投资——基于中国法的本土化路径》，法律出版社2008年版，第28~31页。

第一顺位的优先认购权；有的私募股权基金仅要求根据其实缴出资比例享有优先认购权。

（三）优先认购权的示范条款

以笔者在实践中经办的某一项目投资协议为例，该投资协议中载明的优先认购权条款示范如下：

"本协议签署日至有关证券发行审核监管机构批准目标公司合格发行上市或借壳上市之前，若目标公司拟增加注册资本、发行新股，则该等后续融资事项须事先通知本轮投资者并获得本轮投资者的书面批准；该等后续融资的增资价格应不低于本轮投资者认购本次增资的增资价格；本轮投资者具有在同等条件下优先认购后续增资的权利。"

二、优先购买权条款

（一）优先购买权的定义和作用

与优先认购权类似，优先购买权，也被称之为第一拒绝权，指的是当被投资企业的其他股东有意向对外出售股权时，作为老股东的私募基金在同等条件下拥有优先购买权。[①]

优先购买权亦是控制因素，其实质是私募股权基金希望借此条款尽可能维护被投资企业的人合性。

（二）优先购买权在中国法律项下的应用

鉴于有限责任公司具有人合性，《公司法》第 71 条[②]规定了股东可以通过优先购买权这一制度维护其人合性利益，防止不受欢迎的第三方成为公司股东，且《公司法》第 71 条规定了公司章程可以对股权转让另有约

① 中国证券投资基金业协会组编：《股权投资基金》，中国金融出版社 2017 年版，第 111 页。

② 《中华人民共和国公司法》（2013 年修正）第 71 条规定："有限责任公司的股东之间可以相互转让其全部或者部分股权。股东向股东以外的人转让股权，应当经其他股东过半数同意。股东应就其股权转让事项书面通知其他股东征求同意，其他股东自接到书面通知之日起满三十日未答复的，视为同意转让。其他股东半数以上不同意转让的，不同意的股东应当购买该转让的股权；不购买的，视为同意转让。经股东同意转让的股权，在同等条件下，其他股东有优先购买权。两个以上股东主张行使优先购买权的，协商确定各自的购买比例；协商不成的，按照转让时各自的出资比例行使优先购买权。公司章程对股权转让另有规定的，从其规定。"

定。据此,私募基金在对被投资企业进行投资时,可以在其投资协议中与被投资企业的原股东约定,私募基金对被投资企业原股东拟对外转让的股权在同等条件下享有优先购买权;而且在谈判地位优势明显时,私募股权基金甚至可以要求第一顺位的优先购买权。

《公司法》第 71 条没有对享有优先购买权的股东如何行使优先购买权进行详细约定(包括但不限于缺乏“同等条件”应如何认定的标准)。而最高人民法院《关于适用〈中华人民共和国公司法〉若干问题的规定(四)》(法释〔2017〕16 号,以下简称《公司法司法解释四》)[①]进一步完善了股东行使优先购买权的规则。具体为:[②](1)《公司法司法解释四》第 17 条规定了股东优先购买权的程序规则。[③] 在实践中,可采取包括但不限于书面送达、邮件送达、微信、短信送达等方式通知其他股东。(2)根据《公司法司法解释四》第 18 条规定,人民法院在判断“同等条件”时,应将转让股权数量、价格、支付方式等因素全面考虑在内。[④] (3)《公司法司法解释四》第 19 条规定了股东行使优先购买权的期间,即有约定的从约定;没有

---

① 《公司法司法解释四》第 17 条规定:“有限责任公司的股东向股东以外的人转让股权,应就其股权转让事项以书面或者其他能够确认收悉的合理方式通知其他股东征求同意。其他股东半数以上不同意转让,不同意的股东不购买的,人民法院应当认定视为同意转让。经股东同意转让的股权,其他股东主张转让股东应当向其以书面或者其他能够确认收悉的合理方式通知转让股权的同等条件的,人民法院应当予以支持。经股东同意转让的股权,在同等条件下,转让股东以外的其他股东主张优先购买的,人民法院应当予以支持,但转让股东依据本规定第二十条放弃转让的除外。”第 18 条规定:“人民法院在判断是否符合公司法第七十一条第三款及本规定所称的‘同等条件’时,应当考虑转让股权的数量、价格、支付方式及期限等因素。”第 19 条规定:“有限责任公司的股东主张优先购买转让股权的,应当在收到通知后,在公司章程规定的行使期间内提出购买请求。公司章程没有规定行使期间或者规定不明确的,以通知确定的期间为准,通知确定的期间短于三十日或者未明确行使期间的,行使期间为三十日。”

② 许晨:《解读“公司法解释四”对私募股权投资基金的影响和警示》,载《安徽电子信息职业技术学院学报》2018 年第 1 期。

③ 《中华人民共和国公司法》(2013 年修正)第 17 条规定:“有限责任公司的股东向股东以外的人转让股权,应就其股权转让事项以书面或者其他能够确认收悉的合理方式通知其他股东征求同意。其他股东半数以上不同意转让,不同意的股东不购买的,人民法院应当认定视为同意转让。经股东同意转让的股权,其他股东主张转让股东应当向其以书面或者其他能够确认收悉的合理方式通知转让股权的同等条件的,人民法院应当予以支持。经股东同意转让的股权,在同等条件下,转让股东以外的其他股东主张优先购买的,人民法院应当予以支持,但转让股东依据本规定第二十条放弃转让的除外。”

④ 《中华人民共和国公司法》(2013 年修正)第 18 条规定:“人民法院在判断是否符合公司法第七十一条第三款及本规定所称的‘同等条件’时,应当考虑转让股权的数量、价格、支付方式及期限等因素。”

约定或约定不明的,若拟对外转让的股东发出的通知中有关于行使优先购买权的期间的要求的,则以该通知上确定的期间为准,但行权期限最短不得少于 30 日。[①]

就股份有限公司,鉴于股份有限公司具有资合性,且根据《公司法》第 137 条及第 138 条的规定,[②]股东持有的股份可以依法转让,据此,笔者认为,股份有限公司的股东在其他股东对外转让股权时不具有优先购买权。

在实践中,几乎所有的私募股权基金都会坚持要求优先购买权,而被投资企业的创始人一般也不会拒绝私募股权基金设置该条款的要求。与优先认购权类似,不同私募股权基金对该条款的设置会根据私募股权基金谈判地位的不同而有所差异,有的私募股权基金要求享有第一顺位的优先购买权;有的私募股权基金仅要求根据其实缴出资比例享有优先购买权。

(三)优先购买权的示范条款

以笔者在实际中经办的某一项目投资协议为例,该投资协议中载明的优先购买权条款示范如下:

"在增资完成日后的任何日期,若现有股东拟转让或处置其全部或部分股份,应事先书面通知本轮投资者并取得本轮投资者的书面同意,本轮投资者对目标公司现有股东所转让之股份在同等价格条件下有优先购买权。"

三、反稀释条款

(一)反稀释条款的定义和作用

投资协议中另外一个关键的经济因素条款就是反稀释条款(Anti-dilution)。反稀释条款,也被称之为反摊薄条款,是私募股权基金采取的、

---

① 《中华人民共和国公司法》(2013 年修正)第 19 条规定:"有限责任公司的股东主张优先购买转让股权的,应当在收到通知后,在公司章程规定的行使期间内提出购买请求。公司章程没有规定行使期间或者规定不明确的,以通知确定的期间为准,通知确定的期间短于三十日或者未明确行使期间的,行使期间为三十日。"

② 《中华人民共和国公司法》(2013 年修正)第 137 条规定:"股东持有的股份可以依法转让。"第 138 条规定:"股东转让其股份,应当在依法设立的证券交易场所进行或者按照国务院规定的其他方式进行。"

防止其自身的股权/股份价值在被投资企业后续增资过程中减少及其股权/股份比例被过分稀释的措施。[①]

被投资企业在其成长过程中,往往需要多次融资,当被投资企业以低于上一轮的价格进行后续融资时,前期进入的投资便会贬值,因此,私募股权基金在进行投资时往往会要求获得反稀释保护。反稀释条款可以在被投资企业以低于前轮融资时的估值发行股份时保护前轮投资人的利益。

(二)反稀释条款在中国法律项下的应用

根据保护程度的不同,反稀释保护可分为"棘轮"调整(Ratchet-based Anti-dilution)和"加权平均"调整(Weighted Average Anti-dilution)两种不同的调整方式。[②]

棘轮条款在境外私募投资领域的出现概率相对较高。在该条款应用过程中,若被投资企业按照比上一轮融资成本更低的价格开展相应融资活动,之前的投资人有权无偿获取新的股权或获得现金补偿,从而对前轮投资人在目标企业中持有的股权/股份价值进行全面调整,使调整后的股权/股份价值与其持有的被投资企业该轮后续融资没有发生前的股权/股份价值相同。完全棘轮条款是最大限度地保护前轮投资人的条款,在私募基金投资实践中,如果谈判优势明显,笔者建议,私募基金应首先要求适用完全棘轮条款。

加权平均调整条款是一种较为温和的反稀释方式,在被投资企业进行后续融资时,它将新发行股份的数量作为转股价格的计算基础。加权平均调整的计算方式可以用公式表示为:新转股价格=(原转股价格×公司原股份总数+增发新股所获对价)÷(公司原股份总数+增发新股数量)。加权平均调整的目的是以所有股权/股份购买的平均价格重新计算前轮投资人和其他股东所应获得的股权/股份数量。

反稀释条款除了属于经济因素条款,也属于控制因素条款。因为反稀释条款会激励被投资企业的原股东以更高的价格发行新股。

需注意的是,在国外私募股权基金投资实践中,往往是由被投资企业向前轮投资人发行新股,以此达到反稀释的目的,然而,此种方式目前在中

① 沈志群、关键主编:《中国股权和创业投资法律实务指引》,中国经济出版社 2013 年版,第 217 页。
② 陈永坚著:《中国风险投资与私募股权》,法律出版社 2008 年版,第 58 页。

国法律项下是无法实现的。原因在于,根据《公司法》第142条的规定,[1]公司一般不得收购本公司股份(详见后文第九节"股权回购"的分析),故被投资企业一般无法持有自己的股份,其也无法将其持有的自身的股份转让给前轮投资人。据此,在我国,通常是由被投资企业的控股股东向私募股权基金承诺,在发生发稀释的情形下,由控股股东向私募股权基金支付反稀释补偿款或向私募股权基金无偿转让股份。

(三)反稀释条款的示范条款

以笔者在实际中经办的某一项目投资协议为例,该投资协议中载明的反稀释条款示范如下(此处适用的是完全棘轮条款):

"若目标公司在后续融资中,后续投资方增资价格低于本轮投资者认购本次增资的增资价格的,则本轮投资者可选择要求目标公司实际控制人以现金对本轮投资者进行补偿,补偿的具体计算公式为:

本轮投资者可获得的反稀释补偿款=本轮投资者的投资款×$(1+10\%)^{N}$-本轮投资者认购本次增资所对应的新增注册资本额×后续投资方的增资价格。其中,'N'指自本轮投资者向目标公司支付投资款之日起至反稀释补偿款付至该本轮投资者账户之日之间的年度数,不满一年的按照实际天数除以360天的比例计算。

后续投资方的增资价格=后续投资方认购后续增资的全部对价÷后续融资中目标公司新增注册资本额。"

四、优先分红权条款

优先分红条款也是经济因素条款。[2] 优先分红权在境外被广泛适用,

---

① 《中华人民共和国公司法》(2013年修正)第142条规定:"公司不得收购本公司股份。但是,有下列情形之一的除外:(一)减少公司注册资本;(二)与持有本公司股份的其他公司合并;(三)将股份奖励给本公司职工;(四)股东因对股东大会作出的公司合并、分立决议持异议,要求公司收购其股份的。公司因前款第(一)项至第(三)项的原因收购本公司股份的,应当经股东大会决议。公司依照前款规定收购本公司股份后,属于第(一)项情形的,应当自收购之日起十日内注销;属于第(二)项、第(四)项情形的,应当在六个月内转让或者注销。公司依照第一款第(三)项规定收购的本公司股份,不得超过本公司已发行股份总额的百分之五;用于收购的资金应当从公司的税后利润中支出;所收购的股份应当在一年内转让给职工。公司不得接受本公司的股票作为质押权的标的。"

② [美]布拉德·菲尔德、杰森·门德尔松著:《风投的技术——创业融资及条款清单大揭秘》,桂曙光译,机械工业出版社2017年版,第68页。

其存在的理论基础在于优先股。普通股股东权利是投票权和财产性权利的统一体,该部分权利可以被进行有效拆分,并可以借助于契约安排来进一步细化、确认,形成与普通股的权利存在差异的类别股。由此也很可能出现一个公司对应多种不同股东类型的现象(既存在普通股股东又存在优先股股东)。优先股作为最核心的类别股,该类股票的持有人往往掌握资产分配的主动权,可以根据合同要求,拥有明显领先于其他普通股股东的权利。比如,优先股股东通常优先于普通股股东参与分红,并有权在公司清算时优先参与剩余财产的分配。[①]

(一)优先分红权的定义和作用

优先分红权主要是指私募股权基金在参与企业分红活动过程中,享有的一定比例股息分配的优先权力。按私募股权基金优先获取的股息数额确定后,该私募股权基金是否还能够继续参与剩余股息的分配,私募股权基金的优先分红权可分为参与性与非参与性两种形式:按股息分配是否能够累积,私募股权基金的优先分红权亦可继续分为累积性与非累积性两种形式。[②]

累积红利如果没有按期支付,将会不断累积直至企业能够支付为止。某些情况下,投资协议中会限定累积的最长年限。譬如,如果 3 年后企业仍无法支付优先股红利,那么该笔 3 年前的红利将会作废,但最近 3 年的应付红利仍然累积。非累积红利则是指如果企业未能支付约定红利,则没有后续支付义务。

私募基金在投资协议中通常要求优先分红权,其着眼点在于:一方面限制原股东分红,将更多的现金资本留存在企业中;另一方面在分红的情形下,优先分配给私募股权基金,减少私募股权基金的投资风险。

(二)优先分红权在中国法律项下的应用

根据我国《公司法》的规定,[③]有限责任公司股东可以约定股东分红的

---

① 于莹、潘林:《优先股制度与创业企业——以美国风险投资为背景的研究》,载《当代法学》2011 年第 4 期,第 77 页。

② 沈志群、关键主编:《中国股权和创业投资法律实务指引》,中国经济出版社 2013 年版,第 212 页。

③ 《中华人民共和国公司法》(2013 年修正)第 32 条规定:"股东按照实缴的出资比例分取红利;公司新增资本时,股东有权优先按照实缴的出资比例认缴出资。但是,全体股东约定不按照出资比例分取红利或者不按照出资比例优先认缴出资的除外。"

分配比例与其持股比例不一致，但对股份有限公司没有相关规定。目前，《公司法》并未就股东是否享有优先分红权给予明确的答复。

但需注意的是，如果被投资企业的股东中存在外国企业或外国个人，即被投资企业是一家中外合资企业，基于《中外合资经营企业法》的规定，[①]合营各方应根据各自的注册资本比例进行分配。据此，笔者理解，现行《中外合资经营企业法》并未对中外合资经营企业股东的优先分红权保留余地。

（三）优先分红权的示范条款

考虑到现行法律法规并没有明确约定优先分红权的适用，为免优先分红权被认定无效从而不能保护私募基金的利益，笔者提出以下解决思路：私募基金在开展投资活动时，可以考虑采取变通操作以达到优先分红权的效果。比如，投资协议中可以作如下约定：在被投资企业的可分配利润未达到投资方投资额的一定比例时（该等比例通常约定为固定比例），该等可分配利润应仅向投资方分配，其他股东不享有分配权；超出约定比例的可分配利润，再由投资方与其他股东按照实缴出资比例享有。

再以笔者在实际中经办的某一项目投资协议为例，该投资协议中载明的优先分红权条款示范如下：

"受限于所适用法律法规的规定，如果公司决定分配任何税后利润且本轮投资者同意此等分配，则本轮投资者有权按照其届时在公司的持股比例足额获得相应的税后利润。在向本轮投资者足额分配及支付税后利润前，公司不得向届时本轮投资者之外的其他股东分配或支付税后利润。"

五、保护性条款

保护性条款是控制因素条款，其实质是私募股权基金通过对被投资企业的某些行为拥有否决权来参与对被投资企业重大经营事项的管理。

（一）保护性条款的定义和作用

保护性条款是指私募基金为保护自身利益而设置的要求被投资企业

① 参见《中外合资经营企业法》第4条："合营企业的形式为有限责任公司。在合营企业的注册资本中，外国合营者的投资比例一般不低于百分之二十五。合营各方按注册资本比例分享利润和分担风险及亏损。合营者的注册资本如果转让必须经合营各方同意。"

在执行某些可能损害私募股权基金利益或对私募股权基金利益有重大影响的行为时，需取得私募股权基金同意的条款。[①]

保护性条款提出的最终目标即是避免中小股东权益受到来自大股东的侵害。保护性条款针对的通常是涉及私募股权基金经济利益或者公司控制权的重大事项。[②]

（二）保护性条款在中国法律项下的应用

保护性条款通常与董事会席位条款联系在一起。一般来说，只要私募股权基金持有被投资企业的股权比例不低于10%，该等私募股权基金通常都会要求在被投资企业董事会中占有一席之位。私募股权基金行使保护性条款通常通过在股东会及/或董事会对相关重要事项的一票否决权来行使，即被投资企业股东会或董事会在就某些重要事项进行表决时，必须取得私募股权基金或私募股权基金委派的董事同意，否则，被投资企业不得进行相关行为。

但需注意的是，最高人民法院对外公布的《公司法司法解释四》（征求意见稿）第29条[③]曾强调，有限责任公司章程条款中存在过度限制股东转让股权，导致股权实质上转让不能的，若股东请求法院确认该条款无效，法院应予支持。虽然该条在《公司法司法解释四》正式公布时被删除了，但笔者认为，私募基金作为投资人在对被投资企业投资时，应注意在其投资协议中，对限制创始人股东对外进行股权转让的条款进行设计，以免在双方产生争议的情形下，该等条款被法院认定无效。

理论上，限制股权转让包括绝对禁止和有条件限制。基于“股权可自由转让”是《公司法》的原则之一，绝对禁止因违反该基本原则，应属无效。[④] 笔者建议，私募基金作为投资人应避免在对被投资企业的投资协议

① 中国证券投资基金业协会组编：《股权投资基金》，中国金融出版社2017年版，第113页。

② 中国证券投资基金业协会组编：《股权投资基金》，中国金融出版社2017年版，第113页。

③ 中华人民共和国最高人民法院：《最高法就公司法司法解释向社会公开征求意见》第29条规定：“有限责任公司章程条款过度限制股东转让股权，导致股权实质上不能转让，股东请求确认该条款无效的，应予支持。”载最高人民法院官网，http://www.court.gov.cn/zixun-xiangqing-19342.html，2018年3月25日访问。

④ 王武：《公司法司法解释四通过后，投资人不能再限制创始人转股?》，创投法律内参，2016年12月7日发布，2018年3月25日访问。

中出现绝对禁止创始人股东对外转让股权的条款。但为了平衡私募股权基金与被投资企业创始股东的利益，维护被投资企业核心创业团队稳定，并锁定创始股东的股权，笔者建议可在投资协议中约定，在被投资企业IPO之前，未经私募股权基金同意，创始股东不得对外转让一定比例（通常为5%以上）的股权。此约定即为有条件限制，一方面，在限制转让的时间上做出了约定，即IPO之前；另一方面，在限制转让的股权比例上做出了约定，即5%以上。该等限制有别于“绝对禁止”的股权转让，应属有效。

此外，如果被投资企业存在多轮投资人，为提高经营决策效率，笔者也建议，创始股东并非需要给予每个投资人均有一票否决权，反之，在就某一重大事项进行表决时，取得多轮投资人的多数同意（过半数同意或更高比例）即视为通过。

（三）保护性条款的示范条款

同样，以笔者在实际中经办的某一项目投资协议为例，该投资协议中载明的保护性条款示范如下：

“各方同意，自交割日起至公司首次公开发行股票（包括存托凭证，下同）且公司股票开始在证券交易市场流通或公司被整体出售之日止，未经投资者就其持有的表决权在公司股东会表决中投赞成票和/或投资者委派的董事在董事会表决中投赞成票同意，公司不得从事下列行为：

（1）修订公司章程或投资协议，或修订、改变、删减、废除投资者的优先权利；

（2）增加或减少公司注册资本的总额；

（3）公司的清算、中止、解散、收购兼并、重组或出售公司绝大部分资产等事宜，使公司发生控制权变化或者公司的主要财产被出售的任何交易或一系列交易；及

（4）发起人累积转让、处置或质押的公司股权达到或超过交割时公司总股本的5%。”①

六、拖售权条款

对私募基金来说，投资退出是实现私募基金经济利益的重要环节。被

① 受限于本章篇幅，此处并未列出该项目投资协议中的全部保护性条款。

投资的企业成功实现上市，通常是私募基金最佳的退出方式，也是最理想的退出方式。IPO 退出方式获得的收益最高，往往是投资额的几倍甚至几十倍。且 IPO 可以使私募基金持有的被投资企业的股份流动性更强，增加交易机会。但实践中，由于种种原因，被投资企业并不能都实现 IPO，故以股权转让的方式退出在私募基金的退出方式中，一直占有较大比重，在股市行情低迷时期更是如此。拖售权及下文第八节将要讨论的随售权即是保护私募基金在选择股权转让退出的方式下能成功实现退出的两大保护机制。

（一）拖售权的定义和作用

拖售权（Drag-along Right），又称领售权、强卖权或强制出售权（Right of Forced-sale），是指如果有第三方向私募基金发出股权收购要约，且私募基金接受该要约，则其有权要求其他股东一起按照相同的出售条件和价格向该第三方转让股权。①

拖售权也是重要的控制权条款。拖售权设计的初衷是保障私募基金通过被投资企业被第三方并购而成功实现项目退出的权利。究其原因，在并购市场上，通常并购方希望能收购一家企业的控制性多数股权而不是少数股权，如果私募基金通过自身的市场开拓能力找到了它认为合适的并购方，但原始股东或管理团队不认可，则并购方很可能会因为不能获得被投资企业的控制权而退出交易，这使私募基金的退出权难以实现。

但需注意的是，虽然拖售权赋予私募基金更大的权利，但此种权利有时会严重侵害创始股东的利益，故在实践中很有可能会被创始股东拒绝。笔者建议，私募基金可以考虑采取折中方案，对拖售权的行使设置一定的条件以使该等条款更容易被创始股东接受，该等条件通常包括：

1. 私募基金提出行使拖售权时，公司创始股东有权按照第三方买家提出的同等交易条件受让私募基金在公司的股权；只有在公司创始股东拒绝受让的情况下，私募基金才有权行使拖售权；

2. 第三方买方对公司的估值必须高于某一事先设定的金额。

（二）拖售权条款在中国法律项下的应用

现行《公司法》并没有关于强制拖售的规定，当然，也没有明文禁止股

① 中国证券投资基金业协会组编：《股权投资基金》，中国金融出版社 2017 年版，第 116 页。

东之间相互约定强制拖售。

从性质角度分析，该等强制拖售的约定属于股东内部的约定，其不会对股东持有的股权本身的权能产生影响，故笔者认为此属于私法调节的范围，私募基金可在其投资协议中约定该条款，以保护其自身权益。且拖售权与下文随售权存在差异，拖售权不涉及第三方违约风险。但是，由于该强制拖售权对创始股东的股权处置具有强制性，因此，创始股东存在违约的可能。为避免创始股东违约及保护私募基金的权益，建议私募基金在拖售权上设置相应的违约条款，以尽可能限制创始股东违约。

（三）拖售权的示范条款

以下条款为拖售权的示范条款：

"若某第三方购买人愿意购买目标公司100%的股份，则目标公司的所有股东需按照相同价格和条件向该第三方购买人出售其在目标公司的全部权益，但该等转让应符合下列条件：

该转让获得所有投资人50%以上通过；

出售价格不得低于[　　]元。"

七、随售权条款

（一）随售权的定义和作用

随售权（Tag-along Right），又可以称为共同出售权（Right of Co-sale），是指如果被投资企业原股东拟对外转让股权或股份，在同等条件下，私募股权基金有权选择将其持有的股权/股份按照其出资比例优先出售给拟受让方。[①] 随售权通常与上文第三节介绍的优先购买权一同出现。

随售权也是私募股权基金乐于见到的重要的控制权条款。私募股权基金之所以设置这样的条款，是为了在原股东/初始股东想"撤退"的时候，自己也有一个与原股东/初始股东一起"撤退"的机会。

（二）随售权条款在中国法律项下的应用

与拖售权相近的是，《公司法》中暂未对股东之间所存在的强制随售

① 中国证券投资基金业协会组编：《股权投资基金》，中国金融出版社2017年版，第111页。

行为进行限制。笔者认为,此属于私法调节的范围,私募基金可以在其投资协议中约定该条款,保护其自身权益。

需要强调的是,随售权只能约束做出约定的股东,但其也会对第三方设定义务,如第三方不认可该股东之间的内部约定,要求行使随售权的私募股权基金也无权强制第三方与之进行交易。如何确保第三方同意私募股权基金加入交易,此便成为难题。笔者建议,在随售权条款的设计上,可以约定原股东/创始股东在一定期限内出售股权需要在私募股权基金认可的情况下进行。如私募股权基金不同意,原股东/创始股东不得转让股权,此势必会敦促原股东/创始股东协调第三方同意私募股权基金进入交易。

（三）随售权的示范条款

以下条款为随售权的示范条款:

“如果创始股东拟向任何第三方出售其持有的目标公司全部或部分股权,其应首先通知投资方且应赋予投资方如下权利:以拟受让人提出的同样条款优先将其持有的股权出售给拟受让人。”

八、股权回购

回购权也是私募股权基金一个非常重要的退出渠道。设置回购权的原因在于,一方面被投资企业虽然能够成功地持续经营,但还没有上市或者被收购,在这种情况下,回购权的存在就为私募股权基金提供了有保障的退出渠道。另一方面一般私募基金本身都有存续期限（通常为5~7年）,如果超过该期限,私募基金还没有通过其他途径从被投资企业退出,此时使用回购权来保证私募基金清算时有从被投资企业成功退出的途径就变得非常重要了。

（一）回购权的定义和作用

回购权条款即约定如果被投资企业在约定的期限内没有上市,被投资企业或其控股股东应以约定的价格买回私募基金所持有的全部或部分被投资企业的股权。[①] 相较于上市退出,回购退出是相对比较差的一种退出

① 孙志超著:《境外私募股权基金操作理论与应用研究》,中国政法大学出版社2015年版,第159页。

方式,但仍优于清盘退出(清盘退出见下文的介绍)。

回购权条款存在的价值,一方面,通过协议安排增加了退出渠道;另一方面,也会给予被投资企业及管理层一定的压力及动力。

(二)回购权在中国法律项下的应用

回购的主体通常为两个:一是被投资企业,二是被投资企业的创始股东。

《公司法》引入了公司有权"收购本公司的股份"(第 142 条),[①]作为公司一般不得赎回本公司股份的例外情况。[②]《公司法》第 142 条阐述的公司可以回购本公司股份的例外情况中,第(1)项即为减少公司注册资本。笔者理解,虽然《公司法》第 142 条适用的主体是股份有限公司,实践中,若回购的主体为有限责任公司,其实现对投资方持有的股权的回购实际上也是通过减资来实现的。当公司股东欲退出公司时,除股权转让外,唯一的途径就是减资。然而,公司采用减资的方式回购投资方的股权存在一些弊端。

在现行《公司法》的规定下,不管是有限责任公司还是股份有限公司,其减资程序都相当复杂。详言之,根据《公司法》第 43 条[③]的规定,有限责任公司减资须经由股东会作出决议,且须经代表三分之二以上表决权的股东通过。《公司法》第 142 条也明确要求,股份公司减资需经过股东大会决议。此外,无论是股份公司减资,还是有限责任公司减资,均需根据《公

---

① 《中华人民共和国公司法》(2013 年修正)第 142 条规定:"公司不得收购本公司股份。但是,有下列情形之一的除外:

(一)减少公司注册资本;

(二)与持有本公司股份的其他公司合并;

(三)将股份奖励给本公司职工;

(四)股东因对股东大会作出的公司合并、分立决议持异议,要求公司收购其股份的。

公司因前款第(一)项至第(三)项的原因收购本公司股份的,应当经股东大会决议。公司依照前款规定收购本公司股份后,属于第(一)项情形的,应当自收购之日起十日内注销;属于第(二)项、第(四)项情形的,应当在六个月内转让或者注销。

公司依照第一款第(三)项规定收购的本公司股份,不得超过本公司已发行股份总额的百分之五;用于收购的资金应当从公司的税后利润中支出;所收购的股份应当在一年内转让给职工。

公司不得接受本公司的股票作为质押权的标的。"

② 陈永坚著:《中国风险投资与私募股权》,法律出版社 2008 年版,第 222 页。

③ 《中华人民共和国公司法》(2013 年修正)第 43 条规定:"股东会的议事方式和表决程序,除本法有规定的外,由公司章程规定。股东会会议作出修改公司章程、增加或者减少注册资本的决议,以及公司合并、分立、解散或者变更公司形式的决议,必须经代表三分之二以上表决权的股东通过。"

司法》第177条[①]的规定，编制资产负债表和财产清单，在公司做出减资决议之日起的10日内通知债权人，并在30日内在报纸上公告该减资事宜。

但是，私募股权基金通过减资从目标企业实现退出，程序的复杂性并不是其退出操作的实质性障碍。对私募股权基金来说，减资最大的不足是私募股权基金无法收回其投资本金及其原本所期待的溢价。出现该情况的原因在于，如果公司处于减资的状态，公司能够返还给私募股权基金的减资款项（私募股权基金所能取得的减资款项），不管该等款项是以现金形式支付，还是对应相应实物资产的价值，应当是私募股权基金所持有的公司股权所对应的公司届时净资产的价值，因此，通过减资进行回购，私募股权基金能否取得预期的回报，存在很大的不确定性。

司法实践中，关于股权回购条款及回购价格的约定，逐渐形成了“由目标公司回购无效，由股东或实际控制人回购有效”的裁判逻辑。

最高人民法院在2012年海富案[②]中明确：目标公司向股东作出的利润补偿承诺，因损害了公司利益和公司债权人利益，应属无效；而股东向股东作出的利润补偿承诺则为有效。对于最高人民法院确立的上述规则，实践中已被绝大多数法院所采纳。但是，“对赌”能否要求目标公司和其他股东连带承担股权回购义务？最高人民法院（2017）最高法（民再258号）再审判决书“通联资本管理有限公司、成都新方向科技发展有限公司与公司有关的纠纷”[③]给出了回应。

---

① 《中华人民共和国公司法》（2013年修正）第177条规定：“公司需要减少注册资本时，必须编制资产负债表及财产清单。

公司应当自作出减少注册资本决议之日起十日内通知债权人，并于三十日内在报纸上公告。债权人自接到通知书之日起三十日内，未接到通知书的自公告之日起四十五日内，有权要求公司清偿债务或者提供相应的担保。”

② 参见最高人民法院“苏州工业园区海富投资有限公司与甘肃世恒有色资源再利用有限公司等补偿款纠纷再审案”判决书，载北大法宝，http://www.pkulaw.cn/case/pfnl_a25051f3312b07f337fe1590e0be3159a491dc95d442f527bdfb.html?keywords=%E6%B5%B7%E5%AF%8C%20%E5%AF%B9%E8%B5%8C%E5%8D%8F%E8%AE%AE&match=Exact，2019年2月16日访问。

③ 参见最高人民法院“通联资本管理有限公司与成都新方向科技发展有限公司等与公司有关的纠纷再审案”民事判决书，载北大法宝，http://www.pkulaw.cn/case/pfnl_a25051f3312b07f3f2b7a337ae7149189817db4f0d1a103bbdfb.html?keywords=%E9%80%9A%E8%81%94%E8%B5%84%E6%9C%AC%E7%AE%A1%E7%90%86%E6%9C%89%E9%99%90%E5%85%AC%E5%8F%B8%E3%80%81%E6%88%90%E9%83%BD%E6%96%B0%E6%96%B9%E5%90%91&match=Exact，2019年2月16日访问。

最高人民法院认为，连带担保责任属于连带责任的情形之一，但连带担保责任有主从债务之分，担保责任系从债务。双方当事人将“连带责任”理解为“连带担保责任”，并未加重久远公司的责任负担，且从通联公司诉请久远公司的责任后果看，是对新方向公司承担的股权回购价款本息承担连带责任，仍然属于金钱债务范畴，也与久远公司实际承担的法律责任后果一致，法院予以确认。

《公司法》第 16 条第 2 款明确规定：[①]“公司为公司股东或者实际控制人提供担保的，必须经股东会或者股东大会决议”，该条规定的目的是防止公司股东或实际控制人利用控股地位，损害公司、其他股东或公司债权人的利益。对于合同相对人在接受公司为其股东或实际控制人提供担保时，是否对担保事宜经过公司股东会决议负有审查义务及未尽该审查义务是否影响担保合同效力，公司法及其司法解释未作明确规定。目标公司久远公司在《增资扩股协议》中承诺对新方向公司的股权回购义务承担连带责任，但并未向通联公司提供相关的股东会决议，亦未得到股东会决议追认，通联公司在签订《增资扩股协议》时，未能尽到要求目标公司提交股东会决议的合理注意义务，导致担保条款无效，对协议中约定的担保条款无效自身存在过错。根据《担保法司法解释》第 7 条的规定，通联公司、久远公司对《增资扩股协议》中约定的“连带责任”条款无效，双方均存在过错，久远公司对新方向公司承担的股权回购款及利息，就不能清偿部分承担二分之一的赔偿责任。

私募基金应更多地选择被投资企业创始股东为回购主体，在创始股东作为回购主体的情形下，私募股权基金可以与创始股东事先约定好回购价格。尽管如此，需注意的是，回购权看似对私募股权基金很有利，但该条款仍面临着执行上的困难：

(1)如果被投资企业发展好而未上市，私募股权基金通常不会要求被投资企业或创始股东进行回购；

---

① 《中华人民共和国公司法》(2013 年修正)第 16 条规定：“公司向其他企业投资或者为他人提供担保，依照公司章程的规定，由董事会或者股东会、股东大会决议；公司章程对投资或者担保的总额及单项投资或者担保的数额有限额规定的，不得超过规定的限额。公司为公司股东或者实际控制人提供担保的，必须经股东会或者股东大会决议。前款规定的股东或者受前款规定的实际控制人支配的股东，不得参加前款规定事项的表决。该项表决由出席会议的其他股东所持表决权的过半数通过。”

(2)而如果被投资企业在发展不好时,私募股权基金要求回购,此时被投资企业或创始股东可能无法向私募股权基金支付相应的回购价款;

(3)如果私募股权基金是国有基金,其转让持有的被投资企业的股权除必须经过必要的内部授权决策程序外,还应根据国有资产的相关规定履行必要的批准、评估备案和进场交易这三个重要程序。[①] 该等程序是围绕防止国有资产流失及促进国有资产保值增值两条主线展开的。同时,对相关程序的尊重对于防范国有企业工作人员道德风险及确保交易安排也具有非常重要的价值。在该等要求下,虽然国有基金私募股权基金根据投资协议的约定有权要求创始股东进行回购,如该等回购不经过评估备案和进场交易,此违背相关规定的国有股权转让毫无疑问是存在瑕疵的。[②]

考虑到上述局限性,私募基金若与被投资企业约定回购权条款,私募基金应尽可能要求被投资企业及创始股东提供一定的担保措施,包括但不限于要求创始股东将其持有的被投资企业股权向私募基金提供股权质押,为其在投资协议中的各项义务和责任提供担保。有条件时,私募基金也可以要求创始股东将其持有的不动产向私募基金提供抵押担保。

(三)回购权的示范条款

仍以笔者在实际中经办的某一项目投资协议为例,该投资协议中载明的回购条款示范如下:

"当出现下列情况时,如本轮投资者要求,创始股东应无条件连带地回购本轮投资者持有的目标公司的部分或全部股份:目标公司未按照合格

---

① 《中华人民共和国企业国有资产法》第 47 条规定:"国有独资企业、国有独资公司和国有资本控股公司合并、分立、改制,转让重大财产,以非货币财产对外投资,清算或者有法律、行政法规以及企业章程规定应当进行资产评估的其他情形的,应当按照规定对有关资产进行评估。"第 53 条规定:"国有资产转让由履行出资人职责的机构决定。履行出资人职责的机构决定转让全部国有资产的,或者转让部分国有资产致使国家对该企业不再具有控股地位的,应当报请本级人民政府批准。"

《企业国有资产交易监督管理办法》(国务院国有资产监督管理委员会、财政部令第 32 号)第 13 条规定:"产权转让原则上通过产权市场公开进行。"

② 谢玲丽、林清华等著:《案解股权转让规则适用及实务应对》,法律出版社 2017 年版,第 26 页。

发行上市或借壳上市通常操作惯例向证监会或其他证券发行审核监管机构递交合格发行上市或借壳上市所需的申报文件,或未能获得合格发行上市或借壳上市所需的核准或批准。创始股东应于投资协议签署之日起[　　]日内将其持有的位于[　　]的房屋抵押给本轮投资者,用于对其在投资协议项下的各项义务和责任(包括但不限于回购义务)提供抵押担保。”

为减轻对回购条件成就事实的举证负担,应明确约定目标公司控股股东、实际控制人负有向投资方提供财务报表、审计报告等资料的义务,并约定不提供的视为业绩承诺未达标,以减轻举证负担。

为便于双方往来通知特别是投资人向回购义务人发出的要求回购股权通知的接收与送达,合同中应确认各方的通知接收与送达的地址、联系人、电话、邮箱,并明确各方可通过邮政快递(EMS)、电子邮箱、短信等方式发出通知。

九、优先清算

清算退出,相比前述上市退出、转让退出、股权回购退出,是最不理想的退出方式。清算退出,是指在被投资企业由于各种原因出现解散的情况下,经过清算程序,将被投资企业的法人资格终止。在绝大多数清算退出的情况下,公司可供分配的剩余财产很少,甚至为零。这显然意味着投资失败。对于私募股权基金而言,上市退出、转让退出、股权回购退出主要是考虑投资收益的最大化,而清算退出主要是考虑投资风险与损失的最小化。尽管如此,清算退出也是私募基金不得不正视的问题。在投资失败的情形下,如何通过清算退出将投资损失降到最低,此即涉及优先清算权的设置。优先清算权亦是非常重要的经济因素条款。

(一)优先清算权的定义和作用

优先清算权由以下两部分组成:一是实际的优先权,二是参与分配权。

实际的优先权是指持有某一特定系列股票的股东,有权优先于持有其他系列股票的股东获得收益。例如,“在公司清算或结束业务时,A 系列优先股股东有权优先于普通股股东获得每股×倍于原始购买价格的回报,以及已宣布但尚未发放的股利”。

私募股权基金的股份是否参与分配是实际的优先权之后所要考虑的问题。根据私募股权基金参与分配的比重不同,参与分配权又可以分为:完全参与分配权,附上限参与分配权以及无参与权。[①]

1.(完全参与分配权)享有完全参与分配权的股份首先会获得相应的优先清偿额(可以是1倍,或者更多);然后按照"相当于转换后"的股份比例,分配剩余的清算款项;此处"相当于转换后"的含义是假设股份按照转换比例转换成普通股。示范描述如下:

"在支付给A系列优先股股东清算优先权回报之后,剩余资产由普通股股东与A系列优先股股东按照相当于转换后的普通股股份比例进行分配。"

2.(附上限参与分配权):即在完全参与分配权的基础上,人为设置约定的回报倍数上限。如果回报额高于上限,参与分配权不再继续行驶。示范描述如下(前半部分与上文完全参与分配权的示范描述相同,用省略号代替):

"……但A系列优先股股东获得数额达到×倍于初始购买价格以及已宣布但尚未发放的股利后,将停止参与分配。剩余的资产应由普通股股东按比例分配。"

3.(无参与分配权):即该系列股东在获得实际的优先权后,不参与剩余资产的分配。

此处还有一个概念需注意的是,清算事件不仅包括公司解散清算,还包括公司合并、被并购、公司控制权发生变更或出售公司全部或主要资产的情形,以上事件均可被视为清算事件。

与优先分红权类似,优先清算权在境外被广泛适用,其存在的理论基础在于优先股。

设置优先清算权主要有两个目的:一是在于尽可能约束创始股东肆意解散公司;二是在被投资企业清算时,私募股权基金能够优先参与分配公司剩余资产,尽可能保障其投资回报。

① [美]布拉德·菲尔德、杰森·门德尔松著:《风投的技术——创业融资及条款清单大揭秘》,桂曙光译,机械工业出版社2017年版,第38、39、40页。

（二）优先清算权在中国法律项下的应用

从《公司法》相关规定[①]我们能够看到，就公司剩余财产（公司财产减去清算费用、职工工资、社会保险费用、法定补偿金、所欠税款以及公司债务后的净额），公司按照股东的出资比例或持有的股份比例进行分配。因此，在公司清算时，无论该公司的形式是有限责任公司还是股份有限公司，只要该公司为内资性质，任一股东均没有优先清算权。基于该等限制，笔者建议，为实现优先清算权的效果，私募股权基金可以与目标公司创始股东约定，若私募股权基金从目标公司取得的清算所得低于其约定的一定标准的，创始股东对私募股权基金承担补足义务。

值得注意的是，若目标为中外合资企业，则根据《中外合资经营企业法实施条例》（2014 年修订）第 94 条[②]的要求，中外合资企业的投资方可以通过合资合同或其他投资协议的方式使私募股权基金股东的优先清算权得以落实。

另外，关于前述的视为清算事件，虽然该条款在私募投资协议中较为常见，但受限于我国《公司法》《破产法》的规定，清算是有其法定内涵的，该等视为清算事件实际上并不在公司清算的法定内涵内。故在投资协议中，需要考虑变通操作，建议约定，将前述视为清算事件作为公司解散的理由在公司章程中予以明确体现。[③]

---

① 《中华人民共和国公司法》（2013 年修正）第 186 条规定："清算组在清理公司财产、编制资产负债表和财产清单后，应当制定清算方案，并报股东会、股东大会或者人民法院确认。

公司财产在分别支付清算费用、职工的工资、社会保险费用和法定补偿金，缴纳所欠税款，清偿公司债务后的剩余财产，有限责任公司按照股东的出资比例分配，股份有限公司按照股东持有的股份比例分配。

清算期间，公司存续，但不得开展与清算无关的经营活动。公司财产在未依照前款规定清偿前，不得分配给股东。"

② 《中华人民共和国中外合资经营企业法实施条例》（2014 年修订）第 94 条规定："合营企业以其全部资产对其债务承担责任。合营企业清偿债务后的剩余财产按照合营各方的出资比例进行分配，但合营企业协议、合同、章程另有规定的除外。

合营企业解散时，其资产净额或者剩余财产减除企业未分配利润、各项基金和清算费用后的余额，超过实缴资本的部分为清算所得，应当依法缴纳所得税。"

③ 李寿双著：《中国式私募股权投资——基于中国法的本土化路径》，法律出版社 2008 年版，第 29、30 页。

（三）优先清算权的示范条款

仍以笔者在实际中经办的某一项目投资协议为例，该投资协议中载明的优先清算权条款示范如下：

"如在目标公司合格发行上市、借壳上市前，发生公司整体出售、清算或破产，在不违反中国相关法律、法规的前提下，本轮投资者实际分配所得不得少于/低于本轮投资者应得清算款项。本轮投资者应得清算款项=本轮投资者的投资款+目标公司应向该本轮投资者应付而未付的红利+目标公司及/或创始股东应向该本轮投资者应付而未付的补偿款。

若目标公司清算完成后本轮投资者分配所得的剩余财产价值低于本轮投资者应得清算款项的，创始股东同意就差额部分对本轮投资者进行补偿。"

十、一票否决权

在私募股权投资领域，一票否决权是一种被广泛使用的投资人利益保护机制，一般通过在投资协议中约定投资人对于目标企业某些重大决议事项享有特别表决权利。

（一）一票否决权的有效性

一票否决权是否有效取决于当事人之间的意思自治是否与强行法相冲突。

1. 法律法规强制性规定

根据《合同法》第52条规定，[①]违反法律、行政法规强制性规定的合同无效。根据《公司法》，有限责任公司因部分人合性特征，股东会决议在符合特别事项表决比例的前提下，董事会决议在职权范围内且符合"一人一票"规则的前提下，均可以由章程另行规定。但是，股份有限公司因其资合性特征，不存在进行特殊安排的可能。[②]

① 《合同法》第52条规定："有下列情形之一的，合同无效：（一）一方以欺诈、胁迫的手段订立合同，损害国家利益；（二）恶意串通，损害国家、集体或者第三人利益；（三）以合法形式掩盖非法目的；（四）损害社会公共利益；（五）违反法律、行政法规的强制性规定。"

② 上市公司、非上市公众公司优先股除外，不在本文讨论范围之列。

2. 公司章程规定

实务中可能出现投资协议存在一票否决权条款，但因为遗漏或工商登记限制的原因，导致在目标企业公司章程中并不存在相关规定，甚至可能出现投资协议与公司章程相冲突的情形，从而投资人在要求行使一票否决权时产生争议。关于投资协议与公司章程的效力优先性，实务界存在争议，山东省高级人民法院《关于审理公司纠纷案件若干问题的意见（试行）（鲁高法发〔2007〕3号）》第1条第4项规定："公司成立后，发起人协议或投资协议与公司章程规定不一致的，以公司章程规定为准。但发起人之间有特殊约定的除外。"①

法院在审批中一般持以下司法观点：

（1）在不违反法律法规强制性规定的前提下，尊重股东意思自治权利，如公司章程没有规定或仅为一般性规定，投资协议中的特殊条款有效；

（2）认可公司章程中的准用性规定效力，即公司章程可以规定"章程与协议不一致之处，以投资协议另行为准"；

（3）投资协议仅约束协议主体，公司章程属于公示性文件，如决议涉及善意第三人法律行为，基于保护公示公信力和交易安全，应优先适用公司章程。

3. IPO 监管规则

由于私募股权基金投资的主要撤出机制是目标企业 IPO，而一票否决权作为一种特殊权利安排与上市公司治理所要求的"规范运行"存在冲突，因此，拟上市公司及其股东之间存在的特殊权利安排一直是 A 股 IPO 审核中的禁区。证券监管部门对于以对特殊权利条款一般持有比较明确的否定态度，要求不能存在对赌条款、优先受偿权和董事会一票否决等任何与上市公司治理要求有冲突的特殊权利安排，无论是拟上市公司与股东之间还是实际控制人与其他股东之间的特殊权利安排，均应当在 IPO 申报前予以解除。

（二）可执行性

1. 否决权与表决权的选择

一票否决权通常通过设置表决权的方式来实现，例如，"投资人甲（或甲委派的董事）对于涉及目标企业若干重大事项的决议拥有一票否决权"

① 参见山东省高级人民法院《关于审理公司纠纷案件若干问题的意见（试行）》第1条第4款："4. 发起人之间在设立公司过程中产生的纠纷按照发起人协议或投资协议处理，未订立发起人协议或投资协议的，按照公司章程处理。发起人协议或投资协议被确认无效的，按照有关法律规定处理。"

或“目标企业若干重大事项的决议必须经全体股东(或全体董事)一致(或必须包含甲所持股权或委派董事)表决方可通过”。

尽管两个条款都能达到投资人一票否决的目的,但在可执行性上却有不同。前者的实际约束力相对低,投资人甲的行权成本相对高,后者反之。这主要是因为,在前者的情况下,其他股东可以在私募股权基金投资者没有参加且符合《公司法》规定表决权比例的情况下通过一项股东会决议(或董事会决议),这样一票否决权的持有者在事后得知后,需要增加主张、举证的额外成本。特别是,如果决议事项涉及善意第三人法律行为,则无法达到甲要求撤销的主张,[①]只能向其他股东主张侵权或违约责任。

后面一个条款则不同。如果一票否决权持有者没有参加投票,决议内容因未达表决比例而当然无效,[②]更有利于达到权利保障的目的。

2. 权利分配的适度性

现实中目标企业的融资往往有多轮,涉及的投资人数量众多,如果每个投资人都设置一票否决权,首先容易出现效力冲突产生争议,其次可能出现公司决策频频遭遇“我反对!”式的障碍,结果是股东会辩论会傻傻分不清楚。过量和过度的一票否决权将破坏公司决策管理的秩序和效率,投资人与目标企业的利益本质上是一致的。因此,一票否决权也应适度设置,具体包括在合法前提下适度分配股东会与董事会的职权、合理界定重大事项的定义和标准、明确约定决议召集程序和通知时限等,既有利于提升决策效率,也利于协调各轮投资人之间的利益。

(三)救济

救济途径也是一票否决权的重要保障手段,最直接的合法救济途径是诉讼或仲裁。

1. 公司决议效力确认或撤销纠纷

有关该类案由的法律规定主要是《公司法》第22条:“股东会或者股

① 《公司法司法解释四》第6条规定:“股东会或者股东大会、董事会决议被人民法院判决确认无效或者撤销的,公司依据该决议与善意相对人形成的民事法律关系不受影响。”

② 《公司法司法解释四》第5条规定:“股东会或者股东大会、董事会决议存在下列情形之一,当事人主张决议不成立的,人民法院应当予以支持:(四)会议的表决结果未达到公司法或者公司章程规定的通过比例的。”

东大会、董事会的会议召集程序、表决方式违反法律、行政法规或者公司章程,或者决议内容违反公司章程的,股东可以自决议作出之日起六十日内,请求人民法院撤销。股东依照前款规定提起诉讼的,人民法院可以应公司的请求,要求股东提供相应担保。"①此外,《公司法解释四》第1条至第6条规定了该类案由的部分实操细则。

通过该类案由进行权利救济需要关注如下几个要点:

(1)起诉时限:决议作出后60日内,且该期限为除斥期间;

(2)原告资格:在起诉时原告必须具备股东身份;

(3)对抗性:即使决议被认定无效或撤销,公司依据该决议与善意相对人形成的民事法律关系不受影响。

2. 损害股东利益责任纠纷

有关该类案由的法律规定主要是《公司法》第20条:②"公司股东应当遵守法律、行政法规和公司章程,依法行使股东权利,不得滥用股东权利损害公司或者其他股东的利益;不得滥用公司法人独立地位和股东有限责任损害公司债权人的利益。公司股东滥用股东权利给公司或者其他股东造成损失的,应当依法承担赔偿责任。"

《公司法》第20条的部分立法意旨在于维护中小股东的利益,避免大股东利用控制权侵害公司及中小股东合法权益,在私募股权投资中也存在作为小股东的投资人与作为大股东的创始人的利益博弈,《公司法》第20条为投资人的股东权益保护提供了一定法律依据。

3. 合同纠纷

一票否决权具备股东权利与合同权利的双重属性,同时适用于《公司

---

① 《中华人民共和国公司法》(2013年修正)第22条规定:"公司股东会或者股东大会、董事会的决议内容违反法律、行政法规的无效。股东会或者股东大会、董事会的会议召集程序、表决方式违反法律、行政法规或者公司章程,或者决议内容违反公司章程的,股东可以自决议作出之日起六十日内,请求人民法院撤销。股东依照前款规定提起诉讼的,人民法院可以应公司的请求,要求股东提供相应担保。公司根据股东会或者股东大会、董事会决议已办理变更登记的,人民法院宣告该决议无效或者撤销该决议后,公司应当向公司登记机关申请撤销变更登记。"

② 《中华人民共和国公司法》(2013年修正)第20条规定:"公司股东应当遵守法律、行政法规和公司章程,依法行使股东权利,不得滥用股东权利损害公司或者其他股东的利益;不得滥用公司法人独立地位和股东有限责任损害公司债权人的利益。公司股东滥用股东权利给公司或者其他股东造成损失的,应当依法承担赔偿责任。公司股东滥用公司法人独立地位和股东有限责任,逃避债务,严重损害公司债权人利益的,应当对公司债务承担连带责任。"

法》和《合同法》,但其归根结底来源于投资协议约定,因此,当该项合同权利因为合同相对方的违约行为受到侵害,投资人可以基于投资协议向违约方主张违约责任。

第四节　机构投资者股东能动主义的中国实践——以非公开募集基金为视角

一、非公开募集基金参与非上市公司的投资管理

在中国法律定义的非公开募集基金中,私募股权基金是其中成长最迅速、最具活力的一类机构投资者,已经成为资本市场上重要的投资主体。就私募投资的交易额计算,中国大陆在2009年时即已经成为世界第二的私募资本市场,其规模仅次于美国。① 金融危机后,私募股权在中国的发展也极为迅猛。据普华永道的数据,截至2014年年末,中国占亚洲私募股权交易总金额已经达到41%,专注于中国市场的私募股权基金募集总量约占全球总额的9%。② 中国高速的经济增长和大量公司境内外扩张带来资金需求叠加,却不能从境内银行和资本市场得以满足,导致成长型公司将更加依赖于私募机构投资,③中国的私募基金投资也迎来新一轮的成长高峰。

作为一种融资渠道,在传统债务融资方式以外,私募融资为满足企业金融需求提供了关键支持,也成为投资人投资产业并实现资本增值的重要渠道。然而目前,中国境内的法律法规并未对私募股权投资基金进行正式定义,法律实践主要依据《外商投资创业投资企业管理规定》、《创业投资

① 转引自 Wei Shen, "When Private Equity Meets China: Clashes between Locked-In Transactional Models and the Chinese Regulatory Regime", in *Company and Securities Law Journal* 28, 2010, p. 283。

② PwC, Private Equity & Venture Capital 2014 Review and 2015 Outlook, February 2015, available at http://www.pwccn.com/home/eng/pe_china_review_feb2015.html, 2015-03-11.

③ 沈伟:《中国公司法真的能"孵化"私募投资吗?——一个基于比较法语境的法经济学分析》,载《当代法学》2014年第3期,第3页。

企业管理暂行办法》、《关于外商投资举办投资性公司的规定》、《外国企业或者个人在中国境内设立合伙企业管理办法》、国家发改委办公厅《关于进一步规范试点地区股权投资企业发展和备案管理工作的通知》等法律法规，以及地方规定如上海市《关于本市股权投资企业工商登记等事项的通知》《关于本市开展外商投资股权投资企业试点工作的实施办法》等规定。

传统上，私募股权基金募集的资金大多来自于其他投资人而非发起人或基金管理人的自有资本，所以投资人对于资金的回收期限及回报率都有一定要求，私募股权基金也通常不会较多、长线地参与公司治理，这样的投资模式被称之为财务投资，与看重某个产业前景从而投资进入并参与长期运营的产业投资及主要为实现上下游资源整合和/或占有更大市场份额的产业投资相对应。

但是，中国欧盟商会对中国私募股权基金投资参与公司治理的报告显示，私募股权基金公司在参与公司决策和管理的环节中越来越多地发挥了重要作用，建立了开放和透明的公司投票流程，"增加了应纳税收入的透明度"，"还利用私募股权基金公司的关系网络，为所投资的公司带来客户、供应商和经销渠道"。超过半数的受访公司认为，私募股权基金投资对于本公司的积极影响集中于决策流程、战略方向和财务建议方面。①

事实上，私募股权投资活动本身在投融资之外，还兼具一系列具有附加值的金融服务功能。② 私募股权基金凭借其广泛的社会关系网络、财务及资本运作知识和管理经验向被投资企业提供更多的"增值服务"，这种"增值服务"体现于投资到退出的整个过程之中，包括协助企业规范化运作，进行产业资源整合，扩展合作渠道，完善财务披露制度，甚至运作再次融资等。在私募股权投资的具体操作中，有一系列的措施用以保障私募基金作为目标公司股东的能动性参与。概括而言，私募股权基金在以下两个大的方面起到了能动主义的作用。

---

① The European Union Chamber of Commerce in China and Bain & Company, "The Social and Economic Impact of Private Equity in China", available at http://www.europeanchamber.com.cn/en/publications-private-equity-in-china-2012, 2015-02-12.

② 沈伟：《中国公司法真的能"孵化"私募投资吗？——一个基于比较法语境的法经济学分析》，载《当代法学》2014年第3期，第4页。

（一）提高公司治理水平

在中国，尽管现代公司治理结构在形式上已经建立起来，但是无论在民营企业还是在国有公司，现代化的企业治理模式仍未充分发挥其作用，家族式或者行政式的管理痕迹仍然非常明显。公司内部治理模式的“瓶颈”已经阻碍了企业的进一步发展。

在私募股权基金进行投资时，往往会向被投资企业提供治理架构方面的意见，帮助其逐步建立起规范的公司架构。目前，绝大多数私募股权基金在境内投资均选择做非控股型投资，持股比例一般都在40%以下。[①] 在私募投资中，投资者一般持有优先股，公司的其他股东持有普通股。在股息分配和剩余索取两方面，投资者优先于公司的其他股东。这种股权设计的性质是一种夹层融资（mezzanie finance），介乎股权融资与债权融资两者之间。[②] 优先股的优点在于当公司的经营状况不佳时，私募股权投资者可以藉此优先权满足自己的收益需求。然而，这种收益的稳定性以投资者牺牲自己的投票权为代价。一般情况下，优先股股东没有等同于普通股股东所持股权之上的投票权或仅被赋予较弱的投票权。加之中国的私募股权机构往往并不谋求控股，因此，一个貌似合理的推测是私募股权投资者在被投资公司的股东中，仅充当“搭便车”（free rider）股东的角色，坐享公司成长带来的资本回报。然而事实是，比较成熟的境内私募股权投资者不仅愈加强烈地希望在管理层面积极争取控制权——尤其是对重大事项的否定权，而且非常重视直接参与公司管理，谋求公司成长和股权增值，最终实现公司收益和投资者退出时资本收益的双赢。

一方面，尽管私募基金通常不参与入股企业的日常运营，但是，在被投资企业和原有股东签订投资法律文件时，常会对董事、监事及高管的委派作出明确约定。私募基金对被投资企业的投后管理途径之一，即通过其委派到被投资企业的董事来实现，以此保障基金作为机构股东的利益。作为控制型（conrolling）小股东的私募股权投资者一般会要求在董事会中至少占据一个席位，有些甚至要求私募股权基金在监事会中成为监事会主席。即使在某些情况下，出于董事会现任席位、基金持股比例等因素的考量，被

① 邹菁著：《私募股权基金的募集与运作》，法律出版社2014年版，第184~186页。

② Eilis Ferran, *Principles of Corporate Finance Law*, Oxford University Press, 2008, pp. 57-58.

投资企业可能在委派董事环节无法满足投资基金的要求，则被投资企业往往会允许私募基金向董事会派驻没有表决权的观察员（observer），或者向关联公司及重要的下属控股公司派驻董事。与此同时，由于被投资企业内部存在代理，公司经营者有可能罔顾公司股东利益而从事高风险的项目，私募基金会通过“经理层雇佣条款”获得裁撤经理人员、低价从离任经理手中回购公司股权的权利；在中国，由于经理层与股东常常角色重叠，因此，这一条款应用并不广泛，而是代之以对经理层的绩效考核制度。[①]

另一方面，尽管私募投资者谋求在董事会及监事会中的席位，但是，公司的运营权仍然被控股股东把持，大股东实际上成为私募投资机构的代理人，由此引发的潜在道德风险可能危及私募投资者的根本利益。尽管私募股权机构多数情况下无权决定公司“做什么”，但是，投资者被赋予针对重大事项否决权，[②]通过“不能做什么”掌握一定程度的股东控制权。如是，可以一举实现激励经理人及保护私募机构投资者的双重目的。此外，投资协议还广泛约定，当企业经营不善或者因其他原因导致经营恶化达到某一个临界点时，[③]企业家（创始股东）就有义务将公司控制权转移给私募投资者，或者私募投资者有权要求公司立刻以原始购买价格加上已承诺但未支付红利的价格回购发行在外的优先股。否决权制度和约定经营不善时的控制权转移和股权回购机制，既有利于促进企业家精神和才能的充分施展，又在相当大程度上解决了大股东与小股东之间代理机制的道德风险问题。

（二）直接参与投资管理

被投资公司一般拥有优秀的技术实力，但是在资本运作层面则比较薄

① 例如，普遍应用的业绩承诺条款等。参见邹菁著：《私募股权基金的募集与运作》，法律出版社2014年版，第188页。

② 重大事项一般包括投资的资金改变用途，修订被投资企业章程，被投资企业与其他实体合并或分立，被投资企业增加或减少注册资本或股本变动，发行股票、认股权证、债券、可转换债券、期权或任何类似的权利凭证，在被投资企业的股权上设置任何第三方权利，出手、出租或处置任何被投资企业的全部资产或任何重要资产，核心员工的劳动合同变更或终止，高管薪酬变更，被投资企业分红或者派息，被投资企业的清算、解散、终止或延长，对被投资企业的会计和财务制度进行重大修改，通过或修订年度业务计划或经营预算，在年度业务计划外的任何投资、收购或重组，在年度计划外的贷款、担保等。参见邹菁著：《私募股权基金的募集与运作》，法律出版社2014年版，第188页。

③ 比如，公司的会计报表或运营数据下降到某一个双方约定的极限，或公司的前景、业务或财务状况发生重大不利变化。

弱，而私募基金积累了深厚的资本市场运作和行业运营经验，有可能直接主导公司的未来发展走向。目前境内比较成熟的专业私募投资机构重视投后管理的一个重要的激励是依据投融资规模收取1%~3%不等的管理费。私募投资机构在融资担保、战略顾问、管理咨询、并购整合及上市辅导方面，以优秀的资本运作能力和现代企业管治理念，直接参与甚至引导公司发展。

以弘毅投资对先声药业的投资和管理为例。2005年，弘毅投资入股先声药业，通过进入先声董事会，重新搭建企业管理架构和改革财务信息管理制度；针对先声药业原研药自主技术含量不足而估值过低的具体情况帮助先声药业确立了以并购实现产业扩张以及获得自主知识产权研发的发展战略，提高了先声药业的核心竞争力和品牌效应。在一系列产业层面的操作完成后，先声药业产生了进一步的融资需求，于是弘毅投资主导先声药业在2007年即完成了在纽约证券交易所的首次公开发行上市，弘毅投资获取8倍于原始投资额的回报，双方实现共赢。[①]

二、非公开募集基金对上市公司的投资管理

（一）对上市公司中机构投资股东“能动性”的田野调查

2014年，上海上市公司协会、上海市基金同业公会、上海市证券同业公会和中证投资者发展中心针对机构投资者参与上市公司治理联合开展了一项课题研究，涉及上海地区102家上市公司、36家基金公司和11家综合性证券公司。

研究得到的反馈显示，在2010年至2012年期间，102家上市公司分别召开了233次、223次、227次股东大会，同期机构投资者参加股东大会的比例仅分别为8.85%、6.88%、2.62%。3年间，合计仅有23次股东大会是由机构投资股东提议召开的。在参会的机构投资者股东中，证券公司仅累计提出过9次质询，被采纳3次；基金公司仅累计提出过8次质询，被采纳0次。同样在参会的机构投资者股东中，证券公司仅主动提出议案14次，基金公司从未提出任何议案。在公司管理层任命方面，仅有6家上市公司

① 刘虹：《经典案例：弘毅投资先声药业》，载《上海国资》2008年第10期，第27~28页。

的董事会中有机构投资者提名的董事，占比为5.9%①，如图3-1所示。

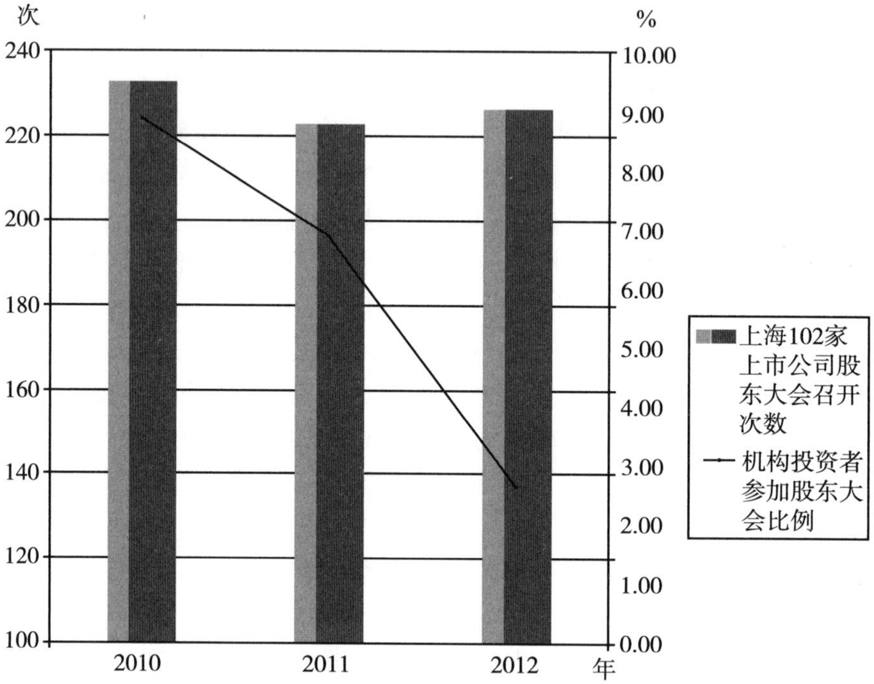

图3-1　2010年~2012年上海102家上市公司召开股东大会次数及机构股东参会比例②

田野调查数据充分表明，在上市公司层面，中国机构投资者缺乏参与公司治理的能动性。

(二)个案考察

尽管在整体上，机构投资者在上市公司治理中能动性不足，但是近年

① 上海上市公司协会、上海市基金同业公会、上海市证券同业公会、中证投资者发展中心联合课题组：《上海辖区机构投资者参与上市公司治理现状、存在问题及改进建议》。转引自王璐：《上海辖区调研机构投资者参与上市公司治理》，载《上海证券报》2014年2月14日，第F2版。

② 制作该图表所依据的数据来源于上海上市公司协会、上海市基金同业公会、上海市证券同业公会、中证投资者发展中心联合课题组：《上海辖区机构投资者参与上市公司治理现状、存在问题及改进建议》。转引自王璐：《上海辖区调研机构投资者参与上市公司治理》，载《上海证券报》2014年2月14日，第F2版。

来还是出现了以私募和公募基金为代表谋求上市公司治理话语权、争夺股东权益的一系列事件。本章以下选取了成功介入公司运营的泽熙投资和未能如愿介入公司运营的宝银投资两起投资案例，对私募机构参与公司治理进行个案考察。

1. 泽熙投资

公开资料显示，上海泽熙投资管理有限公司成立于2009年12月，总经理为徐翔。[①] 在成立初期，泽熙投资专注于短线操作。[②] 而后，泽熙投资呈现出明显的从短线操作到参与实业运营的趋势。

2014年1月13日，黑龙江省高级人民法院裁定，准许哈工大首创科技股份有限公司（以下简称工大首创）的控股股东八达集团自行变卖因债务原因被冻结的所持15.69%股份。泽熙投资实际控制的泽添投资于当月与八达集团达成股权转让协议，于2月成为工大首创的大股东。当时工大首创第一大股东仍是持股15.8%的雅戈尔系及其一致行动人。[③]

2014年3月11日，工大首创发布公告称，持有工大首创15.69%股份的泽添投资要求召开临时股东大会，并一举提出四项大会议案：解除龚东升公司董事职务，增补选举徐峻、鲁勇志、史振伟三人担任公司董事职务。公告显示，徐峻曾任泽熙投资总经理助理，鲁勇志与史振伟二人系泽熙投资高级研究员。[④] 与之相对应，作为第一大股东，雅戈尔系只提名了一位董事候选人。查阅工大首创的公司章程，公司董事会成员共计9人，3人为独立董事。在非独立董事中，董事长被拘，3名董事先后辞职，因此，工大首创非独立董事的空缺实际应为4人。公告发布后，市场普遍对泽添直接操作实业运营给出了良好预期。[⑤]

2014年3月20日，工大首创股东大会上，泽熙提名的三位董事全部当

① 泽熙投资官方网页：http://www.zexifund.com/ch/about.asp? id=9，2015年2月8日访问。

② 例如，2011年，重庆啤酒乙肝疫苗揭盲数据失败，导致公司股价连续11个跌停，此时泽熙投资在24元左右第一次抄底。二次揭盲数据失败后，重庆啤酒继续跌停，此时泽熙投资在20元抄底买入3000万股。此后，重庆啤酒一路涨到35元，泽熙投资在短短一个月内获利数亿元。参见金斧子：http://www.jinfuzi.com/simu/ tg-15? utm_creative=4303709499&utm_network=1&utm_keyword=16326473430& utm_placement=&sign=bdsem-sm，2015年2月8日访问。

③ 雅戈尔及其一致行动人指雅戈尔集团股份有限公司、宁波雅戈尔钱湖投资开发有限公司。

④ 《哈工大首创科技股份有限公司关于2014年第一次临时股东大会增加临时提案的公告》，载巨潮资讯网：http://www.cninfo.com.cn/finalpage/2014-03-11/63660230.PDF，2015年2月8日访问。

⑤ 彭友：《工大首创董事会换血，"泽熙系"问鼎实业》，载《经济观察报》2014年3月21日，第21版。

选。[1] 当日股东大会后召开的董事会上,徐峻当选董事长。[2] 该股东大会决议通过后,工大首创股价立即逆势上扬,表明市场予以积极回应。

2014 年 6 月 20 日,工大首创发布公告,雅戈尔系及其一致行动人通过二级市场减持,减持后持有 15.6%股份。[3] 市场普遍认为,有能力且富有激情的泽熙投资更适合工大首创未来的发展。“泽熙投资入主公司,带领公司步入新发展阶段。”“泽熙的入主意味着工大首创未来的发展将一改此前的内生式模式,转为相对更加开放激进的外延式扩张,这一战略取向可能更适合工大首创。”[4]

此后,工大首创发布的 2014 年半年度报告显示,公司上半年业绩实现了近五成增长,而公司第一季度业绩同比下降 5.4%,这意味着董事会在泽熙的强势运营下,第二季度业绩同比增长十分迅猛。[5]

事实上,不仅泽熙投资直接介入实业运营取得了良好业绩。据统计,截至 2014 年 8 月 31 日,阳光私募持有重仓股份的公司中,88.91%的公司收益为正,且平均涨幅均超过相应行业指数的涨幅。[6] 这充分展示了私募机构积极参与机构投资者对公司治理和提高公司盈利能力的正面作用。

2. 宝银投资

在泽熙谋求工大首创运营权之前,国内即出现了私募基金争夺上市公司控制权第一案,而其最终失败也突出了中国私募机构能动主义参与公司治理的困境。

2008 年,私募基金上海宝银投资咨询有限公司(以下简称宝银投资)作为赛马实业股份有限公司(以下简称赛马实业)的机构股东,声称出于

---

① 《哈工大首创科技股份有限公司 2014 年第一次临时股东大会决议公告》,载巨潮资讯网:http://www.cninfo.com.cn/finalpage/2014-03-21/63703632.PDF,2015 年 2 月 12 日访问。

② 《哈工大首创科技股份有限公司第七届董事会第十五次会议决议公告》,载巨潮资讯网:http://www.cninfo.com.cn/finalpage/2014-03-21/63703637.PDF,2015 年 2 月 12 日访问。

③ 《哈工大首创科技股份有限公司关于公司股东减持股份的提示性公告》,载巨潮资讯网:http://www.cninfo.com.cn/finalpage/2014-06-20/64155174.PDF,2015 年 2 月 12 日访问。

④ 郭力方:《解读:雅戈尔让出工大首创大股东交椅,泽熙投资正式“上位”》,载《中国证券报》2014 年 6 月 19 日。

⑤ 《哈工大首创科技股份有限公司 2014 年半年度报告》,载巨潮资讯网:http://www.cninfo.com.cn/finalpage/2014-08-26/1200165776.PDF,2015 年 2 月 12 日访问。

⑥ 张彦:《820 只重仓股揭示私募行业投资脉络》,载凤凰财经:http://finance.ifeng.com/a/20140904/13062966_0.shtml,2015 年 2 月 12 日访问。

监督董事会、加速产业发展的目的，向赛马实业提出公司治理的四项议案，其中包含由宝银投资总经理出任赛马实业副总经理一职以及加快赛马实业水泥行业并购扩张的两项要求，并提出召开网上临时股东大会讨论该议案。然而由于赛马实业的两家国有股东当时合计持股38%，宝银投资却自身持股比例不足，也无法有效联合其他私募及公募基金，在赛马实业管理层认为外部机构投资者有可能进行敌意收购而未给予任何反馈的情况下，最终宣告进入赛马实业管理层的举动失败。①

3. 小结

对于买入股权以实现资本增值的私募投资者，介入管理层并调动其他资源优势能够主导公司股权价值的提升。私募机构作为长线投资人参与公司治理，并不是以获得股价短线上涨溢价为唯一目的，而是考虑对公司的战略投资。成功的私募机构参与公司治理案例也充分显示出，机构投资者进入管理层后，尽管对原董事形成运营权上的制衡，但是在根本利益上与公司和其他高级管理人员并不冲突，最终能够帮助公司提升业绩，实现投资机构与公司的双赢。② 失败的投资管理案例提示，有必要就中国境内机构投资者能动性发挥的资本市场和法律制度环境作出反思。

第五节　不兼容的法律及市场——对中国机构投资者股东能动主义发展现状的反思

监管者对于充分鼓励和引导机构投资者发展，以改善孱弱的公司治理水平，减少大股东掏空上市公司、侵害小股东利益寄予很高期望。依照

① 参见肖莉、陶佳：《金融资本首次伏击产业资本，公募、私募围攻赛马实业》，载《东方早报》2008年7月11日，第B12版；吴晓锋、丁金凤：《宝银投资要求进入赛马实业董事会，成就私募基金争夺上市公司控制权第一案》，载《法制日报》2008年8月17日，第8版。

② 参见张莉：《私募大佬高调谋求治理权，董事会渐成资本必争之地》，载《中国证券报》2014年4月18日，第A10版。

“超常规培育机构投资者”的政策导向，中国证监会 2002 年发布了《上市公司治理准则》，其中第 11 条规定：“机构投资者应在公司董事选任、经营者激励与监督、重大事项决策等方面发挥作用。”

此后十余年来，中国机构投资者是否对公司——尤其是公司治理水平理应更高的上市公司——治理机制的优化产生了积极作用？如果有，具体在哪些方面？如果并未达成预期效果，那么是什么因素限制了机构投资者的能动性发挥？

本章前文对机构投资者股东能动主义的早期兴起及发展作出述评，并就能动主义的机理展开法律经济学剖析，本章落脚到中国独特的资本市场、制度环境和投资导向上来，考察机构投资者的股东能动主义在中国发展的先天不足及可能的应对进路。

一、资本市场独特的分股架构

股权结构是影响公司治理架构有效性的重要因素。不同的股权结构影响不同的公司控制权分布，从而决定所有者与经营者之间委托—代理关系的性质，进而影响公司整体的治理效率。有实证研究支持机构投资者持股比例同公司业绩呈现正相关关系的结论，例如 LLSV 在其援引甚广的《全球企业所有权》一文中，对 27 家大型公司做了大量研究，结论表明相当数量的大公司的最终控制者是政府或家族控股，而非职业管理层，这导致了现代公司最显著的代理问题已经不是股东和经营者之间的利益冲突和代理问题，而是牢牢掌控董事会的大股东和其他股东之间的利益冲突和代理问题。①

目前，中国仍然是处于经济转轨中的新兴市场国家。资本市场的建立及发展，以政府主导下的制度性改革为内在动力，并以行政性的指令抵消了不成熟的资本市场在信息不对称和融资方面的交易成本。但是，中国的资本市场设立伊始，就肩负着为国有企业融资的政治使命，导致上市企业优质资源不多，国有股份集中且股权分置。在这种情况下，外部机构股东即便通过理性投票行使股东权利，也会因为国有企业的内部人利益掠夺而无法保障自己的利益。我国证券市场存在的“一股独大”问题比较突出，

---

① Rafael La Porta, Florencio Lopez-de-Silanes and Andrei Shleifer, “Corporate Ownership around the World”, *The Journal of Finance* Vol. 54, No. 2, 1999, pp. 471-517.

非流通股占整个股票市场的比例高,这与西方国家成熟的公开资本市场中股权结构的分散化特点明显不同。以 2013 年末上海证券交易所的数据为例,第一大股东持有上市公司 50%以上股权的占比达 24. 5%,持股比例低于 50%但高于 30%的比例为 35. 8%;换言之,逾 60%的上市公司中,其第一大股东具有相对控股股东地位。① 如此,非流通股股东成为流通股股东的代理人,前者的权利主张依赖于后者在股东会上的投票结果。由此,流通股股东缺乏动力和权力改善公司治理,使机构投资者的提案较难获得通过。

从股权的角度审视,尽管流通股和非流通股两者并无法律性质上的区别,但是,大量非流通股却无法上市交易。究其本源,非流通股是公有制股份,这种分股制度保障了国家利益。然而,大量的非流通股给资本市场的融资及活力带来了弊端。② 在低流通性和高集中度的证券市场,私募等机构投资者仅能持有小部分的流通股股份,流通股股东由于缺乏参与公司治理的动力和能力,从而导致其拥有的投票权事实上是由大股东行使,而其自身利益的实现也依赖于大股东的投票权行使。这种分割导致的代理问题,集中体现为信息不对称、合约不完整、控股股东和不知情小股东之间代理成本过高,导致大股东和小股东在公司的管理和运营上出现分歧,以国家或者国有控股法人为代表的控股大股东的存在造成一股独大的局面,诱发公司治理失灵。③

其实在证券市场外,中国非公众公司也存在持股集中的问题。根据学者早年统计,在 2000 年时中国私营企业中近 90%为家族企业,公司组织架构以血缘关系为纽带,即使企业内存在非家族成员股东,其持股比例也

---

① 上海上市公司协会、上海市基金同业公会、上海市证券同业公会、中证投资者发展中心联合课题组:《上海辖区机构投资者参与上市公司治理现状、存在问题及改进建议》。转引自王璐:《上海辖区调研机构投资者参与公司治理》,载《上海证券报》2014 年 2 月 14 日,第 F2 版。

② 据统计,非流通股曾经一度占据中国股市总市值的三分之二,高达 2500 亿美元。Richard Guo,"Foreign Buyers Get First Bite at G-share Market", *International Financial Law Review* 2,2006,p. 41. 2005 年 9 月 4 日,中国证监会网站:证监会发布实施《上市公司股权分置改革管理办法》。中国证监会网站:证监会 2005 年 8 月统计数据显示,中国股市总市值为 33445. 61 亿元人民币,其中股票流通市值仅为 10633. 67 亿元人民币。参见 http://www. csrc. gov. cn/ pub/zjhpublic/G00306204/zqscyb/200808/t20080820_108722. htm,2015 年 2 月 25 日访问。另根据截至 2014 年年初的数据,非流通股仍占据中国股票总市值的 17%。参见中国证监会网站:http://www. csrc. gov. cn/pub/zjhpublic/ G00306204/zqscyb/201402/t20140217_ 243929. htm,2015 年 2 月 25 日访问。

③ 沈伟:《中国公司法真的能"孵化"私募投资吗?——一个基于比较法语境的法经济学分析》,载《当代法学》2014 年第 3 期,第 6 页。

相对很低,往往“家族成员持股综述占据一半以上股权比例的案例较为常见”。[①]

正如学者精辟的总结,“要求控制股东对与自己有利害关系的事宜真诚地依公司最佳利益表决,只能是为有良心的绅士制定的义务,如果想通过程序保护少数股东,最好的办法是禁止控制股东表决”。[②]

二、阻碍股东能动主义发展的制度设计

对股东的保护机制可以被细化为以契约为基础的私人执行机制和公权力救济机制两类:私人执行机制赋予实体的股东权利以及对如何在程序上确保股东行使权利做制度安排,公权力救济机制集中体现为股东代表诉讼,或称之为股东衍生诉讼。

(一)羸弱的私人执行机制

上文在对美国的制度变迁进行讨论的部分已经依据 LLSV 范式论述了机构投资者的公司治理效果很大程度上取决于制度因素,这是因为法律既影响了机构投资者被允许持股的比例和投票权问题,也影响了机构投资者的投资行为。

中国机构投资者在参与公司治理方面受限于诸多制度约束。[③] 除了 2002 年颁布的《上市公司治理准则》第 11 条明确规定“机构投资者应在公司董事选任、经营者激励与监督、重大事项决策等方面发挥作用”之外,2004 年国务院还发布了《关于推进资本市场改革开放和稳定发展的若干意见》,要求培育以基金管理公司和保险公司为主的机构投资者。

然而在持股比例上,于 2004 年正式实施并于 2014 年失效的《证券投资基金运作管理办法》第 31 条规定,“基金管理人运用基金财产进行证券投资,不得有下列情形:(一)一只基金持有一家上市公司的股票,其市值超过基金资产净值的百分之十;(二)同一基金管理人管理的全部基金持有

① 储小平:《家族企业研究:一个具有现代意义的话题》,载《中国社会科学》2000 年第 5 期,第 54~55 页。

② 何美欢著:《公众公司及其股权证券》,北京大学出版社 1999 年版,第 828 页。

③ 刘平安:《对机构投资者积极行为的法律分析》,载《西北师范大学学报》(社会科学版)2003 年第 6 期,第 75 页。

一家公司发行的证券,超过该证券的百分之十"。尽管对于一家机构投资者持有一家上市公司股份比例加以限制并非中国特例,但是,研究表明中国特有的分股结构下,立法者在此的立法目的却是防止一个尖锐的问题——机构投资者更有可能操纵股价;美国在此的立法目的是避免损害公共利益。①

在股东权利方面,中国的立法者本来也试图纠正前述问题中畸形的证券市场带来的不良影响。2004 年中国证监会发布了《关于加强社会公众股股东权益保护的若干规定》,强制要求发行新股、重大资产重组等事项需要取得参加股东会的过半数流通股股东同意,还要求公司采取提供网络投票平台、允许委托投票等措施提高公众股参加股东大会的比例。② 但是,就广泛的股东权利而言,这样的列举显然不能增强持股机构投资者参与公司决策的能力,反而起到了弱化效果。

反观美国法下对机构投资者股东权利的保护,其远不止于中国《上市公司治理准则》和《关于加强社会公众股股东权益保护的若干规定》所作的宣示性和原则性规定,而是从股东权利的多个方面给予了社会公众股东——尤其是机构股东行使股东权利的充分保障。

例如,股东提出议案权是行使股东权利的最主要途径之一,也是股东直接介入管理层人选的最直接方式。③ 2005 年修订的《公司法》规定"单独或合计持有公司 3%以上股份的股东"可以行使提案权,④而美国对提案

① 1940 年美国《投资公司法》即有类似规定,开放基金对一家公司的持股比例不得超过该公司股份比例的 10%。参见熊锦秋:《基金投资"双十"红线不能成为橡皮筋》,载《上海证券报》2015 年 1 月 30 日,第 2 版。另外,于 2014 年颁布并生效的《公开募集证券投资基金运作管理办法》第 32 条也规定,"基金管理人运用基金财产进行证券投资,不得有下列情形:(一)一只基金持有一家公司发行的证券,其市值超过基金资产净值的百分之十;(二)同一基金管理人管理的全部基金持有一家公司发行的证券,超过该证券的百分之十"。

② 详细规定见《关于加强社会公众股股东权益保护的若干规定》(证监发〔2004〕118 号),第一节"试行公司重大事项社会公众股股东表决制度"。

③ 据统计,机构投资者提出的议案中,约 16%的议案主题是关于董事会架构问题。其他议题还有反并购措施、高管薪酬计划等,见 Robert Romano,"Less is More:Making Institutional Investor Activism a Valuable Mechanism of Corporate Governance",in *Yale Journal on Regulation* 18,2001,p. 174。

④ 《公司法》第 103 条第 2 款规定:"单独或合计持有公司 3%以上股份的股东,可以在股东大会召开十日前提出临时提案并书面提交董事会;董事会应当在收到提案后二日内通知其他股东,并将该临时提案提交股东大会审议。临时提案的内容应当属于股东大会职权范围,并有明确议题和具体决议事项"。除本条法律规定外,2006 年颁布并实施的《上市公司章程指引》和《上市公司股东大会规则》也对此做了一致规定。

人的设定了两条标准,股东只要持续持有公司1%以上股份超过一年或者持有市值2000美元以上有表决权证券即可。[①] 中国法律对股东持股比例的要求为3%,增大了股东满足提案资格的难度,不利于股东行使提案权,加之中国资本市场一股独大的股权特点普遍存在,广大中小股东持股分散,更难以有效行使提案权。

(二)"失效"的股东代表诉讼救济制度

在管理权和所有权分离的现代公司治理理念中,董事会和经理层掌握公司运营权,难免因为利益冲突而出现自利行为导向,损害公司权益,进而由于股东对公司享有的股权损害股东权益。公司法的两大基石是公司人格独立和股东有限责任,[②]而股东代表诉讼制度的设计,目的是股东被赋予能动地代公司表达利益诉求的权利。对这一制度,合理的预计是其可以在争议解决层面对股东能动主义的发展给予最有力的法律保护,因为除了对公司受损权益进行事后救济本身的作用外,股东代表诉讼是改善公司治理结构、增强投资者热情、优化投资环境机制的重要一环。[③] 实证研究也已经表明,股东代表诉讼是保护股东权利——尤其是小股东权利的良好制度设计。[④] 美国的经验也显示,机构投资者发挥能动主义的一大利剑即是股东集体诉讼。[⑤]

然而,现实的法律哲学强调"活法"(living law),而不是"纸面上的法"(law on paper)。"离开'活法'(living law)的社会规范,就无法理解实在法。"[⑥]我国《公司法》自2005年修订时引入股东代表诉讼制度迄今已历

① Rule 14A-8(b)(1)(1998).

② 朱慈蕴:《论公司法人格否认法理的适用要件》,载《中国法学》1998年第5期,第73页。

③ 胡宜奎:《论股东代表诉讼中的费用补偿》,载《政治与法律》2014年第2期,第136页。

④ 美国学者对215起股东衍生诉讼进行了实证研究表明,结论表明该制度确有改善公司治理的作用。See Stephen Ferris, Robert Lawless and Anil Makhija, "Derivative Lawsuits as a Corporate Governance Mechanism: Empirical Evidence on Board Changes Surrounding Filings", CORI Working Paper, 2011.

⑤ 在2001年美国上市公司Cendant虚报收入案中,法院批准Cal PERS和另外两支社会保险基金作为首席原告参与集体股东诉讼,最终达成28.51亿美元赔偿协议,成功维护了股东权益。

⑥ F. S. C. Northrop, "Ethical Relativism in the Light of Recent Legal Science", *Journal of Philosophy* 52, 1955, p. 651.

十余年。[①] 作为在公司利益受损而公司本身怠于或不能提出救济时保护公司股东——尤其是小股东权利的诉讼制度,其被誉为英美法系的“天才发明”。[②] 本土的法律实践表明,中国对这一重要股东权利诉讼救济制度的移植,并未与商业及法律实践充分兼容。

首先,《公司法》规定有限责任公司的股东、股份有限公司连续 180 日以上单独或者合计持有公司 1%以上股份的股东,才是提起股东代表诉讼的适格主体。尽管德国和我国台湾地区公司法的标准更高,规定持有 10%以上股份的股东才有权利提起代表诉讼,[③]较之而言,我国公司法将持有公众公司 1%股份作为提起代表诉讼的门槛看似不高。但是,中国集中的股权分布模式,导致 1%的制度设计也仅是一厢情愿而事与愿违。以 2015 年初中国 A 股市场市值最大的两家公司为例。除去境外股份,中国石油的第一大股东是持股 86. 35%的中国石油集团,第二大股东是仅持股 0. 219%的全国社保基金理事会;将中国石油的第二大股东至第十大股东所持股份累计,其持股比例仍然不足 1%。[④] 除去境外股份以及前两大股东汇金公司和财政部,将中国工商银行的第三大股东至第十大股东所持股份累计,其所有持股比例也仅为 1. 8%左右。[⑤] 理论上,即使多个股东的持股比例可以累计至 1%,但是,实际必定由于股东分散各地导致联络和集体行为(Collective action problem)成本巨大。因此,中国公司法对股东代表

---

① 于 2013 年修订后的《公司法》第 151 条规定:“董事、高级管理人员有本法第一百四十九条规定的情形的,有限责任公司的股东、股份有限公司连续一百八十日以上单独或者合计持有公司百分之一以上股份的股东,可以书面请求监事会或者不设监事会的有限责任公司的监事向人民法院提起诉讼;监事有本法第一百四十九条规定的情形的,前述股东可以书面请求董事会或者不设董事会的有限责任公司的执行董事向人民法院提起诉讼。监事会、不设监事会的有限责任公司的监事,或者董事会、执行董事收到前款规定的股东书面请求后拒绝提起诉讼,或者自收到请求之日起三十日内未提起诉讼,或者情况紧急、不立即提起诉讼将会使公司利益受到难以弥补的损害的,前款规定的股东有权为了公司的利益以自己的名义直接向人民法院提起诉讼。他人侵犯公司合法权益,给公司造成损失的,本条第一款规定的股东可以依照前两款的规定向人民法院提起诉讼。”

② Robert Clark, *Corporate Law*, Little, Brown & Company, 1986, p. 639.

③ 在中国公司法正式引入这一制度前,学者同立法者均认为,1%的持股比例要求是合理的。参见胡滨、曹顺明:《股东派生诉讼的合理性基础与制度设计》,载《法学研究》2004 年第 4 期,第 99 页。

④ 《中国石油天然气股份有限公司 2014 年年度报告》,第 9 页,载巨潮资讯网:http://www.cninfo. com. cn/finalpage/ 2015-03-27/1200747277. pdf,2015 年 4 月 2 日访问。

⑤ 《中国工商银行股份有限公司 2014 年年度报告》,第 97 页,载巨潮资讯网:http://www.cninfo. com. cn/finalpage/ 2015-03-27/1200749694. pdf,2015 年 4 月 3 日访问。

诉讼适格主体1%的持股比例要求,其实不具有可操作性。

其次,中国《公司法》对股东代表诉讼的规定仍然局限于原则性和概括性规定,法律的解释存在较大的空间。[①] 在法律体系中,中国至今未有成熟的集体诉讼机制与股东代表诉讼相搭配,《公司法》也未对股东代表诉讼中胜诉股东的必要费用和律师费用作出规定,导致无法依据共同基金原则和重大利益原则,通过对诉讼股东的费用补偿来激励股东行使诉讼权利。[②] 加之不发达的法律服务市场和股东本就存在的"搭便车"问题,进一步导致股东代表诉讼制度形同虚设。

"从控制理论上说,股东派生诉讼实质上是外部司法机制对公司内部机制的耦合机制。"[③]在争议解决层面上,代表诉讼制度的失效,使合同基础上的委托—代理关系导致的公司治理失败无法取得司法救济。

三、集体行动的悖论

有可能解决上述法律供给失败的最直接选项是诉诸集体行动,即通过代理投票权征集和联合行使代表诉讼权保护股东权益。然而,这一解决方法,实际上也不可行。下面重点就代理投票权征集展开分析,联合行使代表诉讼权的不可取之处也大体相似。

代理投票权在出现伊始,其目的在于股东为了本身权利而委托他人投票表决,然而目前,代理投票权的行使情形已经发生了很大变化,并越来越多地体现为希望直接表达自己利益诉求的股东主动向分散的小股东征集代理权。由此,征集投票代理权愈加成为能动主义的股东寻求公司运营权的重要方式。中国股权结构不合理,单个机构股东难以有效行使股东权利,联合其他机构股东协同行动成为一种理性选择,但是这种途径目前存在两大难题:一是经济成本较大,二是中国法并未提供具有可操作性的代理投票权规则。

争夺代理投票权需要耗费不菲的交易成本,一方面这是由于小股东倾向于认为自身股权有限,怠于行使股东权导致"搭便车"心理;另一方面是

---

① 刘凯湘:《股东代表诉讼的司法适用与立法完善》,载《中国法学》2008年第4期,第157页。

② 共同基金原则下,诉讼股东有权利在集体诉讼的其他受益人受益时,取得相应的诉讼成本回报。重大收益原则下,胜诉的原告股东有权利要求公司进行费用补偿。参见郁光华:《公司法的本质——从代理理论角度的观察》,法律出版社2006年版,第88页。

③ 黄辉:《股东派生诉讼制度研究》,载王保树主编:《商事法论集》(第7卷),法律出版社2002年版,第451页。

因为有代理投票权需求的机构股东其持股比例就相对比较有限，导致需要联系众多的分散股东，金钱成本也十分巨大。所以，通过寻求代理投票权的途径进而达到充分表达利益诉求的目的，虽然是最直接的资本多数决的规则体现，但不免“成本昂贵且不甚确定”。①

根据美国两位学者早先进行的一项田野调查数据，在美国20世纪80年代末至90年代初共192起代理投票权争夺的事件中，机构投资股东最终赢得广泛的代理投票权的为74%，其中机构股东完全控制董事会的案件甚至有28%之多。② 另据统计，近年来基金和其他各类机构投资者通过征集代理权，获得了美国证券市场2/3的投票权。③ 反观中国，通过代理投票权的争夺赢得股东会投票的成功案例寥寥无几，反倒是机构投资者争夺代理投票权屡屡失败的案例近年来常见报端。④

观察美国的制度供给，美国的代理投票权制度对于规范征集做了比较细致规定，美国《证券交易法》第14(a)节规定了行使征集权的大致流程。20世纪30年代，证券交易委员会颁布了详细的操作规则——《14A规则》，规范了投票代理权征集时应与披露的22种信息。此规定打击了股东参与公司治理的积极性和能动性。于是，20世纪90年代以来，证券交易委员会通过颁布《股东沟通规则》(Shareholder Communication Rules)和《股东直接介入权提案》(Shareholder Proposals on Proxy Access)，将原先的诸多限制取消，强化股东的投票代理权。这些监管改革，显著降低了股东交流和运用代理投票权协同行动的成本。⑤

中国股东代理投票发展滞后很可能与缺失信托基础有关，而信托制度

---

① [美]斯蒂芬·M.贝恩布里奇著:《理论与实践中的新公司治理模式》，赵渊译，法律出版社2012年版，第182页。

② Walter Skowronski and John Pound，“Building Relationships with Major Shareholders：A Case Study of Lockheed”，in *Journal of Applied Corporate Finance* Vol. 6，No. 2，1993，pp. 39-47.

③ Cindy Alexander，et al.，“Interim News and the Role of Proxy Voting Advice”，in *Review of Financial Studies*，2010，pp. 4419-4420.

④ 以公开宣称要将公司打造成第二个伯克希尔·哈撒韦公司的上海创赢投资管理公司为例，其于2011年曾发表公开信呼吁股东联合投票，阻止招商银行配股；2012年，再次以公开信形式建议兴业银行小股东否决公司更换营业地的议案；2013年5月，再次以公开信形式提议华北高速股份回购；2013年10月，以公开信形式寻求进入中百集团董事会。但是，上述行动均以失败告终。参见覃秘：《中百集团控制权之争现第三者》，载《上海证券报》2013年10月23日，第6版。

⑤ 陈明添：《股东投票权征集制度的效用——法经济学分析》，载《东南学术》2005年第2期，第178~179页。

的早先孕育及发展,又赖于衡平法的制度环境。[①] 就制度本身思考和与美国法做对比,中国法下代理投票权征集规则仅仅是一种原则性规定,几乎不具有指导具体实践的可操作性,[②]这导致通过这种机制有效进行股东协同行动在制度层面难以有良好的法律保障。

以如何界定权利主体为例,中国法律、法规中对此规定就自相矛盾,如是,整个代理投票权制度设计的不严谨之处可见一斑。《上市公司治理规则》将权利主体界定为"上市公司董事会、独立董事和符合有关条件的股东"。《上市公司章程指引》将权利赋予"董事会、独立董事和符合相关规定条件的股东"。《上海证券交易所上市公司治理指引》则是径直规定征集者为"任何机构或个人"。可见,中国法下,不仅各个法规对权利主体的界定外延有明显不一致之处,而且其中的兜底性用语"符合有关条件""符合有关规定"更是语焉不详。法律对于股东权利的规定固然是权利本位的制度设计,然而模糊界定权利主体带来了法律上的不确定性和欠操作性。法律制度对权利给予明确界定,这种事前成本——主要体现为依靠立法技术使法律设计更加明确的成本,小于事后成本——此处主要体现为本应取得代理投票权的小股东并未取得投票权导致其权利落空的成本。[③]

中国大股东和中小股东之间力量对比已然失衡,而这种混乱的法律制度导致代理权征集机制本应该有效弥补有强烈利益诉求但受限于较低持股比例的股东进行协同行动的途径,事实上落空。

四、"前移"中的机构投资

贝恩资本与中国欧盟商会联合发布的数据显示:2009 年,中国私募股权

---

① 周小明著:《信托制度比较法研究》,法律出版社 1996 年版,第 28~29 页。

② 《公司法》第 106 条规定"股东可以委托代理人出席股东大会会议……代理人在授权范围内行使表决权"是对该机制的基础法律规定。其他技术性的具体规则,散见于 1993 年开始实施、现今仍然有效的《股票发行与交易管理暂行条例》第 65 条规定"股票持有人可以授权他人行使其同意权或者投票权,但是任何人在征集二十五人以上的同意权或者投票权时,应当遵守证监会有关信息披露和作出报告的规定";2002 年《上市公司治理规则》第 10 条规定"上市公司董事会、独立董事和符合有关条件的股东可向上市公司股东征集其在股东大会上的投票权,投票权征集应采取无偿的方式进行,并向被征集人充分披露信息"等。由于篇幅所限,其他类似的概括性、原则性规定不再一一列出。

③ 事前成本小于事后成本的关键原因是,事前成本对于交易中信息收集和验证的成本,小于交易后因(民事)争端产生或(行政)违法导致的社会成本。See e. g. , Ronen Avraham and Zhiyong Liu, "Private Information and the Option to Not Sue: A Re-evaluation of Contract Remedies", in *Journal of Law, Economics and Organization* Vol. 28, No. 1, 2012, pp. 77-102.

投资基金的平均退出时间为1.9年;2012年,中国私募股权投资基金的平均退出时间已经上升为2.1年。[①] 不过,这一数据与美国私募股权基金的持股期限相比则显示出明显的投机性。美国学者 Josh Lemer 的实证研究表明,自1970年至2007年,美国58%的私募基金持有公司股权超过5年以上,考虑到再次并购的因素,私募股权基金持有企业股权的平均时间为9年。[②]

对中国私募及资本市场持续多年的年度报告披露,中国机构投资仍未迈入价值投资阶段。[③] 田野调查数据显示,56.7%的上市公司认为连续两年以上持有公司股权的机构投资者才有动机参与公司治理。[④] 较短的持有期,证明投资更可能是基于上市或并购以实现资本短期溢价的动力,这使私募股权基金在公司运营方面对公司几无改善。由于大量机构投资者在实践中并未贯彻长期投资理念,能动主义带来的收益和成本对比往往使关注短期收益的投资人选择"搭便车"。这使机构投资者很多时候宁愿选择卖股离场,缺乏长期跟踪和参与上市公司治理的动力。这种内在的力量萎缩也阻碍了中国机构投资者关注公司治理与股东长期价值的关联性,不能在更广泛的方面发挥积极作用,如高管薪酬、股利分配、董事会改组等。掌控上市公司董事会来对利润分红决策形成话语权,往往考验基金管理团队的行业运作能力,这正是国内私募机构所缺乏的能力。

在投后管理方面,以某著名外资投资机构在中国的投后管理为例。其在投资合同的标准模版中详细约定了跟踪管理的具体事项,并由专门设立的投后管理部直接介入企业运营:"定期(每月或每两个月,与目标企业协商而定)取得企业财务报表、生产进度表、重大合同、库存周转周期报告……分析整理《企业情况月度报告》;由指派董事等人员参加企业重要会议,包括股东会、董事会、上市协调会以及其他在《投资协议》中规定公司享有知情权的重大会议,整理《会议纪要》;定期(每季度或每半年,与目

① The European Union Chamber of Commerce in China and Bain & Company, The Social and Economic Impact of Private Equity in China, supra Note 29.

② Joshua Aizenman and Jake Kendall, "The Internationalization of Venture Capital and Private Equity", NBER Working Paper Series, 2008.

③ 投中集团、德邦证券:《中国私募股权投资年度报告》,江苏人民出版社2014年版。

④ 上海上市公司协会、上海市基金同业公会、上海市证券同业公会、中证投资者发展中心联合课题组:《上海辖区机构投资者参与上市公司治理现状、存在问题及改进建议》。转引自王璐:《上海辖区调研机构投资者参与公司管理》,载《上海证券报》2014年2月14日,第F2版。

标企业协商而定）与企业创始人或其他高级管理层进行一次访谈，了解运营现状、公司的融资需求等，形成战略咨询意见，以《企业情况季度报告》形式报公司及目标公司……”①

从国内的实际情况看，机构投资者积极发挥股东能动主义参与投后管理的投资理念仅在少数耕耘资本市场多年的国内资深投资机构或外资投资机构的投资中体现比较明显。一些投资机构的合伙人会议往往只对新项目投资事项作出决策，并不决议投后管理事项。国内仅有如红杉、鼎晖等少数机构设立了专门的投后管理部门，但总体而言，投后管理并未得到中国机构投资者的重视。②

置于更广阔的产业融资语境下，中国机构投资者进行的股权交易多集中于上市前（Pre-IPO）阶段进行，从事晚期融资和上市前的过桥融资，这造成了中国投资机构的“长期资本”短缺而上市前资本严重过剩。③ 只有尽快完成从投机导向型向价值导向型“前移”的中国机构投资，才能有更强烈的愿望作为能动股东参与被投资企业的公司治理。

第六节　私募股权基金投资保护强化机制的公司法路径

从目前我国私募投资的发展现状来看，私募基金的募集资金、投资管理和退出都已经不再成为其发展的实质障碍，而相应法律规范和监管政策的出台，才会对其发展速度和方向产生根本性的影响。私募股权基金能动主义的保护路径需要通过股东强化的公司法路径得以实现。

一、引入优先股制度

从历史发展的进程来看，中国境内的私募投资规则基本上是借鉴了境外

① 依据非公开资料整理。

② 欧阳良宜著：《私募股权投资管理》，北京大学出版社2013年版，第365~368页。

③ 刘兴业、任纪军著：《中国式私募股权投资——私募基金的创建与投资模式》，中信出版社2013年版，第8~9页。

私募基金的实践,国际私募投资领域广泛适用的交易规则,包括投资者保护机制被大幅借鉴并采用到国内交易中。在境外交易规则落地到中国境内交易过程中,中国境内交易方包括其聘请的中介机构,律师、会计师等发挥了各自的聪明才智,设计出一套能适用于中国法律的投资保护机制,但在该等规则落地、实施过程中,我们也不难发现由于我们一些现有制度的缺失导致有些投资者的权利(包括但不限于优先分红权、优先清算权)将来是否能被第三方机构(包括法院、仲裁机构等)认可仍存在不确定性。我国优先股制度的缺失就是境外法律体系中的概念在中国法律框架下较难适用的一个比较典型的原因。[①]

(一)我国目前优先股立法现状

现行《公司法》第42条明确提出:[②]"股东会会议由股东按照出资比例行使表决权;但是,公司章程另有规定的除外。"我们可以将该规定进一步解释为:在有限责任公司层面,公司章程可以对普通股和优先股的表决权设置做出区分。而对于股份有限公司来说,现行《公司法》第126条作出了不同的规定:[③]"股份的发行,实行公平、公正的原则,同种类的每一股份应当具有同等权利。同次发行的同种类股票,每股的发行条件和价格应当相同;任何单位或者个人所认购的股份,每股应当支付相同价额。"这一规定可以理解为,公司法承认并允许一个公司可以设置不同种类的股份,此为引入优先股提供了法律上的依据。《公司法》第166条又进一步明确:[④]"股份有限公司按照股东持有的股份比例分配,但股份有限公司章程规定不按

① 汪青松:《优先股的市场实践与制度建构》,载《证券市场导报》2014年第3期,第15页。

② 《中华人民共和国公司法》(2013年修正)第42条规定:"股东会会议由股东按照出资比例行使表决权;但是,公司章程另有规定的除外。"

③ 《中华人民共和国公司法》(2013年修正)第126条规定:"股份的发行,实行公平、公正的原则,同种类的每一股份应当具有同等权利。同次发行的同种类股票,每股的发行条件和价格应当相同;任何单位或者个人所认购的股份,每股应当支付相同价额。"

④ 《中华人民共和国公司法》(2013年修正)第166条规定:"公司分配当年税后利润时,应当提取利润的百分之十列入公司法定公积金。公司法定公积金累计额为公司注册资本的百分之五十以上的,可以不再提取。公司的法定公积金不足以弥补以前年度亏损的,在依照前款规定提取法定公积金之前,应当先用当年利润弥补亏损。公司从税后利润中提取法定公积金后,经股东会或者股东大会决议,还可以从税后利润中提取任意公积金。公司弥补亏损和提取公积金后所余税后利润,有限责任公司依照本法第三十四条的规定分配;股份有限公司按照股东持有的股份比例分配,但股份有限公司章程规定不按持股比例分配的除外。股东会、股东大会或者董事会违反前款规定,在公司弥补亏损和提取法定公积金之前向股东分配利润的,股东必须将违反规定分配的利润退还公司。公司持有的本公司股份不得分配利润。"

持股比例分配的除外。”此可以理解为，优先股股东可以据此提出按固定比例取得股息。《公司法》第 131 条更清楚指出：[1]“国务院可以对公司发行本法规定以外的其他种类的股份，另行作出规定。”即国务院可依据该条授权出台优先股的相关具体规定。[2]

在上述《公司法》的大背景下，2013 年末，《关于开展优先股试点的指导意见》正式由国务院颁布。其后，中国证监会进一步推出《优先股试点管理办法》，正式启动优先股试点实践。根据该规定，[3]优先股依据《公司法》发行，其有别于普通种类股份，是一种其他种类股份；优先股的股份持有人享有优先地位，具体来说，可以优先于普通股股东参与分配公司利润和剩余财产。但是，相较于其经济上的优先地位，优先股在参与公司决策管理等方面的权利受到一定的限制。此外，不仅上市公司可以发行优先股，非上市公众公司也可以非公开发行优先股。[4] 在《优先股试点管理办法》规定的优先股试点期间，不允许发行在股息分配和剩余财产分配上具有不同优先顺序的优先股，但允许在其他条款（股息分配和剩余财产分配之外的条款）上发行享有不同顺位的优先股。[5] 由此可见，根据我国目前的优先股发行实践，上市公司或非上市公众公司可以发行优先股，而有限责任公司和非上市的股份有限公司目前无权发行优先股。而对于私募基金来说，投资的对象绝大多数都是有限责任公司和非上市的股份有限公司，这就导致在其投资过程中，无法直接通过优先股的设置来保护其权益。

---

① 《中华人民共和国公司法》（2013 年修正）第 131 条规定：“国务院可以对公司发行本法规定以外的其他种类的股份，另行作出规定。”

② 曹立著：《权利的平衡优先股与公司制度创新》，中国财政经济出版社 2014 年版，第 151、152 页。

③ 参见《优先股试点管理办法》第 2 条规定：“本办法所称优先股是指依照《公司法》，在一般规定的普通种类股份之外，另行规定的其他种类股份，其股份持有人优先于普通股股东分配公司利润和剩余财产，但参与公司决策管理等权利受到限制。”

④ 参见《优先股试点管理办法》第 3 条规定：“上市公司可以发行优先股，非上市公众公司可以非公开发行优先股。”

⑤ 参见《优先股试点管理办法》第 6 条规定：“试点期间不允许发行在股息分配和剩余财产分配上具有不同优先顺序的优先股，但允许发行在其他条款上具有不同设置的优先股。同一公司既发行强制分红优先股，又发行不含强制分红条款优先股的，不属于发行在股息分配上具有不同优先顺序的优先股。”

(二)优先股应如何设计

优先股该怎样设计?美国《标准商事公司法》(Model Business Corporation Act)第15条就此明确:“在不限制本条所授予权利的情况下,一个公司,只要其章程有此规定,便可发行下述优先股或特别类别股:①公司有权以其章程确定的价格赎回任何上述股份;②允许持有者分得累积股利、非累积股利或部分累积股利;③比任何其他类别股份优先分得股利;④在公司自愿或被迫清算时,比任何其他类别股份优先分得公司的资产;⑤除清算时对分得公司股利或资产具有居先或优越权以及优先权的类别股以外,可转换成任何其他类别股的股份,或本类别的或任何其他类别的任何系列股的股份,但无票面值股份不应转换成有票面值股份,除非在转换时,该无票面值股份所代表的公司设定股本至少等于该股份拟被转换成的有票面值股份的总票面值,或者将其任何这一不足数额由盈余转入设定股本。”[①]

以上点明了优先股设计的五大要诀:其一,是否设置优先股由公司章程决定,即由公司自治决定;其二,公司方面应有权赎回优先股,为调整股份权利留有余地;其三,优先股享有相应股利的优先分配权,并可自由选择是否累积、累积比例,操作灵活、弹性大;其四,优先股可以优先分得公司剩余财产,这是优先股之优先权的又一形式;其五,优先股可以转换成其他形式的股份,一种优先股可以转换成另一种优先股,以利于对股份形式进行调节。此外,在遵守《公司法》强制性规定的前提下,公司股东可以通过公司章程进一步自由约定优先股股东的其他特别权利和义务,比如随售权、拖售权。

据此,我国应根据现行优先股试点经验,结合上述优先股设计的思路,完善修订《公司法》和《证券法》,最终将优先股制度上升为国家普通法。

二、完善投资工具—债转股

(一)债转股投资工具的作用

如前文第二章第三节“私募基金投资的基本模式”所提及,实践中,私

① 曹立著:《权利的平衡优先股与公司制度创新》,中国财政经济出版社2014年版,第151、152页。

募基金也会采取债转股的方式对目标企业进行投资。在私募股权投资中，可转换债权投资协议(也称"债转股协议")是一种典型的附选择权的民事法律行为，赋予了私募股权基金在未来特定时间可以选择将债权转换为股权的权利。[①]

采取债转股方式对被投资企业进行投资，私募股权基金可以对被投资企业设置一定的考察期，若将来被投资企业的发展符合私募股权基金的预期，私募股权基金有权将债权转为股权；若将来被投资企业的发展不符合私募股权基金的预期，私募股权基金仍有权保留对被投资企业的债权，此可以有效降低私募股权基金与被投资企业创始人之间的委托—代理风险以及被投资企业创始人的道德风险，也在一定程度上可以有效解决私募股权基金的逆向选择风险。

此外，债转股模式正是充分运用了债与股的根本区别，一定程度上可以改善企业的财务状况。债权是一种契约性的权利，而股权与之相反，股权是一种非契约性的权利。债权人对债务具有强制性的索偿权利，借款企业需将债务作为负债或财务费用在其资产负债表的负债中列示，负债的增加会直接影响企业的利润并决定企业是否能够持续经营。股本是企业的资本金，股东就此没有强制性的索偿权利，股东享有企业盈利时的分红权。此外，股本在企业资产负债表的所有者权益中列示，股本的增加不会影响企业的利润，还会增强企业的持续经营能力。债转股正是利用了这种区别，将债权转成股权，减少企业借款的本息支出，增加企业的资本金，改善企业的财务状况。[②]

(二)我国目前债转股的立法现状

《公司法》第27条明确提出，[③]股东可以用实物、知识产权、土地使用

① 参见投中网，https://www.chinaventure.com.cn/cmsmodel/news/detail/296662.shtml，2018年4月3日访问。

② 参见投中网，https://www.chinaventure.com.cn/cmsmodel/news/detail/296662.shtml，2018年4月3日访问。

③ 《中华人民共和国公司法》(2013年修正)第27条规定："股东可以用货币出资，也可以用实物、知识产权、土地使用权等可以用货币估价并可以依法转让的非货币财产作价出资；但是，法律、行政法规规定不得作为出资的财产除外。对作为出资的非货币财产应当评估作价，核实财产，不得高估或者低估作价。法律、行政法规对评估作价有规定的，从其规定。"

权等可以用货币估价并可以依法转让的非货币财产作价出资。债权符合以下两个条件:(1)可以用货币估价;(2)可以依法转让。因此,私募基金作为投资人将其对被投资企业的债权转成对被投资企业的股权,是存在法律基础的。实践中,也不乏债权转为股权的案例。例如,四大金融资产管理公司(信达、华融、长城、东方)通过收购银行不良资产的方式,把原银行与企业间的债权、债务关系,转变为该金融资产管理公司与企业间的股权关系。①

最新《公司注册资本登记管理规定》明确提出,②债权人可以将其依法享有的并对在中国境内设立的公司的债权,转为公司股权。该等可以转为公司股权的债权需满足以下条件中的一种:(1)该债权不违反法律、行政法规、国务院决定或者公司章程的禁止性规定,且债权人须已经履行债权所对应的合同义务;(2)该债权系经司法机关或司法组织确认的债权,即由人民法院生效的裁判确认或由仲裁机构的裁决确认;(3)公司破产重整或者和解期间,被列入重整计划或和解协议中的债权,前提是,重整计划已经人民法院批准,或和解协议已被裁定认可。就债权转股权的形式,该规定也提出应以公司增加注册资本的方式进行。

(三)私募基金作为投资人实施债转股所面临的障碍

国务院办公厅《关于加强影子银行监管有关问题的通知》(国办发〔2013〕107号文)(以下简称《影子银行监管通知》),特别提出,③应该规范发展私募投资基金业务,要依据不同类型的私募投资基金的本质属性,对

① 参见百度百科,https://baike.baidu.com/item/%E5%80%BA%E8%BD%AC%E8%82%A1/5242046?fr=aladdin,2018年4月4日访问。

② 《公司注册资本登记管理规定》第7条规定:"债权人可以将其依法享有的对在中国境内设立的公司的债权,转为公司股权。转为公司股权的债权应当符合下列情形之一:

(一)债权人已经履行债权所对应的合同义务,且不违反法律、行政法规、国务院决定或者公司章程的禁止性规定;

(二)经人民法院生效裁判或者仲裁机构裁决确认;

(三)公司破产重整或者和解期间,列入经人民法院批准的重整计划或者裁定认可的和解协议。

用以转为公司股权的债权有两个以上债权人的,债权人对债权应当已经作出分割。

债权转为公司股权的,公司应当增加注册资本。"

③ 参见国务院办公厅《关于加强影子银行监管有关问题的通知》第3条第8款规定:"(八)规范发展私募投资基金业务。要按照不同类型投资基金的本质属性,规范业务定位,严禁私募股权投资基金开展债权类融资业务。"

各私募投资基金的业务定位进行规范，严格禁止私募股权投资基金开展债权类融资业务。依据这一规定，私募股权投资基金以债权转股权的方式以及以一部分债权加上一部分股东借款的模式对被投资企业进行投资的，很有可能被视为违反了《影子银行监管通知》的规定，进而导致私募股权投资基金对被投资企业的该部分债权不是合法的债权，不能对被投资企业进行转股。

（四）完善债转股的建议

考虑到中小企业融资难以及一些高科技企业对资金的需求，证监会可以考虑制定单独的监管法规，对私募股权投资基金投资采用债转股的条件、比例、利息等进行严格的限定。在防止私募基金成为“影子银行”扰乱金融秩序的同时，允许私募股权投资基金采取债转股方式对被投资企业进行投资，满足投资者及被投资企业个性化的投资需求。

三、进一步明确契约型私募基金的对外投资法律地位

2014 年 8 月起实施的《私募投资基金监督管理暂行办法》首次明确了契约型私募基金的法律地位。根据基金业协会公布的《私募投资基金合同指引 1 号（契约型私募基金合同内容与格式指引）》第 11 条所提出的要求，①基金合同必须对基金投资过程中所对应的投资目标、投资范围做出明确的规定。根据《私募投资基金监督管理暂行办法》的监管要求，股票、

① 《私募投资基金合同指引 1 号（契约型私募基金合同内容与格式指引）》第 11 条："订明私募基金的基本情况：

（一）私募基金的名称；（二）私募基金的运作方式，具体载明封闭式、开放式或者其他方式；（三）私募基金的计划募集总额（如有）；（四）私募基金的投资目标和投资范围；（五）私募基金的存续期限；（六）私募基金份额的初始募集面值；（七）私募基金的结构化安排（如有）；（八）私募基金的托管事项（如有）；（九）私募基金的外包事项，订明外包机构的名称和在中国基金业协会登记的外包业务登记编码（如有）；（十）其他需要订明的内容。"

债券、股权、基金份额、期权等都属于典型的私募基金财产投资活动。[①] 虽然目前的法律法规并没有规定基金特别是契约型私募基金不能投资的范围，但在实际操作过程中，以下问题要予以重视。

根据中国证监会《发行监管问答——关于与发行监管工作相关的私募投资基金备案问题的解答》，私募基金可通过增资入股或受让股权方式参与到对拟上市公司的实际投资活动中。但因为契约型私募基金本身没有法律主体地位，契约型私募基金由基金管理人代其行使相关民事权利，其作为拟上市公司的股东是否符合《首次公开发行股票并上市管理办法》中关于拟上市公司股权应清晰、明确的要求，[②]目前监管部门尚未有明确说法。在实务操作中，对于拟上市公司存在契约型私募基金股东的，证监会是否会按照以往审核要求，要求拟上市公司在申报首次公开募股前清理契约型私募基金股东，以规避相关法律风险，目前还不明确。[③] 长期发展下去，契约型私募基金投资拟上市公司，对拟上市公司首次公开募股可能存在的障碍也会进一步对契约型私募基金投资活动的开展造成阻碍。

应在法律法规层面对契约型私募基金的法律地位进行明确确认，允许契约型私募基金可直接对拟上市企业进行投资并可将其作为显名股东对外列示并进行披露。在拟上市企业成功实现上市后，契约型私募基金持有的上市公司的股份可由中国证券登记结算有限公司直接登记在该契约型私募基金名下。

四、建立私募二级市场转让退出机制

被投资企业成功实现上市，通常是私募基金最佳、也是最理想的退出方式。上市地因被投资企业公司性质的不同（如内资企业、外商投资企

---

① 参见《私募投资基金监督管理暂行办法》第2条："本办法所称私募投资基金（以下简称私募基金），是指在中华人民共和国境内，以非公开方式向投资者募集资金设立的投资基金。私募基金财产的投资包括买卖股票、股权、债券、期货、期权、基金份额及投资合同约定的其他投资标的。非公开募集资金，以进行投资活动为目的设立的公司或者合伙企业，资产由基金管理人或者普通合伙人管理的，其登记备案、资金募集和投资运作适用本办法。证券公司、基金管理公司、期货公司及其子公司从事私募基金业务适用本办法，其他法律法规和中国证券监督管理委员会（以下简称中国证监会）有关规定对上述机构从事私募基金业务另有规定的，适用其规定。"

② 参见《首次公开发行股票并上市管理办法》第13条："发行人的股权清晰，控股股东和受控股股东、实际控制人支配的股东持有的发行人股份不存在重大权属纠纷。"

③ 刘乃进主编：《私募基金实务精要》，法律出版社2017年版，第153、154页。

业)存在多种选择。境内 IPO 市场包括主板、中小企业板和创业板;境外 IPO 市场以香港证券交易所、美国纳斯达克证券交易所(NASDAQ)、纽约证券交易所(NYSE)等市场为主。①

另外,被已上市公司收购股权从而实现被投资企业"间接上市",也是一种被私募基金普遍接受的退出方式。但是,对于私募基金来说,预期的 IPO 退出方式有时可能也不够顺畅,往往不能达到预期的上市目标,主要原因是:

(1)证券交易所上市门槛高,上市条件严格,一些拟上市企业因不符合上市条件而不能实现上市;

(2)上市程序烦琐,拟上市企业为符合上市的要求进行整改,导致综合成本昂贵;

(3)被投资企业上市后,私募基金持有的被投资企业股份存在锁定期,可能导致私募基金无法在股价处于高位的时点退出,进而影响到其投资收益的变现。基于此,其他多元化退出渠道也显得尤为重要,私募二级市场开始受到越来越多的关注和需要。"二级市场"即是私募基金的一项新的退出渠道,能够满足私募基金对投资流动性的需求。

私募基金二级市场交易是指私募基金将其持有的一家、数家乃至全部被投资企业的权益直接出售给其他投资者的交易行为。私募二级市场具有如下典型特征:②

其一,从交易主体(交易的参与者)角度分析,私募基金自身在私募二级市场交易活动中扮演了卖方的角色,而其他投资者则扮演了买方的角色。私募基金所出售的是它所持有的投资项目的权益份额,该等投资项目可以是某一个,也可以是数个投资组合。

其二,从交易的目的来看,对于接手买家而言,其通常是为了获得卖方所持有的被投资企业的权益,也有一部分买家是为了实现广泛而多样的投资策略。通过私募二级市场交易,买方可以尽量减小甚至消除投资于资金池的风险。与一级市场投资人不同的是,二级市场的投资人购买的是已存

① [德]马提亚斯·君德尔、布庸·卡佐克著:《私募股权融资工具与投资方式》,吕巧平译,中信出版社 2011 年版,第 161~163 页。

② 谷志威编著:《私募股权投资基金实务操作指引》(修订版),法律出版社 2015 年版,第 425、426 页。

在的资金池中的资产,该等二级市场投资人可以根据可确认的价值对潜在的资产价值下跌进行风险规避操作。从卖方角度分析,二级市场交易满足了其对投资的流动性需求,卖方可以将其从二级市场变现所得的资金用于再投资。不仅如此,由于私募二级市场是一个能够开展多次交易活动的市场,买方可以将买来的资产进一步地转手,因而也给买卖双方创造了一个提高利润收益空间的交易场所。

其三,从交易对象角度分析,在私募二级市场上,卖方转让的是其直接持有的被投资企业的权益,无论是有限责任还有股份有限公司,都会涉及股权/股份转让问题,《公司法》《证券法》等是其主要适用的法律。

其四,对于交易私募性而言,私募二级市场往往对保密性、非公开性提出较高要求。私募一级市场对"私募"要求很高,即非公开性和非公众参与性,因而其二级市场,也表现出与股票等二级市场的公开性和公众参与性明显不同的特征。从实际经验来看,该特征也导致对具体的私募二级市场交易进行估价时通常缺乏可以参考的价格依据,如何评估交易资产并确认交易价格,也建议将来立法者予以考虑并进行明确。为了解决私募二级市场交易的保密性问题,目前金融顾问公司也参与到私募二级市场的交易中来。金融顾问公司一方面可以向卖家提供相关服务,包括定价和市场调研;另一方面,金融顾问公司基于过往的经验将交易过程标准化,例如,他们通常要求潜在买方签订保密协议,维持了交易的保密性。①

第七节　结论

本章基本结论是,尽管中国高速的经济增长孕育了以非公开募集基金为代表的机构投资发展,《公司法》等法律、法规也为保障股东权利作出了努力,如弗里德曼言:"在对法律进行经济学分析的过程中,我们会发现正义与效率之间有着令人惊异的关联。在很多情况下,我们认为公正的原则

① 伊莱·泰莫尔等著:《国际私募股权》,中国金融出版社2015年版,第177~191页。

是与那些根据我们的观察有效率的原则相吻合的。"①在中国的法律架构中，弱势的财产权保护常遭诟病；②证券市场存在"天然的机理性弱点"，目前仍然处于改革中的公司法制度并未充分保障私募等机构投资的健康发展。③

本章并不对如何促进股东能动主义在中国发展进而提高中国企业的公司治理水平做系统探讨。本章的核心部分，主要是从资本市场、法律制度和机构投资者自身发展水平三个角度反思中国股东能动主义的不足。这三个方面的改革进路并非哪一个要素单方面成熟即可一蹴而就。尽管如此，"任何值得被称之为法律制度的制度，必须关注某些超越特定社会结构和经济结构相对性的基本价值。"④从法律和市场之间关系这个宏大背景看，尽管法律对金融市场的监管往往是滞后的，但是法律如何超前地关注基本制度的变革，从而牵引畸形的资本市场自我重塑或许应当是促进投资市场发展进而带动机构股东能动主义改善中国公司治理的一种必由之路。

在资本市场重塑这个角度之外，作为前述结论的延伸，一个更加务实的态度似乎导向法律在细节上的修正：在股东权利方面，中国公司法应该作出努力，从股东提案、联合投票以及股东代表诉讼等角度将宣示性的规定落脚到具有详细程序规则保障的权利规范上来，平衡加强监管与金融创新，采取更为有效和提高公司治理水平的方式保障投资者权益，释放出足够的信号，激发机构股东参与公司治理和投资热情，进而优化金融资源配置，促进经济的整体发展。

机构投资者，不同于一般的金融中介，因为其不仅实现资本增值和实业融资的两重需求，更要作为能动的投资股东参与企业监督和管理。在价

① ［美］大卫·弗里德曼著：《经济学语境下的法律》，杨欣欣译，法律出版社2004年版，第20页。

② Yang Xiao, "A New Chapter in Constructing China's Legal System", in Laurence Brahm ed., China's Century: The Awakening of the New Economic Powerhouse, John Wiley & Sons (Asia) Pte Ltd., 2001, pp. 219-233. Donald Clarke, "Economic Development and the Rights Hypothesis: The China Problem", in *American Journal of Comparative Law*, 2003, pp. 89-112.

③ 沈伟：《中国公司法真的能"孵化"私募投资吗？——一个基于比较法语境的法经济学分析》，载《当代法学》2014年第3期。

④ ［美］埃德加·博登海默著：《法理学：法律哲学与法律方法》，邓正来译，中国政法大学出版社2004年版，第5页。

值发现和价值创造的环节中，机构投资者将投资运营知识和其他金融服务资源调动起来，投入到目标企业中。阻碍中国机构投资者发挥能动主义作用的自身障碍就在于忽视了机构股权投资隐含的价值创造功能。在股东能动主义的视角下，机构投资的发展和金融促进实业这一更大目标的实现，取决于机构股东牵引下的目标企业公司治理水平的提高。因此，中国机构投资者应当作出努力，朝向价值投资和创造方向发展，将投资资源和行业机遇相匹配。

第四章　私募股权投资基金私募发行监管研究

一、引言

近年来,中国私募股权基金蓬勃发展。自私募股权基金于2006年获得了合法身份以后,私募股权基金如雨后春笋般发展起来。根据CVSource投中数据终端显示,2013年,国内披露的私募股权投资案例共有325起,投资总额达到215.9亿美元。[①] 截至2014年4月,中国的1000多家基金管理公司共管理资金达到3000亿元人民币。[②] 私募股权基金已然成为我国金融体系中一个不可忽视的力量。

然而,一些问题也应运而生。私募股权基金发行必须仅面向特定投资者。但是,部分基金不遵守这一原则,导致非法集资案件也越来越多。自2005年以来,公安机关就非法集资案件立案年均2000多起,年均涉案金额高达200亿元人民币,法院受理非法集资犯罪案件

① 《2013年中国私募股权投资运行情况分析》,载中国情报网:http://www.askci.com/news/201401/03/0393211186232.shtml,2014年2月13日访问。

② 《私募该如何应对互联网金融》,载中华网:http://finance.china.com.cn/roll/20140403/2308650.shtml,2014年4月8日访问。

逐年上升。[1] 成因有两方面:一是非法集资活动借助合法的私募股权基金作伪装而大肆非法募集资金;二是合法的私募股权基金由于突破了“200”人红线或向“合格投资者”以外的投资者募集资金而演化为非法集资活动。非法集资活动在中国并非是一个新鲜事物,一直以来都是司法机关严厉打击的对象,但是如今,在私募股权基金蓬勃发展的同时,非法集资活动已然成为私募股权基金发展道路中的一颗“绊脚石”,不但损害投资者的利益,还会引起我国金融资本市场的动荡。

中国的问题并非独一无二,历史也并非偶然。中国私募股权基金发端于20世纪80年代,[2]但是,由于法律体制和市场环境的原因,我国私募股权投资业务在很长一段时间内未能取得实质性的突破,直至1997年以后才引起了我国金融市场的关注。而在大洋彼岸的美国,私募股权基金在产生后不断壮大,私募股权基金发展进程中也遇到过与中国现在面临的同样的问题。在2008年全球金融危机以前,美国政府对私募股权基金采取放任自流的监管态度,实行注册豁免机制,使私募股权基金游离于政府的监管体系之外。这一时期,虽然私募股权基金得到了快速发展,却也不断滋生投机者和诈骗者侵害基金投资者利益的行为。其中最典型的例子是“一战”后的“庞氏骗局”,以及20世纪90年代后的麦道夫案件,同样的伎俩和谎言随着时间滚滚前行的车轮不断在历史舞台上上演。

为了达到私募股权基金的健康长久发展以及打击非法集资的目的,完善的私募股权基金监管法律体制显得尤为重要。但是,我国在私募股权基金的监管上还存在许多的不足,存在诸多监管真空,制约了我国私募股权基金及整个市场的发展。为了从根源上减少非法集资案件数量,也为私募股权基金的发展扫除后顾之忧,完善私募股权基金发展路径,从法律层面上厘清私募股权基金的现行法律框架,找出私募股权基金发展问题,最终找到解决之道,是迫在眉睫的任务。

---

① 2011年、2012年受理案件分别为1274起、2223件,上升约79%。参见《全国非法集资年均涉案200亿》,载网易新闻:http://news.163.com/13/1126/07/9EJFAELF00014Q4P.html,2014年2月13日访问。

② 中国新技术创业投资公司。

二、文献综述

目前，国内探讨私募股权基金监管的文章有许多，主要相关文献如下。

（一）国内研究状况和文献综述

1. 就有关私募股权基金准入监管研究方面

赵玉在 2013 年发表的文章《私募股权投资基金管理人准入机制研究》中，重点探讨对私募股权基金的基金管理人的严格监管，作者认为宽松的监管会导致非法集资等诸多问题，应尽快将私募股权基金“入法”。作者将“入法”的切入点瞄准到私募股权基金主体四元结构中的“基金管理人监管”，认为完善“基金管理人监管”是监管成败的关键因素。作者认为，对于如何将私募股权基金纳入监管，学界有很多不同的方案。有学者认为，应该将私募股权基金纳入《证券投资基金法》的统一管辖，统一起草“基金法”；也有学者认为，应该将私募股权基金纳入《证券法》的统一管辖，扩大《证券法》中“证券”的内涵，使私募股权基金的投资者受《证券法》保护；还有学者认为，应该单独设立专门针对中小企业的“创业投资基金法”。作者认为，无论选择哪一种方法，基金管理人的监管是最重要的环节。作者对我国基金管理人准入机制失败的原因进行分析，提出我国私募股权基金管理人监管的改革路径。①

2. 就有关美国私募股权基金监管研究方面

张雅于 2013 年发表的《美国取消私募发行广告禁令的金融监管启示》文章中，重点介绍了美国证监会于 2013 年对《1933 年证券法》的 D 条例的 506 规则和 144A 规则作出的重大修改。这一修订取消了美国一直以来对私募股权基金禁止公开劝诱和广告宣传的禁令，厘清了禁止公开劝诱和广告宣传禁令的由来，并阐明了这一修订的背景情况，重点分析了这一修订的内在原理和理论支持。作者认为，这一修订是对过往过度监管的矫正，使美国的私募股权基金的监管更加突出了对合格投资者保护的监管理

① 赵玉：《私募股权投资基金管理人准入机制研究》，载《法律科学（西北政法大学学报）》2013 年第 4 期。

念，对我国私募股权基金的监管原则和监管方式有一定的启示作用。[①]

刘燊于2010年发表的文章《美国私募股权基金监管制度改革及对我国的借鉴》，着重介绍了美国对私募股权基金的监管规范，以及金融危机之后美国的金融改革方案对私募股权基金监管的改革。作者分析了对私募股权基金的监管的理论分析和争议问题，专注于美国法的研究，其一，1933年《证券法》和1934年《证券交易法》的注册豁免规定项下的私募股权基金监管机制；其二，金融危机以后私募股权基金监管机制的变革。作者由此及彼，对我国私募股权基金的监管路径选择提出建设性意见，认为，我国需要首先完善私募股权基金政府监管机制的理论基础，建立保护投资者和防范系统性风险的原则，并确立我国私募股权基金政府监管的法律基础，完善立法，确立私募股权基金的监管主体，并完善行业自律监管机制等。[②]

（二）国外研究状况和文献综述

国外探讨私募股权基金监管的文章的文献综述介绍如下：

1. 就有关私募股权基金的私募发行方面

Steven E. Hurdle Jr. 于2005年在UCLA Law Review上发表文章《公共投资的爆破：私募股权基金披露制度的改革》中，重点探讨了私募股权基金披露的边界问题。尽管私募股权基金由于其仅面向一小部分富有且深谙投资之道的富人而不受披露要求的限制，但是，近期却出现越来越多的根据《信息自由法》而提起的诉讼，要求其披露关于其投资的信息。作者在文章中试图在私募股权基金的私人性质和公众希望披露其投资回报的需求之间寻找一种平衡。[③]

Joseph A. Tillman 于2012年New York University Law Review上发表文章《金融危机：多德弗兰克法案和私募股权基金》，着重探讨了金融危机产生的另一个原因，即私募股权基金增加了银行等金融机构的风险。因

---

① 张雅：《美国取消私募发行广告禁令的金融监管启示》，载《西南金融》2013年第11期，第48~50页。

② 刘燊：《美国私募股权基金监管制度改革及对我国的借鉴》，载《证券法苑》2010年第2期，第731~767页。

③ Steven E. Hurdle, "A Blow to Public Investing: Reforming the System of Private Equity Fund Disclosures", *UCLA Law Rev.* Vol. 53, No. 1, 2005, p. 239.

此,美国国会为了应对金融危机,也对私募股权基金作出一定的监管限制。《沃尔克法则》作出了两点限制:其一,其限制了自营交易,其二,其试图通过限制对私募基金投资而消除多余的风险。①

沈伟于2010年在Connecticut Journal of International Law上发表文章《揭开面纱:中国是国际私募股权投资所偏爱的目的地吗?从中国公司法角度解码"中国神话"》,探讨了"选择退出"模式,以及提出解决私募圈与中国监管机构之间互动的法律问题及方法。②

Phalippou & Gottschalg于2008年在Review of Financial Studies上发表文章《私募股权基金的绩效》,重点介绍了私募股权基金声誉机制的建立和在私募股权基金的治理中所发挥的重要作用。作者认为,声誉机制在发达国家的私募股权基金领域主要体现为良好的经营记录,在很大程度上,这一经营记录多由基金管理人向外部和投资所披露的信息决定的。因此,这种经营记录具有非常大的"水分",这主要是因为:首先,行业协会所采用的披露样本在一定程度上只能代表一些业绩较好的私募股权基金,而对于业绩较差的基金,并不能从披露样本中体现出来;其次,基金管理人在通常情况下都会倾向于报喜不报忧,往往会隐藏一些不规范的或不良的记录,而大肆宣扬其优势,导致业界或投资者对基金管理人的声誉反映不够全面;最后,基金管理人通常会将内部收益率作为业绩指标,在一定程度上误导投资者的投资决策。③

Reiner Braun,Nico Engel,Peter Hieber和Rudi Zagst于2011年在《实证金融期刊》上发表文章《私募股权基金发起人的追逐冒险》,阐述了一名合格的私募股权基金发起人应当具备的条件。为了提高私募股权基金的收益,优秀的私募股权投资基金发起人应当掌握三种工具:首先,借助于整合交易中的负债效应、管理人问题和管理激励措施,其应当能够掌握监控主动权;其次,基金发起人应掌握丰富的实践和行业从业经验,对私募股权

① Joseph A. Tillman,"Beyond the Crisis:Dodd-Frank and Private Equity",in *NYU L. Rev.* Vol. 87, No. 5,2012,p. 1602.

② Wei Shen,"Face Off:Is China a Preferred Regime for International Private Equity Investments-Decoding a China Myth from the Chinese Company Law Perspective",in *Conn. J. Intl. L.* Vol. 26,No. 1, 2010,p. 89.

③ Ludovic Phalippou & Oliver Gottschalg,"The Performance of Private Equity Funds",in *The Review of Financial Studies* Vol. 22,No. 4,2009,pp. 1747-1776.

基金所投资的企业的运作提供建议，帮助企业盈利，或者掌握私募股权基金本身的运作控制权，选择良好的投资企业；最后，基金发起人应善于运用税收优惠和融资杠杆，掌握经济学知识。此外，基金发起人还应该具备在本国政策和法律之间找寻平衡的能力，领导私募股权基金在投资风险中取得高额收益。①

2. 就有关私募股权基金的比较法研究方面

Alexandros Seretakis 于 2013 年 Fordham Journal of Corporate and Financial Law 上发表文章《欧洲和美国私募股权基金比较研究：回顾和预言欧洲私募股权基金未来》，基于最近的美国金融危机、《多德—弗兰克法案》的出台，以及欧洲的《另类基金投资管理人指引》颁布的大背景下，回顾了私募股权基金在美国和欧洲的发展历史，对美国和欧洲的监管私募股权基金和管理人的法律框架以及上市企业私有化交易等诸多方面作了比较，揭示欧洲对私募股权基金监管的法律环境尤为严格，阻碍私募股权基金的发展，并使其发展大大落后于美国。同时，文章还探讨了欧洲能够与美国抗衡的经济动因，作者认为，对于私募股权基金来说，法律框架的监管严格与经济发展的关系不是非常紧密，经济发展有其自身的发展轨迹，并不会受占主导地位的法律体制所影响。②

Anne Riviere 于 2011 年 Richmond Journal of Global Law and Business 上发表文章《对冲基金监管的未来：比较方法》，回顾了美国和欧洲目前对对冲基金进行监管的模式，分析了对冲基金的市场和法律环境，提出金融危机的到来会使美国和欧洲对对冲基金进行更严格的监管，以达到预防系统性风险和投资者保护的目的。此外，作者还探讨了对冲基金监管的未来趋势，评估了 2009 年《私募基金投资顾问注册法案》和《另类基金投资管理人指引》所产生的影响。作者对“应该对对冲基金进行更严格的监管”这一观点提出质疑，认为对冲基金应该得到更有效的监管，该监管应该是更具有灵活性且更加量身定做的。同时，作者还对如何监管对冲基金提出

① Reiner Braun, Nico Engel, Peter Hieber & Rudi Zagst, “The Risk Appetite of Private Equity Sponsors”, in *Journal of Empirical Finance* Vol. 18, No. 5, 2011, pp. 815-832.

② Alexandros Seretakis, “A Comparative Examination of Private Equity in the United States and Europe: Accounting for the Past and Predicting the Future of European Private Equity”, in *Fordham J. of Corporate & Financial L.*, Vol, 18, No. 3, 2013, p. 613.

建议,认为在进行更严格的监管以前,必须首先考虑几个因素,并提出解决方案,即建立一个全球系统性风险的数据库。最后,作者还对《多德—弗兰克法案》和《另类基金投资管理人指引》等近期出台的新法作出评述。[①]

三、研究方法

(一)规范研究方法

本章主要采用了规范研究方法。规范研究方法探讨的是“应该是怎样”的问题,是法学领域的基本研究方法。本章采用这一方法的原因是因为金融监管主要应立足于现实,要知道历史沿革与现状,才能对立法者后续的监管提出建议。

本章主要研究内容是研究私募股权基金的监管历史背景和现状是怎么样的,而将来的监管应该如何改革。本章回顾了私募股权基金的立法历史,采用了理论与实践相结合的方法,论述私募股权基金的监管理念,解析法条分析并结合实践讨论私募股权基金的监管应然性,探讨私募股权基金监管应该是怎样的。

(二)比较研究方法

本章采用的第二个方法是比较研究方法。比较研究方法是对事物之间进行对比,以此来对事物进行研究和判断的方法。本章采用这一方法的原因是因为我国的私募股权基金监管还处于“摸着石头过河”的阶段,因为私募股权基金也是最近几年才在中国兴起的,问题也是最近几年才出现的。而国外的私募股权基金发展及其监管已经较为成熟,尤其是美国,在经历了几次金融危机后对私募股权基金进行较为严格的监管已经达成共识,因此,我国有许多可以借鉴的地方。

本章采用比较研究方法,分析美国私募股权基金的监管模式,从私募股权基金的监管主体、监管对象与私募发行方式三个角度与中国的监管模式作对比,以此对私募股权基金监管给出改革建议。

① Anne Riviere, “The Future of Hedge Fund Regulation: A Comparative Approach”, in Richmond J. of Global L. & Bus., Vol. 10, No. 3, 2011, p. 263.

第一节　私募股权基金发展存在的困境与风险

一、私募股权基金遭遇非法集资"紧箍咒"

世界上第一支私募股权基金产生于 1946 年，[①]经过多年发展，已然成为目前国际上除银行融资和 IPO 之外最普遍的融资方式。私募股权基金的投资业务领域覆盖了企业从初创到成熟的各个阶段的融资服务，对满足企业（尤其是中小企业）的融资需求、促进实体经济的增长、实现全能和资金资源的优化配置、促进国民经济、资本市场的稳健发展发挥了至关重要的作用。私募股权基金不仅为有发展潜力的企业提供资金，还注入管理经验和运作建议。当今世界上最大的富有威望的企业，如苹果公司、思科系统公司、康柏、美国基因工程技术公司、谷歌、太阳计算机系统（中国）有限公司[②]以及其他公司在它们的初创阶段几乎均得到过私募股权基金的支持。[③]

但是私募股权基金的积极作用也伴随着潜在风险，私募股权基金演变为非法集资的问题日趋严重。其中，极具典型的是天津活立木基金，该基金打着私募股权基金的"旗号"，以金融改革试点区的噱头包装自己，以诱人的高回报以及投资碳汇交易所的项目前景吸引投资者，骗取超过 5000 人共 16 亿元人民币的投资资金。但事实上，该基金并不存在任何实质项目，只是以合法私募的名义掩盖其非法集资的本质而已。[④]

非法集资堪称"中国式的庞氏骗局"，其欺骗手法与"庞氏骗局"如出

---

① 1946 年，世界上第一家私募股权投资公司——美国研究发展公司（ARD）成立，标志着私募股权开始步入专业化和制度化的发展时期。

② 已被甲骨文收购。

③ Alexandros Seretakis，"Comparative Examination of Private Equity in the United States and Europe: Accounting for the Past and Predicting the Future of European Private Equity"，in *Fordham Journal of Corporate and Financial Law*，Vol. 18，No. 3，2013，p. 615.

④ 《活立木股权投资基金被查封 投资人 16 亿元打水漂》，载投资中国，http://news.chinaventure.com.cn/47/20110809/62264.shtml，2014 年 2 月 13 日访问。

一辙。“庞氏骗局”来源于1917年的查尔斯·庞兹(Charles Ponzi)。他利用第一次世界大战中的经济混乱,策划了一起阴谋。他开设了一家证券公司,谎称公司可以利用美元与在“一战”后货币贬值的法国和德国之间的货币差价,快速赚取钱财,诱使投资者对该证券公司进行投资,并承诺50%的回报率。投资者一开始如期获得了回报,那是因为他用后来投资者的投资抵作最初投资者的回报,但是当被揭穿时,他带着约4万名投资者的毕生积蓄逃之夭夭。后人称之为“庞氏骗局”。①

同样地,非法集资也是以高额利润为诱饵,编造“一夜暴富”的神话,欺骗投资者进行投资,以后来投资者的投资填补最初投资者的利润分红,导致雪球越滚越大,最终以“人去楼空”,投资者蒙受巨大损失而告终。

为什么私募股权基金易演变成非法集资活动呢?原因主要有两个方面。一方面,一些非法集资活动为了蛊惑人心披上了“私募股权基金”的外衣,利用投资者对“私募股权基金”的一知半解以及对高额利润的追求,欺骗投资者进行“投资”,也利用“私募股权基金”的隐蔽性,躲过了监管机关的监察。另一方面,在我国私募股权基金监管法律还不够完善的情况下,私募股权基金募资过程不规范,工作人员在募资中出现“承诺回报”“零风险”等误导性描述,通过媒体、推介会、微信、传单等募资手段向大众募集资金,一些私募股权基金为了吸引更多的投资者,不断降低私募股权基金的投资门槛,甚至向一些不具备合格投资者条件的城镇下岗职工、退休职工募集,让不合格的投资者也参与到投资中,导致了监管机构的处罚,也使得投资者血本无归。虽然中国的募资来源比较丰富,有大型的社保基金等专业机构投资者,有资金充裕的民营机构,等等。但是,私募股权基金尤其是因为规模限制无法达到社保基金高门槛要求的大多数民间基金,还是非常依赖于个人投资者。但是,个人投资者毕竟财力有限,某些基金为了募集更多的资金,达到聚少成多的效果,一不小心就会触动非法集资红线,成为国家司法机关打击的对象,也侵害了投资者的利益。

2019年1月30日,最高人民法院、最高人民检察院、公安部发布《关于办理非法集资刑事案件若干问题的意见》(以下简称《2019年意见》)。《2019年意见》是自2001年以来,最高人民法院单独或联合最高人民检

① http://wiki.mbalib.com/wiki/%E5%BA%9E%E6%B0%8F%E9%AA%97%E5%B1%80#_note-.E5.BA.9E.E6.B0.8F.E9.AA.97.E5.B1.80,2014年2月13日访问。

察院及公安部发布的关于办理非法集资案件司法解释或规范性文件之后的最新文件。

《2019年意见》针对非法集资行为特征、非法集资单位犯罪认定、非法吸收公众存款罪的数额认定标准、管辖问题、涉案财物追缴处置问题、国家工作人员相关法律责任问题等方面进行了细化和完善。《2019年意见》首次明确了非法集资犯罪主观故意的认定及收集相应证据的参考规格、宽严相济刑事政策把握、办案工作机制问题、集资参与人权利保障问题、行政与刑事衔接问题等方面的问题。从最高人民法院于2019年1月30日发布的《人民法院审理非法集资刑事案件情况》(以下简称《审理案件情况》)来看,《审理案件情况》多处提到"维稳""稳定"。在依法办理案件审判工作的同时,"维稳""从严"成为处理该类案件在当前时期背景下的刑事政策。

在金融去杠杆、企业信用收紧、宏观经济增长放缓的大背景下,私募基金暴雷事件越加频繁,私募基金成为除P2P之外的又一重灾区。随着近几年监管层对私募基金备案机制的日趋严格和完善,私募基金依法备案已成常态,进而私募基金管理人因符合"非法性"特征而以非法吸收公众存款处理的案例数量已较为少见。尽管如此,私募管理人被以集资诈骗罪处理的案例却呈现上升趋势。

在私募管理人涉嫌集资诈骗案件中,一般表现为管理人前期宣传推介材料及资管合同中明确的投资标的与实际投资去向不同,甚至存在管理人与关联方共谋非法占有投资款的情况。对此,《2019年意见》第四点对非法集资案件主观认定方面,重申了2010年最高人民法院《关于审理非法集资刑事案件具体应用法律若干问题的解释》第4条对"非法占有为目的"的认定标准。与此同时,《2019年意见》第四点进一步明确了得以证实构成非法集资的证据规格,其中可以用于证实存在集资诈骗行为的证据包括但不限于:使用虚假身份信息对外开展业务,虚假订立合同、协议,虚假宣传,明显超出经营范围或者夸大经营、投资、服务项目及盈利能力等。

《2019年意见》对非法集资犯罪证据规格的进一步明确,应引起相关私募管理人的足够重视。私募管理人在管理私募产品的全过程均应留意刑事法律风险:在宣传推介期间,应避免夸大宣传甚至虚假宣传;在产品运营过程中,应按投资合同约定划转投资款并接受托管人监督,同时,应定期向投资者披露基金净值情况及季报、年报等。

二、案例:投资者天津私募梦覆灭

私募股权基金演变为非法集资案件,最为典型的就是天津私募。截至2012年,天津的两千多家私募基金中,已有十几家基金备查,[①]涉案金额高达上千亿元,受害人达上百万人,投资者分布十分广泛,几乎包括中国的所有省份。

2011年5月,在天津政府"全民PE"的感召下,王某将自己积攒下来以及亲友借来的500万元投资了××私募股权基金。王某从宣传人员处听说,投资这一基金能够保本,最高收益可以达到本金的120%,而且,王某自己也了解到,天津私募股权是国家金融改革的"先试先行"的区域,天津有"私募天堂"之称,于是王某才将东拼西凑来的500万元投给了××基金。投资后的前几个月,王某确实得到了每个月丰厚的回报,但几个月之后,王某却再没有收到过分红,当他再到基金公司去查看时,已经人去楼空,这时他才知道自己已经上当。

这是众多天津私募投资者的遭遇。天津私募的全国受害群众曾在政府门前组织了游行和集会,要求天津市政府给出说法,有的投资者甚至选择了跳楼轻生。[②]

天津"私募股权基金骗局"何以引得如此多的投资者"上钩"? 纵观天津私募骗局的伎俩,投资者受骗上当主要有如下几个方面的原因:首先,是政府的"推波助澜"。投资者查阅天津工商局颁发的营业执照,许多公司的工商营业执照上的注册资本高达上亿元,[③]这在一定程度上让投资者觉得有信用背书。其次,高额返息引人"上钩"。天津许多所谓的"私募股权基金"收益高、固定按月分红、时间短,例如,王某所投资的私募股权基金给他的承诺收益是最高达120%,且投资时间只有一年,十分诱人。再次,投资门槛低。基金吸收资金基本不问来源,只要有钱就可以投资,而且没有最低投资限额,投资十几万元甚至几万元的投资者也不在少数。最后,

---

① 东窗事发的案件包括天津活立木案、天津宝坻区龙华案、天津盛华投资案,还有蒙更威力、日盛昌、亿泓、盛世富邦、天凯等私募公司案。

② 《天津私募涉非法集资 最高年收益为银行利率40倍》,载新浪财经,http://finance.sina.com.cn/china/20130514/181015460199.shtml,2014年4月6日访问。

③ 例如,立木基金注册资本50亿元。

介绍亲友来投资还有奖励。例如,活立木基金对介绍别人投资的业务提成相当高。[①] 这使众多投资者纷纷介绍自己的亲友前来投资。投资者像滚雪球一样越来越多。

私募股权基金在国外尤其是美国已经发展得十分完善,为何在天津会出现如此严重的问题?其实,进一步分析,制度上的漏洞是导致这一问题的主要原因。

第一,合伙企业注册登记制度存在漏洞。考虑到税务上的负担,私募股权基金大多以有限合伙的形式成立,但目前的《合伙企业法》对合伙制企业并不要求验资,这就导致对于很多基金而言,注册资本是否到账无处可查,有的甚至实缴资本为零,相当于空手套白狼。在金融改革试点下,政府大力扶持私募股权基金的设立,这使得在天津注册一家私募股权基金非常简单。[②] 一些非法集资活动或空头基金就能够凭借账面上的文件欺骗投资者。

第二,备案制度不健全。2011 年,在天津注册的私募股权基金多达 2400 家,但是在天津市发改委备案的只有数十家,当时监管机关并不要求其强制备案,因此导致许多基金以假乱真。

第三,投资者门槛低。当时天津的基金吸收资金基本不问来源,只要有钱就可以投资,这使得许多没有投资经验或风险承担能力的人加入了基金的投资者行列。我国法律也未对私募股权基金的投资者作明确定义,使私募股权基金处于无法可依的状态。

私募股权基金演化为非法集资案件损害了投资者利益,扰乱了金融市场稳定,甚至威胁了社会的稳定安全,因此,必须找出私募股权基金出现问题的根源,打击非法集资。为了从根源上减少非法集资案件数量,也为私募股权基金的发展扫除后顾之忧,完善私募股权基金发展路径,在法律层面上厘清私募股权基金的现行法律框架,找出私募股权基金发展问题,最终找到解决之道,是迫在眉睫的监管任务。

---

① 最高可达 18%,也就是说,介绍别人来投 100 万元,自己可以分得 18 万元。

② 《天津私募诈骗惊天大案 受害人波及全国》,载 360 图书馆网,http://www.360doc.com/content/12/1106/17/1934120_246229699.shtml,2014 年 4 月 6 日访问。

三、私募股权基金入涉非法集资罪的风险

最高人民法院《关于审理非法集资刑事案件具体应用法律若干问题的解释》中明确了非法吸收公众存款罪的四个构罪要件，[①]即主体非法性、公开宣传性、承诺还本付息或给付回报、向社会不特定对象吸收资金。一般认为，私募基金管理人系在基金业协会登记认可的机构，在募集时又应当是采取非公开的私募形式，为何仍会以非法吸收公众存款罪追究其刑事责任呢？

1. 非法集资构成要件

(1)非法性

非法性的含义是未经有关部门批准募集资金、借用合法经营形式吸收资金。司法机关对非法性要件的认定，一是未经注册、登记备案的机构或个人不能进行资金的募集；二是其他违法情形，如未披露信息等。即便基金管理人注册、登记，基金备案，如符合其他三要件，也可构成非法集资。

对于合法经营形式吸收资金，司法机关主要看两个方面：一方面，合法吸收公众资金的形式有金融机构吸储、IPO、发行债券、公私募集资金等；另一方面，是借用合法经营形式吸收资金，依托实体经营项目吸收资金。资金的用途并不影响犯罪的成立。非法集资的非法并不是指对资金的非法处置，而是指未经批准。打击非法集资的原因，一方面是因为非法集资面向社会公众，另一方面是非法集资保本付息，实质上就是吸储，这是国家严格管制的领域。

(2)社会性

社会性的含义是指向社会公众即社会不特定对象吸收资金。特定性主要包括向亲属、朋友、单位内部人员等特定关系之外的社会公众吸收资金；向200名以下的合格投资者吸收资金。私募基金对募集对象的规定为200人以下的合格投资者。

需要注意的是，人为削减不特定性并不能构成有效抗辩。实践中较常见的一些做法有吸收为会员、聘用为职工后集资，虚假的合格投资者等。民事上表面的合同等也不能构成有效的刑事抗辩的。例如，某公司发起金

① 参见最高人民法院《关于审理非法集资刑事案件具体应用法律若干问题的解释》第1条。

额为2000余万元的众筹项目,为了达到集资目的,公司先将50家单位和个人投资者招募成为会员,然后要求每位会员投资40万元。这种手法并不能改变实际上是向不特定公众募集资金的实质。为了集资而人为地构建这种特定关系,也构成非法集资。

实践中一些规避合格投资者规定的做法有:协助客户办理虚假资产证明;明知投资者提供虚假资产证明仍接受;成立多家企业以绕开法律关于人数的限制如合伙企业的人数限制。

(3)利诱性

司法解释对利诱性的规定是承诺在一定期限内以货币实物、股权等方式还本付息或者给付回报,核心要件是还本付息。从投资方来说,出资者一是为了获取资金增值收益,而不是消费;二是投资的被动性,投资者不需后续努力即可获得投资收益。利诱性的表现形式有股权、债务抵销、劳务费、工资、奖金、销售提成、利润、分红等。

是否存在利诱,要看实质,不看形式。回报高低与否、是否明确具体回报率对是否成立利诱性并无影响。对于非吸的成立而言,应当是承诺确定回报;不承诺确定回报,投资者确实自担风险的,不构成非吸,但可能构成其他罪名如擅自发行股票、债券等。实践中存在很多表面上约定风险自担,但实际上是保底。司法机关认定利诱性主要是看合同中是否约定自担风险,是否实际承诺保本,有无签署风险告知书并不影响利诱性的认定。

(4)公开性

公开性的含义是指向社会公开宣传资金需求、回报等信息,或者明知吸收资金的信息向社会公众扩散而予以放任等情形。宣传的形式有有形的和无形的,有形的主要是通过媒体、推介会、传单、手机短信等途径散布集资信息;无形的主要是口口相传。宣传内容的真实与否、宣传形式对于非法吸收公众存款罪的构成并无影响。

实践中的一些规避手法有,变相宣传,如发布排行榜;假路演:虽然在封闭环境,但对象并非前述已经完成问卷调查及风险甄别的投资者;"虚假的一对一推介":通过网络、手机推送通知的手段向不特定对象推送,表面上是一对一,但实际上由于未经选择,不具有特定性,故仍属变相公开宣传。

2. 私募基金管理人涉罪风险

从涉及"私募基金管理人"的刑事判例文书来看,罪名大类主要集中在四类，分别为非法吸收公众存款罪、集资诈骗罪、合同诈骗罪和诈骗罪。其中，以非法吸收公众存款罪被起诉的案件最多；以集资诈骗罪被起诉的排在第二位；其次为合同诈骗罪和诈骗罪。

(1)发行主体原本系管理人，但因违法或者其他行为被注销登记的，或者发行时尚未取得登记的。此类案件容易认定，也有个案。①

(2)发行主体系私募基金管理人，但销售未备案产品，或者涉案产品并未在协会备案，或者假借管理人名义销售其他产品的。根据《私募投资基金监督管理暂行办法》的相关规定，各类私募基金管理人在私募基金募集完毕后应向中国基金协会办理备案手续。销售未备案产品，无疑存在合法性的问题。②

(3)发行人系经过登记的管理人，但未尽充分的披露义务。

法院在个案审理中认为，私募基金应备案登记，私募基金管理人必须履行登记备案基金信息的义务，包括基金的名称、成立时间、投资领域等，同时对于投资人应披露投资对象、资产负债、收益分配等重要信息，不得隐瞒或提供虚假信息。③ 法院指出，即使是私募基金管理人，其作为主体发行的产品也并非当然合法，合法性的前提除了主体合法，还有主体应履行法定义务，重要信息向投资人公开，同时还必须对产品进行备案登记。

(4)主体具备管理人资质，产品亦已备案，但产品销售的实质情况符合非吸类犯罪四性特征的。

尽管该类涉案主体和产品都具备一定的形式合法性，但法院在审判中

① (2017)川0105刑初1496号尹某某、陈某某犯合同诈骗罪一案刑事判决书；(2016)沪01刑终2112号上海东忠富泉资产管理有限公司诉廖某非法吸收公众存款罪一案二审刑事裁定书。

② (2016)粤0304刑初678号李某李某解某包某非法吸收公众存款罪一审刑事判决书；(2016)京0114刑初423号刘某、张某非法吸收公众存款一审刑事判决书；(2016)吉0104刑初1040号王某等非法吸收公众存款罪一审刑事判决书。

③ (2017)沪01刑终1793号朱某诉上海天蔓投资管理有限公司非法吸收公众存款罪一案二审刑事判决书。在案证据表明，本案中所涉基金未进行相关的备案登记，且上诉人朱琦控制、支配资金的去向，根本没有向投资人披露所募集资金的真正去向；上海天蔓公司等涉案相关公司没有存款业务的经营权，其相应的融资行为也未依法履行相关融资法律程序，明显具有非法性特征。法院还指出，上诉人朱琦、孙维晔、郭晶通过第三方中介和银行理财经理在吸收资金时根本没有了解投资人的财产信息，其集资行为指向根本没有针对性，相反在募集对象的选择上具有普遍性，没有因人而异，只要愿意出资都加以接受，投资人和上诉人之间的关系也仅仅具有利益联系性，明显符合社会性特征。另外本案中除了单位实际控制人及一高管被判刑外，被告人郭某仅是单位市场部工作人员，在市场部负责人的领导下开展资金募集工作，也被法院判决构成犯罪。

结合相关证据，对其销售行为进行实质性穿透审核，认定其行为具备主体非法性、公开宣传性、承诺还本付息或给付回报、向社会不特定对象吸收资金的四个特征。根据《私募投资基金监督管理暂行办法》相关规定，设立私募基金管理机构和发行部设行政审批，允许各类发行主体在依法合规的基础上，向累计不超过法律规定数量的投资者发行私募基金。私募基金应当向合格投资者募集，单只私募基金的投资者人数不得超过法律规定的特定数量；私募基金管理人、私募基金销售机构不得通过报刊、互联网等方式向不特定对象宣传推介；私募基金管理人、私募基金销售机构不得向投资者承诺投资本金不受损失或者承诺最低收益。①

2011 年 8 月至 2015 年间，吕某在北京市朝阳区华贸中心等地，通过公司及第三方机构销售人员电话推销、个人推介、发放宣传资料等途径向社会公开宣传，承诺定期以货币方式还本付息，采取投资上述合伙企业的形式销售多种“投资基金”、“信托产品”，共计向 327 名投资人(单位)吸收资金共计 9 亿余元。期间，北京中金赛富于 2014 年 5 月在中国证券投资基金业协会登记为私募基金管理人，填报了部分管理基金。吕某认为：其经营的公司具备私募基金的经营资质，且没有对发行的基金进行公开宣传，其行为不构成非法吸收公众存款罪。

在基金业协会对涉案的部分基金进行登记备案并不当然豁免刑事责

---

① (2017)沪 01 刑终 1025 号张某非法吸收公众存款罪一案二审刑事裁定书。法院经审理认为，基金业协会对私募登记备案的信息不做实质性事前审查，公示信息也不构成对私募基金管理人投资管理能力及持续合规情况的一种认可。张某等人为了规避合伙制基金的人数限制，成立多家合伙企业吸收资金，从表面上看各个合伙企业的人数没有突破有限合伙制基金合伙人 50 人的人数限制，但总的人数已远远超过人数上限；我国私募投资基金募集行为管理办法明确规定，私募只能面对特定的合格投资者，张某在吸收资金时根本没有了解投资人的财产信息，其集资行为指向根本没有针对性；张某采取的主要是口口相传的方式放任吸收资金的信息在不特定的范围内传播……这种口头宣传的方式通过上诉人、知情人、先行投资人对周围人员的广为传播，事实上在不特定人群中构成非法吸存信息的发散性传递，而上诉人根据涉案参与吸存投资的人数、所签订合同的数量可以判定吸存信息的广泛传播却未加以阻止，足以认定上诉人非法吸收公众存款的行为具有公开性；上诉人设立资金池，募集的资金远远大于备案注册的金额，上诉人控制、支配资金的去向，根本没有向投资人披露所募集资金的真正去向；张某承诺在一定期限内给予投资人固定的回报，并向投资人承诺返本付息，且约定的回报远高于正常的存储或理财产品的收益，完全符合非法吸收公众存款的利诱性特征；上诉人募集资金涉及的人数有 1000 余人，募集资金对象具有不特定性，且在募集对象的选择上具有普遍性，没有因人而异，只要愿意出资都加以接受，上诉人与投资人之间的关系也仅仅具有利益联系性，明显符合非法吸收公众存款社会性的特性。

任。法院认定,虽然从募集方式上看,相关基金均通过公司或第三方机构业务员向不特定公众宣传方式募集;从基金收益上看,募集基金的宣传材料中均有保本付息性质的宣传;从募集对象上看,未对投资人的资产规模、收入水平、风险承担能力进行核实,本案涉案的投资人绝大部分不符合私募基金的合格投资者;实质上系借用合法形式变相吸收公众存款的行为。[①] 法院审理认为,公司销售人员,向朋友、渠道介绍销售涉案基金产品,但是对于自己的下线如何销售、向何人销售并不关心,具有向社会公众吸收资金的主观故意与客观行为。通过电话联系、口口相传的方式销售涉案基金产品,吸收的客户类型包括客户及客户的亲友,宣传的人员并不仅仅为自己的亲友或者单位内部人员,销售对象具有不特定性。[②]

从公开判例来看,在一定程度上,私募基金管理人不能兑付时,面临的刑事合规风险主要还是来自非法吸收公众存款这一罪名,管理人的身份并不能成为其免罪金牌。司法机关在进行相关审理时将对其募集过程、募集对象、信批程度等节点进行穿透审查,实质认定,最终得出其募集行为符合非法吸收公众存款类案件四性特征的结论。实际上,如果私募基金管理人在发行销售产品时,采用虚构事实隐瞒真相的手法发虚假产品,或者挪用客户资金的行为,亦有可能涉及集资诈骗、合同诈骗、挪用资金等罪名。

第二节　私募股权基金及其金融监管

一、私募股权基金概述

私募股权基金并非是一个严格意义上的法律名词,在理论和实践中对其定义有多种不同的观点。[③] 它的商业模式主要表现为“投资+管理”,通

① (2017)京03刑终544号吕某非法吸收公众存款罪二审刑事裁定书。

② (2017)沪0114刑初562号刘某、张某等非法吸收公众存款一审刑事判决书。

③ 一般而言,私募股权基金是指以不公开宣传的方式,通过向少数特定的投资者募集资金,由专业人士管理并主要投资于私募股权市场的集合投资基金。

过对目标公司股权进行投资，参与被投资目标公司的商业决策，帮助其获得利润，进而提升其股权投资的价值。我国对私募股权基金最完整的定义出现在 2014 年 2 月试行的《私募投资基金管理人登记和基金备案办法》（以下简称《备案办法》）第 2 条。即以非公开方式向合格的投资者募集资金而设立的基金。

根据该定义，私募股权基金主要有以下四个特征：

其一，非公开募集、信息披露程度低。私募股权基金采用不向公众公开的方式进行融资，以风险承受能力较强的个人和机构投资者为目标。因此，一般情况下，其设立和运行无需监管部门的核准，向监管部门披露信息较少。其二，权益型投资，由专业人士负责管理。私募股权基金向目标企业提供的是"资金+服务"的投资模式，在投资后会主动参与企业的管理经营，帮助被投资企业创造价值。此外，私募股权基金还要选择在恰当的时机以适当的方式退出投资项目，从而赚取利润，因此，需要具有专业性的人员进行管理。其三，以资本退出获利为最终目标。企业的潜在价值是吸引投资者参与私募股权基金投资的动力之所在。私募股权基金通过资金的投资和管理运作推动企业发展，以待目标企业快速成长或者公开上市，最终实现退出，获得基金的盈利。其退出方式主要有：（1）企业首次公开上市发行；（2）转让目标企业股权；（3）目标企业管理层或其他股东回购股权；（4）企业清算。企业上市为最优选择，而企业清算为最次选择。其四，风险与收益并举、对投资者要求高。私募股权基金有着诱人的收益率，在某些项目中，获利几倍甚至数十倍于投资额的例子并不鲜见。但是风险与收益是成正比的。之所以收益率高，就是因为目标企业暂时处于不利状态，有的处于发展初期，有的处于成长期，亦或者有的暂时陷于财务危机，这些企业蕴含着较大的风险，一旦投资失利，损失也是极其巨大的。这也是要求投资者必须为"合格投资者"的根本原因。

二、私募股权基金的组织形式

关于私募基金不同投资模式的研究，孙志超在《境外私募股权基金操作理论与应用研究》①一书中对公司不同的融资方式进行了比较，提出根

① 孙志超著：《境外私募股权基金操作理论与应用研究》，中国政法大学出版社 2015 年版，第 1～19 页。

据融资过程中资金来源的不同,公司融资的方式有两种:一是外部融资方式;二是内部融资方式。外部融资方式包括债权和股票两种基本形态,其他的形态,包括优先股、可转债等都可以理解成是这两种基本形态的衍生;内部融资是公司将其未分配利润和折旧等属于公司自身的资产转化为投资的融资方式。该书作者还从私募基金及融资公司创始股东的不同角度对该等不同融资方式进行了比较,指出各融资方式的优缺点。该等融资方式所具有的优势和劣势也是不同投资交易中采用不同投资工具的基础。刘乃进的《私募股权基金筹备、运营与管理》[①]详细分析了私募基金投资的基本模式,深入浅出地阐明了投资人、被投资企业采用或接受不同投资方式(包括股权受让、增资入股和债权转股权的一种或多种组合)背后的逻辑。而且,就目前私募机构采取的债转股模式,其另行从该模式在我国存在的法律基础进行分析,结合相关案例提出该模式目前存在的法律风险并提出解决思路。

私募股权基金的组织形式是规范和约束其各项业务以及相关参与者权利义务关系的法律框架。不同组织形式会对基金的募集、投资、管理、退出等各个关键环节带来不同的影响。[②]

(一)公司制

公司制私募股权投资基金就是法人制基金,是具有独立法律人格的企业法人,设立的主要法律依据是《公司法》、《外商投资创业投资企业管理规定》(2003年)、《创业投资企业管理暂行办法》(2005年)等。

在这种模式下,股东是出资人,各自根据出资比例来分配投票权。该等形式的基金能够以其自己的名义拥有财产,对外承担义务和责任。在公司型组织形式下,基金为有限责任公司或股份有限公司,其内部的最高权力机构为股东会(股东大会),同时由股东会(股东大会)选举产生董事会(执行董事)、监事会(监事)。我国公司型私募基金设立的上位法依据为《公司法》。

① 刘乃进著:《私募股权基金筹备、运营与管理》,法律出版社2015年版,第180~182页。

② 邹菁著:《私募股权基金的募集与运作》,法律出版社2014年版,第22~25页。

公司型私募基金的优势在于：[1]一是相较于其他类型的基金，公司型私募基金具有较强的组织稳定性，在法律上，公司型基金拥有独立法人地位，拥有独立的法人财产权，可以独立行使民事权利，承担民事责任；二是相较于其他类型的基金，对投资者来说，《公司法》可以提供更为全面、更为严格的法律保护。公司型基金根据《公司法》规定在其基金章程中明确规定股东会、董事会、监事、高级管理人员应当履行的义务、责任以及违反相关规定所应承担的法律责任，从而使基金投资人利益得到保护。

公司型私募基金最大的不足在于其面临的双重纳税问题。由于公司是一个拥有独立地位的法人实体，其在获得项目收益并向股东进行分配时，首先必须完成企业所得税的缴纳，然后才能向股东分配利润。[2] 而股东在获得分配利润后，还要缴纳个人所得税，这就形成了双重征税问题。

（二）信托制

信托制私募股权投资基金或私募股权信托投资，又称契约型私募基金，是指信托公司将信托计划下取得的资金进行权益类投资，设立的主要法律依据是《信托法》（2001 年）、中国银监会 2007 年制定的《信托公司管理办法》、《信托公司集合资金信托计划管理办法》（以下简称信托两规）、《信托公司私人股权投资信托业务操作指引》（2008 年）。

区别于公司型、合伙型基金，契约型私募基金本身不具备法律实体地位，其与基金管理人的关系为信托关系。契约型私募基金通过基金合同的形式成立，各方（基金管理人、基金托管人以及基金投资人）通过基金合同具体约定各自的权利义务关系。契约型私募基金因为没有独立的法律主体资格，其无法采用自我管理，需要由基金管理人代其行使相关民事权利。

信托制私募股权投资基金，实质是通过信托平台发起新的信托计划，并将信托计划募集到的资金进行相应的信托直接投资。采取信托制运行模式的优点是可以借助信托平台，快速集中大量资金，起到资金放大的作用。但是，目前信托业缺乏有效登记制度，信托公司作为企业上市发起人，股东无法确认其是否存在代持关系、关联持股等问题，而监管部门要求披

---

① 隋平、董梅著：《私募股权投资基金操作细节与核心范本》，中国经济出版社 2012 年版，第 10~12 页。

② 李静：《关于我国私募股权基金税收政策的探讨》，载《税务研究》2011 年 4 月。

露到信托的实际持有人。

契约型私募基金最大的优势在于便捷性,因契约型私募基金通过各方签署基金合同的形式成立,其无须向工商登记机关申请办理设立登记,进而避免了公司型及合伙型私募基金需在工商行政管理部门、税务管理部门等办理一系列行政手续。而就契约型私募基金本身的增减资、基金份额的对外转让,此同样由各方在基金合同中约定,无须履行外部的工商变更登记手续,基金的运行效率更高。

此外,根据《公司法(2013 年修正)》第 24 条的规定:"有限责任公司由五十个以下股东出资设立。"《合伙企业法(2006 年修订)》要求:"有限合伙企业由二个以上五十个以下合伙人设立。"而契约型私募基金的投资者人数最多则可以有 200 人,其理论依据为《证券投资基金法(2015 年修订)》第 87 条"非公开募集基金应当向合格投资者募集,合格投资者累计不得超过二百人"的规定。

契约型私募基金最大的劣势在于风险隔离方面的劣势。因契约型私募基金并不是一个独立的法律主体,对外需以基金管理人的名义活动,其风险隔离能力较弱,主要体现在基金财产的独立性难以被认定,相关有权机关(如人民法院、仲裁机关、税务机构)是否会认可基金管理人的自有财产与其管理的不同基金财产相互独立,目前有很大的不确定性。[①] 此外,契约型私募基金在对被投资企业投资后,若被投资企业拟进行上市的,中国证券监督管理委员会(以下简称中国证监会)是否会要求对契约型私募基金进行清理,此亦存在不确定性。

(三)有限合伙制

目前,国际上私募股权基金多采用有限合伙制。这里所强调的合伙人包括有限合伙人及普通合伙人两种类型。其中,有限合伙人需要承担有限责任,而普通合伙人所承担的责任方式往往与其完全相反。有限合伙制私募股权基金的法律依据是《合伙企业法》(2006 年)、《创业投资企业管理暂行办法》(2006 年)以及相关的配套法规。

按照《合伙企业法》的规定,有限合伙企业由 2 个以上 50 个以下合伙

① 刘乃进主编:《私募基金实务精要》,法律出版社 2017 年版,第 175 页。

人设立,由至少一个普通合伙人(GP)和有限合伙人(LP)组成。[①] 普通合伙人对合伙企业债务承担无限连带责任,而有限合伙人不执行合伙事务,也不对外代表有限合伙企业,只以其认缴的出资额为限对合伙企业债务承担责任。[②]

同时《合伙企业法》规定,普通合伙人可以劳务出资,而有限合伙人则不得以劳务出资。[③] 这一规定明确了作为管理人的普通合伙人的智力资本的价值,体现了有限合伙制"有钱出钱、有力出力"的优势。在运行上,有限合伙制企业,不委托管理公司进行资金管理,直接由普通合伙人进行资产管理和运作企业事务。

合伙制企业的生命力在于其企业制度、治理结构、组织形式、议事规则等方面的灵活性。合伙制,相对于公司制来讲,更能够体现出企业与相关人"意思自治"的原则。在合伙制基金模式下,普通合伙人享有对基金的全面管理权,而有限合伙人不参与对基金的经营管理,有限合伙人最大的义务即是对基金进行出资,该模式能充分实现普通合伙人和有限合伙人的资源合理配置,即有限合伙人不一定具有相关专业知识、经验和精力,但具有资金优势;而普通合伙人虽具有有限合伙人所缺乏的专业能力,但在财力方面较为欠缺,因此,其更适合担任基金的管理者。

采取有限合伙制的主要优点有是财产独立于各合伙人的个人财产,各合伙人权利义务更加明确,激励效果较好。此外,法律要求对合伙人进行征税,避免了双重征税。合伙型私募基金的另一个优势就是避免双重税负。合伙企业不具有独立的法人地位。从目前发展状况来看,各个国家(包括我国)针对有限合伙企业的管理都是以一级税负制为核心。[④] 具体来说,就合伙企业生产经营所得和其他所得,其分配原则为"先分后税"。合伙企业自身不需要承担额外的纳税压力,其产生的收益,由其自然人合伙人或法人合伙人分别就其所得缴纳个人所得税或企业所得税。

(四)"公司有限合伙"模式

"公司有限合伙"模式中,公司是指基金管理人为公司,基金为有限合

① 参见《合伙企业法》第61条。
② 参见《合伙企业法》第2、67、68条。
③ 参见《合伙企业法》第16条。
④ 李寿双著:《中国式私募股权基金:募集与设立》,法律出版社2009年版,第110页。

伙制企业。该模式是目前较为普遍的股权投资基金操作方式。采用“公司有限合伙”模式可以降低管理团队的个人风险,通过管理团队设立投资管理公司,再以公司作为普通合伙人与自然人、法人有限合伙人们一起,设立有限合伙制的股权投资基金。

该模式下,基金由管理公司管理,有限合伙人和普通合伙人一道遵循既定协议,通过投资决策委员会进行决策。

(五)“公司信托”模式

“公司信托”的组合模式结合了公司和信托制的特点,由公司管理基金,通过信托计划取得基金所需的投入资金。在该模式下,信托计划通常由受托人发起设立,委托投资团队作为管理人或财务顾问,建议信托进行股权投资,同时管理公司也可以参与项目跟投。

《信托公司私人股权投资信托业务操作指引》第 21 条规定:“信托文件事先有约定的,信托公司可以聘请第三方提供投资顾问服务,但投资顾问不得代为实施投资决策。”换言之,管理人不能对信托计划下的资金进行独立的投资决策。同时,管理人或投资顾问还需要满足若干重要条件:(1)持有不低于该信托计划 10%的信托单位;(2)实收资本不低于 2000 万元人民币;(3)管理团队主要成员股权投资业务从业经验不少于 3 年。[①] 目前采用该模式的,主要为地产类权益投资项目。此外,一些需要通过快速运作资金的创业投资管理公司,也常常借助信托平台进行资金募集。

(六)母基金(FOF)

母基金是一种专门投资于其他基金的基金,又称为基金中的基金(Fund of Fund),通过设立私募股权投资基金,进而参与到其他股权投资基金中。

母基金利用自身的资金及其管理团队优势,选取合适的权益类基金进行投资;通过优选多只股权投资基金,分散和降低投资风险。国内各地政府发起的创业投资引导基金、产业引导基金都是以母基金的运作形式存在的。政府利用母基金的运作方式,可以有效地放大财政资金,选择专业的投资团队,引导社会资本介入,快速培育本地产业,特别是政府希望扶持的新兴产业。

自 2015 年开始,中国私募投资进入发展快车道,募集、投资、退出出现了惊人的增长。2015 年私募行业在“大众创业、万众创新”、国企改革、政

---

① 参见《信托公司私人股权投资信托业务操作指引》第 22 条。

府引导基金等政策刺激下空前活跃，当年募集基金数量为上一年的 4 倍。2016 年国内股权基金募资总规模进一步飙升达至 1.3 万亿元，相比上年增长约 75%，投资总额 7449 亿元，投资案例 9124 起，同比显著提升。①

以中国证券投资基金业协会（以下简称基金业协会）公布的月报②中公布的数据为例。截至 2018 年 1 月底，已在基金业协会登记的私募基金管理人数量达 22883 家，已备案私募基金数量达 69086 只，管理基金总规模达 11.76 万亿元。③ 私募基金管理人员工总人数达 24.09 万人，其中，已在从业人员系统注册员工总人数达 20.07 万人。

截至 2018 年 1 月底，不同机构类型私募基金管理人、不同基金类型私募基金相关情况如图 4-1 和表 4-1 所示。

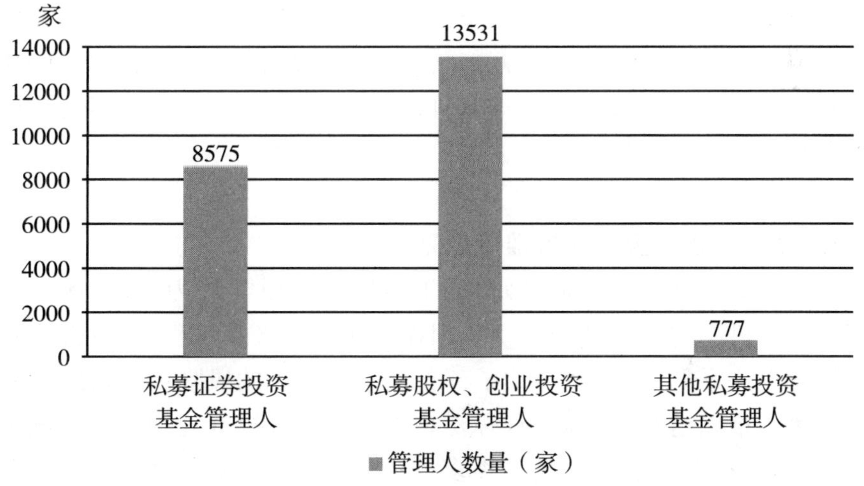

图 4-1　不同机构类型私募基金管理人登记情况④

① 郑智主编：《中国资产管理行业发展报告（2017）》，社会科学文献出版社 2017 年版，第 128、129、130 页。

② 中国证券投资基金业协会：《私募基金管理人登记及私募基金产品备案月报（2018 年第 1 期）》，载 http://www.amac.org.cn/tjsj/xysj/smdjbaqk/392769.shtml，2018 年 3 月 24 日访问。

③ 此处列明的基金数量及规模，为正在运作的基金数量及基金规模，不包含已清盘的基金数量及规模。关于基金规模，以相关基金填报的运行表中期末净资产为准，其中，如相关基金新设立，且暂未更新运行表，以募集资金规模为准。

④ 中国证券投资基金业协会：《私募基金管理人登记及私募基金产品备案月报（2018 年第 1 期）》，载中国证券投资基金业协会官网，http://www.amac.org.cn/tjsj/xysj/smdjbaqk/392769.shtml，2018 年 3 月 24 日访问。

表 4-1　不同基金类型私募基金备案情况①

基金类型	基金数量(只)	基金规模(万亿元)
私募证券投资基金	35189	2.61
私募股权投资基金	22802	6.45
创业投资基金	4645	0.64
其他私募投资基金	6450	2.07
合　计	69086	11.77

从图 4-1 及表 4-1 可以看出,截至 2018 年 1 月底,已登记的私募证券投资基金管理人 8575 家;私募股权、创业投资基金管理人 13531 家;其他私募投资基金管理人 777 家。截至 2018 年 1 月底,已备案私募证券投资基金 35189 只,基金规模 2.61 万亿元;私募股权投资基金 22802 只,基金规模 6.45 万亿元;创业投资基金 4645 只,基金规模 0.64 万亿元;其他私募投资基金 6450 只,基金规模 2.07 万亿元。②

三、私募股权基金的金融监管原则

关于私募基金监管环境的研究,于娟认为,③以契约为载体,建立风险投资的运行机制起源于英美法。我国在引入该舶来品过程中,忽视了我国法律与英美法系的差异,此导致了英美法系下常见的风险运行机制在我国法律框架下难以运行。因此,有必要对我国的风险投资契约法律环境进行完善,包括但不限于投资工具种类多样化,比如完善优先股制度。邢会强编著的《抢滩资本.4—私募股权投资(私募)的国际惯例与中国操作指引》,④详细分析了各国对私募投资的监管实践,包括美国、欧盟、英国和中

① 中国证券投资基金业协会:《私募基金管理人登记及私募基金产品备案月报(2018 年第 1 期)》,载中国证券投资基金业协会官网,http://www.amac.org.cn/tjsj/xysj/smdjbaqk/392769.shtml,2018 年 3 月 24 日访问。

② 此处提到的各类型的基金均包含相应 FOF 基金,其中,私募证券投资基金包含自主发行类及顾问管理类。

③ 于娟:《美国风险投资中的契约研究——兼论对我国风险投资相关法律制度的借鉴》,吉林大学 2000 年博士学位论文。

④ 邢会强编著:《抢滩资本.4—私募股权投资(私募)的国际惯例与中国操作指引》,中国法制出版社 2012 年版,第 89~117 页。

国的监管框架。《1933年证券法》《1940年投资公司法》《1940年投资顾问法》《2010年私募基金投资顾问注册法》等构成了美国私募基金监管的上层体系。欧盟对私募股权基金的监管主要体现在2011年6月8日欧盟通过的《另类投资基金管理人指令》。英国《2000年金融服务与市场法》提出了私募股权基金监管的两大目标，即维持金融市场的信心和为消费者提供适当程度的保护。就中国私募基金的监管，该书作者指出，我国目前对私募监管的立法层次较低，监管部门对私募监管问题的思考还不够成熟，仍在探索中；同时该书作者也提出我们可借鉴欧盟《另类投资基金管理人指令》等体现的立法技术和立法经验对我国的《证券法》《证券投资基金法》等加以修订。

鉴于私募基金管理人股东控制权复杂、资金来源多样、管理人内控薄弱、兼营一级和二级市场业务冲突大于互补的现实，中基协要求私募证券、私募股权和其他私募业务分类经营且不得兼营，对其采取有差异的分类审核标准。目前的分类监管，就是在统一立法、统一登记备案的基础上，根据各类私募基金投资标的的不同，对私募证券基金、私募股权基金和创业投资基金等分别进行备案，提出不同的监管要求。同时根据各类私募基金的管理规模大小、投资者人数、合规风险程度、投诉举报等维度，以问题和风险为导向，进行分类监测和检查。这既是为了避免在管理人层面出现重大利益冲突和利益输送风险，也是为了维护基金的本质，推动行业专业化发展。

从发达国家的经验来看，私募股权基金的监管必须首先根据本国的国情确立监管原则。以美国为例，美国在私募股权基金产生之初，实行的是宽松的监管原则。主要通过联邦证券法律的一系列的豁免条款来实现监管，且具体规范都是以行业自律为主，而美国政府的监管主要在于"合格投资者制度"和"注册豁免制"，即对私募股权基金的投资者条件进行限定，[①]因此，美国政府认为该等基金对公众造成的风险较小，无需纳入法律监管。但是在全球次贷危机之后，美国政府认为对冲基金和风险投资对资本市场存在一定的风险，会对金融稳定产生不利影响，随之其监管理念亦发生了变化，对私募股权基金开始实行较为严格的监管措施。

① 该等合格投资者被认为是对风险具有一定辨识能力和承担能力的人士。

在中国,私募股权基金还处于发展的初期,具体体现在几个方面:第一,在市场层面,大型机构投资者较少,机构投资者主要是国有实体成立的。[①] 而在国外,私募股权基金主要是从机构投资者募集资金,尤其是养老金、信托以及保险行业。因此,众多无法获得大型机构投资者青睐的基金,只好转向个人投资者(如富有家庭或个人),而众多个人投资者对私募并不熟悉,处于一知半解的状态,容易受不法分子的蛊惑,混淆非法集资活动以及私募股权基金。第二,在监管方面,我国监管机关还未明确私募股权基金的监管理念,由于私募股权基金与公募的不同,监管者不能过多地干预私募股权基金的发行与运作,"管"与"不管"的边界模糊,滋生了许多非法集资活动。第三,我国目前各项法律法规还不健全,基本法和部门规章均未确立私募股权基金的法律地位。

因此,我国不能完全效仿美国完全依靠市场调节的做法,还需要公权力的介入,即法律规范。一个国家的法律环境和法律体系被广泛认为是影响一个国家私募股权市场大小和吸引力的决定性因素。[②] 明确的法律规范可以为监管机构提供监管依据,也可以使私募投资者预判其行为的法律后果。

但另一方面,从私募股权基金的本质特性来看,对私募股权基金进行大范围的监管并不可取,政府之手不宜过长,应当尊重当事人意思自治,毕竟私募股权基金仅涉及具有较强风险识别能力和承受能力的少部分投资者的利益,且私募的性质决定了其不吸收公众资金,对公共投资者的危害较小。因此,在对私募股权基金进行监管时,监管机构不能管得太多,也不能放任自流,那么这之间的边界何在,是我们需要探讨的领域。

本节旨在探讨政府应该持有的监管理念,一方面要给予私募股权基金自由发展的空间,私募股权基金能在一定范围内提升本国金融业的竞争力,促进金融业的繁荣,因此,政府不宜阻碍其发展,应允许其在一定范围内摸索与试错;但另一方面也要避免私募股权基金发展产生负外部性,避免产生系统性风险,危害整个市场的安全,而两者在边界上很难把握,只有

① 例如,社保基金、保险资金、银行信托等。

② See generally Rafael La Porta et al., "Investor Protection and Corporate Valuation" in *J. FIN.* 57, 2002, p. 1147; Rafael La Porta et al., "Legal Determinants of External Finance", in *J. FIN.* 52, 1997, p. 1131.

明确确立以下监管原则,才能把握私募股权基金的监管力度。

(一)投资者保护原则

无论是在公募基金领域还是私募基金领域,投资者保护一直都是监管的根本目的之一。但是,私募基金与公募不同,更加注重当事人的意思自治。在一定程度上,有限合伙人协议已经能够很好地充当保护投资者的角色。因此,在有限合伙人协议中对管理人的权利进行约束成为市场解决这一问题的有力手段。[①] 例如,有限合伙人协议一般会给管理人一个比较低的基本薪酬,而管理人的绩效奖金会相对高昂,将管理人的收入与基金的业绩挂钩。在私募股权基金中,只有合格投资者才能投资私募股权基金,因为其具有足够的投资经验,也有相应的风险承担能力,合格投资者被视为能够很好地保护自己的利益。他们知道或者应当知道其投资所承担的风险,因为其在投资时就知道"高风险、高收益"的道理,风险也是他们获得高收益所要付出的代价。因此,对于这些合格投资者,法律不应该给予过多的保护,他们的投资很少会产生社会性风险,因为合格投资者毕竟是少数。正如学者所述,[②]对于私募股权基金来说,当法律允许融资中介机构在他们的投资策略中将投资者的收益通过将管理者的绩效收入和共同投资挂钩时,这一机制就已经完成了对投资者的保护,不再需要更宽泛的监管。

尽管如此,笔者认为仍然有两点需要"保留"。

其一,对私募股权基金中的合格投资者不需要更多的监管保护是基于完善的合格投资者准入制度而言的。对投资者应该有最低的资格要求。否则如在非法的情况下将不合格的投资者引入私募股权基金投资,这样的投资者就会缺失法律对其应有的保护,使其无法对侵害者提出赔偿诉求,就像本章开篇的案例一样,投资者只得以偏激的方式向政府问责,导致整个社会的混乱。

---

① See, e. g., Ann E. Conaway, "Lessons to be Learned: How the Policy of Freedom to Contract in Delaware's Alternative Entity Law Might Inform Delaware's General Corporation Law", in *DEL. J. CORP. L.* 33, 2008, pp. 789, 814-815.

② Houman B. Shadab, "The Law and Economics of Hedge Funds: Financial Innovation and Investor Protection", in *Berkeley Bus. L. J.* 6, 2009, p. 240.

其二，由于经济发展和通货膨胀，越来越多的投资者由于财富的增加成为合格投资者，但是他们对投资的经验并没有机构投资者那样丰富，因此，法律仍然应该对其进行适当的保护。在私募股权基金领域，存在较大的代理成本风险，私募股权基金一直都是法律监管较少、信息披露要求较低且创新度较高的领域，投资者对风险的识别和掌握能力较为有限，对私募股权基金无法形成有效的约束。一方面，由于其隐蔽性以及对合格投资者的资格要求，法律对私募股权基金采取了有限监管的模式；而另一方面，投资者在私募股权基金活动中的权利十分有限，他们不参与基金的日常运作，也无法质疑基金管理人作出的任何投资决策。基金管理人可能以牺牲投资者的利益去追逐自身的收益。这个问题不可小觑，因为管理人和投资者的利益往往存在分歧。① 一方面，投资者希望管理人十分勤勉，能够运用其经验使其投资价值最大化；②而另一方面，管理人却不希望承担责任，他们可能同时管理着多个基金，或者为其下一个基金的募资作准备，更有甚者可能隐匿信息将公司资源为其自身利益所用。③ 尽管有限合伙人协议安排从表面上降低了代理成本，但是，投资者仍然有理由担心管理人会滥用其在基金运行中的自由裁量权。

因此，法律要做的就是在不影响基金运作效率的前提下填补投资者保护这一空白。在上文所述两个“保留”的范围内，对投资者进行有效保护。

（二）避免系统性风险原则

系统性风险是指一个或多个金融机构的潜在不稳定性或故障会导致整个金融体系的崩溃。美国是私募股权基金发展最为成熟的国家之一。④ 在金融危机以前，美国监管机构对私募股权基金采取较宽松的监管态度，甚至最初忽视对其的监管，这在很大程度上受到了“经济人假设”（hypothesis

① See Robert P. Bartlett Ⅲ, “Venture Capital, Agency Costs, and the False Dichotomy of the Corporation”, in *UCLA L. REV.* 54, 2006, pp. 37, 49-50.

② Id., p. 51.

③ See id., pp. 49-51.

④ Alexandros Seretakis, “Comparative Examination of Private Equity in the United States and Europe: Accounting for the Past and Predicting the Future of European Private Equity”, in *Fordham Journal of Corporate and Financial Law*, Vol. 18, No. 3, 2013, p. 616.

of economic man)或"理性人假设"(hypothesis of rational man)的影响。[①] 2008 年全球金融危机爆发之后,美国的金融业继房地产泡沫破灭之后迅速沦陷,随着雷曼兄弟的轰然倒闭,[②]一度以资本市场高度自由而标榜的美国的金融市场迅速陷入监管失灵的困顿。

对于我国的私募股权基金来说,其在目前的发展阶段还不足以引发系统性风险。从私募股权基金的特点来说,其仅针对少数合格投资者发行,私募股权基金投资期限一般为 5 年到 7 年,融资杠杆率较低。因此,从整体上来说,私募股权基金对普通投资者的风险并不是很大,产生系统性风险的概率也较小。从信息披露角度来说,虽然私募股权基金没有信息披露的义务,但是,私募股权基金的准入门槛较高,一般的个人投资者的投资额要在 100 万元人民币以上,且其是对投资风险具有一定识别能力和承受能力的人士,尽管私募股权基金的有限合伙人和管理人之间存在一定的信息不对称问题,但是总体来说私募股权基金的投资者可以通过有限合伙人协议对管理人进行一定的制约,且不会涉及普通无关的大众投资者,因此引起系统性风险的可能性较低。

但是,如果私募股权基金突破了 200 人投资者红线,亦或是向不合格投资者募集资金,也会存在引起系统性风险的可能。

保罗・克鲁格曼认为,[③]游离在监管之外的影子银行(包括私募股权基金),是这场全球性危机的主要"罪魁祸首"。美国在金融危机之后很快意识到了这个问题,开始了大规模的金融改革。而我国虽然在近期没有私募股权基金引起系统性风险的问题,但是也应对此进行防范。我国的监管思路应允许金融创新,但是,应以不引起系统性风险为基本原则。

---

① "经济人假设"是指假设市场是有效市场,在有效市场上的参与者都是理性的,金融监管的目标是排除造成市场非有效的因素,政府之手退居其后,少监管或不监管。

② 张斌:《全球金融危机冲击下的美国经济》,载中国国际问题研究院官网,http://www.ciis.org.cn/chinese/2010-05/07/content_3747318.htm,2014 年 2 月 13 日访问。

③ 参见[美]保罗・克鲁格曼著:《萧条经济学的回归和 2008 年经济危机》,刘波译,中信出版社 2009 年版,第 153 页。

第三节　美国私募股权基金发行监管

美国是私募股权基金出现最早的国家之一,私募股权基金凭借其源源不断的流动性,已经从一种小的资产集合发展为如今的全球经济的主流组织形式之一。

美国对私募股权基金的监管思路可以分为两个阶段:

第一阶段,危机前豁免条款保护下的监管。美国在次贷危机前一直采用的是注册豁免制,监管较为宽松,直到1929年股市大崩盘以后,美国政府才开始制定一系列的法律法规,以规范私募股权基金的发展。但是,这一阶段的法律法规主要还是以为私募股权基金的发展提供法律支持和引导为主,而非直接的政府监管。这一阶段的监管主要特征为"注册豁免制"和"合格投资者制度"。因为监管者认为合格投资者是对风险具有一定识别能力和承受能力的富有人士或机构,其不需要监管者过多的保护,其主要投资于中小企业,是对经济的发展起积极作用的,所以,法律鼓励其发展,只要不影响金融稳定即可。因此,"注册豁免制"和"合格投资者制度"为私募股权基金提供了广阔的发展空间。

第二阶段,后危机时代的严格监管。2008年全球金融危机爆发之后,在房地产泡沫破灭后,金融业也迅速沦陷。政府开始金融监管改革,加强美联储的监管职能,防范系统性风险。① 2010年《多德—弗兰克法案》,②修改了注册豁免条款,提高合格投资者标准,并强化投资顾问的注册要求。至此,美国监管者对私募股权基金实行了更为严格的监管,从最初的放任自流到监管模式的全面升级。

美国私募股权基金的监管主要由六部法律演变而来,如表4-2所示。

---

① 陈德民、黄蕊:《美联储金融监管体制、影响及其启示》,载《经济与管理》2009年第7期,第60~64页。

② See Dodd-Frank Wall Street Reform and Consumer Protection Act, Pub. L. No. 111-203, 124 Stat. 1376 (2010), available at http://www.sec.gov/about/laws/wallstreetreform-cpa.pdf.

表 4-2 美国私募股权基金法律体系

法律规范	重要内容
1933 年《证券法》	本法通过第 4(a)(2)条①和《D 条例》的 506 规则②,豁免了私募股权基金及其基金经理的注册及披露义务。此外,本法还详细规定了合格投资者制度。
1934 年《证券交易法》	本法规定如果证券持有人达 500 人,且最近一次会计年度资产超过 1000 万美元,必须受到监管。
1940 年《投资公司法》	本法规定了设立于美国的投资公司必须向证券交易委员会注册并接受其监管。但私募股权基金可以援引第 3(c)1 条③和第 3(c)7 条④予以豁免注册。并详细规定了投资于投资公司的合格投资者制度。
1940 年《投资顾问法》	本法对私募股权基金的投资顾问进行了规范。规定了客户多于 15 人且管理资产净值超过 3000 万美元的投资顾问必须向证券交易委员会注册。但是符合一定条件⑤的投资顾问可以豁免监管。
2010 年《多德—弗兰克法案》	本法提高了合格投资者的判定标准⑥,并废除了 1940 年《投资顾问法》的私人顾问豁免,除某些特定豁免之外,私募基金投资顾问若管理资产达到 1.5 亿美元,必须向证券交易委员会备案。

① 1933 年《证券法》第 4(a)(2)条:不涉及任何公开发行的证券私募发售可以豁免第五章的注册要求。

② 《D 规则》是一个非排他的豁免。506 规则:发行人可以向任意数量的合格投资者以及至多 35 人的非合格投资者发行基金,且发行人应能够判断该等非合格投资者或其代表具备一定的风险识别能力。发行时不得使用劝诱或公开广告的方式。

③ 1940 年《投资公司法》第 3(c)1 条:认购投资公司发行证券的投资者少于 100 人,且该证券非公开发行。

④ 1940 年《投资公司法》第 3(c)7 条:认购投资公司发行证券的未合格投资者,且该证券非公开发行。

⑤ 如果投资顾问的客户少于 15 人,未对一般投资者提供顾问服务,亦不隶属于任何一家已注册的投资公司,那么可以被视为“私人顾问”而豁免注册。

⑥ 要求计算合格投资者的资产净值时扣除其主要住所的价值。并要求本法颁布四年后,证券交易委员会应提高自然人资产要求,且在此之后每四年要进行一次审查。

续表

法律规范	重要内容
JOBS 法案及修订[①]	本法规定,发行人只要满足以下三个条件,即可在证券发行中进行一般性招揽:(1)满足501规则的要求,包括持有第501(a)条的“合理信任”,相信该合格投资者符合第501(a)条下的一种类型;(2)满足第502(a)条的综合要求;(3)遵守第502(d)条对受限制的证券进行的限制,包括询问购买人是否为他人购买证券;(4)符合第502(c)条的要求,仅向合格投资者出售,或者发行人采取合理步骤以判断该投资者是否是合格投资者。[②]

美国具体监管主要着重于监管主体、行业自律、“合格投资者”制度、注册监管四个方面。

一、监管主体——证券交易委员会与美联储

美国对私募股权基金的监管主要由美国证券交易委员会和美联储执行。其中,证券交易委员会主要负责信息披露的监管,防止欺诈行为和内幕交易,防范金融风险。[③] 如果私募股权基金具有系统重要性,可能会产生系统性风险,则还需要接受美联储的监管。

(一)证券交易委员会的监管权限——投资顾问注册监管

1940年《投资顾问法》规定,如果投资顾问有超过15位客户,且该等投资顾问所管理的资产超过3000万美元(净值),其必须向证券交易委员会注册,并接受监督。但是如果私人顾问的客户少于15人,未对一般投资者提供顾问服务,亦不隶属于任何一家已注册的投资公司,可以被视为“私人顾问”而豁免注册。

① Eliminating the Prohibition Against General Solicitation and General Adverting in Rule 506 and Rule 144A, Release No. 33-9354, August 29, 2012. Also see “Public Advertising of Private Investment Offerings: The Operation and Issues in Post-JOBS Act Regulation D”, in *UC Davis Business Law Journal*, Vol. 13, Issue 2, Spring 2013, pp. 295-308.

② “Public Advertising of Private Investment Offerings: The Operation and Issues in Post-JOBS Act Regulation D”, *UC Davis Business Law Journal*, Vol. 13, Issue 2, Spring 2013, pp. 295-308.

③ 大型私募基金和其他投资顾问机构均需在美国证券交易委员会注册,披露交易信息,并接受定期检查。

但是,2010年《私募基金投资顾问注册法》废除了1940年《投资顾问法》的私人顾问豁免规定,私募基金投资顾问必须向证券交易委员会注册。但是,该法案提出了两项豁免:(1)如果投资顾问所管理的资产少于1亿美元,[1]且已在主要办公地所在州注册的,将豁免向证券交易委员会注册,而必须向其州监管者注册;[2](2)如果投资顾问所管理的资产少于1.5亿美元,且其仅向私募基金提供顾问服务,则该基金管理人也豁免于注册。[3] 上述规定豁免了管理资产少于1.5亿美元的私募基金投资顾问向证券交易委员会注册的义务,但是,该顾问仍需保留交易记录并向证券交易委员会提交年度报告或其他报告(如要求),接受其定期或不定期检查。披露这些信息可以帮助监管机构有效地监管风险,证券交易委员会有权对提供投资建议的经纪交易商在其完成相关研究分析后实施更高的要求。[4]

(二)美联储的监管权限——一级金融控股公司

美联储主要功能是防范美国金融体系出现像2008年全球金融危机那样的系统性风险。2008年全球金融危机以后,美联储对所有一级金融控股公司具有监管权,[5]且其有权判断公司是否是一级金融控股公司。[6] 一级金融控股公司被认为具有更高的产生系统性风险的可能。

证券交易委员会与美联储对私募股权基金的监管权限有清晰的划分,主要包括以下方面:一方面,两者对私募股权基金的监管重心不同,是不同层级间的监管。美联储只能对满足一级金融控股公司条件的私募股权基金进行监管,对于非一级金融控股公司,继续由证券交易委员会进行监管。另一方面,两者也要加强合作,共享私募股权基金所披露的报告。当美联

① 在1940年《投资顾问法案》中为管理资产少于2500万美元。

② See Dodd-Frank Act, sec. 410, § (2).

③ See Dodd-Frank Act, sec. 408, § 203.

④ 宋丽智、胡宏兵:《美国〈多德—弗兰克法案〉解读——兼论对我国金融监管的借鉴与启示》,载《宏观经济研究》2011年第1期,第67~72页。

⑤ 李金泽、梅明华:《美国政府应对金融危机的监管改革方案及其启示》,载《河北法学》2009年第11期,第25~26页。

⑥ 在判断是否构成一级金融控股公司时要参考以下三个标准:(1)企业倒闭对金融系统和整个经济体系的影响;(2)企业规模、杠杆程度、对短期融资的依赖程度等因素;(3)企业的风险程度对客户、其他企业以及政府的影响。

储对一家公司具有监管权力时,其权力的行使仍然需要证券交易委员会的合作。

二、推行行业自律——全美风险投资与私募股权协会

一方面,加入行业自律协会是一个双赢的举措。为了在行业内提高声誉和形象,许多私募股权基金选择加入了该等行业自律机构,由此形成的行业声誉机制能够为该等私募股权基金提高知名度和信誉。另一方面,行业自律协会的约束可以规范基金管理人行为。其中,全美风险投资与私募股权协会发挥了重要作用。

全美风险投资与私募股权协会(National Venture Capital Association, NVCA)成立于1973年。NVCA对会员投资行为进行规范,由会员充分讨论自发制定行业准则,使其制定的行业准则更具有实践性和操作性,并调动了会员遵守规则的积极性,促进私募股权基金的健康发展。

三、"合格投资者"制度的变迁

"合格投资者"制度是美国私募股权基金监管的核心。制定完善的合格投资者制度,可以最大限度地降低私募股权基金的高风险对公众投资者的危害,因此,监管部门才得以对私募股权基金采取相对宽松的监管模式,降低监管成本,保障私募股权基金的稳健发展。

在美国历史上,先后有多部法律对合格投资者作出了定义,如表4-3所示:合格投资者的定义最早出现在1933年《证券法》,该定义将合格投资者分为自然人和机构投资者,规定自然人或家庭的财产净值或收入必须达到一定的数额,同时也对机构投资者的企业范围作出了规定。此外,还规定了可以豁免注册的投资者人数。在2008年全球金融危机爆发以后,美国对合格投资者的要求更加严格,考虑到房价高涨导致的公众个人资产的上升,为避免投资者因自住房屋的增值而成为合格投资者,要求在计算合格投资者的净资产时,要扣除其主要住所的价值,并要求证券交易委员会不断更新对合格投资者的资产要求,保护投资者的根本利益。

合格投资者历次法律规定变迁如下:

表 4-3　美国对“合格投资者”定义的发展

法律	合格投资者定义	合格投资者人数
1933 年《证券法》	合格投资者应符合以下条件之一：(1)自然人：财产净值或夫妻共同财产净值达 100 万美元，或者该自然人最近两年的收入超过 20 万美元(或者夫妻共同收入超过 30 万美元)，此外，其预期未来几年收入也达到上述标准；或者对冲基金的经理、董事或合伙人；(2)机构投资者：银行、存贷款机构、证券经纪人、投资公司、注册的小投资公司、资产超过 500 万美元的一般公司、合伙企业、有限责任公司、企业信托及员工退休信托。①	《D 条例》506 规则：合格投资者无人数限制，非合格投资者至多 35 人，且发行人应能够判断该等非合格投资者或其代表具备一定的风险识别能力。
1934 年《证券交易法》	—	投资者应不超过 500 人。
2008 年《多德—弗兰克法案》	要求计算合格投资者的资产净值时扣除其主要住所的价值。② 并要求本法案颁布四年后，证券交易委员会应提高自然人财产净值标准，之后每隔四年做一次审查，以剔除与净资产的衡量方法无关的门槛，保护投资者的利益。	—

美国私募的合格投资者必需满足以下任一条件：(1)自然人：财产净值或夫妻共同财产净值(扣除主要住所的价值)达 100 万美元，或最近两年收入超过 20 万美元(或者夫妻共同收入超过 30 万美元以上)，此外，其预期未来几年收入也达到上述标准；或者对冲基金的经理、董事或合伙人；(2)机构投资者：银行、存贷款机构、证券经纪人、投资公司、注册的小投资公司、资产超过 500 万美元的一般公司、合伙企业、有限责任公司、企业信托及员工退休信托。③

四、私募股权基金投资顾问的注册监管

美国私募股权基金及其投资顾问的监管体现在要求符合条件的投资顾问向证券交易委员会进行注册，由证券交易委员会对该等基金及其投资顾问进行监管。

① Rule 501(a) of Regulation D.

② 17 C. F. R. § 230. 501(a)(5)(2012).

③ Rule 501 of Regulation D.

1940年《投资顾问法》规定了客户多于15人且管理资产净值超过3000万美元的投资顾问必须向证券交易委员会注册。但是符合一定条件[①]的投资顾问可以豁免监管。2008年全球金融危机后,《多德—弗兰克法案》废除了1940年《投资顾问法》的私人顾问豁免,除某些特定豁免之外,私募基金投资顾问若管理资产达到1.5亿美元,必须向证券交易委员会备案。

如上文所述,如今,大部分的投资顾问都必须向证券交易委员会注册,除非投资顾问满足以下条件:(1)其管理的私募股权基金在美国境内的资产不超过1.5亿美元的;(2)该投资顾问仅仅管理风险投资基金的(私募股权基金的一种);(3)对于非美国投资顾问,如果其在美国境内无营业地,其拥有的美国客户少于15人,不向美国公众以投资顾问身份公开募集资金且其募集的来自美国客户的资金少于2500万美元的;[②](4)家庭式的私募股权基金。[③]

美国私募股权基金发展的经验是我们可以学习和借鉴的,但是,由于两国历史背景、市场差异以及经济体制的不同,我们在学习美国发展经验时应辩证地看待问题。

第四节　中国私募股权基金发行监管历史沿革与现状

私募股权基金的监管包括发行监管、运作监管和退出监管,本节将着重探讨发行监管。发行监管是私募股权基金监管的第一道关卡,也是避免私募股权基金沦为非法集资的重中之重。制定适当的发行规则,可以避免私募股权基金从一开始就成为非法活动。而如果缺少这一套准入规范,就

---

① 如果投资顾问的客户少于15人,未对一般投资者提供顾问服务,亦不隶属于任何一家已注册的投资公司,那么可以被视为“私人顾问”而豁免注册。

② SEC Rules Implementing Amendments to the Investment Advisers Act of 1940, Investment Advisers Act Release No. IA-3221, June 22, 2011, available at https://www.sec.gov/rules/final/2018/ia-4839.pdf.

③ 牟益斌、方向明:《美国对私募股权基金监管的改革与启示》,载《中国金融》2011年第24期。

会给事中和事后监管带来巨大的负担。从理论上说,监管部门对市场进行监管的目的是为了达到市场的公平和公正,使交易效率最大化,以实现资源的优化配置。而最有效的情况是使市场主体在谈判力量和信息获取能力上相当,在对等的情况下自由达成交易。而监管就是要尽可能地使交易达到这种状态。所以各国在私募股权基金的监管上的第一步就是对私募发行进行限定。

私募股权基金在我国还是一个新鲜的事物,对其进行监管主要是在2005年的《创业投资企业管理暂行办法》(以下简称《暂行办法》)之后。2005年至今,我国对私募股权基金的发行监管规范逐步完善,监管体系越来越清晰,监管理念也越来越明确。从最开始的发改委等十部门多头监管,5亿元人民币以上基金由国家发改委备案,5亿元人民币以下基金由省级备案部门备案,到如今的证监会统一委派中国证券投资基金业协会(以下简称基金业协会)负责备案监管。我国私募发行监管的内容主要包括私募股权基金监管主体等四个方面。

一、私募股权基金监管主体

(一)监管机关之争——从"多头监管"到"证监会统一监管"

私募股权基金的监管机关之争,经历了两个阶段:第一,多头监管阶段。发改委对私募股权基金的监管权力划分为,注册资本在5亿元以上的创业投资基金由国家发改委监管,5亿元以下的由地方备案部门监管。除了私募股权基金中的创业投资基金和产业投资基金由发改委监管之外,根据资金来源的不同,不同的私募股权基金由不同的部门予以监管,如图4-2所示。目标企业已上市的私募股权基金由证监会监管;创业投资基金主要由发改委监管;外资的一切投资行为均在商务部的监管之下。第二,中国证监会正式主持私募股权基金监管阶段。2013年中央编办颁布《关于私募股权基金管理职责分工的通知》(以下简称《分工通知》)厘清了发改委与证监会的监管分工①,规定由基金业协会履行自律监管职能。据此,基金业中国协会于2014年制定了《备案办法》,于2014年2月7日起生效。该

① 明确由中国证监会负责私募股权基金的监督管理,发改委则负责组织拟订促进私募股权基金发展的政策措施,并要求两部门建立协调配合机制,实现信息共享。

法明确了私募股权基金的备案机关为基金业协会，至此从法律上来说，发改委和证监会以及其他各部门之间对私募股权基金的监管权之争终于尘埃落定，私募股权基金监管权花落证监会，不再向发改委备案。根据《证券投资基金法》和中央编办关于私募股权投资基金监管职责分工要求，将私募证券基金、私募股权基金、创业投资基金和其他私募基金等各类私募基金纳入统一监管。

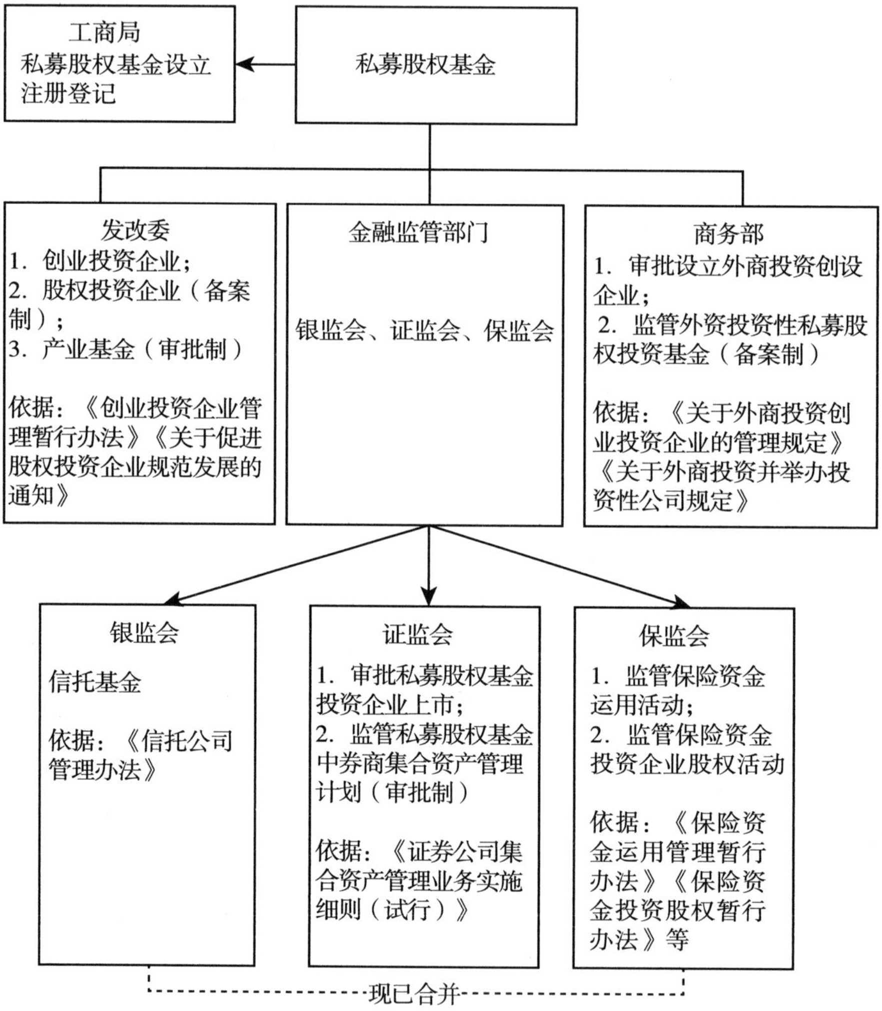

图 4-2　2013 年以前多部门对私募股权基金的监管权力分配

(二)行业自律发展历程

从多行业自律协会各自监管到基金业协会统一监管。

在我国现行的法律规范中,不缺乏对私募股权基金行业协会的规划与设想。发改委 2011 年发布的《关于促进股权投资企业规范发展的通知》规定,要求成立全国性股权投资行业协会进行自律管理。

在实践中,全国和地方有多家面向私募股权基金的行业协会。全国性的行业协会除了 2014 年新加入私募股权基金行业自律的基金业协会,还有中国股权投资基金协会(CAPE)。中国股权投资基金协会是由六个城市①的市政府于 2010 年发起成立的。中国股权投资基金协会于 2011 年开始制定《中国股权投资基金行业指导原则》(以下简称《行业指导原则》)。该原则是一份自律性的行业规范,对中国股权投资基金协会的会员具有一定的约束力和惩戒力。值得注意的是,这份《行业指导原则》第一次明确提出了私募股权基金的合格投资者的判断标准,与美国的合格投资者标准较为相似,要求合格投资人拥有净资产超过 100 万元人民币(扣除常住住所价值后)且近 2 年的平均收入不少于 20 万元人民币。② 这一标准接轨了美国的 1933 年《证券法》对私募股权基金的合格投资者的评判标准,虽然这只是一部行业规范,但其内容十分详尽,对我国私募股权基金监管的“合格投资者”的立法具有一定的借鉴意义。

由基金业协会制定的《备案办法》规定要求由基金业协会统一担任行业自律职能。至此行业协会的自律监管得到了统一。

(三)强制性备案的发展

从自愿备案,到有豁免的强制备案,再到完全强制备案。

---

① 包括北京、上海、重庆、天津、深圳和苏州。

② 《行业指导原则》第 6 条。

2005 年的《暂行办法》规定备案仅面向创业投资企业，且备案要求并非强制，未备案的创业投资企业不受政策扶持；而 2011 年《关于促进股权投资企业规范发展的通知》实行后，要求除两种豁免情况外，①所有的股权投资企业均需向备案监管机关进行备案。② 如今，随着 2013 年《分工通知》和 2014 年《备案办法》的颁布，各类私募基金管理人和私募基金在 2014 年 4 月底前完成备案。备案的基金管理人可以开立证券、期货账户，这使私募基金不再需要借助信托机构，可以自己发行产品，这体现了政府在鼓励扶持私募基金的同时，也对其加强监管和规范。一方面，金融产品是较为特殊的产品，为了预防行业的系统性风险，政府必须进行监管，但是随着备案的实施，私募基金发展逐渐走向正规化，其必将拥有更多的自主权和发行权。但另一方面，随着私募基金的备案，其运作费用无论是在税费上还是成本上将会增加。这对于小型的私募基金来说成本压力会更大。

二、私募股权基金监管对象

（一）合格投资者制度

《暂行办法》和《关于促进股权投资企业规范发展的通知》（2011 年）规定，对投资者作了“200 人”③的人数上限制，且对投资者的投资门槛限定为 100 万元人民币以上。直到 2012 年《证券投资基金法》出台，才给出了证券投资基金的合格投资者定义。④ 2013 年《证券公司客户资产管理业务管理办法》（已失效）对私募证券基金的合格投资者也作出了详尽的规定，⑤但是仅规定证券公司集合资产的合格投资者，未涉及私募股权基金。

中国股权投资基金协会制定的《行业指导原则》详细规定了合格投资

① 《关于促进股权投资企业规范发展的通知》第 5 条第 15 项。

② 在备案监管权力分配上，采取资本规模达到 5 亿元人民币或者等值外币的股权投资企业在国家发改委备案；资本规模不足 5 亿元人民币或者等值外币的股权投资企业在省级人民政府确定的备案管理部门备案。

③ 以有限责任公司形式设立创业投资企业的，投资者人数不得超过 50 人。

④ 即达到规定资产规模或者收入水平，并且具备相应的风险识别能力和风险承担能力、其基金份额认购金额不低于规定限额的单位和个人，人数累计不得超过二百人。

⑤ 《证券公司客户资产管理业务管理办法》第 21 条。

者的定义，[①]这是我国迄今为止第一次对私募股权基金的合格投资者作出详细且具有操作性的定义，但是，由于该原则只是行业协会出台的行业规范，适用范围仅涉及协会会员，适用范围十分有限。

（二）基金管理人准入规则

私募股权基金的管理人通常是集合资金的发起人，大多数情况下也是基金管理公司。2005年《暂行办法》规定创业投资企业的管理人资质为拥有2年以上创业投资或相关业务经验，且该等管理人不得少于3名。而2011年《关于促进股权投资企业规范发展的通知》要求高管在最近5年内无违法记录，且同样规定了有经验的管理人的年限和人数限制。但上述两部法规均未提及基金管理人备案事宜。自2012年以后，无论是《证券投资基金法》还是《备案办法》，基金管理人必须向基金业协会履行登记手续，报送基本情况。其中，《备案办法》还规定了基金管理人的资格，即从事私募股权基金业务的专业人员应当具备私募股权基金从业资格。[②]

三、私募股权基金发行方式的监管

私募股权基金不得向公众发放传单、在社区张贴布告，通过媒体（包括互联网）发布公告，以及通过举办研讨会、讲座或其他变相的公开方式，向不特定或者不合格的投资者进行宣传推介。而到了《证券投资基金法》，私募股权基金的宣传方式限制内容更加丰富，其中包括了互联网、电视台、报刊、电台等公共传播媒体，以及通过分析会、报告会和讲座的形式向不特定的人群推介。

发改委和中国证监会对私募股权基金发行方式的限制均采取了列举的方式，限制的宣传媒介包括传单、布告、互联网、媒体（包括电视和电台）、公开演讲等方式，其中还规定了兜底条款，即任何其他变相的公开方式。这是我国对私募股权基金发行保持“私募性”作出的努力，从一定程

① 《行业指导原则》第6条。

② 《备案办法》第16条第2款：“具备以下条件之一的，可以认定为具有私募股权基金从业资格：(1)通过基金业协会组织的私募股权基金从业资格考试；(2)最近3年从事投资管理相关业务；(3)基金业协会认定的其他情形。”此外，私募股权基金管理人的高级管理人员应当诚实守信，最近3年没有重大失信记录，未被中国证监会采取市场禁入措施。

度上将公众投资者隔离在私募股权基金的投资范围之外。但是近期,美国等发达国家开始注意到私募的发行方式并不是规范私募股权基金募集对象的最关键因素,反而是合格投资者。因为只要确定合格投资者的定义与范围,并确保只有合格投资者才可以投资私募股权基金,那么无论以何种形式进行私募发行,即使不合格投资者知道了私募投资信息也无法进行投资,那么就能将投资范围限制在合格投资者之内。

四、私募股权基金监管存在的问题与风险

从我国私募股权基金发展的历史沿革来看,虽然监管体系已经逐步成型,但是与美国的监管相比,以及从私募股权基金演化为非法集资的案件来看,我国的私募发行监管在理论指导和实际操作中仍然存在一定的问题与风险。

(一)法律位阶较低难撼"分业监管"格局

在监管主体上,仅仅是由中央编办和基金业行业协会出台的规定,是否能够撼动当前各个部门之间的监管权之争,还有待考察。我国一直以来对私募股权基金都是采取的"分业监管"的模式。之后颁布的《分工通知》和《备案办法》并未解决中国证监会、商务部和银保监会等部门之间的管辖权冲突的问题。因此,这一监管权冲突问题还有待解决。

此外,在我国现行的监管法律中,私募股权基金至今仍然没有明确的法律地位。《证券法》第 2 条对"证券"的定义并未包括私募股权基金;而最有可能规范私募股权基金的"投资基金法"也并未出台,[①]取而代之的是《证券投资基金法》,该法仅提到了非公开募集基金,该法第 2 条也将该法的调整范围局限在私募证券投资基金范围内,与私募股权基金"擦肩而过";而只有《分工通知》和《备案办法》真正正面提到了私募股权基金,但是,这两部部门规章位阶较低,提供的法律支持也十分有限,对私募股权基金市场参与者的约束力也非常局限,更多的是依靠行业内部的自律监管。

---

① 当时,全国人大财经委员会副主任委员吴晓灵是私募股权基金纳入"投资基金法"规范最坚定的推动者。但是,由于存在意见分歧,以及有 25 家私募股权基金协会上书全国人大提出反对意见,最终私募股权基金未进入"投资基金法",从而产生了现在的《证券投资基金法》。

而且，我国不存在一部法律对私募股权基金的监管提供立法支持。将私募股权基金纳入法律的规范之中可以确定私募股权基金的立法地位和立法基调，为位阶较低的部门法或其他规范作出价值参照。虽然《证券投资基金法》第十章“非公开募集基金”进行了规定，作为一部高位阶的法律将私募基金纳入统一监管，但是，该法只针对证券投资基金，对私募股权基金仍不具有约束力。缺少一部法律作基础对私募股权基金的规范发展极为不利。这会导致下级部门对私募股权基金进行多头监管，导致政出多门，监管权争夺的现象，还会造成监管重叠或监管空白。除此之外，没有高位阶法的指引作用，各个地方政府为各自发展分别出台自己的政策法规，容易造成各地监管标准多重体系造成监管套利。

我国的监管体系主要是以国务院各部门各自出台的部门规章为主，效力层级较低。这会导致两个弊端：首先，适用范围局限。各部门出台的位阶较低的法规只能适用于主管部门的管辖范围之内，任何一个部门的单独立法均无法普遍适用，这会造成监管部门各自为政、缺乏协调性。其次，各部门各自立法会产生立法冲突。在证监会获得监管权以前的多头监管时期，各部门分别出台部门规章规范私募股权基金，难免会有所冲突。虽然由发改委牵头进行调节，起到了一定的协调作用，但是，毕竟权力有限，无法真正做到对金融领域的统筹。即便在如今的证监会对私募股权基金的监管权确定之后，证监会也无法真正解决法律冲突的问题。

（二）合格投资者制度不明易触及非法集资红线

我国资本市场发展历史较短，私募股权基金的投资者还不够成熟。与国外的私募股权基金投资者主要是机构投资者（如养老金、共同基金或捐赠基金等）相比，我国的主要投资者还是以富裕个人和家庭、民营资本居多。从房地产行业的“炒房团”事件可以看出我国民间的资本流动性相对过剩，民间资本缺乏合适的投资渠道。再加上我国的投资者投资理念还不够成熟，过于注重短期利益，相对急功近利，对高风险、高回报的私募股权基金更是趋之若鹜。

几乎所有私募股权基金发展成熟的国家均对私募股权基金的合格投资者作了明确而严格的规定，例如，规定合格投资者的收入水平、资产规模以及风险承受能力等，而对于机构投资者和境外投资者的要求也更为具体。

私募股权基金可以豁免过多监管的前提是投资者应当具备一定的风险判断能力和承受能力。而在我国投资者还不够成熟的情况下,我国却还未建立合格投资者制度。一方面,某些私募股权基金管理人为了吸引更多投资,可能会降低投资门槛,这往往会造成部分投资者不具备相应的风险判断能力和承受能力;另一方面,对于机构投资者(如全国社保基金、保险公司和商业银行等)来说,他们进入私募股权基金投资市场缺乏明确的法律依据,且相关部门的审批过于冗长,不利于拓宽私募股权基金的融资渠道。

在我国现行法律中,对私募股权基金的合格投资者的认定并不明确。虽然《信托法》对合格投资者作了规定,但是,该法中所指的合格投资者是指自然人或法人,机构投资者并不包含在此规定内;《暂行办法》规定了投资者的人数上限和最低出资门槛,但是,却未对合格投资者给出一个完整的定义;《证券投资基金法》和《证券公司客户资产管理业务管理办法》对合格投资者均作出了详细的解释,但该解释仅针对私募证券基金。

2012 年的《证券投资基金法》第 88 条界定的"合格投资者"概念,是指"达到规定资产规模或者收入水平,并且具备相应的风险识别能力和风险承担能力、其基金份额认购金额不低于规定限额的单位和个人",并把合格投资者的具体标准授权给国务院证券监督管理机构规定。2014 年中国证监会《私募投资基金监督管理暂行办法》(以下简称《监管暂行办法》)第 11 条至第 13 条,规定了合格投资者的具体标准,包括专业投资机构、发行人内部人、高净值投资者三种基本类型。前两者体现在《监管暂行办法》第 13 条第 1 款中,该款将社会保障基金、企业年金等养老基金、慈善基金等社会公益基金、依法设立并在基金协会备案的投资计划、投资于所管理私募基金的私募基金管理人及其从业人员视为当然的合格投资者,这主要是因为基于这些主体具备足够的投资管理经验或者具有获得充分信息的渠道,可以合理地认为其应当具备足够的风险识别能力保护自己。此外,《监管暂行办法》将符合一定资产规模与收入水平标准的单位与个人认定为合格投资者。针对单位合格投资者,要求单位净资产不得低于 1000 万元。针对个人合格投资者,要求(1)资产规模:个人金融资产不低于 300 万元(金融资产包括银行存款、股票、债券、基金份额、资产管理计划、银行理财产品、信托计划、保险产品、期货权益等);或者(2)收入水平:最近三年个人年均收入不低于50万元。2016年中国基金业协会《私募投资基金募集行为管理办法》第28条沿袭了《监管暂行办法》对合格投资者的定义,补充了当然的合格投资者范围,增加了“受国务院金融监督管理机构监管的金融产品”。我国私募基金合格投资者制度和《D条例》的逻辑基本一致,把专业机构、发行人关系人和达到一定财富标准的投资者视为具备风险识别能力和风险承担能力,呈现出合格投资者定义客观化的特点。

合格投资者制度来源于美国证券法上的获许投资者制度。美国证券法的注册和豁免二分法下,私募证券可以得到豁免注册,投资者具有自我保护能力,没有实际运用证券法的需要。

美国证监会在1982年发布了《D条例》,其中《501规则》提出获许投资者概念,兼采“财产标准”和“关系标准”。资产超过一定金额的机构,资产净值或收入超过一定金额的自然人,以及发行人的董事、执行经理和普通合伙人,都属于获许投资者。根据《506规则》,只要是向获许投资者进行的证券发行,无论获许投资者的人数多少,都可以豁免注册,即私募发行豁免。

美国的获许投资者制度是私募发行豁免的前提条件之一,证券是否需要注册的判断标准。我国的合格投资者制度与之不同,不同领域有不同的标准。对于自然人而言,有的是50万元的财务条件(如股指期货),有的是300万元的财务条件(如私募投资基金)。我国的合格投资者制度是投资者适当性管理制度。中国证监会在2016年12月制定的《证券期货投资者适当性管理办法》中将投资者分为普通投资者和专业投资者,使普通投资者在信息告知、风险警示、适当性匹配等方面有特别保护。

但是,实际上是很明确地把“私募股权投资基金”排除在了《证券投资基金法》的调整范围之外,在适用上缺乏正当性。然而,对“合格投资者”规定最详细、最完整的要数中国股权投资基金协会发布的《行业指导原则》中第6条的规定。但是,该原则却不能直接适用,因为该原则仅仅是股权投资基金协会发布的行业准则,其效力仅仅适用于协会的会员,不具有普适作用。

对于私募股权基金来说,仍然缺少对合格投资者的具体要求。合格投资者在法律法规中的界定不明会直接导致私募股权基金所面向的投资者面临远高于他们识别能力和承受能力的风险,私募股权基金在募集资金时难以辨别合格投资者身份,容易给“非法集资”可乘之机,或者使小型私募股权基金触及非法集资红线,既不利于维护投资者的合法利益,也不利于建立稳健的私募股权基金发展体系。

(三)基金管理人制度不完善难辨“真”“假”受托人

当前国内的私募股权基金大多是由基金管理人操纵或者与基金管理人密切相关的,基金管理人的素质高低和道德品质的好坏对基金的运作和投资者的利益保护至关重要。在实践中,部分基金管理人并不具备足够的经验和能力以从事私募股权投资,体现不出专家管理的优势,甚至导致原本合法的私募股权基金最后走上非法集资的道路;而某些基金管理人诚信水平和道德素养不足,竟会为一己之私,粉饰投资业绩,隐瞒交易风险,从事不正当的交易,甚至侵吞受托资产。[①] 规范基金管理人的资质,引入诚信体系,使合格投资者能够获取基金管理人的信息和投资记录,让不合格的管理人无法再进入这一高风险行业,才能够让真正优秀的基金管理人得到更良好的发展,有效保障投资者的利益。

第五节　私募股权基金发行监管的改革建议

美国的私募股权基金监管在开发程度、监管技术水平和监管体系方面都走在前列,我国私募股权基金发行监管所面临的问题,可以借鉴美国经验来找到解决之道。在遵循保护投资者原则和避免系统性风险原则的基础上,从以下四个方面对私募股权基金发行监管进行改革,推动私募股权基金的健康发展。

---

① 出现例如“2012 年紫石一期经理(上海紫石投资董事长张超)涉嫌内幕交易与公募基金勾结做老鼠仓潜逃国外”的事件。参见《紫石投资老板张超出逃 阳光私募遭遇致命打击》,载新华网,http://news.xinhuanet.com/fortune/2012-07/04/c_123369215.htm,2014 年 2 月 13 日访问。

一、扩大《证券法》定义和私募基金专门立法

（一）确立私募股权基金统一立法的原理分析

我国对私募股权基金的监管不存在一部统一且位阶较高的法律支持。我国 2005 年修订的《证券法》《证券投资基金法》并不适用于私募股权基金。私募股权基金不是我国《证券法》[①]下的"证券"，也不是《证券投资基金法》[②]下的"基金"。《备案办法》也仅是一部由基金业协会颁布的效力层级和位阶较低的规定。正是由于私募股权基金不存在一部统一的效力等级较高的法律支持，才导致了如今私募股权基金的不同部门之间、不同地区之间的监管标准不同，或语焉不详，或各自为政，容易造成法规适用的错误和冲突。[③]

美国针对私募股权基金监管的法律经过长期的发展，已然形成了一个多层次且相对成熟的法律体系。具体包括：（1）1933 年《证券法》、1982 年证券交易委员会的《D 条例》（及其 2013 年的修订）和 1990 年证券交易委员会的《144A 规则》（及其 2013 年的修订），（2）各州的《蓝天法》，（3）2010 年美国国会通过的"大萧条"以后改革力度最为强劲的《多德—弗兰克法案》和《JOBS 法案》，以及（4）美国证券交易委员会所制定的部门法规。

我国私募股权基金监管所缺乏的并不仅是某些具有针对性但等级较低的特别法律规范，而是一部确立私募股权基金法律地位的基本法律。我国可效仿美国的做法，扩大我国《证券法》和《证券投资基金法》对"证券"和"基金"的定义范围，将私募股权基金纳入该等法律的监管、应用范围，作为制定其他有关私募股权基金法律的立法基础。在具体操作上，可以在《证券法》和《证券投资基金法》中将私募股权基金与公募基金、私募证券投资基金区别开来，在不涉及公开市场和公众投资者利益的要求上给予私募股权基金一定的豁免，并规定适用豁免的条件，符合条件的私募股权基金可以豁免政府的监管，而不符合条件的必须接受监管。

① 《证券法》第 2 条。

② 《证券投资基金法》第 2 条。

③ 刘燊：《美国私募股权基金监管制度改革及对我国的借鉴》，载《证券法苑》2010 年第 2 期。

如此修改有三方面的优势。首先,让私募股权基金的投资者受到《证券法》和《证券投资基金法》的保护。一般来说,如果私募股权基金在信息披露的过程中存在集资诈骗或欺诈行为,而又不构成刑事犯罪的,私募股权基金的投资者只能依靠《合同法》《侵权责任法》或行政处罚得到保护,然而《合同法》规范的是平等主体之间的民事关系,并没有强调保护处于弱势地位的投资者的利益。而且,私募股权基金的侵权行为具有专业性和隐蔽性,受害者很难证明侵权人的主观动机和主观过错,因此,难以适用《侵权责任法》保护自己的利益。相反,如果私募股权基金纳入《证券法》监管,投资者可以得到《证券法》的反欺诈条款的保护。其次,使私募股权基金得到法律支持,又通过豁免注册制度保持私募股权基金的灵活性。私募股权基金在中国得到了长久的发展,尤其是近几年,在中国市场经济中发挥着不可忽视的作用,但其法律地位一直处于模糊的状态,得不到法律的肯定,对其作出规范的法律层级和位阶又较低,这是不符合现实需求的。只有确定了私募股权基金的法律地位,投资者和市场参与者才能够有法可依,判断自己的行为后果。然而根据私募股权基金本身的特性,由监管者对其严格注册监管,既不符合实际也没有必要,因此,才要对特定的私募股权基金进行豁免,将大型的、会对市场产生重要影响的基金纳入监管。最后,顺应“由证监会监管私募股权基金”这一大趋势。由于 2013 年以后,私募股权基金由证监会监管。由中国证监会牵头在《证券法》中赋予私募股权基金合法地位,由其进行统一监管,既节约立法成本,又可以确保私募股权基金监管的体系性和一致性。

(二)《证券法》修改与私募基金专门立法

将私募股权基金纳入监管,但监管的最佳切入点在哪里,是《证券法》还是《证券投资基金法》,学界仍然存在很多分歧。有学者认为,应该统一起草《基金法》,[①]专门规定私募股权基金;也有学者认为,应该将私募股权基金纳入《证券法》的统一管辖,扩大《证券法》中“证券”的内涵,使私募股权基金的投资者受《证券法》保护;[②]还有学者认为,应该单独设立专门

① 徐明:《尽快确定私募股权投资的法律地位》,载新浪财经,http://finance.sina.com.cn/hy/20110513/14549838528.shtml。

② 郭雳:《我国证券私募的立法完善与行为规制》,载《政府法制》2010 年第 16 期。

针对中小企业的“创业投资基金法”。[①]

我国《证券法》对证券的定义为“公开发行”，将私募股权基金排除在了《证券法》所述的“证券”之外。有学者建议将私募股权基金纳入《证券法》管辖，建立市场化的私募发行制度。[②]

美国1933年《证券法》对“证券”作了十分宽泛的定义，[③]虽然该法豁免了私募股权基金的注册要求，但是，私募股权基金仍然适用该法的其他规定，例如反欺诈规则等。

我国在对私募股权基金纳入《证券法》监管的讨论之下，中国证监会专门制定私募股权基金相关法律的进程也逐渐展开。[④] 中国证监会将起草《私募投资基金管理暂行条例》(以下简称《条例》)，将阳光私募、私募股权基金和创业投资基金纳入证监会统一监管，这部草案或将以国务院行政法规的形式予以颁布。《条例》或许将首次引入私募基金的合格投资者标准，以填补我国合格投资者制度的空白；此外，还将引入从业人员诚信系统建设，记入诚信档案数据库，并且会公布重大的失信信息，以此来规范私募基金从业人员混乱的现象。这一法规正好呼应了此前的《备案办法》，要求私募基金和私募基金管理人向基金业协会备案，否则将受到警告、罚款或市场禁入的行政处罚。截至2014年4月底，已经有九鼎、弘毅等54家私募股权基金或创业投资基金获得了登记证书。《条例》还规定如未向基金业协会备案，将不得使用“基金”“基金管理”等名称或进行投资活动，这在很大程度上预防了像天津私募乱象那样的披着“私募”外衣从事非法集资活动的行为。

最值得关注的是，《条例》还将金融业功能监管迈出了一大步。因为《条例》规定，受国务院其他金融监管机构监管的各类金融机构及其子公

---

① 刘健钧：《加快完善我国创业投资体制的思考》，载《中国科技投资》2011年第1期。

② 《杨泽柱代表建议修改证券法 完善私募发行立法》，载私募网，http://www.simuwang.com/bencandy.php? fid=2&id=167504，2014年4月6日访问。

③ 美国1933年《证券法》第2条(a)款对“证券”作了定义。证券系指任何票据、股票、库存股票、债券、公司信用债券、债务凭证、盈利分享协议下的权益证书或参与证书、以证券做抵押的信用证书，组建前证书或认购书、可转让股票、投资契约、股权信托证，证券存款单，石油、煤气或其他矿产小额利息滚存权，或一般来说，被普遍认为是“证券”的任何权益和票据，或上述任一种证券的权益或参与证书、暂时或临时证书、收据、担保证书、认股证书、订购权或购买权。

④ 《私募基金管理条例送审国务院》，载汉丰网，http://www.kaixian.tv/gd/2014/0406/3925591.html，2014年4月6日访问。

司,如从事私募基金业务的,同样适用本条例。也就是说,证券公司、基金管理公司、期货公司及其子公司、保险公司等直投业务也被纳入了《条例》的监管范围。但是统一监管或许还会作出一定的妥协,最为突出的是外商投资基金,一直都是商务部的管理范畴,如要纳入《条例》监管,还需要进一步努力协调,但是,即使外商投资基金不纳入《条例》监管,也可以规定外商投资企业另行适用国务院的规定,并不影响整体的统一监管。

除此之外,《条例》甚至专门针对披着私募股权基金的伪装进行非法集资活动以及不少私募股权基金游走在非法集资边缘的情形进行规范,主要包括以下三个方面:首先,私募股权基金及其管理人对合格投资者的核查要求。《条例》规定私募股权基金及其管理人必须采取必要的措施对合格投资者身份进行核查和测试,杜绝向不合格的投资者募集资金。其次,不得承诺回报。基金管理人应向投资者告知风险,不得许诺任何形式的回报或最低收益。最后,限定宣传方式。私募股权基金及其管理人不得通过互联网等公开方式向不特定的对象进行宣传推广,不得公开募集,否则将受到处罚。

二、完善政府监管机构的权力分配

美国私募股权基金的监管拥有完善而统一的监管权力分配机制,即证券交易委员会,由其负责对私募股权基金投资顾问注册,并实施具体的监管措施;而对于有可能由于私募股权基金对市场造成的潜在的系统性风险,则由美联储负责监管。因此,美国对私募股权基金的监管具有分工明确、统一监管的特点。进入 2013 年,我国相继颁布了《分工通知》和《备案办法》,在监管架构上结束了由发改委、证监会、保监会、银监会、商务部等多部门共同监管的局面。修改后的监管方式与美国的监管权力分配方式如出一辙。但是我国在监管权力的具体操作上仍然存在一定的问题,例如,各部门监管权冲突问题以及证监会与行业协会权责划分问题。可以试图通过以下方式对上述问题予以解决。

我国金融监管一直是分业监管模式,对不同机构但具有相同功能属性的业务进行统一监管,对于私募股权基金的不同类型,由不同的部门进行监管。例如,创业投资企业、产业投资基金由国家发改委监管,目标企业上市后的私募股权基金由中国证监会监管,信托型私募股权基金的设立由中国银保监会审批,外商投资的私募股权基金的设立由商务部审批,私募股权基金的注册登记由国家工商总局负责。当中央编办以《分工通知》打破了这一传统,将监管权力交由中国证监会后,某些私募股权基金的设立需要至多三个部门的登记或审批。例如,像具有特殊属性的产业投资基金、信托型私募股权基金、外商投资的私募股权基金的设立均分别需要发改委、中国银保监会和商务部的审批,其次再去证监会备案,最后到国家工商总局注册登记。这不仅没有使程序得到简化,反而更加复杂。要解决这一问题有两种选择方案。

方案一:要解决这一问题需要分两步走:一是完善私募股权基金合格投资者制度,不但要确定个人投资者的判断标准,更要联合各部门根据不同类型的机构投资者明确机构投资者的准入条件。例如,信托型私募股权基金、产业型私募股权基金和外商投资的私募股权基金,这样才可以逐步消除各部门的审批程序,只要符合了审批标准,即可以由中国证监会统一进行备案和审批。二是要尽快得到上位法的法律支持。仅仅由国务院中央编办出台的规则以确立中国证监会的监管职权是远远不够的,应该由上位法(如《证券法》或《证券投资基金法》)明确中国证监会对私募股权基金的监管权,使中国证监会的监管权力更具有正当性,由中国证监会出台细则统一协调其与发改委、中国银保监会、商务部等部门的权力分配关系。

方案二:在监管权分配细则上,可以采取审批权和备案权分离的做法。对于需要特别审批的基金,由于这些基金与审批部门有着密切的联系,且该等部门会从行业安全性和稳定性的角度决定是否批准这些基金的设立,所以审批部门对这些类型的基金的设立条件有其自身的考量,证监会应该尊重审批部门的意见。在上述基金设立得到审批部门的批准后,可以到证监会进行备案,这样也便于中国证监会从保护投资者和维护市场稳定的角度对私募股权基金的一般性风险进行监管。与第一个方案相似,这一监管权的分配仍然需要上位法的支持。

这两个方案有利有弊,都能够有效解决目前私募股权基金的监管权分配混乱问题。第一个方案更复杂一些,需要调动和协调的人力物力也较多,但是却可以消除多头监管的弊端,减少制度和权力上的冲突;第二个方案更加便捷,需要调整的方面也较少,仍然按照现状进行监管,只是由上位法厘清了目前较为混乱的监管权力分配现状。从现阶段的我国法律制度发展现状来看,第二个方案更具有操作性。第一个方案需要联合各部门共同制定出明确的合格投资者的条件,这会是一个较大的工程,且审批权的转移也会触动各部门的监管权利益,甚至有可能在最开始的时候造成监管疏漏,引起金融市场动荡。但从长远考虑,第一个方案不失为平衡监管权力分配的良策。

三、确立合格投资者制度和基金管理人准入

(一)确立合格投资者制度

制定完善的合格投资者制度,可以从最大限度上降低私募股权基金的高风险对公众投资者的危害,也正是由于合格投资者制度的存在,监管部门才得以对私募股权基金采取相对宽松的监管模式,降低监管成本。

合格投资者制度是美国私募股权基金监管的核心。在美国历史上,合格投资者的定义最早出现在1933年《证券法》,该定义将合格投资者分为自然人和机构投资者,规定自然人或家庭的财产净值或收入必须达到一定的数额,也对机构投资者的企业范围作出了规定,此外,还规定了可以豁免注册的投资者人数。在2008年全球金融危机爆发后,美国对合格投资者的要求更加严格,考虑到房价高涨导致的公众个人资产的上升,为避免投资者因自住房屋的增值而成为合格投资者,要求在计算合格投资者的净资产时,要扣除其主要住所的价值,并要求证券交易委员会不断更新对合格投资者的资产要求,保护投资者的根本利益。

2012年,美国甚至修订了《506规则》和《144A规则》,规定只要满足了一定的要求,即可不受制于对公开劝诱和公开广告的限制。[①] 美国将公募与私募的区分重点放在了是否向具有风险识别能力和承受能力的合格投资者发售证券,而非对发行方式的限制,可见合格投资者制度是美国私募基金监管的核心。

而我国对私募股权基金的监管,最大的缺陷就是缺少对合格投资者的清晰有效的定义,导致私募股权基金管理人或者投资者自己都不能确认自

① "Public Advertising of Private Investment Offerings: The Operation and Issues in Post-JOBS Act Regulation D", *in UC Davis Business Law Journal*, Vol. 13, No. 2, 2013, pp. 295-308.

己是否符合合格投资者条件，是否受到相关法律的保护，这无疑给私募股权基金的发展蒙上一层阴影。确立了合格投资者制度，披着私募股权基金外衣的非法集资活动的潜在投资对象就会判断自己是否是合格的投资者，在很大程度上可以帮助投资者分辨私募股权基金的真假。因此，应该尽早完善我国的合格投资者制度，作为规范私募股权基金演化为非法集资的最重要屏障。

1. 明确合格投资者资质

根据发达国家的经验，合格投资者的判断标准可以具体为：(1)对于自然人来说，是自然人单独或与其共同生活的家庭所拥有的财产的净值和收入状况，不得包括自然人的借款或受托资金，计算的资产应该是自然人所拥有的；(2)对于机构投资者来说，除了计算其资产以外，还要明确其资金来源是否合格、机构的内部控制，以及投资的正当性(包括提供其股东大会或权力机构的授权书，或公司章程、协议授权其行为的证明)等条件。

我国对合格投资者的界定应该充分考虑我国的国情并顺应私募股权基金的发展情况。可以结合中国股权投资基金协会颁布的《行业指导原则》对合格投资者的定义，同时借鉴美国有关合格投资者的规定，明确合格投资者范围。

但是，判断标准应该结合发展实践不断进行调整，以适应我国私募股权基金不断发展和人均收入水平不断提高的新变化。

2. 确定合格投资者人数限制

仅仅确定合格投资者的资质还不够，为了将私募股权基金对公众投资者的影响最小化，还应当确定合格投资者的人数限制。美国的 1982 年《D 条例》和《506 规则》表明只要满足一定的人数限制，美国私募股权基金的发行者仍然可以向非合格投资者募集资金。考虑到我国资本市场的发展水平和我国整体的信用环境，我国暂不适宜让非合格投资者进入私募股权投资市场领域。因为私募股权基金仍然是一个高风险高投入的领域，不能让投资知识和承受能力不足的投资者为了追逐暴利而盲目参与其中。

近年来，社会主流一直强调要让私募"阳光化"，但是，"阳光化"并非等同于"公募化"。从发达国家私募股权基金的发展历史来看，即使对人数作了限制，私募股权基金行业仍然存在"私募"公众化的顽疾，如果再不加以限制，那么这种公众化的趋势无疑将进一步扩散开来。因此，应该将合格投资者人数严格控制在200人和50人(以有限责任公司形式设立)以内。此外,200人和50人的上限规定不应仅仅是笼统的数字限制,还应进一步明确人数的计量方法。[①]

(二)完善基金管理人准入条件

私募股权基金的一个重要优势就是实现资本与专业管理的良性结合,而基金管理人是一个基金运营成败的关键因素。基金管理人的资质、信誉和道德品质十分重要。因此,对基金管理人的资质提出要求并实施适当监管变得尤为关键。

美国对私募股权基金及其投资顾问的监管体现在要求符合条件的投资顾问向证券交易委员会进行注册,由证券交易委员会对该等基金及其投资顾问进行监管。[②] 大部分的投资顾问都必须向证券交易委员会注册,除非投资顾问满足以下条件:(1)其管理的私募股权基金在美国境内的资产不超过1.5亿美元的;(2)该投资顾问仅仅管理风险投资基金的(私募股权基金的一种);(3)对于非美国投资顾问,如果其在美国境内无营业地,其拥有的美国客户少于15人,不向美国公众以投资顾问身份公开募集资金且其募集的来自美国客户的资金少于2500万美元的;[③](4)家庭式的私募股权基金[④]

在改善我国基金管理人准入监管方面,由于私募股权基金的投资者相较于其他投资者来说更为成熟,具备一定的投资知识和投资经验,所以对基金管理人的准入要求无需太过苛刻,但需符合以下三个要求:

首先,是专业知识。即基金管理人应具备相关的投资、财务和金融等知识。私募股权基金是风险较高的行业,作为基金的管理人和投资决策制定者,必须具有良好的专业知识。其次,丰富的实战经验。私募股权基金

---

① 例如,美国,美国在确定投资者数量时在《投资顾问法》第203(b)(3)-1条中对投资者数量做了解释,下列投资者应当被视为一个投资者:(1)一个自然人;(2)一个未成年人;(3)一个亲属、配偶或等同关系的人士,或配偶的亲属,或与自然人拥有共同住所的等同配偶的亲属等。

② Investment Advisers Act of 1940 rule 204(b)-1(b), available at https://legcounsel. house. gov/Comps/Investment%20Advisers%20Act%20Of%201940. pdf.

③ SEC Rules Implementing Amendments to the Investment Advisers Act of 1940, Investment Advisers Act Release No. IA-3221, June 22, 2011, available at https://www. sec. gov/rules/final/2018/ia-4839. pdf.

④ 牟益斌、方向明:《美国对私募股权基金监管的改革与启示》,载《中国金融》2011年第24期。

投资的不只是资金，还有管理经验和技术，帮助处于困难状况下的企业走上正轨。为了达到这一目的，基金管理人必需具备一定的专业实践经验。比如一定营利能力或良好的财务状况等。最后，基金管理人必需具备良好的执业道德。私募股权基金行业作为高风险高回报的行业，基金管理人管理的是“别人的钱”，投资者和基金管理人之间存在道德风险。必需要在基金管理人的道德水平上进行把关。

在具体规定上，可以借鉴天津地方办法对私募备案的规定①。该规则非常详细地规定了基金管理人的资质要求，包括其经营的基金的财务状况、职业道德记录，以及一定的执业经验，这样的准入条件能够提高基金管理人的基本业务水平，提高投资者的信心。

四、应对互联网金融对私募发行方式带来的挑战

随着互联网金融“革命”轰轰烈烈地展开，公募基金纷纷加入。那么，互联网金融会给私募基金带来怎样的机遇与挑战？

互联网金融的特性在于开放、包容和低门槛，而私募是面向特定人群且门槛在100万元以上的，因此，从短期来看，互联网金融可能对理财产品和余额宝这类小额金融产品有影响，但对私募的影响暂时还不明显。但是，互联网金融的确改变了私募基金。其一，互联网金融业实现了异地市场化。互联网传播速度快，没有物理边界，提高了资金的利用效率，这会大大降低市场的交易成本。其二，互联网金融在很大程度上缩短了企业与投资者之间的距离，使信息更加公开透明，逐渐揭开私募神秘性的面纱。就像私募建立的微信公共账号，不需要那么多销售渠道，就能让产品信息很快到达客户，也可以得到客户的反馈意见。其三，众多私募股权基金纷纷找寻资质较好的P2P企业投资。② 2012年12月，红杉投资了国内第一家个人互联网借贷平台——拍拍贷，投资金额2500万美元，2013年9月，红

① 《天津股权投资基金和股权投资基金管理公司(企业)登记备案管理试点办法》第11条第2项和第4项规定了“……(二)股权投资基金和股权投资基金管理公司(企业)的主要投资者最近2年持续保持盈利的财务状况，未受过有关行政主管机关或者司法机关的重大处罚。”“……(四)股权投资基金管理公司(企业)有至少3名具备2年以上股权投资或相关业务经验的高级管理人员承担投资管理责任，其中，至少有1名高级管理人员具备5年以上股权投资和经济管理经验。”

② 《私募“疯投”互联网金融吸金专业资本》，载金融界，http://fund.jrj.com.cn/simu/2013/09/27103815898898.shtml，2014年4月8日访问。

杉投资了理财应用软件——随手网,加上以前投资的在线支付交易平台——19PAY,红杉在互联网金融投资的企业不少于七家。而那些投资中后期阶段项目的私募股权基金,也在互联网金融领域找企业,其青睐的对象大多是具有可观盈利的 P2P 公司。[①]

但是,在资金募集方面,互联网金融对私募股权基金的影响暂时还没有显现。私募面向特定人群,并有一定的投资门槛,比如 100 万元以上人民币,像余额宝这一类小额的金融产品,还不会对私募产生较大影响。但是,在营销方式方面,互联网金融对私募营销方式的影响正慢慢展开,对于其是否会涉及违法,还需要进一步分析。

"私募"要求发起人在募集资金时的方式应为私下的和隐秘的,不得对公众进行公开劝诱,也就是说,要求投资者必须和这家公司存在一定的关系或联系,否则,即使符合合格投资者的要求,也有违法的危险。

在美国,对于募集方式的规定包含在《D 条例》的广告劝诱禁令之中。这一禁令约束了基金发起人募集资金的方式,使其不得对私募基金进行广告宣传,不得劝诱投资者进行投资,只能向特定的投资者募集,这在一定程度上保护了投资者。但是,其缺点在于,其影响了基金的发行效率,不利于发行人找寻潜在的投资者。从 20 世纪 90 年代初期起,就不断有对这一禁令的讨论,直到 2001 年,美国律师协会联邦证券法检讨小组提出,应该放宽广告劝诱禁令。2007 年,SEC 建议对大型合格投资者取消广告劝诱禁令的要求。2012 年的《JOBS 法案》规定,只要满足一定的条件(包括作出合理努力"合理信任"投资者为合格投资者),对合格投资者进行的《D 条例》私募发行和机构投资者进行的 144A 私募发行允许一般劝诱。笔者认为,对私募基金的监管应该侧重于合格投资者资格和对管理人的监管,而非发行人数和发行方式,毕竟,如果是非合格的投资者,即使让其知道发行信息,他也不能进行投资。

因此,互联网金融对私募基金的发行方式的转变具有合法性和适当性,将会为私募基金的发展提供更多的机会。

---

① 《私募"疯投"互联网金融吸金专业资本》,载金融界,http://fund. jrj. com. cn/simu/2013/09/27103815898898. shtml,2014 年 4 月 8 日访问。

五、结语

私募股权基金如果演化为非法集资案件会损害投资者利益，扰乱金融市场稳定，甚至威胁社会的稳定安全。私募股权基金演化为非法集资成因有两方面，一是非法集资活动借助合法的私募股权基金作伪装而大肆非法募集资金；二是合法的私募股权基金由于突破了“200”人红线或向“合格投资者”以外的投资者募集资金而演化为非法集资活动。为了从根源上减少非法集资案件数量，也为了私募股权基金的发展扫除后顾之忧，完善私募股权基金发展路径，从法律层面上厘清私募股权基金的现行法律框架，找出私募股权基金发展问题，最终找到解决之道，显得尤为重要。要从根本上解决这一问题，应该加强对私募股权基金的监管，确立保护投资者和避免系统性风险的原则。

美国的私募股权基金及其监管均较为成熟，对其进行分析可以为我国的私募股权基金发展及其监管提供借鉴。本章对美国监管的分析分为三个部分：首先，介绍了美国的监管思路，即先宽后严的监管态度。其次，对私募股权基金的监管法律进行了梳理，从最初的 1933 年《证券法》和 1934 年《证券交易法》，再到 2008 年《多德—弗兰克法案》，以及 2012 年的《JOBS 法案》，美国对私募股权基金均有非常详细的规则。最后，本章着重对美国私募股权基金的四个方面进行介绍。私募股权基金的监管主体、行业自律机制、合格投资者门槛和基金投资顾问的注册监管。

美国作为私募股权基金发展相对成熟的国家，其大多数投资者都经历过金融资本市场上下起伏的考验，属于相对成熟的投资群体；且美国的法治环境也更良好，市场参与者大多遵守职业道德和诚信原则。而我国作为发展中国家，私募股权基金刚刚兴起，在借鉴美国的经验时，不能照搬照抄，否则很有可能会出现水土不服的现象。我国的私募股权基金监管存在三个问题，即法律位阶较低难撼“分业监管”格局、合格投资者制度不明易触及非法集资红线，以及基金管理人制度不完善难辨“真”“假”受托人。为了解决这些问题，我国应加快私募股权基金发行监管的改革，加快《证券法》修改以及私募基金专门立法，进一步完善政府监管的权力分配，确立合格投资者制度和基金管理人准入以及对私募发行方式进行监管。

第六节 私募股权基金和上市公司设立并购基金的含义及模式

一、并购基金的含义

并购基金(Buyout Fund)是私募股权基金(Private Equity Fund,PE)的下位概念,属于广义上的私募股权基金范畴。境内外学者没有对私募股权基金的概念达成共识。美国全国风险投资协会(National Venture Capital Association,NVCA)和美国两家最重要的私募股权研究机构 Venture Economics 和 Venture One 从投资对象的角度将私募股权基金定义为:所有从事创业投资、管理层收购、夹层投资、"基金中的基金"投资及二级投资,但不包括天使投资者、商业天使、房地产投资及其他上市市场外的投资管理机构。[①] 根据投资对象不同,广义的私募股权基金,按照所投资企业所处阶段不同,即对处于种子期、初创期、发展期、成熟期和 Pre-IPO 各个时期的投资,可划分为创业投资(Venture Capital)、发展资本(Development Capital)、并购基金(Buyout Fund)、夹层资本(Mezzanine Capital)等。

并购基金是指主要投资于未上市交易的企业股权并购的基金,其投资模式是,通过收购目标企业股权,进而获得目标企业的控制权,通过对其进行一系列整合重组,提升目标企业的市场价值,最终通过上市、转售或管理层收购等退出机制出售其所持股份,以实现资本增值。[②]

并购基金区别于其他类型私募股权基金的特点在于:一是投资目的不同。并购基金意在获得目标公司的控制权,以便对其进行重组改造,如战略调整、资产及财务重组、业务流程再造等,而其他类型私募股权基金大多作为财务投资者,对企业控制权无大兴趣。二是投资对象不同。并购基金通常选择具有良好现金流、具有较好发展前景的成熟企业,并且一般是非上市企业,不会涉及要约收购义务。

---

① 王荣芳著:《私募股权投资基金监管法律问题研究》,中国政法大学出版社 2013 年版,第 23 页。

② 伍康鸿:《关于发展我国企业并购基金的探析》,载《经济研究》2012 年 7 月。

二、私募股权基金和上市公司设立的并购基金发展背景

近年来,私募股权基金投资模式发展过热,同质化严重,造成准上市投资项目数量急剧下降,另一方面私募股权基金退出通道狭窄,又加上国内资本市场不发达,首次公开募股受监管层严格审查,基金退出受阻。① 基于以上因素,私募股权基金面临转型的压力。

在此背景下,天堂硅谷选择主动规避风险和差异化发展,开始探索转型。天堂硅谷于 2011 年 9 月设立国内首只私募股权基金和上市公司共同设立的并购基金——天堂大康。其中,天堂硅谷作为普通合伙人,出资 3000 万元,占出资额的 10%;大康牧业作为有限合伙人,出资 3000 万元,占出资额的 10%;剩余 80%由天堂硅谷负责对外募集。② 对于大唐牧业而言,一方面利用 10 倍杠杆率,获得 3 亿元并购资金;另一方面借助天堂硅谷的投资管理能力和项目资源优势,实现产业整合。对于天堂硅谷而言,待目标公司整合运营业绩达到约定盈利标准后,出售目标公司给大唐牧业,锁定退出通道,实现双赢。之后,天堂硅谷复制该模式与合众思壮、京新药业和升华拜克等上市公司合作设立并购基金。

在中国企业"走出去"战略和国内企业并购重组高需求下,2013 年中国并购市场爆发式增长。同时,受益于制度政策红利,例如,2014 年 5 月,国务院发布《关于进一步促进资本市场健康发展的若干意见》,鼓励上市公司建立市值管理制度。③ 2014 年 10 月,中国证监会发布修订后的《上市公司重大资产重组管理办法》《上市公司收购管理办法》中明确规定,A 股上市公司取消不涉及借壳上市或发行股份购买资产的并购重组的行政审批,并提出"鼓励依法设立的并购基金、股权投资基金、创业投资基金、产业投资基金等投资机构参与上市公司并购重组"。并购重组审批的政策松绑以及在政策层面上对并购基金参与上市公司并购重组的明确鼓励,使越来越多的私募机构模仿天堂硅谷选择与上市公司合作设立并购基金。根据投中研

① 胡挺、钟伟钱:《私募股权基金转型动因及突围路径——兼论硅谷天堂"上市公司+PE"创新模式演进》,载《海南金融》2015 年第 2 期。

② 参见佚名:《"PE+上市公司"型并购基金解密:提前锁定退出通道》,载 21 世纪网,http://www.21cbh.com/2014/other_14/600420.html,2015 年 4 月 20 日访问。

③ 参见《关于进一步促进资本市场健康发展的若干意见》第 2 条第 3 款:"鼓励上市公司建立市值管理制度。完善上市公司股权激励制度,允许上市公司按规定通过多种形式开展员工持股计划。"

究院数据,自 2014 年 1 月 1 日至 2015 年 2 月 28 日,上市公司与私募股权投资基金机构合作成立产业基金共计 182 只,基金目标规模 1276.03 亿元。①

三、私募股权基金和上市公司设立的并购基金的特殊性

私募股权基金和上市公司共同设立的并购基金可以算是中国式并购基金的创新,具体运作模式是指由上市公司和私募股权基金签订合作协议,成立并购基金,选择收购上市公司行业中的目标企业股权并获得对目标企业的控制权,通过进行一系列整合、重组及优化经营,提升目标企业的市场价值,改善企业的经营业绩,最终优先由上市公司进行收购从而退出的商业模式。

上市公司之所以选择该模式,原因在于:(1)上市公司可以通过并购基金提前锁定并购目标,通过整合行业资源,实现业绩增长;(2)上市公司可以提前了解目标公司,减少未来并购的信息不对称风险;(3)上市公司可以通过并购基金充分利用资金杠杆,只需付出部分出资,剩余资金由外部募集;(4)上市公司可以利用并购基金缓冲投资。对于上市公司而言,其业绩表现对于上市公司的估值至关重要,上市公司通过参与并购基金不需要提前对并购项目进行合并财务报表,可以等并购项目达到一定标准之后再进行收购。②

对于私募股权基金而言,这种模式的优势在于其提前锁定退出渠道,提高了私募股权基金投资的安全边界和流动性。另一方面,该类并购基金在标的选择、投后管理、业务整合方面可以充分借助上市公司的行业资源和业务知识,提高并购管理的核心竞争力。

四、私募股权基金和上市公司设立的并购基金的运作模式

经研究市场公开信息,上市公司参与并购基金主要模式有两类,即与私募股权基金合作、与券商(券商系基金)合作。其中主流模式为与私募股权基金合作,即本书主要探讨的并购基金类型。私募股权基金和上市公司合作设立的并购基金,根据合作对象不同,可分为上市公司直接与私募股权基金合作设立并购基金(例如,东阳光科与九派资本设立新能源产业

---

① 参见佚名:《"上市公司+PE 火爆产业基金达 182 只"》,载 MSN 理财网,http://money.msn.com.cn/internal/20150327/06351782530.shtml,2015 年 4 月 20 日访问。

② 参见沧湳:《"上市公司+PE":中国式并购基金反思》,载新华网,http://opinion.caixin.com/2013-09-02/100576596.html,2015 年 4 月 20 日访问。

并购基金)、上市公司子公司与私募股权基金合作设立并购基金(例如,中源协和设子公司中源投资联合银宏基金设立医药产业基金)、上市公司与私募股权基金子公司合作设立并购基金(例如,当代东方联合华安基金子公司设立文化产业并购基金)、上市公司与关联方共同与私募股权基金合作设立并购基金(例如,中恒集团与其第一大股东中恒实业联合并经盛世景设立医药产业并购基金)等。

私募股权基金和上市公司合作设立的并购基金主流运作模式如下:

1. 并购基金一般采用有限合伙企业形式①

之所以选择有限合伙制,主要在于普通合伙人作为基金管理人,不存在激励机制问题,委托—代理成本较小,同时有限合伙避免了双重征税。当然,在特殊情况下,并不排除选择公司制、信托制并购基金。例如,深圳恒泰与上市公司韶能股份成立合资公司,选择公司制法人的原因在于法律规定企业只有取得天然气经营许可证才能经营天然气业务,而具有天然气经营资格的企业法人必须是公司制法人。②

一般情况下,上市公司或关联方的出资比例通常为10%左右,担任有限合伙人,承担有限责任,并分享合伙收益,同时享有知情权、咨询权等;私募股权基金一般作为并购基金的普通合伙人,承担无限责任,并兼任基金管理人,负责基金的投资、运营和管理,并负责对外募集并购基金剩余资金,其出资比例一般为2%左右。

2. 上市公司逐步渗透对并购基金的经营管理权

上市公司已从单纯出资发展到与私募股权基金共同管理并购基金日常事务、共同决策投资项目,甚至对投资项目决策具有一票否决权。

我国《合伙企业法》第3条规定:“国有独资公司、国有企业、上市公司以及公益性的事业单位、社会团体不得成为普通合伙人。”因此,上市公司在直接参与并购基金时只能选择作为有限合伙人。因合伙企业法规定只有普通合伙人才能执行合伙事务,因此,上市公司为增加其在并购基金的影响力,通常会通过指派投资决策委员会的多数席位或任命监事长对投资事项拥有“一票否决权”的方式以对并购基金保持一定程度的控制力。其中,“一票否

① 颜永平:《PE系并购基金模式浅析》,载《现代商业》2015年第3期。

② 参见佚名:《“PE+上市公司”并购合作升级:提前持股吃三份收益》,载21世纪网,http://jigou.21cbh.com/2014/5-10/wMMDA0OTdfMTE2MTAwMg.html,2015年4月20日访问。

决权”是指在并购基金中，上市公司委派的人对于并购基金涉及的“融、投、管、退”等关键事宜只要不同意，议案便无法通过，也不得实施。这种安排本质上相当于并购基金所涉及的投资关键事项都必须取得全票通过方可执行。

3. 并购基金投资范围约定在上市公司的上下游产业链

私募股权基金和上市公司共同设立的并购基金主要服务于上市公司整合所属行业资源的战略发展目标，这使其区别于一般并购基金。同时，在目标公司的管理方面，上市公司和私募股权基金一般签署共同管理协议，由私募股权基金负责目标公司战略规划、行业研究分析、资源整合优化等方面，由上市公司负责目标公司经营方案及其日常经营和管理，并负责建立健全目标公司的内部控制管理体系和制度。日常经营之外的重大事项由上市公司和私募机构共同协商确定。

4. 上市公司对并购标的享有优先购买权

对于一般的并购基金来说，其退出方式主要包括首次公开发行、出售或管理层回购等。但是，对于私募股权基金和上市公司合作设立的并购基金而言，上市公司通常与私募股权基金约定，上市公司及其关联方对所投项目具有优先购买权。通过优先收购该等项目，以整合上市公司现有业务和资源。因此，并购基金完整的业务模式包括两次并购，即控制权由原始股东转移到并购基金的一次收购，以及控制权由并购基金转移到上市公司或关联方的二次收购。

另外，对于此类并购基金中私募股权基金的退出，个别协议中会对其有禁止性规定。如天堂硅谷和合众思壮的协议约定私募股权基金保证其不得直接或间接地将并购合伙企业中的权益转让给上市公司的竞争者。

第七节　私募股权基金和上市公司设立并购基金的公司治理问题

私募股权基金和上市公司合作设立的并购基金一般采用有限合伙企业的形式，一般是上市公司作为有限合伙人，私募股权基金作为普通合伙人并担任合伙企业的管理人。但是，对于并购基金的经营管理上市公司会通过各种不同的方式参与进来,例如,前文所讲的在投资决策委员会中占大多数席位,或设监事一人,拥有"一票否决权"等。这样的参与方式是否构成执行合伙事务,是否违反《合伙企业法》相关规定,本章针对这一法律风险进行研究和探讨。

我国2006年修订的《合伙企业法》最终将有限合伙企业在法律层面上确立下来。[①] 其中,《合伙企业法》第67条规定:"有限合伙企业由普通合伙人执行合伙事务执行事务合伙人可以要求在合伙协议中确定执行事务的报酬及报酬提取方式。"第68条第1款规定,"有限合伙人不执行合伙事务,不得对外代表有限合伙企业",第2款列举了有限合伙人不视为执行合伙事务的八种情形,[②]该条款借鉴了美国1976年《统一有限合伙法》中规定的"安全港条款",其实质是规定了有限合伙人在有限合伙企业中享有的权利,如果超越了所规定的权利,则视为有限合伙人参与了实质经营管理,有限合伙人就有可能突破有限责任而对合伙债务承担无限连带责任。[③]

一、美国有限合伙法的演变——从"控制规则"到"安全港条款"

美国是有限合伙制度的诞生地,通过对美国有限合伙制度的研究,能够更好地理解有限合伙的经营管理制度。

1916年美国《统一有限合伙法》第7条规定,有限合伙人在行使其权利时承担有限责任,但若有限合伙人参与控制了合伙事务,则应像普通合伙人一样承担无限责任。[④] 即有限合伙人一旦参与了对合伙企业的控制,将导致丧失有限责任的保护。但就如何界定"控制"存在很大争议。

1976年的法律规范并确立了"安全港条款"及信赖规则。依据信赖规则的规定,有限合伙人承担无限责任的情形包括以下两种:一是有限合伙人对合伙事务的控制实质上等同于普通合伙人的权力行使,二是若"控

---

① 有限合伙组织形式在实践中的尝试从我国20世纪90年代便已经开始,从1994年《深圳经济特区合伙条例》开始,直至2001年北京市人民政府《关于有限合伙管理办法》等。

② 参见《合伙企业法》第68条第2款规定:"有限合伙人的下列行为,不视为执行合伙事务:(一)参与决定普通合伙人入伙、退伙;(二)对企业的经营管理提出建议;(三)参与选择承办有限合伙企业审计业务的会计师事务所;(四)获取经审计的有限合伙企业财务会计报告;(五)对涉及自身利益的情况,查阅有限合伙企业财务会计账簿等财务资料;(六)在有限合伙企业中的利益受到侵害时,向有责任的合伙人主张权利或者提起诉讼;(七)执行事务合伙人怠于行使权利时,督促其行使权利或者为了本企业的利益以自己的名义提起诉讼;(八)依法为本企业提供担保。"

③ 邹菁:《私募股权基金的募集与运作》,法律出版社2012年版,第51页。

④ See Uniform Limited Partnership Act(1916), §7.

制”没有达到实质等同的程度，则有限合伙人仅对明知有限合伙人参与控制的交易方承担无限责任。同时在第303条增加了“安全港条款”，规定了有限合伙人从事特定的事件不视为参与有限合伙企业的经营管理。①

1985年立法取消了“除非有限合伙人对有限合伙的控制与一般合伙人大致相当”，使信赖规则的适用范围扩大到参与合伙事务控制的全部行为。同时，对债权人主张有限合伙人承担无限责任的要求更为严格，从“明知有限合伙人的控制行为”转变为“基于有限合伙人的行为合理地相信有限合伙人为普通合伙人”。② 另外，还进一步增加了一些安全港行为。

2001年的修订彻底废除了“控制规则”，即规定：即使有限合伙人参与了有限合伙的管理和控制，也不再承担无限责任。③ 但2001年修订至今，仅有少部分州采纳了这一版本，大多数州仍采用1985年版本。④

从以上可以看出，美国的法律变迁是对有限合伙法之前的立法理念（“受到强化保护的集中化经营”和“消极投资者对有限合伙实体的更少控制”）的一个巨大冲击。立法者采取了这样一种思维方式：经营权的分配是合伙人之间的事情，不应该由主张权利的第三方来执行。若有限合伙人对合伙事务实施“干预”，比如，有限合伙人违反了法律或合伙协议，普通合伙人可以享有充分的普通法和衡平法的救济，而不需要法定的警告式的条款。立法者在此进行了角色的转换，或者说是承认了立法面临商事领域丰富多彩的实践的滞后性和僵化性，因而将更多的自治权留给商事主体。⑤ 然而，以上这种思路需要较为完备的公司法、合同法等制度规则的支撑，实际上，2001年修订版只被少部分州采纳，控制规则仍然被大多数州所沿用，始终贯彻着执行事务与责任承担相统一，通过责任形式的转化阻却有限合伙人的干预的逻辑。

二、我国对有限合伙人执行合伙事务的认定

我国《合伙企业法》第68条第2款规定的“安全港条款”大致可分为

---

① See Uniform Limited Partnership Act(1976), Section 303.

② See Uniform Limited Partnership Act(1976) with 1985 amendments, Section 303.

③ See Uniform Limited Partnership Act(2001), Section 303.

④ 潘林：《有限合伙控制规则的功能、境遇与实现——基于我国的风险投资实践》，载《当代法学》2014年第3期。

⑤ 张辉：《有限合伙人的责任庇护——美国经验与中国实践》，载《法治论丛》2010年11月。

三类：与合伙企业存续相关的事项；涉及有限合伙人自身权益的事项；有利于债权人的事项。但是，美国《统一有限合伙法》在明确列举七大类行为之外，还有一个概括性授权，即行使本法允许有限合伙人行使且并未在此明确列举的任何权利或者权力。而我国法律没有这样的兜底性条款。①

经法条文义解释和体系解释，有限合伙人只有从事安全港条款规定的事务才不会被认定为执行合伙事务，从而受到有限责任的保护。② 由此可以看出，我国的法律规定重在严格监管，享受"有限责任"庇护的前提是行为必须限定在《合伙企业法》第68条第2款规定的行为。而美国立法是更倾向于鼓励商事主体的自治，承认立法的滞后性，并不设定过多的限制或门槛，通过充分完善的救济制度来有效保护权利被侵犯者。

上文讨论了私募股权基金和上市公司设立的并购基金中上市公司参与合伙事务的主要方式，在此就这些行为进行讨论。

首先，针对设立专门的投资决策委员会的行为。对于并购基金而言，投资项目的选择和退出的决策可以说是其核心业务，上市公司（有限合伙人）派出代表成为投资决策委员会的成员从某种意义上讲参与了企业事务的执行，但是，投资决策委员会是决策机构，其功能主要是项目决策而不是日常管理，若上市公司派出代表数少于私募股权基金，那么上市公司很难完全操纵投资决策委员会，只能以《合伙企业法》第68条第2款中的"对企业的经营管理提出建议"来认定。但是，若上市公司派出代表数多于私募股权基金，也就是说，上市公司在并购基金的投资决策中占主导地位，而不仅仅是停留在提供建议的层面，那么这种情形就很难不被认定为执行合伙事务的行为。

其次，针对上市公司委派监事长并拥有"一票否决权"的行为。即该监事长负责对投资项目是否符合协议约定的投资方向进行审查享有否定权。设立监事长的行为，从某种意义上讲，上市公司间接拥有了选择投资

① 李永安：《我国〈合伙企业法〉中"信赖规则"适用的若干问题——以有限合伙人执行合伙事务为视角》，载《财经理论与实践》2012年第5期。

② 有学者提到，我国立法对于有限合伙人执行合伙事务的禁止性限制规定，只是表明有限合伙人对于合伙事务并不享有"法定执行权"，而不是说明有限合伙人不能成为合伙企业的"实际执行人"，即如果有限合伙协议规定或者经普通合伙人一致同意授权，有限合伙人是可以拥有执行合伙事务的权利的。参见李永安：《我国〈合伙企业法〉中"信赖规则"适用的若干问题——以有限合伙人执行合伙事务为视角》，载《财经理论与实践》2012年第5期。我认为，《合伙企业法》禁止有限合伙人从事合伙事务，是一种绝对性的禁止，是不能够通过当事人之间的意思自治另行约定的，即有限合伙人并不可以通过授权获得执行合伙事务的权利。同时，若支持该观点，也会使其和《合伙企业法》第76条的规定产生矛盾。

项目的决定权,这种权力的设置给予了上市公司,也就是有限合伙人以巨大的掌控权,确实存在被认定为参与执行合伙事务的风险。

上市公司参与设立并购基金需要考虑诸多方面的问题,其中关于控制权的认定便至关重要。由于并购标的运营状况不一,是否将并购基金纳入合并报表(以下简称并表)对上市公司的资产负债率、净资产收益率以及利润等财务指标均有重大的影响。通过对并购基金控制权的不同认定,可对并购基金在纳入上市公司财务报表和不纳入上市公司财务报表(以下简称并表出表)之间灵活转化,从而达到优化上市公司财务报表,调节利润的目的。

同时,在另一方面,基于控制权的不同认定,上市公司参与投资并购基金在特定情形下可能被认定为进行财务性投资,从而影响上市公司非公开发行、配股、发行可转债等再融资。2017 年 2 月 17 日中国证监会发布的《发行监管问答——关于引导规范上市公司融资行为的监管要求》中规定,上市公司申请再融资时,除金融类企业外,原则上最近一期末不得存在持有金额较大、期限较长的交易性金融资产和可供出售的金融资产、借予他人款项、委托理财等财务性投资的情形。而根据 2016 年 3 月 4 日中国证监会发布的《关于上市公司监管指引第 2 号有关财务性投资认定的问答》,控制权的认定是判断是否构成财务性投资的重要因素之一。

《企业会计准则第 33 号——合并财务报表》(以下简称《第 33 号准则》)第 7 条规定:"控制,是指投资方拥有对被投资方的权力,通过参与被投资方的相关活动而享有可变回报,并且有能力运用对被投资方的权力影响其回报金额。"从《第 33 号准则》可以看出,影响控制权的关键因素为主导投资、影响回报及可变收益。如果投资人能够主导并购基金的设立、运行、管理,决定并购基金的投资决策,并可据以从该并购基金的经营活动中获取具有不确定性的利益,则说明该投资人能够对并购基金实施控制。

当并购基金采取的组织形式是公司制,上市公司对并购基金的控制权认定相对简单,主要是基于股权比例及对并购基金的表决权大小来考量。一般情况下股权比例在 50%以上即可认定上市公司对并购基金具有控制权。

当并购基金采取的组织形式是有限合伙制,有限合伙企业的普通合伙人对合伙企业债务承担无限连带责任,对外代表合伙企业,执行合伙事务,有限合伙人对合伙企业债务承担有限责任,仅以财产份额为限承担责任。有限合伙企业的设计机制的不同导致有限合伙企业在分配方式、治理结构、税收及资金进出等方面更加灵活。因而有限合伙制的并购基金在控制权认定上与公司制的并购基金有很大的不同，需在综合考虑控制权认定的相关因素的基础上作出实质性的判断。

上市公司对并购基金是否具有控制权的判断并非仅根据某单一因素，而是结合并购基金的合伙人结构、经营决策及收益分配等因素进行综合考量。

（一）并购基金的合伙人结构

就并购基金的合伙人结构而言，有限合伙制并购基金合伙人的性质及持有基金的财产份额会影响对并购基金控制权的判断。一般而言，合伙人的财产份额与表决权成正比，合伙人持有的份额越大，一般会要求对并购基金经营决策事项更多的表决权，以保障其在基金中的权益。但对于有限合伙企业来说，其治理结构更加灵活，不同性质的合伙人在表决权上会有不同安排。

《合伙企业法》规定，有限合伙企业由普通合伙人（GP）执行合伙事务，有限合伙人（LP）不执行合伙事务，不得对外代表有限合伙企业。一般而言，普通合伙人对合伙企业的债务承担无限连带责任，在合伙企业中拥有执行合伙事务的职权，例如，执行事务合伙人有权对投资项目进行调查、分析、投资谈判、提供投资架构安排的建议、对项目投资和项目公司进行管理、提供投资项目退出方案的建议，以及代表有限合伙签署并提交某些文件等，因此，普通合伙人在并购基金经营决策上具有较大主导权。同时，一般情况下的基金，普通合伙人均可获得超额回报，意味着其享有随并购基金业绩变动而变动的可变回报。因此，若某并购基金的普通合伙人为上市公司所控制的企业，那么便有极大的可能性认定上市公司对该并购基金具有控制权。例如，在上述案例一中，上市公司孙公司作为劣后级有限合伙人，同时上市公司子公司作为普通合伙人，审计报告认定上市公司对并购基金实施控制，因而将并购基金纳入合并财务报表。相反，若普通合伙人为第三方，且享有一定比例以上的超额回报，那么通常会认定上市公司无法单方控制该基金。当然，还应当结合基金的经营决策及收益分配情况进行判断。

（二）并购基金的经营决策

一般而言，并购基金均会设立投资决策委员会，对并购基金的投资以及其他事项进行决策。投资决策委员会的设置，例如，各方组成人数、表决规则、是否具有特殊权利等安排，会影响各投资人表决权的大小。在“上市公司+PE”的并购基金中，投资决策委员会很少由一方完全控制。我们需要结合上市公司持有的表决权相对于其他投资方表决权的大小，上市公司表决权的集中程度和其他投资方表决权的分散程度，以及上市公司是否对某些特定事项具有一票否决权等情况进行判断。若上市公司拥有投资决策委员会的多数席位，则构成控制的可能性较大，如上述天马股份、中矿资源、润邦股份等案例。

（三）并购基金的收益分配

根据《第33号准则》对控制的定义，通过参与被投资方的相关活动而享有可变回报是认定投资方是否具有控制权的要素之一。投资方自被投资方承担可变回报的风险或享有可变回报的收益远超过其持有的表决权时，会影响投资方对被投资方的权力大小。

《第33号准则》第17条规定：“投资方自被投资方取得的回报可能会随着被投资方业绩而变动的，视为享有可变回报。”就有限合伙制并购基金而言，超额收益的分配原则和顺序会在实质上影响回报的可变性。

以存在结构化安排的并购基金为例，其收益分配原则和顺序一般如下：

根据收益分配原则和顺序的差别，将并购基金的有限合伙人分为不同层级，优先级有限合伙人优先自并购基金投资收益中获得投资本金及预期收益回报，劣后级有限合伙人在优先保障优先级有限合伙人的投资本金及预期收益回报后方可享受剩余投资收益。若上市公司为劣后级有限合伙人，当基金投资收益很高时，劣后级有限合伙人可享受高额收益。相反，当投资收益很低时，可能导致劣后级有限合伙人的本金都无法收回。在劣后级有限合伙人提供差额补足及回购义务的情形中，劣后级有限合伙人甚至还需要补足优先级有限合伙人的投资本金及固定收益。因此，当作为劣后级有限合伙人时，上市公司需要承担很高的投资风险，同时可获得不确定性较大的可变回报，故而可认定其对并购基金具有较大的控制权。

一些案例印证上市公司作为劣后级有限合伙人时，对并购基金具有较大的控制权。

普通合伙人获取超额收益主要源于普通合伙人的业绩分成，依据行业惯例，普通合伙人的业绩分成一般为超额收益的20%。一般而言，普通合伙人的业绩分成比例越高，普通合伙人对并购基金的控制权越大。由于通常普通合伙人在并购基金中出资比例很低，却能获得20%甚至更高的业绩分成，因此，普通合伙人对并购基金的控制权会因为存在超额收益安排而加强。

总之，在判断对并购基金是否具有控制权时，应综合合伙人的出资比例、合伙人的性质、经营决策、收益分配等因素进行判断。合伙人的出资比例越高，对经营决策事项的表决权越大，享有可变回报的越大，投资人的控制权便随之增大。①

三、我国法律关于有限合伙人执行合伙事务法律后果的规定

从以下两个方面分析有限合伙人执行合伙事务的法律后果：

若有限合伙人执行合伙事务同第三人发生交易，则要分为经授权和未经授权两种情况。在有限合伙人经授权执行合伙事务的情况下，若第三人有理由相信其为普通合伙人，根据《合伙企业法》第76条第1款的规定，②有限合伙人承担无限责任；若第三人无理由相信其为普通合伙人，则有限合伙人仍可受到有限责任的保护。在有限合伙人未经授权执行合伙事务的情况下，则构成无权代理，根据《民法通则》第66条的规定，③若合伙企业未追认，则该交易行为的法律后果由有限合伙人承担，若合伙企业予以追认，则由合伙企业承担交易行为的法律后果，但是有限合伙人是否承担无限责任还应该取决于第三人是否有理由相信其为普通合伙人。另外，根据《合伙企业法》第67条第2款规定，④有限合伙人还应当承担赔偿责任。

若有限合伙人执行合伙事务未同第三人发生交易，其法律后果《合伙企业法》并没有明确规定。但根据责任分担的公平性，有限合伙人执行合伙事务对于合伙企业的影响大小并不取决于其是否与第三人发生交易，在

① 李金招、黄忠薇：《"上市公司+PE"并购基金的控制权如何认定》，载PE实务公众号，https://mp.weixin.qq.com/s?src=11&timestamp=1550369431&ver=1433&signature=13ti7ypj0xggwfE447e*9*vXcexqmUYGmBmCBlNFmOLMRTc0Y2CDCwVbipONO45Tmuqq2YuWO0BRWyyWYwc8-G5jwLtugyrgDtX8S1CXXn6CaLFOWhvLBtxawqjUr8x9&new=1，2019年2月17日访问。

② 参见《合伙企业法》第76条："第三人有理由相信有限合伙人为普通合伙人并与其交易的，该有限合伙人对该笔交易承担与普通合伙人同样的责任。有限合伙人未经授权以有限合伙企业名义与他人进行交易，给有限合伙企业或者其他合伙人造成损失的，该有限合伙人应当承担赔偿责任。"

③ 《民法通则》第66条第1款："没有代理权、超越代理权或者代理权终止后的行为，只有经过被代理人的追认，被代理人才承担民事责任。未经追认的行为，由行为人承担民事责任。"

④ 参见《合伙企业法》第67条："有限合伙企业由普通合伙人执行合伙事务。执行事务合伙人可以要求在合伙协议中确定执行事务的报酬及报酬提取方式。"

未与第三人发生交易的情况下，有限合伙人执行合伙事务对合伙企业的影响可能更大。但是尽管如此，应在何种情形下承担无限责任仍存在疑问。

从前文分析可知，上市公司参与到并购基金的经营管理中的目的主要是拥有投资决策权，较少直接与第三人进行交易，符合第二种情形，这种情况下，上市公司可能面临对相关事务承担无限责任，这是上市公司需要予以警惕的。

四、经营管理过程中的法律风险防范

（一）立法层面

我国《合伙企业法》对合伙企业的经营管理权分配的立法思维是有限合伙人不能直接参与合伙经营，有限责任的隔离以放弃有限合伙经营控制为前提。我国《合伙企业法》中“安全港条款”采用穷尽式列举方式，这样的规定不仅无法满足我国具有资金和经验的上市公司希望以有限合伙人的身份参与合伙企业经营，保护自身投资利益的诉求，而且对于千变万化的市场化的商业管理模式，将会导致认定有限合伙人是否执行合伙事务的困难。因此，可以有限扩张“安全港条款”，“安全港条款”的行为主要集中在重大合伙事务，例如，合伙重大资产的出售、质押、转让等处置行为以及正常经营之外的重要负债等。[①]

（二）操作层面

上述讨论的范围设定在上市公司作为有限合伙人的情况，可能存在法律风险。但通过安排设计，即由上市公司的母公司或子公司作为合伙人，上市公司可通过合伙协议约定以合伙人以外的身份参与并购基金的经营管理。当然，也可以将交易架构复杂化，由上市公司与私募股权投资基金设立子公司担任普通合伙人，上市公司通过间接方式控制并购基金投资方向等，但可能会带来一系列交易成本费用。若上市公司作为有限合伙人参与并购基金，在我国现行法律体系下，就应该严格按照合伙企业法规定的有限合伙人可以参与经营管理的范围从事经营活动。

---

① 范晓娟：《论有限合伙基金的“安全港”规则的突破》，载《政治与法律》2013年第5期。

第八节　私募股权基金和上市公司设立并购基金的外部监管问题

一、并购基金运作过程可能引发市场操纵、内幕交易等问题

信息不对称是扭曲资本市场，造成市场失灵的最主要原因。① 因此，加强信息披露是防止市场操纵、内幕交易的有效手段。目前我国现行的信息披露监管制度可分为三个层次：一是法律层面，《证券法》中原则性规定了发行人、上市公司或其他信息披露义务人必须按照规定披露信息和报送有关报告，依法披露的信息必须真实、准确、完整，不得有虚假记载、误导性陈述或重大遗漏；二是证监会层面，证监会出台一系列规章制度，包括《上市公司收购管理办法》《上市公司信息披露管理办法》《关于上市公司立案稽查及信息披露有关事项的通知》等以及一系列信息披露内容与格式准则、信息披露编报规则等进一步丰富和完善了信息披露监管制度；三是证券交易所层面，上海证券交易所和深圳证券交易所的《股票上市规则》、信息披露指引等具体规则进一步细化和完善信息披露制度。

上市公司是公众公司，而私募股权投资基金具有私募性质，两者的合作可能会引发市场操纵、内幕交易、信息披露违规等问题。具体可分为三个方面：借市值管理之名进行市场操作；内幕交易和隐形关联交易的嫌疑；信息披露缺乏有效性与针对性。②

首先，由于私募股权基金和上市公司合作设立的并购基金实施运作过程具有很强复杂性和隐蔽性，按照目前的披露标准，中小投资者有时根据上市公司披露的信息并不能够全面了解并购基金设立的意图、对上市公司的影响等。若上市公司相关方面“选择性”或“误导性”披露相关信息，也非常容易引起股价异动，滋生内幕交易和市场操纵行为。

其次，私募机构与上市公司绑定利益主体，容易导致上市公司高管为实现自身利益，不履行勤勉尽责义务，通过收购兼并等资本运作的利好消

---

① 李文华：《我国上市公司信息披露违法违规监管执法问题研究》，载《证券与保险》2015 年第 1 期。

② 参见佚名：《利益勾连必须说清　上交所剑指“PE+上市公司”》，载东方财富网，http://finance.eastmoney.com/news/1374,20150305482722673.html，2015 年 4 月 20 日访问。

息或者炒作题材等方式推高上市公司股价并从中套利，这样不仅损害上市公司长远发展，同时也不利于实体经济发展。然后，由于私募股权投资基金机构和上市公司是合作关系，在接触项目的过程中了解到上市公司的未来并购战略方向，获取到更加深入的内幕信息，由此非常容易发生内幕交易、利益输送等行为，隐藏了巨大的法律与道德风险。最后，私募股权基金有时会通过定向增发、大宗交易或公开市场等方式入股上市公司，成为上市公司的股东，同时两者之间又可能签署市值管理协议，由此存在私募机构利用并购基金进行市场操纵的风险。

因此，对于私募股权基金和上市公司共同设立的并购基金，上市公司的信息披露应该增强针对性和有效性。例如，要求披露并购基金的运作安排、私募股权投资基金和高管在上市公司和相关目标公司的持股情况，私募股权投资基金与上市公司之间潜在利益链关系，如是否受同一控制，是否签订市值管理等协议，私募股权投资基金的内部结构（有限合伙人、普通合伙人构成），必要情况下可要求披露私募股权投资基金参与的其他基金等相关内容。总之，通过强化信息披露制度，帮助投资者深入了解在此类并购基金整个投资模式中的产权关系及相应的获利模式，以便投资者做出合理的投资决策。

2015 年 4 月 24 日上海证券交易所发布《上市公司与私募基金合作投资事项信息披露业务指引（征求意见稿）》（以下简称《业务指引》）。《业务指引》第 3 条规定了该指引的适用范围，[①]包括“上市公司与私募基金共同设立并购基金或产业基金等投资基金”，即本章所述投资模式。《业务指引》主要遵循了适度性原则、有效性原则和重要性原则。适度性原则是指在充分尊重市场创新，不过度干预市场自主行为的前提下，要求上市公司真实、准确、完整地披露投资协议或合作协议的主要条款和不确定因素，全面揭示可能面临的风险。有效性原则是指结合该类投资模式的主要特

① 参见《上市公司与私募基金合作投资事项信息披露业务指引（征求意见稿）》第 3 条：“上市公司与私募基金发生下述合作投资事项之一的，除按照《股票上市规则》等相关规定履行信息披露义务外，还应当遵守本指引的规定：

（一）上市公司与私募基金共同设立并购基金或产业基金等投资基金（以下简称投资基金）；

（二）上市公司认购私募基金发起设立的投资基金份额；

（三）上市公司与私募基金签订业务咨询、财务顾问或市值管理服务等合作协议（以下简称合作协议）；

（四）私募基金投资上市公司，直接或间接持有上市公司股份比例达到 5%以上；

（五）本所规定的其他合作投资事项。”

征和投资者重点关心的事项，作出更有针对性的信息披露要求。重要性原则是指主要针对市场信息不对称，可能给相关主体进行概念炒作、操纵股价提供灰色地带等问题，围绕投资者重点关注的事项来规范相关方的信息披露行为。根据《业务指引》的规定，私募股权基金与上市公司设立的并购基金的信息披露要求，主要包括私募基金的基本情况、相关关联关系和利益安排、并购基金的基本情况、管理模式、投资模式等，充分揭示相关风险，并按分阶段披露原则及时披露相关事项的重大进展。①

以上概括性地阐述了私募股权基金和上市公司设立的并购基金投资模式下加强针对性的信息披露制度，目的在于减少信息不对称，有效保护中小投资者。在具体监管过程中还需要厘清以下两个法律问题：一是若私募股权投资基金通过上市公司控股股东或其关联机构发起设立并购基金，当上市公司与并购基金交易时，这种行为是否为关联交易，若认定为关联交易，上市公司就需要遵守专门针对关联交易的特定流程。二是由于我国上市公司存在“一股独大”的特殊股权结构，私募股权基金和上市公司合作设立并购基金这种新兴模式可能存在上市公司大股东掏空上市公司的法律风险，监管层应如何应对来保护上市公司和中小股东利益。

---

①　参见《上市公司与私募基金合作投资事项信息披露业务指引（征求意见稿）》第8条：“上市公司与私募基金拟共同设立投资基金的，应当披露以下内容：

（一）私募基金的基本情况，包括成立时间、主要管理人员、主要投资领域、近一年经营状况、是否在基金业协会完成备案登记等；

（二）关联关系或其他利益关系说明，包括私募基金与其他参与设立投资基金的投资人是否存在一致行动关系、是否与上市公司存在关联关系、是否直接或间接持有上市公司股份、是否拟增持上市公司股份、是否与上市公司存在相关利益安排等；

（三）投资基金的基本情况，包括成立背景、基金规模、投资人及投资比例、资金来源和出资进度等；

（四）投资基金的管理模式，包括管理及决策机制、各投资人的合作地位和主要权利义务、管理费或业绩报酬及利润分配安排方式等；

（五）投资基金的投资模式，包括投资基金的投资领域、投资项目和计划、盈利模式及投资后的退出机制等；

（六）风险揭示，包括上市公司承担的投资风险敞口规模、实施投资项目存在的不确定性因素、投资领域与上市公司主营业务是否存在协同关系、投资规模对上市公司业绩的影响等；

（七）其他有助于投资者了解投资基金情况的重要事项。”

二、上市公司收购资产可能涉及的关联交易问题

若上市公司母公司或子公司和私募股权投资基金共同出资设立并购基金,同时上市公司的其他关联方也可能存在参与并购基金,在这样的情况下,项目退出环节由上市公司对目标公司进行收购,这样的收购就存在关联交易的可能。根据我国《公司法》第 21 条第 1 款的规定:[①]"公司的控股股东、实际控制人、董事、监事、高级管理人员不得利用其关联关系损害公司利益。"公司法从宏观层面禁止了关联交易损害公司利益的行为,对于具体关联交易的规制在其他部门规章等。

(一)上市公司涉及关联交易的认定

根据《上市公司信息披露管理办法》第 71 条第 3 款界定了上市公司关联交易和关联人的含义。[②] 由上述对于关联交易和关联方的认定可知,如果并购基金符合上市公司关联方标准时,就存在关联交易的可能。当存在以下情况可能被认定为关联交易:

一是上市公司的直接或者间接控制人出资和私募股权投资基金共同设立并购基金,且上市公司关联方对于并购基金的出资达到控制的标准,在这种情况下,并购基金符合上市公司关联法人(2)的标准;二是上市公司的关联自然人出资认购并购基金的份额,并且达到了控制的标准,在这种情况下,并购基金符合上市公司关联法人(3)的标准;三是上市公司的直接或者间接控制人出资认购并购基金份额,采取股份支付的方式,使并购基金间接持有上市公司 5%的股份,在这种情况下,并购基金符合上市公司关联法

---

① 参照《公司法》第 21 条:"公司的控股股东、实际控制人、董事、监事、高级管理人员不得利用其关联关系损害公司利益。违反前款规定,给公司造成损失的,应当承担赔偿责任。"

② 《上市公司信息披露管理办法》第 71 条规定:"……(三)上市公司的关联交易,是指上市公司或者其控股子公司与上市公司关联人之间发生的转移资源或者义务的事项。

关联人包括关联法人和关联自然人。具有以下情形之一的法人,为上市公司的关联法人:1. 直接或者间接地控制上市公司的法人;2. 由前项所述法人直接或者间接控制的除上市公司及其控股子公司以外的法人;3. 关联自然人直接或者间接控制的,或者担任董事、高级管理人员的,除上市公司及其控股子公司以外的法人;4. 持有上市公司 5%以上股份的法人或者一致行动人;5. 在过去 12 个月内或者根据相关协议安排在未来 12 月内,存在上述情形之一的;6. 中国证监会、证券交易所或者上市公司根据实质重于形式的原则认定的其他与上市公司有特殊关系,可能或者已经造成上市公司对其利益倾斜的法人。"

人(4)的标准。

(二)上市公司涉及关联交易的应当履行的特殊程序

如果上市公司涉及关联交易,应该按照以下标准履行程序:首先,关联交易会涉及关联股东关联董事回避的义务:一是上市公司董事会审议关联交易事项时,关联董事应当回避表决,也不得代理其他董事行使表决权。二是上市公司股东大会审议关联交易事项时,关联股东应当回避表决。其次,关联交易会涉及上市公司信息披露的义务,应遵循深圳证券交易所和上海证券交易所《股票上市规则》中关联交易的审议程序和信息披露的规定。例如,上交所《股票上市规则》第10.2.5条规定,①符合特定条件的关联交易,上市公司须"提供具有执行证券、期货相关业务资格的证券服务机构,对交易标的出具的审计或者评估报告,并将该交易提交股东大会审议。"在并购基金的情况下,如果上市公司和并购基金之间的交易达到上述标准,应当及时披露。

三、上市公司大股东利用并购基金掏空上市公司的法律问题

在我国上市公司"一股独大"现象比较普遍。一般而言,上市公司第一大股东多为控制性股东,即持有公司51%以上股份的绝对控制,或持有公司51%以下股份,但相对于其他股东的持股比例处于优势地位。这样使控股股东在参与并购基金过程中存在损害上市公司或上市公司其他股东的动机和能力。

一方面,上市公司大股东与上市公司可能会产生利益冲突。实证研究表明,私募股权基金和上市公司合作设立的并购基金存在上市公司大股东与私募股权投资基金合作的情形。在这种情况下,上市公司大股东作为并购基金的出资人,在目标公司进行退出时,即上市公司对目标项目进行收购时,希望以高价进行收购,这样能够使上市公司大股东获得更多的利益。但对于上市公司而言,是希望能低价收购进而节省收购成本。由此产生了上市

① 参见《股票上市规则》第10.2.5条:"上市公司与关联人发生的交易(上市公司提供担保、受赠现金资产、单纯减免上市公司义务的债务除外)金额在3000万元以上,且占上市公司最近一期经审计净资产绝对值5%以上的关联交易,除应当及时披露外,还应当比照第9.7条的规定,提供具有执行证券、期货相关业务资格的证券服务机构,对交易标的出具的审计或者评估报告,并将该交易提交股东大会审议。"

公司大股东和上市公司之间的利益冲突,在这种冲突下,上市公司的大股东很可能通过操纵收购价款,使上市公司以较高的价格进行并购,从而损害上市公司利益。

另一方面,在上市公司收购项目时,上市公司大股东可能会选择对自己持有股票进行定向回购方式进行股票支付。也就是说,一方面大股东利用控制权操纵上市公司信息披露,上市公司并购这一利好消息使上市公司股票上涨,从而使大股东在并购过程中对自己的股票以较高价格进行套现,从而提高收益,待股价大幅下跌后补仓后重新获得控制权。

针对以上情况,第一,完善法律制度体系,增加大股东掏空上市公司的成本,强化对上市公司及其控股股东或实际控制人的监管。第二,完善信息披露制度,正如本章开始所述,通过增强信息披露来提高上市公司透明度,防止信息的不对称。若信息披露不充分,大股东就可能利用中小股东及监管者的信息盲区掏空上市公司资源。为掩盖自己的掏空行为,大股东往往利用其控制权优势,通过操纵上市公司不披露或者延缓披露信息,更甚者披露虚假信息。因此,强化上市企业信息披露势在必行,进而切实保护中小投资者利益。①

四、小结

私募股权基金和上市公司设立的并购基金作为一种新兴的投资模式,有着其独特的优势和吸引力,该投资模式不仅为上市公司提供了新的寻找并购项目的渠道,也为私募股权投资基金打通了上市公司收购这一退出之路,更丰富和健全了我国上市公司的并购市场。随着监管政策促进以及上市公司自身整合需要,上市公司将进一步与私募股权投资基金或券商合作设立并购基金。

私募股权基金和上市公司设立的并购基金的运作模式一般采取有限合伙制的组织形式。上市公司或其关联方作为有限合伙人,分享合伙收益,承担有限责任;私募股权基金作为普通合伙人,承担无限责任,并承担并购基金的经营管理。但上市公司会通过设立投资决策委员会或"一票否决权"等方式主动参与到并购基金经营管理过程中。区别于一般并购

① 刘峰、贺建刚、魏明海:《控制权、业绩与利益输送——基于五粮液的案例研究》,载《管理世界》2008年第10期。

基金，该类并购基金投资范围一般限定在上市公司的上下游产业链，并约定上市公司对并购标的有优先收购权。

在监管层面，笔者提出加强上市公司信息披露的针对性和有效性，例如，并购基金的实际运作、上市公司与私募股权基金之间的利益链关系、是否签订市值管理协议等。同时，笔者也就私募股权基金与上市公司构成关联交易情形和上市公司大股东利用并购基金掏空上市公司的法律问题进行了详细的探讨，并提出相应建议。

由于私募股权基金和上市公司合作设立并购基金的发展仍然处在初级阶段，开展比较早的并购基金也仅仅刚开始进行目标项目的收购，大部分并购基金还没有进入该环节。该类并购基金还存在上市公司控制并购基金是否应将并购基金并表等问题，值得进一步研究。

第五章　有限合伙制私募股权基金投资者权益保护

私募股权基金已经成为全球金融市场上的一个重要投资来源，我国的私募股权基金近年来也发展迅速。[①]据普华永道统计，2005 年－2015 年期间，中国内地及香港市场募集的资金共达到 4300 亿美元，占据亚洲私募股权基金市场的主导地位。[②] 随着 2007 年 6 月 1 日修订后的《合伙企业法》的施行，有限合伙制私募股权基金以其独特的优势逐渐成为最常见的、最大规模的私募股权投资基金模式。

在有限合伙制私募股权基金框架下，尽管投资者与基金管理人之间出于合作互赢、资源互补的目的团结在一起，但限于基金管理人信义义务的缺失、内部人控制的失衡、信息不对称等原因，我国投资者一直处于

---

① 根据中国基金业协会统计，截至 2015 年 12 月 31 日，在基金业协会登记的私募股权投资基金管理人家数为 11782 家，管理的资产规模为认缴 26340.02 亿元，实缴 17270.2 亿元。参见中国基金业协会：《证券期货经营机构资产管理业务统计数据(2015 年四季度)》，载微信公众号，http://mp.weixin.qq.com/s? __biz=MzA5OTIwODIyMw==&mid=401850937&idx=2&sn=65b81b13ff45cd8192ead 7bec89ab0fb&scene=1&srcid=0212FaL3DEpeLprrVDviTojy#rd，2016 年 3 月 25 日访问。

② 普华永道，《中国私募股权/风险投资基金 2015 年回顾与 2016 年展望》，载普华永道，http://www.pwccn.com/webme-dia/doc/635926019400284024_pe_china_review_mar2016_chi.pdf，2016 年 4 月 13 日访问。

劣势地位，限制甚至侵害投资者权益的情况时有发生。而投资者在其合法权益时常得不到保护时就会变得谨慎出资甚至最后不再出资。这时，没有了资金供应源的私募股权基金产业就会逐渐衰败。可见，私募股权基金业是否能持续性发展，决定权掌握在投资者的手中。因此，保护投资者的合法权益应作为私募股权基金监管的首要目标，以巩固和增强他们对私募股权基金市场的信心，从而保护私募股权基金市场的健康持久发展。

在此背景下，国内外已有不少学者对私募股权基金进行了相当程度的研究。关于私募股权基金的组织形式，芬恩、梁和普劳斯认为，私募股权投资基金可根据类型（创业型或非创业型私募股权基金）采用公司制、有限合伙制和信托制三种组织形式。① 萨尔曼和芬恩则认为，私募股权基金组织形式的选择应当合并考虑其在利润分配、风险控制、决策机制等方面是否与基金制度的内在特性互相匹配；②关于投资者与基金管理人之间的关系，冈珀斯、勒纳、赖特和赫尔曼等学者主要采用了契约理论和信号选择理论，强调基金内部存在双重委托—代理关系，以及投资者与基金管理人之间的信息不对称使首次公开募权机制成为基金管理人与投资者之间的信号传递机制。③ 萨尔曼采用“委托—代理”理论，提出为消除委托—代理关系带来的冲突，投资者与基金管理人之间的协议必须以有效的激励机制为基础；关于有限合伙制私募股权基金，张陆洋从金融学科的角度对有限合伙制度进行了深入的研究，关注的重点在于对有限合伙基金内部的激励机制和约束机制。龚鹏程、孔玉飞在介绍有限合伙的起源和法律特征的基础上分析了有限合伙基金的内部治理结构。④ 而邹菁则结合大量案例对有限合伙制私募股权基金的募集和运作进行了分析。⑤ 总体而言，国外学者的研究侧重于理论框架的构建以及对具体问题的细化讨论，如投资者与基

① See George W. Fenn, Nelie Liang & Stephen Prowse, "The Economics of the Private Equity Market", *in Staff Study*, Vol. 83, No. 1, 1995, pp. 21-34.

② See William A. Sahlman, "The Structure and Governance of Venture Capital Organization", *in Journal of Financial Economics*, Vol. 27, No. 2, 1990, pp. 473-521.

③ See Paul. A. Gompers & Josh Lerner, "The Determinants of Corporate Venture Capital Success: Organization Structure, Incentives, and Complementarities", *in Journal of Accounting and Economics* 10, 1998, pp. 17-54.

④ 参见龚鹏程、孔玉飞：《论有限合伙制私募基金之治理结构》，载《法学研究》2007 年第 11 期。

⑤ 参见邹菁著：《私募股权基金的募集与运作——法律实务与案例》，法律出版社 2012 年版，第 62~76 页。

金管理人之间的信息不对称问题;国内学者的研究侧重于从宏观角度对私募股权基金进行整体分析,如探讨私募股权基金的募集与运作。这些研究为本章提供了很多思路与理论支持。同时,笔者发现:第一,目前的研究成果多是以金融学和经济学角度为出发点,缺少从法学角度出发专门分析有限合伙制这种组织形式的私募股权基金的研究。第二,虽然目前已有较多的关于私募股权基金治理结构和非法集资的研究,但是,将其与投资权权益保护结合在一起的研究却寥寥无几。以上两点为本章的研究提供了一定的空间。

本章采取以下研究方法对有限合伙制私募股权基金投资者的权益内容及面临的风险进行分析,并就现有的法律制度与实践状况对有限合伙制私募股权基金投资者保护提出具体的建议,以期完善我国有限合伙制度投资者权益保护体系。

(1)实证研究法。本章以中国市场上有限合伙类型的私募股权基金为实证分析的对象,总结出投资者的类型及有限合伙制私募股权基金的结构。

(2)比较分析法。本章通过比较分析私募股权基金的三种组织形式得出有限合伙制私募股权基金的特征。还通过比较分析美国、英国和我国的合格投资者制度概括有限合伙制私募股权基金投资者的基本特征。

(3)案例分析法。本章通过对现代版“庞式骗局”(黄浩案)的分析,说明我国有限合伙制私募股权基金投资者面临着非法集资的外部风险。

第一节　有限合伙制私募股权基金概述

有限合伙制私募股权基金是指由投资人和基金管理人共同设立的以有限合伙为组织形式、以有限合伙协议为基础的私募股权投资基金。其中,投资者一般被称为有限合伙人(Limited Partner,LP),仅以其出资额为限对基金承担有限责任,并不参与基金的日常管理和具体运作;而具有专业知识技能的私募股权基金管理人一般被称为普通合伙人(General Partner,GP),“负责合伙企业的日常管理,并对合伙债务承担无限连带责任”。[①]

一、有限合伙制私募股权基金结构与特征

(一)有限合伙制私募股权基金的结构

有限合伙制私募股权基金发起人通常为普通合伙人,[②]而投资人通常为有限合伙人。虽然普通合伙人在私募股权投资基金中的出资份额一般只有1%~3%,但是其负责执行合伙事务并对基金的债务承担无限连带责任;私募股权投资基金的剩下出资都由有限合伙人负担,而有限合伙人不得执行合伙事务也不得对外代表私募股权投资基金,仅对私募股权投资基金的债务以其出资额为限承担有限责任。

在有限合伙制私募股权基金内部一般设立有顾问委员会、决策委员会和合伙人全体会议。[③] 其中,顾问委员会通常是由有限合伙人和普通合伙人共同选举产生的独立委员组成,负责对利益冲突、关联交易或超额投资等事项进行决策;决策委员会通常是由有限合伙人、普通合伙人和专家等共同组成,负责对合伙企业的重大事务进行终局性的决策;合伙人全体会议是由全体合伙人组成,负责对涉及合伙人入伙、退伙、身份转换、转让权益、清算等事项进行决策。图5-1所示显示有限合伙制私募股权基金的常见结构。

(二)有限合伙制私募股权基金的特征

私募股权基金常见的组织形式除有限合伙制外还有信托制和公司制。根据《合伙企业法》、《信托法》和《公司法》等相关法律,有限合伙制、信托制和公司制三种形式的私募股权基金的对比,如表5-1所示。

① 胡永攀:《私募股权基金组织与监管法律问题研究》,武汉大学2010年博士学位论文。

② “普通合伙人”在本章中又称为GP或基金管理人。

③ 需要说明的是,顾问委员会、决策委员会以及合伙人会议虽然是有限合伙制私募股权基金中特有的组织形式,但具体到各个基金中,这三个组织机构是否需要存在、各自职能与作用,甚至每个组织的具体名称都是私募股权基金根据实际需要通过有限合伙协议这个“根本大法”进行自由约定与设定的。

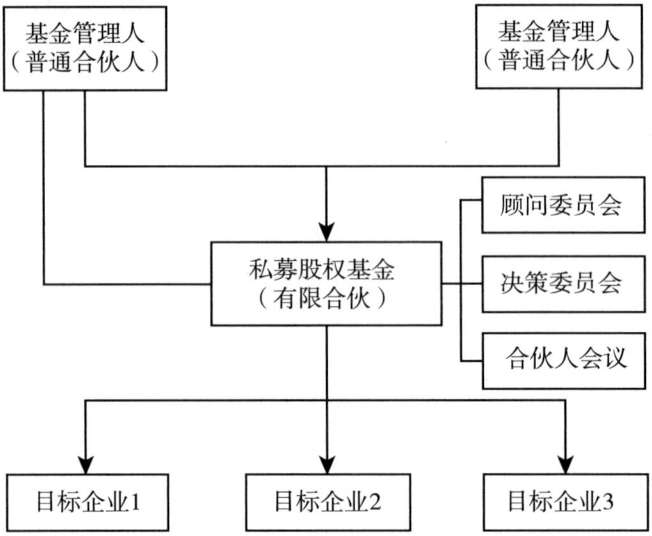

图 5-1　有限合伙制私募股权基金结构示意图①

表 5-1　有限合伙制、信托制和公司制私募股权基金的比较

比较项	有限合伙制	信托制	公司制
适用法律	《合伙企业法》	《信托法》	《公司法》
法律地位	非法人	非法人	法人
经营依据	合伙协议	信托合同	公司章程
债务承担方式	普通合伙人承担无限责任，有限合伙人承担有限责任	仅投资者承担责任	仅投资者承担责任
投资人数	2 人以上至 50 人以下	投资者为自然人的，不得超过 50 人；投资者为机构的，则数量不受限制	有限责任公司股东不超过 50 人；股份有限公司发起人不超过 200 人

① 本图为作者自制。有限合伙人和普通合伙人出资设立有限合伙制私募股权基金以后，有限合伙制私募股权基金作为投资方挑选合适的目标企业进行投资，而有限合伙制私募股权基金内部治理机构主要有顾问委员会、决策委员会和合伙人会议。

续表

比较项	有限合伙制	信托制	公司制
管理人员	普通合伙人	信托公司	股东会和董事会决定的公司管理层
利润分配	按有限合伙协议约定	按信托合同约定	通常按出资比例
税务承担	仅合伙人缴纳所得税	受益人缴纳所得税	双重征税

表5-1表明,有限合伙制私募股权基金与其他两种组织形式的私募股权基金相比,具有以下特点:

1. 具有设立简便和操作灵活的优势

有限合伙制私募股权基金一方面属于组织实体,另一方面又以契约作为私募基金设立的基础,因此,其能够兼具组织实体和合同自由的双重优势。具体表现为:(1)相对于公司制私募股权基金和信托制私募股权基金,有限合伙的设立程序相对简便得多。(2)可以通过合伙协议灵活地约定合作内容与经营方式。

2. 激励机制和约束机制的合理并存

有限合伙制私募股权基金较好地同时实现了对普通合伙人的激励和约束。

(1)激励机制。在有限合伙制私募股权基金中,普通合伙人的收益一般由三部分构成:一是投资份额(一般为1%~3%)所产生的投资收益;二是业绩分红,即与有限合伙人按照20%(或双方确定的其他比例)分配的合伙企业收益;三是管理费,一般为合伙企业总出资额的1%~2.5%。可见,普通合伙人的主要收入来源于业绩分红而非固定的管理费,从而激励着普通合伙人为私募股权投资基金的收益勤勉工作。①

(2)约束机制。有限合伙制私募股权基金对普通合伙人的约束着重体现在两个方面:一是法律规定的普通合伙人承担无限连带责任,有助于约束普通合伙人的随意性投资行为,弱化其道德风险;二是有限合伙协议的约束,通过对有限合伙协议条款的精心设计,同样可以防止普通合伙人

① 陈向聪著:《中国私募基金立法问题研究》,人民出版社2009年版,第172页。

滥用权利,保护有限合伙人利益的有效约束策略,如规定有限合伙人优先回报权、[①]有限合伙人承诺分阶段投资、报告与财务政策[②]等。

3. 税收优势

由于有限合伙企业不具备法人资格,本身不构成税法上独立的纳税主体。我国《合伙企业法》第 6 条采用了国际普遍做法,规定合伙企业包含生产经营所得和其他所得在内的收益,仅由合伙人各自缴纳所得税,不需合伙企业缴纳所得税。所以,有限合伙制私募股权基金避免了双重征税,[③]具有较低的税负,从而给基金投资者带来更大的投资收益。

有限合伙制私募股权基金的上述特征,一方面增加了基金投资者权益遭受侵害的风险,如简便的设立程序和较低的税负给非法集资者利用有限合伙募集资金提供了方便,普通合伙人的收益组成无形中促使其追求高风险高收益的投资项目;另一方面扩宽了保护基金投资者权益的思路,如从契约自由角度出发通过有限合伙协议完善有限合伙制私募股权基金的激励与约束机制。

二、有限合伙制私募股权基金投资者界定

(一)投资者类别

有限合伙制私募股权基金投资者是指持有私募股权投资基金投资份额的人,即出资购买基金份额并根据合伙协议享有权利并承担义务的人,[④]可以是符合特定条件的自然人,也可以是符合条件的公司或其他组织。

目前,我国私募股权市场资金的主要来源集中在上市公司、富有家族及个人、养老基金和财富基金等。我们可以将众多的投资人分为主要的两

---

① “优先回报权”指当私募基金实现了收益时,必须先保证投资者已经全部收回投资,然后才能进行分配。

② 有限合伙协议中通常约定自有限合伙设立的第一个完整年度结束时起,普通合伙人每年应定期向有限合伙人提交年度报告。有限合伙人有权查阅及复印有限合伙的会计账簿等财务资料,有权得到投资项目的估值报告等。

③ See Arturo Requenez II & Timothy S. Shuman, “U. S. Private Equity Funds Making Cross-Border Inv-estments-Primary Tax Considerations”, *in Journal of Taxation*, Vol. 106, No. 6, 2007, p. 354.

④ 参见王荣芳著:《私募股权投资基金监管法律问题研究》,中国政法大学出版社 2013 年版,第 52~53 页。

类：一是个人投资者，二是机构投资者。其中，个人投资者由于具有较高的流动性和较强的分散性而成为私募股权投资基金市场上最广泛、最活跃的投资者。而机构投资者普遍具备风险相对分散、资金相对集中、投资相对专业的外部特点，同时拥有双重委托—代理关系的内部特征。它们或是积极于资产组合管理，或是积极于所投公司管理，相比于个人投资者，对市场影响较大。

在上述两大分类的基础上，笔者参照清科研究中心私募通 2015 年发布的关于私募股权投资人的年度研究报告对投资者进行了进一步的细分，绘制了私募股权投资市场上的投资人详细分类及占比，如图 5-2 和图 5-3 所示。

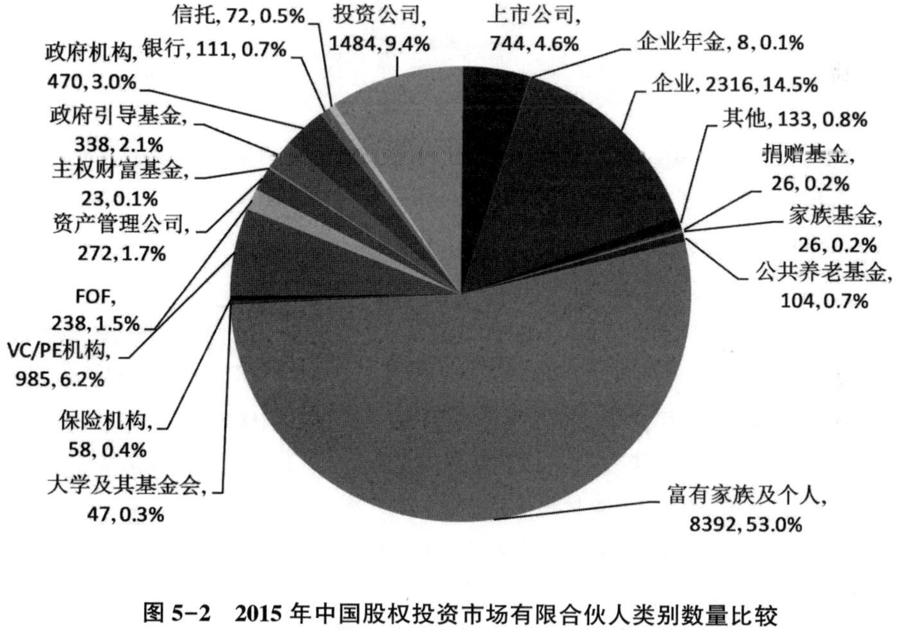

图 5-2　2015 年中国股权投资市场有限合伙人类别数量比较

资料来源：作者自制；信息来源：清科研究中心私募通（www. pedata. cn）。

（二）合格投资者

相较公募而言，法律对私募的监管程度和信息披露要求较低，所以为了降低投资者的投资风险以及维护资本市场的稳定，很多国家都通过法律法规设定了私募股权基金的投资者标准，即“合格投资者”。例如，美国

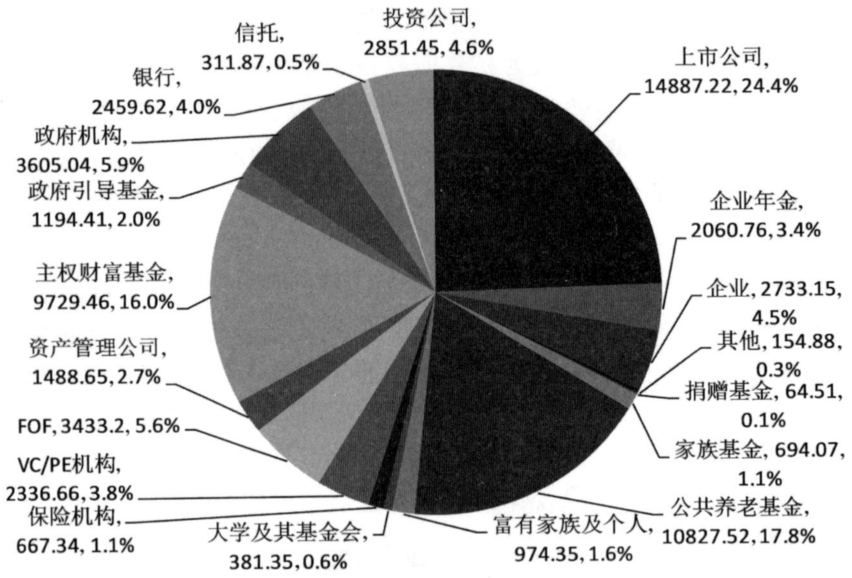

图 5-3　2015 年中国股权投资市场有限合伙人类别可投资资本量比较（亿元）

资料来源：作者自制；信息来源：清科研究中心私募通（www. pedata. cn）。

1940 年《投资公司法》规定的合格投资者有：（1）投资资产超过 500 万美元的家庭企业；（2）投资资产超过 500 万美元的自然人；（3）非以获得该私募基金证券为目的的信托机构及其参与者；（4）自由支配资产超过 2500 万美元的其他组织。[①] 英国 2001 年《集合投资（豁免）发起条例》设定的投资者包括：（1）投资专家；（2）熟练投资者；（3）年收入 10 万英镑以上或净资产[②]超过 25 万英镑的富人；（4）资产高额的公司、非法人公司组织；（5）信托的受托人、发起人或其他代表等。[③]

我国首先通过《证券投资基金法》对合格投资者提出了原则性要求：具备相应的风险承担能力和风险辨别能力，并且达到一定的资产规模或者收入水平以及最低的认购额的个人或单位。然后，《私募投资基金监督管理暂行办法》在此基础上对私募股权基金的合格投资者进行了较为清晰

---

① 美国 2010 年开始施行的《多德—弗兰克华尔街改革与消费者保护法》对"合格投资者"的标准进行了调整，将获得合格投资者身份的机构资产净值标准提高至 10 亿美元。参见文学国著：《私募股权基金法律制度析论》，中国社会科学出版社 2010 年版，第 91～92 页。

② 此处所指净资产排除住房或以住房为抵押的贷款、各种保险。

③ 参见文学国著：《私募股权基金法律制度析论》，中国社会科学出版社 2010 年版，第 91～92 页。

的规定:(1)个人投资者应当满足近三年年均收入不少于50万元或拥有的金融资产不少于300万元的条件;机构投资者则应当拥有不少于1000万元的净资产。(2)社会公益基金,私募基金管理人及其从业人员,依法设立并在基金业协会备案的投资计划以及中国证监会规定的其他投资者等四类投资者视为合格投资者。(3)单只私募基金的起始投资金额为100万元。(4)私募股权基金的投资者人数根据不同的组织形式分别适用不同法律。[①] 本章讨论的有限合伙制私募股权基金受《合伙企业法》调整,即合伙人数量应当满足《合法企业法》第61条规定的"2个以上50个以下"的标准。

虽然各个是国家法律法规对私募股权基金"合格投资者"设定的条件不完全一致,但是通常都要求投资者:(1)具有风险意识和辨别风险的能力以及足够的金融知识和投资经验;(2)拥有高额金融资产,是社会中的富人,能够承担一旦投资失败带来的损失。

第二节　有限合伙制私募股权基金投资者权益内容

一、有限合伙制私募股权基金投资者权益来源

有限合伙制私募股权基金本质上是投资者将资金交由具有专业技能的管理人管理,而管理人对受托管理的财产谨慎投资,并根据有限合伙协议约定参与投资收益分配的制度。可见,有限合伙制私募股权基金本质是信托关系,反映了信托制度的内涵,即私募股权投资基金主体之间的责任和利益的分离、基金财产的独立性、基金运作中的高度信赖关系等。因此有限合伙制私募股权基金的法律性质属于信托范畴。[②]

信托受益人的主要权利是:(1)设立信托财产并委托受托人对该信托

① 参见胡波:《合格投资者制度与私募股权投资基金监管》,载《河南社会科学》2015年第11期。

② 参见王荣芳著:《私募股权投资基金监管法律问题研究》,中国政法大学出版社2013年版,第69页。

财产进行持有和控制，同时要求该信托财产与受托人的私人财产或基于其他信托关系持有的任何财产相独立；(2)要求受托人对信托财产进行适当尽职的投资并平衡所有受益人之间的利益；(3)对受托人行使自由裁量权的行为进行监督，防止受托人随意、冲动或不当地行使自由裁量权；(4)查阅信托基金的财务账簿。[①] 这些受益人权益中的大部分也应成为有限合伙制私募股权基金中有限合伙人的权益的来源之一。[②]

此外，有限合伙制私募股权基金受《合伙企业法》的规范，我国2007年修订的《合伙企业法》赋予了有限合伙人诸多权利，如第68条规定的知情权、第89条规定的分配权等。因此，《合伙企业法》赋予给有限合伙人的基本权益成为有限合伙制私募股权基金中有限合伙人的权益的另一来源。

二、有限合伙制私募股权基金投资者权益内容

(一)分配权

投资者用自己的资金购买基金份额的最终目的是通过专家理财获得更多的投资收益，而分配权即是投资者实现这一目的的有力保障。有限合伙人享有的分配权主要包含以下两个内容：

(1)根据《合伙企业法》第69条的规定，每个合伙人都应当分得有限合伙企业的利润，除非有限合伙协议特别约定合伙企业的全部利润仅在部分合伙人之间进行分配。[③] 因此，当有限合伙制私募股权基金经营良好时，有限合伙人享有对私募股权基金的投资利润分配请求权，至于分配的方式，可以由合伙协议另行约定。

(2)根据《合伙企业法》第89条的规定，合伙企业终止时的财产分配顺序如下：①支付清算费用；②支付职工工资；③支付社会保险费用；④法定补偿金；⑤缴纳欠付的税款；⑥清偿对外债务；⑦向合伙人分配剩余财

---

① 参见[英]D. J. 海顿著：《信托法》，周翼、王昊译，法律出版社2004年版，第167~183页。

② 参见李文涛著：《私募有限合伙基金法律制度研究——以物权分析为视角》，知识产权出版社2009年版，第117~118页。

③ 《合伙企业法》第69条：有限合伙企业不得将全部利润分配给部分合伙人；但是，合伙协议另有约定的除外。

产。因此,当有限合伙制私募股权基金经营不善导致解散或破产清算时,有限合伙人对于私募股权投资基金的剩余财产享有分配请求权,这是投资者利益保护的最后一道保障。需要强调的是,无论分配对象如何,也无论以何种形式进行分配,投资者分配权均要求合理、公平、及时。“假使有限合伙没有公平合理及时地分配,投资者可以通过提起直接诉讼维护自己的权益。”①

资本的本质是寻求自我增值,具有不断再生产的属性,如何保证投资能够得到回报而不是打水漂对投资者来说尤为重要。因为基金份额与贷款不同,贷款的回报主要是利息,是一种通过合同事先明确约定的固定索取权,并且在实现顺序上享有优先权;而基金份额收益虽然形式上是资产,但回报条件是私募股权投资基金经营取得的利润。这是一种剩余索取权,不但无法通过协议事先明确约定,而且在实现顺序上排在最后。此外,投资者可能面临着基金管理人通过不公允的关联交易、制作虚假财务账簿等各种方式不当处分或减少私募股权投资基金应有利润从而使投资者丧失分配权的风险。

(二)参与权

我国关于投资者参与权的法律规定主要是《公司法》第 4 条规定的股东参与公司重大决策的权利。② 但是,该条款没有对投资者参与权进行清晰的规定。所以我国理论界针对参与权含义与范围的观点莫衷一是:有学者认为参与权又称为管理参与权,指投资者参与其投资的对象,如私募股权基金,内外事务决策的权利;③还有学者认为,参与权指投资者参与其投资的对象内部组织体系构建和经营性事务管理的各种权利。④ 通过对多个学者的观点进行分析,可以将投资者参与权的含义与范围归纳为:投资者在不享有经营权的前提下参与其投资客体重大事务管理过程中所享有的各种权利之和。

有限合伙制私募股权基金也是所有权与经营权相分离,完全符合上述参与权的产生的基础。有限合伙制私募股权基金的投资者应当类比公司

① 赵万一主编:《证券市场投资者利益保护法律制度研究》,法律出版社 2013 年版,第 32 页。

② 《公司法》第 4 条:公司股东依法享有资产收益、参与重大决策和选择管理者的权利。

③ 参见张育军著:《投资者保护法律制度研究》,人民法院出版社 2006 年版,第 55 页。

④ 参见王旭东:《股东参与权研究》,吉林大学 2007 年博士学位论文。

的股东对其出资的客体享有参与权。此外，虽然根据我国《合伙企业法》第 67 条的规定，在有限合伙企业中，占大部分出资份额的有限合伙人不得对外代表合伙企业也不得执行合伙企业的事务，相反普通合伙人享有完全的合伙事务执行权。但是，我国《合伙企业法》第 68 条同样赋予了有限合伙人有限的参与权，包括：(1) 在事关其本身利益的情形下查阅有限合伙企业包含财务账册、会计报表等在内的财务资料以及获得有限合伙企业财务会计报告；(2) 对有限合伙企业的经营管理提出建议；(3) 对普通合伙人的入伙、退伙和会计师事务所的聘用发表重要意见；(4) 依法为本有限合伙企业对外提供担保；(5) 当普通合伙人怠于履行职责损害有限合伙企业的利益时提起代表诉讼以及当普通合伙人损害其本身的利益时提起直接诉讼。

任何时候都不应当剥夺投资者的参与权，因为这是一项固有的补偿性权利，补偿投资者对其投资客体经营权的放弃。投资者是私募股权投资基金资本的供应方，正是由于投资者的出资才形成了私募股权投资基金赖以维持的资本，而私募股权投资基金经营失败的风险最终将转嫁给投资者承担。所以，对于扮演私募股权投资基金出资者与风险承担者双重角色的投资者，不仅应享有基于出资而获得的分配权，还应享有与控制风险相关的参与权。另一方面，赋予投资者参与权可以实现投资者对基金管理人的行为进行直接或间接的监督，防范基金管理人的道德风险，降低代理成本，防止内部人对控制权价值的掠夺，有利于提高有限合伙私募股权基金治理水平，进而确保基金的利润能够回报给投资者。

(三) 知情权

1. 知情权概述

知情权是指投资者对有限合伙企业经营管理、财务状况、重要文件和重大事项知晓和了解的权利。[①] 知情权是投资者参与有限合伙企业治理的基础，投资者只有在获取充分、有效信息的前提下，才能及时、准确地作出判断决策，成为资本市场上最活跃的因素。

我国《合伙企业法》中赋予有限合伙人的知情权主要是：在事关其本身利益的情形下查阅有限合伙企业包含财务账册、会计报表等在内的财务

① 参见赵万一主编：《证券市场投资者利益保护法律制度研究》，法律出版社 2013 年版，第 170 页。

资料,以及获得经审计的有限合伙企业财务会计报告,即以财务信息为主。[①] 对此,投资者知情权的权利客体主要包括季度、年度财务会计报告,有限合伙协议,合伙人大会会议内容等。[②] 但是,财务会计报告、会议记录等仅仅是有限合伙人知情权的外在形式载体而不是权利客体。投资者知情权的权利客体应当是企业的财务状况和经营管理状况,尤其是财务状况。该财务状况指因资金流动引起的财务行为以及对应的财务关系,由经营领域的财务事实、管理领域的管理事实和核算监督领域的会计事实三部分构成。其中,经营管理事实既是独立存在的,又包含在会计事实当中或与财务事实存在联系,例如,有限合伙制私募股权基金日常的投资行为会引发投资关系并形成与投资相关的会计核算监督等关联事实。

当投资者能够及时获知有限合伙制私募股权基金经营管理状况与财务状况的有效信息时,其一方面可以较为准确地判断自己的资金亏盈情况并较为迅速地作出反应,另一方面可以更为有效地约束普通合伙人的经营管理权。当然,鉴于信息的获取和分析都需要成本,投资者可以根据自身情况选择以不同的成本换取不同程度的信息。

2. 重大事项监管

我国私募基金领域的重大事项监管也为投资者行使知情权提供了可能。自《私募投资基金管理人登记和基金备案办法(试行)》(以下简称《登记办法》)实施之后,已有不少私募基金管理人(以下简称管理人)因其自身或旗下管理的私募基金产品(以下简称基金产品)发生重大事项后,未及时向中国证券投资基金业协会(以下简称协会)报告而受到协会的相应纪律处分。

(1)重大事项的范围和相关义务

依据《私募投资基金监督管理暂行办法》(以下简称《暂行办法》)、《登记办法》和《私募投资基金信息披露管理办法》(以下简称《信披办法》)等相关法律、法规,管理人或基金产品在发生部分重大事项后,应向

---

① 《合伙企业法》第68条第2款:"有限合伙人的下列行为,不视为执行合伙事务:……(四)获取经审计的有限合伙企业财务会计报告;(五)对涉及自身利益的情况,查阅有限合伙企业财务会计账簿等财务资料。……"

② 参见蒋大兴:《超越股东知情权诉讼的司法困境》,载《法学》2005年第2期。

协会履行报告义务和/或向基金投资者履行披露义务，[①]如管理人变更控股股东、实际控制人、法定代表人/执行事务合伙人或协会认定的其他重大

① 《私募投资基金监督管理暂行办法》第25条：私募基金管理人应当根据基金业协会的规定，及时填报并定期更新管理人及其从业人员的有关信息、所管理私募基金的投资运作情况和杠杆运用情况，保证所填报内容真实、准确、完整。发生重大事项的，应当在10个工作日内向基金业协会报告。

《私募投资基金管理人登记和基金备案办法（试行）》第22条私募基金管理人发生以下重大事项的，应当在10个工作日内向基金业协会报告：

（一）私募基金管理人的名称、高级管理人员发生变更；

（二）私募基金管理人的控股股东、实际控制人或者执行事务合伙人发生变更；

（三）私募基金管理人分立或者合并；

（四）私募基金管理人或高级管理人员存在重大违法违规行为；

（五）依法解散、被依法撤销或者被依法宣告破产；

（六）可能损害投资者利益的其他重大事项。

第23条私募基金运行期间，发生以下重大事项的，私募基金管理人应当在5个工作日内向基金业协会报告：

（一）基金合同发生重大变化；

（二）投资者数量超过法律法规规定；

（三）基金发生清盘或清算；

（四）私募基金管理人、基金托管人发生变更；

（五）对基金持续运行、投资者利益、资产净值产生重大影响的其他事件。

《私募投资基金信息披露管理办法》第18条发生以下重大事项的，信息披露义务人应按基金合同的约定及时向基金投资者进行披露：

（一）基金名称、注册地址、组织形式发生变更的；

（二）投资范围和投资策略发生重大变化的；

（三）变更基金管理人或托管人的；

（四）管理人的法定代表人、执行事务合伙人（委派代表）、实际控制人发生变更的；

（五）触及基金止损线或预警线的；

（六）管理费率、托管费率发生变化的；

（七）基金收益分配事项发生变更的；

（八）基金触发巨额赎回的；

（九）基金存续期变更或展期的；

（十）基金发生清盘或清算的；

（十一）发生重大关联交易事项的；

（十二）基金管理人、实际控制人、高管人员涉嫌重大违法违规行为或正在接受监管部门或自律管理部门调查的；

（十三）涉及私募基金管理业务、基金财产、基金托管业务的重大诉讼、仲裁；

（十四）基金合同约定的影响投资者利益的其他重大事项。

《私募投资基金信息披露管理办法》第2条本办法所称的信息披露义务人，指私募基金管理人、私募基金托管人，以及法律、行政法规、中国证券监督管理委员会（以下简称中国证监会）和中国证券投资基金业协会（以下简称中国基金业协会）规定的具有信息披露义务的法人和其他组织。

事项,还应向协会提交《重大事项变更专项法律意见书》。[①] 无论是《登记办法》还是《信披办法》均对需进行报告和/或披露的重大事项标准进行了原则性规定,凡是发生有可能损害投资者利益或对基金持续运行、投资者利益、资产净值产生产生重大影响或基金合同约定的影响投资者利益的重大事项,均应履行报告和/或披露义务,而协会也保留着对需出具专项法律意见书的重大事项的最终决定权。作为管理人而言,正确判断哪些事项系利益事项就显得相当重要,因为一旦判断有误而未能及时履行报告和/或披露义务或未出具专项法律意见书,将可能导致基金产品无法备案,甚至受到协会的严厉处分。

管理人的组织形式分为公司型和合伙型,而基金产品的组织形式分为公司型、合伙型和契约型。公司型和合伙型的管理人或基金产品均系在工商行政管理部门登记注册的商事主体,应遵守《公司法》或《合伙企业法》的规定。由于利益事项系重大事项的组成部分,根据《公司法》或《合伙企业法》的规定对不同组织形式的管理人或基金产品的重大事项范围进行分析,即可明确利益事项的范围:

①公司型管理人或基金产品

公司型管理人或基金产品系根据《公司法》及其配套法规、规章在工商行政管理部门登记注册的商事主体,其重大事项范围应遵守《公司法》的相关规定。《公司法》规定股东(大)会是公司的权力机构,而股东(大)会作出决议分为两种:普通决议和特别决议。《公司法》第 43 条规定了有限责任公司须经代表三分之二以上表决权的股东通过的特别决议事项,该等事项包括:修改公司章程、增加或者减少注册资本,以及公司合并、分立、解散或者变更公司形式。而对股份有限公司来说,前述事项须经出席股东大会的股东所持表决权的三分之二以上通过。[②]

《公司法》对表决通过该等事项的表决权比例规定了比普通决议更高的要求,正是因为该等事项均是影响股东利益的事项,因而是公司的重大

---

① 《中国基金业协会关于进一步规范私募基金管理人登记若干事项的公告》……(四)已登记的私募基金管理人申请变更控股股东、变更实际控制人、变更法定代表人\执行事务合伙人等重大事项或中国基金业协会审慎认定的其他重大事项的,应提交《私募基金管理人重大事项变更专项法律意见书》。

② 《公司法》第 103 条第 2 款股东大会作出决议,必须经出席会议的股东所持表决权过半数通过。但是,股东大会作出修改公司章程、增加或者减少注册资本的决议,以及公司合并、分立、解散或者变更公司形式的决议,必须经出席会议的股东所持表决权的三分之二以上通过。

事项。[①] 然而,该等事项是否均为利益事项则需具体分析。比如,如果公司型基金产品增加注册资本,无论新增出资来自管理人或来自投资者或来自第三人,均会实质影响投资者利益,甚至可能损害投资者利益,则属于利益事项。此外,修改公司章程中不涉及公司经营决策的非核心条款一般并不会损害投资者利益,不属于利益事项。

②合伙型管理人或基金产品

与公司型管理人或基金产品的情况类似,合伙型管理人或基金产品重大事项的范围应符合《合伙企业法》的相关规定。《合伙企业法》第 31 条规定,[②]除合伙协议另有约定外,合伙企业的部分事项应当经全体合伙人一致同意,该等事项包括:改变合伙企业的名称;改变合伙企业的经营范围、主要经营场所的地点;处分合伙企业的不动产;转让或者处分合伙企业的知识产权和其他财产权利;以合伙企业名义为他人提供担保;聘任合伙人以外的人担任合伙企业的经营管理人员。

《合伙企业法》之所以规定前述事项需全体合伙人一致同意(合伙协议另有约定除外),是因为该等事项均系合伙企业的重大事项,关系到每一个合伙人的利益。如合伙协议并未就前述事项的表决方式进行例外约定,则该等事项均应视为利益事项。

③契约型基金产品

对于契约型基金产品而言,因其并非独立的商事主体,因此并无独立的企业法可依据,也没有专门针对其重大事项范围的规定,管理人可以根据公平、合理的原则以及基金合同的约定对利益事项作出判断。

(2)不履行相关义务导致的后果

管理人或基金产品发生利益事项后,应依据相关法律法规及时向协会报告和/或向投资者进行披露,否则将会受到协会的相应处分:

①登记办法

第 30 条私募基金管理人、高级管理人员及其他从业人员存在以下情形的,基金业协会视情节轻重可以对私募基金管理人采取警告、行业内通报批评、公开谴责、暂停受理基金备案、取消会员资格等措施,对高级管理人员及其他从业人员采取警告、行业内通报批评、公开谴责、取消从业资格

① 参见《公司法》第 43 条、第 103 条。

② 参见《合伙企业法》第 31 条。

等措施,并记入诚信档案。情节严重的,移交中国证监会处理:

②违反《证券投资基金法》及本办法规定

第31条 私募基金管理人未按规定及时填报业务数据或者进行信息更新的,基金业协会责令改正;一年累计两次以上未按时填报业务数据、进行信息更新的,基金业协会可以对主要责任人员采取警告措施,情节严重的向中国证监会报告。

③信息披露办法

第25条 信息披露义务人违反本办法第5条、第9条、第16条至第18条的,投资者可以向中国基金业协会投诉或举报,中国基金业协会可以要求其限期改正。逾期未改正的,中国基金业协会可以视情节轻重对信息披露义务人及主要负责人采取谈话提醒、书面警示、要求参加强制培训、行业内谴责、加入黑名单等纪律处分。

④暂行办法

第33条 私募基金管理人、私募基金托管人、私募基金销售机构及其他私募服务机构及其从业人员违反法律、行政法规及本办法规定,中国证监会及其派出机构可以对其采取责令改正、监管谈话、出具警示函、公开谴责等行政监管措施。

⑤《中国基金业协会关于进一步规范私募基金管理人登记若干事项的公告》

(3)私募基金管理人应当及时履行信息报送义务

按照《私募投资基金监督管理暂行办法》和《私募投资基金管理人登记和基金备案办法(试行)》的规定,私募基金管理人应当通过私募基金登记备案系统及时履行私募基金管理人及其管理的私募基金的季度、年度和重大事项信息报送更新等信息报送义务。

①自本公告发布之日起,按照《私募投资基金管理人登记和基金备案办法(试行)》和中国基金业协会的相关规定,已登记的私募基金管理人未按时履行季度、年度和重大事项信息报送更新义务的,在私募基金管理人完成相应整改要求之前,中国基金业协会将暂停受理该机构的私募基金产品备案申请。

②私募基金管理人未按时履行季度、年度和重大事项信息报送更新义务累计达2次的,中国基金业协会将其列入异常机构名单,并通过私募基

金管理人公示平台(http://gs. amac. org. cn)对外公示。一旦私募基金管理人作为异常机构公示,即使整改完毕,至少6个月后才能恢复正常机构公示状态。

(四)诉权

没有救济就没有权利,有权利则必有救济。诉权既是保障有限合伙人权利的重要途径,也是对普通合伙人潜在的约束和制约。我国《合伙企业法》赋予有限合伙人直接诉权和派生诉权。

根据《合伙企业法》第68条第2款第6项的规定,[①]有限合伙人享有的直接诉权,是指其在有限合伙企业中的利益受到侵害时,向有责任的合伙人主张权利或者提起诉讼。实践中,有限合伙人起诉的诉由可以包括知情权的行使、投票权的行使、普通合伙人违反忠实义务等。需要注意的是,根据《民事诉讼法》及相关司法解释,有限合伙人起诉时对其在有限合伙企业中的权利或利益所受到的损害负有举证责任。

根据《合伙企业法》第68条第2款第7项的规定,有限合伙人享有的派生诉权,是指在有限合伙企业的权益受到侵害,而执行事务合伙人怠于行使权利时,有限合伙人以自己的名义提起诉讼。由于有限合伙人提起派生诉讼,其本质是在行使有限合伙企业的权利,因而其行使条件比行使直接诉权要严格,有限合伙人必须先向普通合伙人提出请求,只有当普通合伙人"怠于行使权利"时,有限合伙人才能提起派生诉讼。并且,如果有限合伙人派生诉讼结果是胜诉,那么因该诉讼获得的赔偿金在内的收益均归属于有限合伙。因为该诉讼直接维护的是有限合伙的利益,而对有限合伙人自身的利益只是起到间接维护的作用。

① 《合伙企业法》第68条:"有限合伙人不执行合伙事务,不得对外代表有限合伙企业。有限合伙人的下列行为,不视为执行合伙事务:(一)参与决定普通合伙人入伙、退伙;(二)对企业的经营管理提出建议;(三)参与选择承办有限合伙企业审计业务的会计师事务所;(四)获取经审计的有限合伙企业财务会计报告;(五)对涉及自身利益的情况,查阅有限合伙企业财务会计账簿等财务资料;(六)在有限合伙企业中的利益受到侵害时,向有责任的合伙人主张权利或者提起诉讼;(七)执行事务合伙人怠于行使权利时,督促其行使权利或者为了本企业的利益以自己的名义提起诉讼;(八)依法为本企业提供担保。"

第三节　有限合伙制私募股权基金投资者面临的风险

一、外部环境风险:遭遇"非法集资"紧箍咒

(一)现代版"庞式骗局"①

2006年开始,浙江黄浩等人先成立了汇仁投资、汇义投资、汇乐投资(以下统称为汇乐集团)等公司进行融资,然后通过汇乐集团陆续设立了上海德浩投资管理合伙企业(有限合伙)、天津德厚投资基金合伙企业(有限合伙)、天津德厚基金管理有限公司,再以产业基金名义进行新一轮的融资。具体措施是:由天津德厚基金管理有限公司担任普通合伙人以承诺预期每月0.9%收益的方式鼓动投资者以有限合伙人身份加入上海德浩投资管理合伙企业。实际上,黄浩等人将所筹集的资金全部用于炒股,没有进行任何产业性的投资。经调查,黄浩团队在3年的时间内向800名左右的投资者筹集了近2亿元资金。② 2010年12月,上海市第一中级人民法院就此案作出判决:黄浩等人分别被以非法吸收公众存款罪、集资诈骗罪和非法经营罪定罪量刑,此案被称为中国私募第一案,现代版"庞式骗局"(以下简称黄浩案)。

黄浩案是一个比较典型的有限合伙制私募股权基金遭遇非法集资陷阱的案例,涉及的罪名构成了我国私募基金现阶段所面临的最常见的刑事责任。③ 黄浩团队吸引众多的投资者出资,主要因为:(1)黄浩团队通过开展推介会、研讨会等公开形式向一般投资者大肆推广基金;(2)黄浩团队利用投资者非理性的想法,向其承诺可观的保底收益。

---

① "庞式骗局",是指美国一名叫查尔斯·庞齐的人策划了一场金融诈骗。1919年,庞齐利用当时的混乱经济局势和经济体系,在美国设计了一个"邮政票据投资计划",以"买进卖出赚差价"和"所有投资都能在2个月内获得一半的收益"为口号吸引大众出资。刚开始庞齐用其他投资者的钱确实兑付了一些本息,这也使得参与的人越来越多。直到1920年庞齐宣布破产,庞齐已经筹集到了1500万美元的资金。至此,"庞氏骗局"成为"拆东墙补西墙"式金融诈骗行为的代名词。参见刘永刚:《中国PE第一案开审PE乱象》,载《中国经济周刊》2010年第24期。

② 为规避股东人数不超过200人的规定,汇乐集团采取了其他股东代持方式进行工商登记。

③ 参见彭夯著:《私募基金监管法律问题研究》,复旦大学出版社2011年版,第187页。

(二)陷入非法集资乱象的深层次原因

自黄浩案开始,最近几年私募股权投资基金涉刑事犯罪案件大量出现,影响恶劣。根据天津市第二中级人民法院(以下简称天津二中院)2015年1月29日发布的《涉私募基金刑事审判白皮书(2013-2014)》显示,2013年至2014年,天津二中院辖区内的法院共审理了20多件的非法集资刑事案件。其中以私募股权投资基金为犯罪手段的案件有18件,被害人人数高达3.6万多人、涉案金额达到108.2亿元、定罪率高达100%。[①]何以有限合伙制私募股权基金屡屡遭遇非法集资陷阱?

除了投资者缺乏理性、集资者承诺保底收益等表面原因外,更深层次的原因包括:(1)有限合伙企业设立程序简便灵活,[②]并且税负较低,这使集资者通过设立有限合伙募集资金的途径投入成本较低、可操作性较强;(2)相比公司制私募股权基金而言,关于有限合伙企业的强制性规定较少,有限合伙人和普通合伙人可以通过有限合伙协议确定双方的权利义务,而这一点正好为集资者尽可能扩大自身权利、减免自身义务创造了空间,毕竟投资者相对于集资者处于弱势一方;(3)基于现行《合伙企业法》的规定,普通合伙人对基金的日常经营管理,包括项目选择、被投资对象的管理等方面享有绝对的自主权,而有限合伙人仅享有有限的监督权,因此不难理解集资者轻易欺瞒投资者将所募集资金挪作他用,最终导致悲剧的发生。

二、内部治理风险

(一)普通合伙人信义义务缺失的风险

如前所述,有限合伙制私募股权投资基金没有脱离信托制度的本质内

---

① 参见天津二中院:《涉私募基金刑事审判白皮书(2013-2014)》,载微信公众号,http://mp.weixin.qq.com/s? __biz=MzA4ODM4ODUzNA==&mid=202448467&idx=2&sn=37fb95af305eff7d2426d678f792d331& 3rd=MzA3MDU4NTYzMw==&scene=6#rd,2016年3月25日访问。

② 各地方政府为促进本区域内私募股权基金的发展,先后纷纷出台了一系列政策文件,如2007年11月16日天津市工商局发布《关于私募股权投资基金、私募股权投资基金管理公司(企业)进行工商登记的意见》,2008年8月上海市金融办发布《关于本市股权投资企业工商登记等事项的通知》,这些政策文件为有限合伙制私募股权基金的设立提供了强有力的法律支持,既增强了可操作性,也使其设立程序更加简便。参见刘龙飞著:《私募股权基金运作法律实务》,中国法制出版社2012年版,第44页。

涵,体现的仍是“受人之托,代人理财”的信托法理,其信托属性决定了信托关系必然成为私募股权投资基金产生和存在的前提。因此,普通合伙人作为受托人,对有限合伙人应负有高度的信义义务。[①] 另一方面,投资者基于对基金管理人的道德素质和投资能力的高度信任,才将自己的财产交给其来管理、运作,并由自己承担投资损失的风险。从这个角度来说,普通合伙人也应当对有限合伙人负有高度的信义义务。

尽管在法理上“有限合伙企业中的普通合伙人应负有信义义务”这一观点一直存在,但是,普通合伙人对有限合伙人应负有的特殊信义义务在我国现行法律制度中尚未得到完全体现。我国《合伙企业法》仅规定了普通合伙企业中普通合伙人的信义义务,没有对有限合伙企业中普通合伙人的信义义务作出专门规定。[②] 这样一来,有限合伙企业中普通合伙人的信义义务只能模糊套用普通合伙企业中普通合伙人的信义义务。问题是:首先,普通合伙与有限合伙虽然都是合伙企业,但两者的企业形态、治理结构都不相同,这就需要法律为两者分别规定不同的权利义务配置体系。其次,在普通合伙企业普通合伙人信义义务立法中只是规定了忠实义务,而未规定注意义务。并且对于忠实义务的规定也是不完备的,仅规定了两种:自我交易和竞业禁止。最后,立法没有规定当作为信义义务的主要承担者普通合伙人不履行或者不完全履行信义义务时,如利用有限合伙企业管理非基金达到关联方融资的目的、未如实地披露项目的性质和真实情况等,受到侵害的有限合伙企业或者有限合伙人能够采用何种措施主张维权。这不符合“有权利则有救济”的法律原则。

(二)内部人控制的风险

根据我国《合伙企业法》的规定,在有限合伙制私募股权基金中一般由普通合伙人负责基金的日常管理和重大决策,有限合伙人不能干预日常经营活动。可见,普通合伙人对私募股权基金拥有法律上的控制权。另

① 信义义务,又称受信义务或信托义务,指受信人基于信义关系而对受益人产生的法律义务。而信义关系是指由一方基于信赖将自己的资产交于另一方持有、运作,而另一方承诺为对方的最大利益操作。参见李文涛著:《私募有限合伙基金法律制度研究——以物权分析为视角》,知识产权出版社2009年版,第103~104页。

② 《合伙企业法》第60条:有限合伙及其合伙人适用本章规定;本章未作规定的,适用本法第二章第一节至第五节关于普通合伙企业及其合伙人的规定。

外,由于股权投资专业性较强,有限合伙人不具备对股权投资进行审查和监督的能力,使普通合伙人又对私募股权基金拥有事实上的控制权,因此有限合伙形式的私募股权基金中常常会产生内部人控制的问题。而内部人控制为普通合伙人可能损害有限合伙人利益的道德风险提供了一定的便利,如当有限合伙人与普通合伙人约定的业绩分红比例较高时,普通合伙人可能为了得到高额的业绩分红[①]而选择高风险的项目进行投资。具体地说,当私募股权投资基金的高风险投资项目实现高收益时,普通合伙人能获得可观的奖励分红;当私募股权投资基金的高风险投资项目出现巨额亏损时,普通合伙人损失的只是微薄的投资份额。因此,普通合伙人从自身利益出发时就会选择高风险的投资项目,因为这种冒险行为可能给其带来相应的高收益却不会让其承担相应的高成本。但是,普通合伙人如此的冒险行为会增大私募股权投资基金市场投资失败的风险,更会造成有限合伙人的资金损失惨重,甚至会引发整个私募股权投资基金市场的危机。相反,当有限合伙人与普通合伙人约定的业绩分红比例较低时而固定的管理费较高时,普通合伙人可能会偷懒、懈怠,不去努力寻找风险低、收益高的投资项目。

三、信息劣势风险

(一)信息不对称引发逆向选择和道德风险

私募股权基金管理人与投资者相比,总是拥有信息优势,主要体现在以下两个方面:第一,在资金募集阶段,基金管理人比投资人更了解自己的专业能力、综合素质、决策思路及投资经验。而投资者用来判断基金投资价值并作出决定的依据信息通常来源于基金管理人。第二,在基金运作阶段,基金管理人负责基金的经营管理和投资运作自然比投资者掌握更多的信息。尤其是私募股权投资基金主要投资于未上市企业的股权,并倾向于高新技术企业和成长性企业,[②]一般的基金投资者根本无法接触到投资对

---

① 有限合伙制私募股权投资基金中,虽然基金管理人的出资一般只占基金总额的1%~3%,但基金管理人根据合伙协议约定普通合伙人一般会分得基金利润的20%作为业绩分红奖励。

② 据普华永道统计,2015年私募股权基金在高科技行业的交易数量上升至40%,因此高科技行业仍为私募股权基金热门行业,且具有上升趋势。参见普华永道:《中国私募股权/风险投资基金2015年回顾与2016年展望》,载普华永道,http://www.pwccn.com/webme-dia/doc/635926019400284024_pe_china_review_mar2016_chi.pdf,2016年4月13日访问。

象,也难以理解高技术性的投资对象的信息。此外,由于获取信息需要支付一定的成本以及普遍存在的“搭便车”心理,一般投资者很难有主动收集信息的积极性,即使有,他们也难以支付收集信息带来的成本。因此,私募股权基金的信息不对称现象愈加严重。

投资者与基金管理人之间的信息不对称问题会引起“逆向选择”和“道德风险”两大问题。逆向选择指的是在双方进行交易之前,信息劣势一方因无法了解另一方的真实情况而偏向于作出不正确的选择。[①] 如前所述,在有限合伙制私募股权基金中,有限合伙人是信息劣势方,普通合伙人是信息优势方。由于普通合伙人的道德素质和投资能力是外部难以辨认的,有限合伙人选择普通合伙人时,只能根据普通合伙人自己所宣称的投资能力和以往的业绩作出决定。而普通合伙人为了成功筹集到基金自然会“扬长避短”,宣扬佳绩隐瞒劣绩。结果,由于信息不对称,投资者因轻信基金管理人自我夸大的业绩而选择了次优的基金管理人导致投资损失后,逐渐对私募基金市场失去信心甚至退出私募基金市场。这种状况不仅不利于投资者权益的保护,也不利于私募基金市场的健康发展。道德风险是指双方进行交易之后,信息劣势一方难以了解另一方的真实情况而被动遭受损失的可能性,广泛发生于委托—代理关系的市场主体之间。在有限合伙制私募股权基金中,有限合伙人通过与普通合伙人签订有限合伙协议将资本委托给普通合伙人进行投资运作。在双方形成委托—代理关系后,普通合伙人负责处理基金日常事务,而有限合伙人不能干预正常的经营活动,有限合伙人与普通合伙人之间存在严重的信息不对称问题,有限合伙人往往很难察觉普通合伙人为追求自身利益最大化而进行的机会主义行为,如过多进行短期投机行为而忽视基金整体的长远利益,过于扩大基金规模并收取过高管理费用而忽视基金管理的效率等。可以看出,“逆向选择”和“道德风险”对私募股权基金的有效运行和有限合伙人权益的合法保护具有重大负面性影响。

(二)《合伙企业法》对投资者知情权规定的漏洞

《合伙企业法》中规定的有限合伙人知情权主要指向财务信息,包括对涉

① 参见朱奇峰著:《中国私募股权基本理论、实践与前瞻》,清华大学出版社2010年版,第129页。

及自身权益的情况查阅合伙企业的财务会计账簿等财务资料以及获取合伙企业财务会计报告。但是,我国对有限合伙人知情权的规定存在以下问题:

1. 投资者知情权制度的模糊化

赵万一调研发现,在法律没有作出明确规定的情况下,有限合伙人与普通合伙人对投资者知情权行使的边界理解分歧很大,主要体现在:(1)有限合伙人认为查阅会计账簿时应当包含对会计凭证的查阅,但普通合伙人认为法律并未规定可以查阅会计凭证而予以拒绝;(2)有限合伙人认为其可以要求随时查阅合伙企业财务资料,但普通合伙人认为有限合伙人查阅合伙企业财务资料的要求只能在规定的时间和地点才能予以满足;(3)有限合伙人认为可以查阅合伙企业所有时间的财务资料,但普通合伙人认为有限合伙人只能查阅涉案法律文书生效之前的财务资料。[①] 这样导致的结果是:第一,在法律规定比较模糊的情况下,能不能知情、如何知情都具有相当程度的不确定性。这种不确定性增加了诉讼的成本,也减弱了投资者知情权的权能价值;第二,在比较模糊的法律规定下,普通合伙人更偏向于漠视有限合伙人的权利,通过隐瞒真实信息、披露虚假信息等方式侵害有限合伙人的权益以达到自身利益最大化。因为法律缺乏执行力的环境中基于机会主义的运作手段,并不需要承担太多的法律风险。

2. 投资者财务知情权制度的逻辑错误。

第一,有限合伙人知情权的本质是对合伙企业经营管理状况与财务状况的知情权。但会计账簿等书面材料是管理层已发生的众多会计事实进行整理与加工的结果。这些书面材料只是会计事实的形式载体之一,而且有可能在整理和加工的过程中被操作人员进行了虚构或隐瞒。而且,即使书面资料记载的信息没有被主观改变,都是真实准确的,也不过是当时记录的有限的资产事实状况,不能反映过后的资产现有状况。可见,书面材料无法完全证明合伙企业财务状况的真实性与完整性。因此,有限合伙人知情权的对象仅仅限定为这些书面资料是不可靠的。第二,有限合伙人知情权的权能需求是由知情权客体和范围决定的。查阅这种手段仅能说明已发生的会计事实存在相应的会计记录,而要满足有限合伙人知情权的权能需求还需通过除查阅之外的其他手段获取更多和更有现实意义证据,如

① 参见赵万一主编:《证券市场投资者利益保护法律制度研究》,法律出版社2013年版,第180~182页。

通过观察企业运营、询证交易方、询问经办人、盘点实物资产等以获取同样重要的信息。总之，有限合伙人只有扩大知情的手段才能真实、完整了解有限合伙企业的实际运营状况和财务状况。

综上，我国对有限合伙人行使知情权的立法忽略了知情权的本质是会计法律事实这一关键点，同时忽视了多样化的判断要求和方式方法，而采取简单查阅书面资料的立法模式，以致有限合伙人的知情权实现起来存在诸多障碍。

第四节　对有限合伙制私募股权基金投资者权益保护的建议

一、强化普通合伙人的信义义务

在英美法系下，为了防止普通合伙人滥用管理权损害有限合伙人的利益，普遍规定了普通合伙人的信义义务。如美国现行的《统一有限合伙法》规定，"普通合伙人不得利用职权为自己谋利而损害有限合伙人和有限合伙企业的利益，应当始终忠实于有限合伙企业的事务；不得怠于履行职责，应当履行高度的注意义务并尽最大可能为有限合伙企业谋取利益"。[①] 我国的《合伙企业法》等法律并没有直接为普通合伙人创设详细的信义义务，加上我国诚信体系长久的缺失，导致本土的私募股权投资基金发展过程中总是出现有限合伙人不愿意"放手"完全将资金交给普通合伙人运作的现象。因此，笔者认为，为了更好地实现有限合伙制私募股权基金的组织形式优势（人力资源与资金资源的优质结合），应该通过立法对普通合伙人的信义义务作出具体规定。因为现实中，即使在有限合伙协议上约定普通合伙人的信义义务，普通合伙人在执行事务时并不能得到有限合伙人的监督，也无法得到监管机构的及时监管。

普通合伙人的信义义务法律规则应包括忠实义务和注意义务。忠实

① 赵玉：《有限合伙型股权投资基金的本土化法律思考》，载《法学杂志》2010 年第 12 期。

义务要求普通合伙人在运作基金时要严格避免与有限合伙人利益发生冲突,不得为自己牟私利而只能从有限合伙人的利益最大化出发。其中,有效防范利益冲突交易是忠实义务的核心内容。注意义务则要求普通合伙人:(1)在作出经营决策时必须从有限合伙人的利益出发;(2)以高度的注意和合理的方式履行职责;(3)配备其履行投资职能所需的设施与专业人员;(4)避免盲目的投机行为并以适当的方法分散风险;(5)对拟进行的投资对象进行充分的法律和会计尽职调查等。可以看出,上述关于普通合伙人注意义务的标准高于一般的注意义务的标准。其原因在于普通合伙人的管理行为有盈利性以及普通合伙人是具有专业知识和技能的专业人士,这两点要求普通合伙人尽到更高的注意义务。一般来说,"普通合伙人的注意义务的客观标准应当是一个投资专家的标准"。①

另外,出于可行性考虑,法律规定应当明确普通合伙人信义义务各项具体要求的构成要件或重要规则。例如,普通合伙人从有限合伙的交易中获取个人利益是否作为违反不得自我交易信义义务的构成要素、如何界定有限合伙的商业机会等。

二、合理分配管理权

我国现行《合伙企业法》对有限合伙人参与合伙企业事务的规定与美国1976年《统一有限合伙法》相似,即在不改变控制权的前提下适用"安全港"规则:通过有限列举的方式规定了有限合伙人可以参与的若干项合伙企业事务。但是,美国现行《统一有限合伙法》已经扩大了投资者参与合伙企业事务管理的权利范围,不再以"不改变控制权"为前提,即无论投资者参与合伙企业事务管理的行为是否构成控制合伙企业,都无需承担无限连带责任,加强了对作为有限合伙人的投资者的保护。而我国对有限合伙人参与权的立法保护仍停滞在原来的程度,即以投资者参与合伙事务的管理行为是否达到控制合伙企业的标准来决定其是否要承担与普通合伙人一样的无限连带责任。

考虑到我国有限合伙人远没有美国的私募股权基金投资者信任普通合伙人,也比他们更想参与合伙企业的事务管理,我国立法可以借鉴美国

① 李文涛著:《私募有限合伙基金法律制度研究——以物权分析为视角》,知识产权出版社2009年版,第103~104页。

2001年版《统一有限合伙法》的规定，即从法律上全面承认有限合伙人参与有限合伙制私募股权基金事务管理的正当性，不以是否达到控制合伙企业标准而改变承担责任的形式，同时从意思自治角度出发为有限合伙人、普通合伙人之间通过有限合伙协议等契约方式分配管理权留有空间。这样一来，有限合伙人与普通合伙人可以根据彼此的市场地位以及博弈的结果划分各自在合伙企业中的管理权范围，即符合市场经济发展所需的契约精神又尊重了有限合伙制度设计的初衷。

管理权对以高额资产出资的有限合伙人来说意义重大，因为其决定了合伙企业的业绩从而决定了有限合伙人财产的增减。我国通过立法限制和排除有限合伙人参与合伙企业事务的实质经营管理是不可行的。现实中有限合伙人通过在有限合伙制私募股权基金中设立投资决策委员会、顾问咨询委员会等多种多样的方法极力参与到合伙企业的事务管理中的情形正说明了这一点。而且，普通合伙人通常是其他个人或机构设立的一家公司，以这家公司对合伙企业进行管理、执行合伙事务，尽管公司对合伙企业承担无限责任，但这家公司背后的股东，即合伙企业的实际控制人，依然以其对公司的出资额为限承担有限责任。

因此，我国《合伙企业法》有必要承认并尊重有限合伙人的管理权，并在此基础上允许普通合伙人与有限合伙人通过有限合伙协议等契约方式进行合伙企业管理权分配，明确有限合伙人行使管理权的具体事项、行权方式和救济途径等。

三、健全普通合伙人约束机制

伯利和米恩斯指出，“那些控制着公司的人，虽然其本身拥有大批股票，但其仍可能会牺牲公司的利益来换取自己的利益，而不是一心为公司谋取利润”。[①] 所以，只是将普通合伙人与有限合伙企业的利益捆绑在一起是无法完全阻止其对有限合伙人利益的侵害的，因为在赋予普通合伙人20%高额业绩奖励的私募基金中同样经常发生关联交易、普通合伙人一味选择高风险投资项目等现象。因此，私募股权投资基金内部治理中的重点关注内容还应包括对普通合伙人的约束机制，例如，可以通过声誉、投资对

① ［美］阿道夫·A. 伯利、加德纳·C. 米恩斯著：《现代公司与私有财产》，甘华鸣等译，商务印书馆2007年版，第135页。

象收益分配顺序等多方面约束普通合伙人。

建立普通合伙人的信用体系。基于私募股权投资基金内部存在严重的信息不对称的情况,完善的信用体系对私募股权投资基金的持续健康发展至关重要。而我国现行的信用体系存在较多漏洞,导致市场上普通合伙人水平参差不齐。而一个不合格的普通合伙人对于有限合伙人的欺诈行为,可能会导致连锁式效应,破坏私募股权投资基金持续健康的发展。为此,有必要建立普通合伙人的信用体系并设立普通合伙人的财产备案登记制度,以向有限合伙人明确普通合伙人所能承担的责任能力的范围。此外,"应建立普通合伙人的职业档案体系,让有限合伙人可以查询到普通合伙人的历史业绩,而非仅凭基金管理人自己的片面宣传甚至是虚构"。①

在合伙协议中对基金债务和投资范围进行限制。(1)在有限合伙协议中约定有限合伙企业向外举债以及对外提供担保都必须经过严格的程序,以防止普通合伙人擅自扩大有限合伙企业的债务规模。(2)在有限合伙协议中事先列举基金投资的领域,以防止普通合伙人将基金置于较大的风险中。(3)在有限合伙协议中规定基金单项投资的最高额,以防止风险集中。②

设立专门的特别咨询委员会。所有的有限合伙人可以组成一个仅由其组成的特别咨询委员会,对普通合伙人的投资活动实行必要的监视,从而对普通合伙人形成有效的约束。该委员会职责包括但不限于针对普通合伙人可能违反信义义务的相关事项进行投票表决,针对普通合伙人管理、经营、执行基金的主要问题提出建议等。

落实有限责任公司任普通合伙人时的无限连带责任实现途径。有限合伙制私募股权基金对普通合伙人的一大约束就是普通合伙人承担无限连带责任。但是,如果有限责任公司担任普通合伙人,就会弱化无限连带责任。此时应当落实普通合伙人无限责任的实现途径。第一,对任普通合伙人的有限责任公司进行限制性规定,包括但不限于为其注册资本、经营业绩、资产负债率等方面设定要求,以及限定其同时担任普通合伙人的基

① 肖宇:《私募股权投资基金治理机制研究——以有限合伙制基金为中心》,载郭锋、宋丽萍主编:《中国证券法学研究会2010年年会论文集——多层次资本市场建设与投资者权益保护》,知识产权出版社2011年版,第554~555页。

② 参见吴九红、李爱庆:《我国合伙制中GP与LP矛盾及其协调的博弈分析》,载《中央财经大学学报》2010年第2期。

金数量。第二，一开始就在有限合伙协议中约定，普通合伙人管理团队的具体人员与普通合伙人共同对有限合伙企业的债务承担无限连带责任。

规范收益分配顺序。私募股权投资基金监管法律应当对私募股权投资基金的收益分配进行如下规定：私募股权投资基金的收益在弥补了上一年度的亏损后才能进行分配，并且弥补亏损后剩下的收益在特定任务利润（内部收益率，IRR）实现之前全部由有限合伙人获得；超出任务利润以外的收益，则先给普通合伙人一定比例的奖励分红，然后再在有限合伙人和普通合伙人之间按照 80%与 20%的比例（或双方确定的其他比例）进行分配。同时，合伙企业将提供一定数量的费用（一般为出资额的 1%~2.5%）作为普通合伙人的日常开支与管理费用，但是，如果实际支出超出了该费用，那么超出部分则由普通合伙人承担。假定有限合伙人出资 98 元、普通合伙人出资 2 元共同成立有限合伙制私募股权基金，双方约定管理费率为 2%、内部收益率为 8%，管理分红比例为 20%，剩余投资收益按照二八分账，上一年度发生亏损 10 元，则当该有限合伙制私募股权基金盈利 100 元时，分配顺序如图 5-4 所示。

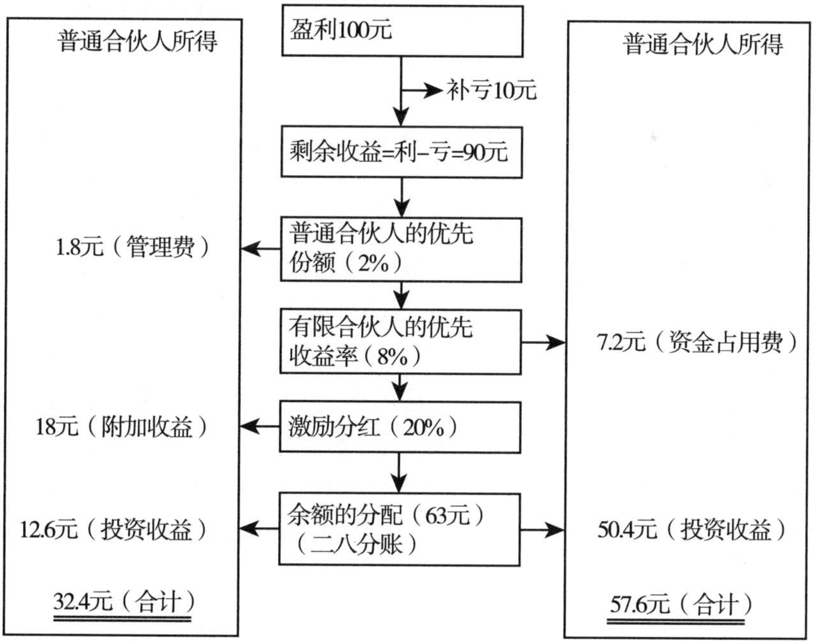

图 5-4　有限合伙制私募股权基金利润分配

四、重构知情权制度

鉴于投资者无论出资比例多少相对有限合伙制私募股权基金而言都是独立的民事主体,他们查阅合伙企业会计账簿、原始会计凭证必然会威胁合伙企业商业秘密的秘密性与价值性,[①]为了平衡投资者知情权保护与合伙企业的商业秘密保护,以知情权制度构建的层次性,可以从以下三个层次重构投资者知情权制度的框架,如表5-2所示。

表5-2 重构的投资者知情权制度

层次	普通合伙人义务	普通合伙人损害有限合伙人知情权的行为表现
第一层次	积极作为的私法义务:按照诚实信用原则向有限合伙人提供真实、完整、准确的信息	提供的信息不满足真实、完整、准确的要求
第二层次	消极的私法义务:配合有限合伙人的对简单财务会计事实的检查权	未按照有限合伙人要求提供简单财务会计事实载体供有限合伙人检查且在有限合伙人合理怀疑提供的信息真实性时拒绝有限合伙人通过查阅书面资料、观察资产和现场、询问经办人等方式检查有关事实
第三层次	消极的公法义务:根据法院的要求配合有限合伙人实现知情权	在不申请鉴定的情况下以商业秘密为由或直接不予配合有限合伙人查阅财务会计事实

需要说明的是,人民法院审理知情权案件时只需认定涉案知情权客体是不是属于简单财务会计事实以及是不是与有限合伙企业商业秘密有关:如果涉案知情权客体属于简单财务会计事实并且与有限合伙企业商业秘密无关,那么应当责令普通合伙人配合投资者直接实现知情权;如果涉案知情客体属于财务会计事实构成并且可能与商业秘密有关,则应由距离证据较近的普通合伙人申请司法会计鉴定,鉴定是否属于商业秘密。[②]

考虑到信息披露伴随着较高的成本,如果将其完全规定为法定义务不利于实践操作。因此,从实际保护投资者的角度出发,我国立法可以借鉴

① 参见范伟红:《司法会计视角下股东财务知情权制度的反思与重构》,载《东岳论丛》2012年第6期。

② 参见蒋大兴:《超越投资者知情权诉讼的司法困境》,载《法学》2005年第2期。

美国的制度:强制要求普通合伙人披露法定内容的同时,鼓励普通合伙人自愿披露预测性的信息。因为有关私募项目前景的预测对投资者来说有较大的参考价值,前提是普通合伙人提供的预测必须具有合理的基础并且普通合伙人主观上是善意的。当普通合伙人披露的预测性信息与最终事实不完全相符或者完全相反时,如果普通合伙人自愿披露时满足合理基础和善意的条件,则普通合伙人不应当承担证券欺诈的民事责任;如果普通合伙人自愿披露时明知该信息存在误导或虚假仍然向投资者披露,则不能免除普通合伙人的证券欺诈民事责任。

五、完善有限合伙人派生诉讼制度

如前所述,我国关于有限合伙人派生诉讼的唯一规定是《合伙企业法》第 68 条“安全港”条款中的第 7 项规定,有限合伙人在执行事务合伙人怠于行使权利时,督促其行使权利或者为了本企业的利益以自己的名义提起诉讼,不视为执行合伙事务。但是,该条文缺少对有限合伙人派生诉讼的程序性的规定,如适格原告标准、是否有前置条件、“怠于行使权利”的界定、费用的承受主体等。因此,可以在这些程序方面出发完善我国有限合伙人派生诉讼制度。

(一)明确派生诉讼的原告、被告

首先,虽然《合伙企业法》第 68 条规定了有限合伙人派生诉讼的原告应当是有限合伙人,但并未明确该资格取得及存续的时间。美国 2001 年《统一有限合伙企业法》规定,在派生诉讼中,原告在起诉的交易发生时原告必须是一个合伙人,并且该地位必须依法产生或按照合伙协议从该交易发生时就从其他合伙人处继承而来。因此,我国也可以参照美国法律的规定,限制原告应在其所诉的行为发生时候即为有限合伙人。

其次,从《合伙企业法》第 68 条无法看出有限合伙人派生诉讼的被告是不是就是指“怠于行使权利的执行事务合伙人”。为了充分保护有限合伙人的权益,不应将被告限定为执行事务合伙人,而应是任何通过不当行为侵害有限合伙利益的合伙人或第三人。

(二)设置派生诉讼的前置程序

我国《合伙企业法》第 68 条的规定没有明确有限合伙人在提起派生

诉讼之前是否一定要先督促执行事务合伙人行使权利。为了防止派生诉讼被滥用,扰乱有限合伙正常的经营管理,可以参照《公司法》规定的股东派生诉讼适用的"内部权利用尽"原则,即设置提起派生诉讼的前置程序。[①] 可以规定:有限合伙人在提起派生诉讼之前一定要先向执行事务合伙人提出书面请求,如果执行事务合伙人没有在合理的期限内(30 天或 60 天)提起诉讼,那么有限合伙人才可以直接以自己的名义起诉,以维护有限合伙的利益。

(三)确定派生诉讼费用的负担

有限合伙派生诉讼费用的负担直接关系到有限合伙人采取该种措施的积极性。但是,《合伙企业法》并未对此作出规定。从鼓励有限合伙人派生诉讼制度充分发挥价值来看,原告有限合伙人为派生诉讼支付的合理费用都应由有限合伙企业补偿,包括但不限于律师费、食宿费、误工费,毕竟原告本质是行使有限合伙企业的权利,维护的也是有限合伙企业的利益,而且如果胜诉获得的收益归属于有限合伙企业。

六、结语

随着近年来私募基金市场的快速发展和有限合伙制私募股权基金的风头正盛,有限合伙制私募股权基金中的投资者越来越受到关注。但是,关于有限合伙人权益的保护的问题也逐渐显现出来。限于我国私募股权基金产业兴起较晚、法律监管体系不够完善,加上普通合伙人信义义务的缺失、内部人控制的失衡、有限合伙人与普通合伙人之间的信息不对称等原因,也就使我国有限合伙人权益保护问题显得更加迫切。本章通过分析有限合伙制私募股权基金的特殊性以及有限合伙人权益面临的风险,同时对比美国的有限合伙制度,从意思自治和外部监管两个方面为完善中国有限合伙制私募股权基金投资者权益保护体系提出建议。

针对有限合伙人的权益内容及其面临的风险,可以采取以下措施以最大限度地维护有限合伙人的权益。第一,在《合伙企业法》中直接规定普通合伙人的信义忠实和注意义务;第二,从法律规定和协议约定两个角度

---

① 参见王丹:《公司派生诉讼论——理论基础与制度构造》,中国法制出版社 2012 年版,第 96~99 页。

合理分配管理权；第三，通过声誉、限制投资对象、规范收益分配顺序等方面健全普通合伙人约束机制；第四，通过赋予有限合伙人权利、普通合伙人义务重构有限合伙人知情权制度；第五，结合现有规定从原被告主体资格、设置前置程序等方面完善有限合伙人派生诉讼制度。

随着针对私募股权投资市场监管框架的进一步完善，私募股权投资基金产业的有限合伙人与普通合伙人的契约意识的增强，中国私募股权投资基金的投资权益体系建设一定会得到进一步的优化。

第六章 外资人民币私募股权投资基金法律制度

我国私募股权投资市场的发展可以说是由外资私募股权投资机构引领和主导的。外资私募股权投资机构进入中国的时间最早可追溯至1993年。[①] 但由于当时中国自身投资市场的极度不完善,多数外资机构铩羽而归。此后,外资私募股权投资机构开发了"红筹模式",[②]实现了境外设立、境外募集、境外退出,不但巧妙地避开了中国投资市场的政策不确定性风险,还使国际私募股权投资的惯常安排可以完全实现。"红筹模式"下,外资私募股权投资机构结合自身国际化背景优势,帮助一大批中国企业成功海外上市,也迎来了外资私募股权投资基金在中国发展的黄金时期。此后,以国家外汇管理局(以下简称外管局)2005年《关于完善外资并购外汇管理有关问题的通知》(以下简称《11号文》)(已失效)为开端,诸多监管政策出台。2006年《关于外国投资者并购境内企业的规定》(以下简称《10号文》)发布,从事实上终结了"红筹模式"的可能。

---

① 1993年起,国际私募股权投资机构开始以合资公司形式参与中国市场。参见李寿双:《中国式私募股权投资基于中国法的本土化路径》,法律出版社2008年版,第5页。

② 参见李雨龙主编:《私募融资经典案例法律评析》,法律出版社2009年版,第19~20页。

2007年起,外资机构开始试水人民币私募股权投资基金。与外资人民币私募股权投资基金相关的法规频出。2014年8月21日,中国证监会发布《私募投资基金监督管理暂行办法》(以下简称《私募监管暂行办法》)。我国私募股权投资基金的监管制度初步确立。政府希望通过监管办法的出台,促进私募股权投资基金市场的发展。在我国经济结构调整的重要阶段,社会资本的高效配置至关重要。政府已经充分认识到私募基金的发展对于完善我国资本市场、促进资源有效配置的关键作用。2014年7月4日,外管局发布《关于在部分地区开展外商投资企业外汇资本金结汇管理方式改革试点有关问题的通知》(已失效)(以下简称《36号文》),该通知对外资私募股权投资基金也产生了较大影响。

面对外资人民币私募股权投资基金的困境,我国外资人民币私募股权投资基金的法律制度是否是造成其困境的一个因素?是否能通过学习其他国家较为成熟的立法经验而构建更适宜外资人民币私募股权投资基金的法律制度?从国际投资法的角度看我国是否要给予外资人民币私募股权投资基金以国民待遇?这些正是本章所关注的问题。有研究表明,私募股权投资基金在新兴市场投资的最主要问题为机构设立困难与市场不成熟。本章将从私募股权投资基金的设立、募集资金、运作管理三个方面,分别考察我国外资人民币私募股权投资基金的法律制度,并进行分析。

第一节　外资人民币私募股权投资基金的概况及发展困境

一、外资人民币私募股权投资基金的概念

目前,私募股权投资基金这一概念虽常见于我国规范性文件,但并未有法律上的明确定义。[①] 国内外学者对于这一概念的具体内涵、外延也仍

① 全国人大常委法制工作委员会报告、国务院文件、证监会文件等中均有出现"私募股权投资基金"。

存在争议。而外资人民币私募股权投资基金这一概念则源自私募股权投资实务,并随着市场的发展不断变化,其内涵与外延也不明确。基于此,为说明本章论域,本部分首先试图厘清外资人民币私募股权投资基金的概念。

(一)私募股权投资基金的概念

1. 私募股权投资基金的概念

现代意义上的私募股权投资基金于20世纪中始现于美国。[①] 中文中"私募股权投资基金"一词,译自英文"Private Equity",常被简称为"PE"。[②] 根据英文文献资料,从最基础的层面看,私募股权投资即指一种不在证券交易所以公开方式进行的中长期股权投资。它包括创业投资、并购交易、天使投资或投资处于初始阶段的公司,以及投资于基金中的基金(Fund of Fund,FOF)、不良债券(Distressed Debt)、上市后私募投资等。多数早期定义也认为其包括购买随即退市的上市公司以及对上市公司的非流通性投资,即尽管私募股权投资的对象可能是可以公开交易的,但私募股权投资基金对其的投资通常是不能在公开市场上交易的。美国近年来有一些私募股权投资公司上市,但是这些公司的投资仍是不能在证券市场公开交易的。也正因为私募股权投资不能在交易所公开交易及缺少做市商,私募股权投资通常具有非流通性并在退出前持续3年到7年。由以上定义可以看出,私募股权投资的一大特性即是其为非公开交易的、非公开发行的。[③] 从金融学角度考察,私募股权投资基金具有两种属性,一方面是作为一个法律实体(企业),其通过投资、持有被投资企业股份、卖出相应资产等方式获取利润;另一方面它体现的是资金的集合,是一个个独立投资计划的汇总,一种集合投资计划。[④]

从国内研究来看,私募股权投资基金也被译为私募股权基金,主要指一种以获得高收益为目的的,对未上市的企业进行中长期的权益性投资,

① See Eli Talmor & Florin Vasvari, *International Private Equity*, John Wiley & Sons 2011, p. 5.

② 参见邹菁著:《私募股权基金的募集与运作》(第3版),法律出版社2012年版,第3页。

③ See Harry Cendrowski, Louis W. Petro & James P. Martin, *Private Equity: History, Governance and Operations*, John Wiley & Sons, 2012, pp. 4-5.

④ 参见刘健钧著:《创业投资制度创新论 对"风险投资"范式的检讨》,经济科学出版社2004年版,第6页。

并在时机成熟后出售持有的权益退出(常见首次公开募股后售出或通过其他企业并购而售出等方式)的私募投资基金。而私募投资基金,根据《私募监督管理暂行办法》,指“以非公开方式向投资者募集资金设立的投资基金”。[①] 国内学界通常将私募股权投资根据所投资目标公司所处阶段的不同划分为广义与狭义,其中广义的私募股权投资基金包含创业投资基金(Venture Capital Fund,VC)、基金中的基金等,本章取广义的概念,私募股权基金在本章中也包含进行创业投资的基金等。[②]

2. 私募股权投资基金与相近概念的辨析

(1)私募股权投资基金与私募股权投资

严格意义上讲,“PE fund”是私募股权投资基金的对应英文,而私募股权投资基金指代私募股权投资。但是,实践中因为私募股权投资多采用基金的模式,私募股权投资基金与“PE fund”两者有一定混用。除基金模式外,也可以由一个机构或个人单独出资进行私募股权投资,在此种情况下,投资资金并不是如基金模式一样来自多个投资者的资金,不具有“集合”的特点。[③] 这种情况不在本章的讨论范围内,本章采用PE代指私募股权投资基金。

(2)私募股权投资基金与阳光私募

前文提及的《私募监管暂行办法》适用的对象为私募投资基金。它包括私募股权投资基金与阳光私募(又称私募证券投资基金)。阳光私募与私募股权投资基金相比,最关键的区别即投资对象不同。阳光私募的投资对象,如债券、证券、衍生品等,属于二级市场,且种类较多。私募股权投资基金的投资对象,即未上市企业的股权,属于一级市场,投资范围更小。[④]

(二)外资人民币私募股权基金的概念

1. “外资”的规范理解

外资私募股权投资基金的相对应概念为本土PE,两者的划分并未有

---

① 参见《私募投资基金监督管理暂行办法》(中国证监会2014年8月21日发布)。

② 我国在初期翻译Ventral Capital这一概念时,有“创业投资”与“风险投资”两种译法,且实践中两者与“私募股权投资”“私募股权”等用法常常混用,本章如无特殊说明,不对上述概念进行细致区分。

③ 参见石育斌著:《中国私募股权投资人权益保护指南》,法律出版社2012年版,第5页。

④ 参见姚文平、陈颉主编:《中国私募股权投资年度报告2012》,江苏人民出版社2012年版,第3页。

绝对的标准,以下方面均是该分类的标准。

(1)法人国籍

通常情况下,国际上私募股权投资的投资构架如图6-1所示。①

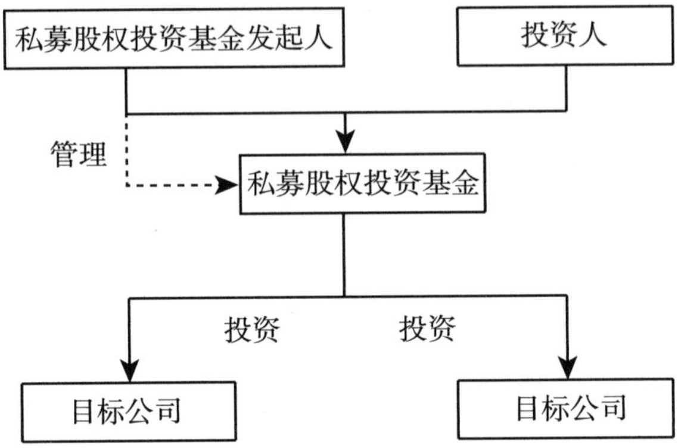

图6-1 私募股权投资构架②

私募股权投资基金发起人(国际上通常是普通合伙制的私募股权投资机构,我国通常为创业投资企业、基金管理公司、股权投资管理公司等)③根据具体的商业需求,作为募集主体,依据某国法律发起设立特定商业组织形式的私募股权投资基金(通常为有限合伙制组织)。私募股权投

① 通常实践中的构架会比这复杂,外资机构多数先设立外商独资企业,再由此外商独资企业发起设立基金。这也只是一层嵌套,实践中因为私募股权投资机构往往管理多个私募股权投资基金,各私募股权投资基金的组织形式都可能有所差别,有的会有类似"俄罗斯套娃"的多重嵌套。但是,从本质来讲,私募股权投资基金,即直接募集资金的这一层,才是关注的重点,故图6-1中将私募股权投资基金的上层架构仅虚化为单一的投资机构。并且,实践中国内许多公司制私募股权投资基金在发展到一定阶段后,会再以发起人身份设立新的基金并担任管理公司,因为对于公司制组织形式的私募股权投资基金其初始募集资金往往作为注册资本并在公司设立时确定,此后则采取增资扩股、减资或股权转让的方式增、减资金。然而,这种做法会使其公司股东变化较多,有悖于私募股权投资基金的人合属性。另一种继续募集资金的方法即是新设立基金,担任基金管理者角色。这种方式能有效隔离新投资的风险,同时整体来看能实现所有募集资金的组合化配置,备受私募股权投资基金青睐。具体介绍参见北京市道可特律师事务所、道可特投资管理(北京)有限公司著:《中国PE的法律解读》,中信出版社2010年版,第114~115页。

② 本图为笔者自制。

③ 在国家发改委备案的私募股权投资基金中,基金发起人与基金管理人高度重合,绝大多数基金发起人同时担任基金管理人或为基金管理人的实际控制人,参见国家发改委财政金融司、中国投资协会创业投资专业委员会编:《中国创业投资行业发展报告2011》,中国计划出版社2011年版,第11页。

资基金作为法律上的实体，投资于目标公司并持有其相应权益。[①] 此时，私募股权投资公司以及私募股权投资基金分别是依据何国法律设立的商业组织，决定了其各自的法人国籍。法人国籍是判断私募股权投资基金为外资私募股权投资基金还是本土私募股权投资基金的主要标准。具体而言，涉及中国法律的情况大致有以下两种。

①纯外资私募股权投资基金

该类投资架构整体位于境外，通常无实体位于中国境内，但私募股权投资基金的实质投资对象为中国境内企业股权或资产。这样该私募股权投资基金的投资形式就包括直接投资以及投资持有上述权益的离岸公司的间接投资模式（又称"红筹模式"）。

2006 年，前文所述《10 号文》出台。对于纯外资私募股权投资基金模式来说，无论是境外私募股权投资基金直接购买境内企业相应权益，还是"红筹模式"中的私募股权投资基金投资于境外某公司（通常设立于离岸法区）并由该境外公司购买境内企业股权，都属于《10 号文》规定范围内的跨境并购。根据《10 号文》要求，此类投资需要商务部门审批。特别的，在上述"红筹模式"中，持有境内目标企业资产或股权的离岸公司通常为目标公司的创始人等设立的，与目标企业存在联系。《10 号文》中对于此种情况明确规定要经商务部特殊审批，不可适用一般的外商投资企业境内投资规定等规避审批。然而，此后商务部一直未真正进行"审批"，而是通过审批这一限制终止了"红筹模式"的实施。[②]

②外商投资企业模式私募股权投资基金

该类投资架构中，私募股权投资基金或私募股权投资公司依据中国法律设立，采取"三资企业"、[③]外商投资创业投资企业（FIVCE）、有限合伙企业等组织形式，但是，其股东、投资者或合伙人中有境外法律实体。从法律属性看，该私募股权投资基金属于中国法人。但就投资产业而言，我国法

---

① See Eli Talmor & Florin Vasvari, *International Private Equity*, John Wiley & Sons, 2011, p. 22.

② 10 号文规定中并未完全禁止跨境收购只是要求需经过审批，然而事实上国家监管部门至目前只审批通过了一家企业。参见李寿双：《中国式私募股权投资 基于中国法的本土化路径》，法律出版社 2010 年版，第 5~13 页。

③ 依据我国法律规定，外商在我国设立企业主要有以下三种模式：中外合资经营企业、中外合作经营企业、外商独资经营企业，被统称为"三资企业"。本章以下简称"三资企业"。

律视其为外国法人,而进行特殊监管。[①]

同时,其"外资"的特殊性还体现在外汇管理中。2008 年底我国出台《关于完善外商投资企业外汇资本金支付结汇管理有关业务操作问题的通知》(以下简称《142 号文》)(已失效),明确从外汇监管角度堵住了外商投资企业(FIE)将其以外币出资的资本金结汇后进行人民币股权投资的路径。[②] 根据该文,外商投资企业如想将其外币形式表现的资本金兑换为人民币,需要向银行申请。申请时,外商投资企业需提交文件证明兑换后人民币的用途。这就是"支付结汇"原则。而《142 号文》同时规定,投资中国境内股权这一用途不被允许,除非有其他法规特殊规定,但目前仅存在外商投资创业投资企业等个别例外。在这种情况下,外资私募股权投资机构如希望先设立三资企业类外商投资企业,再将结汇所得人民币进行股权投资会存在障碍。[③]

(2)资金来源

对于私募股权投资基金,资金募集环节是其存在的基石。私募股权投资基金法人国籍的选择、资金的币种在很大程度上决定于其资金来源。如上述纯外资私募股权投资基金模式中,通常是资金来源于境外投资机构或个人,币种为外币。资金来源于境外也是划分外资私募股权投资基金与内资私募股权投资基金的一个标准。[④] 具体地说,私募股权投资基金作为一个法律实体,投资人通常为其股东、合伙人等。资金来自境外即是指投资人为境外实体。此时该私募股权投资基金因股东或合伙人为境外机构而属于外资私募股权投资基金。

2. 外资私募股权投资基金的发展历程

2005 年起,以外管发布的《关于完善外资并购外汇管理有关问题的通知》(汇发〔2005〕11 号)局《11 号文》为开端,诸多监管政策出台,特别是 2006 年《10 号文》的发布从事实上终结了"红筹模式"的可能。另一方面,

---

① 参见李寿双、王春阳:《外商投资性公司的身份冲突及法律应对》,载《特区法坛》2003 年第 75 期,第 9 页。

② 参见《关于完善外商投资企业外汇资本金支付结汇管理有关业务操作问题的通知》第 3 条。

③ 参见北京市道可特律师事务所、道可特投资管理(北京)有限公司著:《中国 PE 的法律解读》,中信出版社 2010 年版,第 83 页。

④ 参见北京道可特律师事务所著:《外资 PE 在中国的运作与发展》,中信出版社 2011 年版,第 9~11 页。

2006年起政府开始大力推动私募股权投资行业发展。以2006年《合伙企业法》的修订为契机，本土私募股权投资机构数量迅速增多，相应地，人民币基金开始凭借政策支持与本土优势赶超外币基金。①

截至2009年，虽然在投资规模方面等仍与外币基金有较大差距，新募人民币基金的总资本首次超过新募外币基金。② 2008年至2013年我国私募股权投资基金市场人民币私募股权投资基金与美元私募股权投资基金募资情况如图6-2所示。中国私募股权投资市场的发展趋势，区别于绝大多数发展中国家的市场，体现了从境外募集资金向境内募集资金的转移。这一方面是因为我国积极发展人民币私募股权投资基金，各地政府纷纷建立引导基金、出台相关优惠政策。2009年创业板的开闸与中小板首次公开募股（Initoal Public Offerings，IPO）的重启更是扩宽了人民币基金的退出渠道。另一方面则是因2008年国际经济危机后，外币基金整体处于低迷状态。同时，我国外汇储备的持续增加与美元的长期贬值，使主要以美元形式存在的外汇储备不断损失。因此我国更倾向于控制外币结汇汇入，外资私募股权投资机构结汇变得难以得到批准。③ 人民币基金的蓬勃发展吸引了外资私募股权投资机构的注意，外资机构纷纷开始试水人民币基金。2007年年底，外资人民币私募股权投资基金开始出现。④

3. 外资人民币私募股权投资基金的产生及其概念

由于我国实行外汇管制，基金币种对于基金运作有显著影响。人民币私募股权投资基金是相对于外币私募股权投资基金的概念。顾名思义，人民币私募股权投资基金所募集资金币种为人民币。多数国内定义将人民币私募股权投资基金限定为境内募集、境内操作、境内退出。但严格来讲，

① 参见文学国著：《私募基金法律制度析论》，中国社会科学出版社2010年版，第21~23页。

② 参见清科研究中心：《人民币私募基金占市场主导地位》，载《资本市场》2010年第2期，第106页。

③ See Yong Kwek Ping, *Private Equity in China: Challenges and Opportunities*, John Wiley & Sons, 2012, p. 138.

④ 参见姚文平、陈颉主编：《中国私募股权投资年度报告2012》，江苏人民出版社2012年版，第91页。

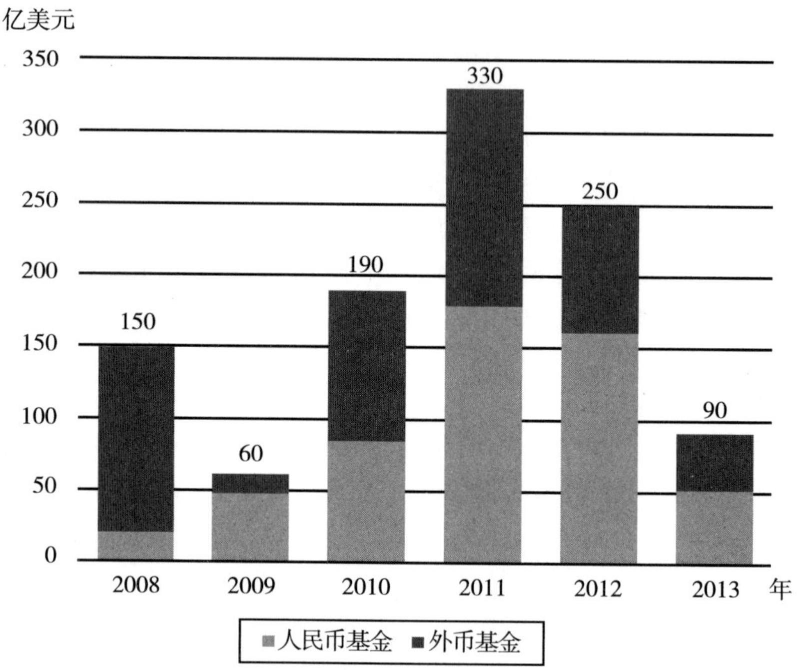

图 6-2　2008 年至 2013 年募资完成的人民币私募股权投资基金与美元私募股权投资基金募资规模①

人民币私募股权投资基金并不是一个法律上的概念。② 随着我国资本市场的国际化进程，上述三重境内限制也在逐渐松动。例如，有的基金并不在境内募集资金，其主要资金来源于境外机构境内合法获得的人民币收益等。③

实践中，外资人民币私募股权投资基金的概念即为人民币基金概念与外资因素考量的结合，对它的分析通常是针对几种常见外资人民币私募股

① 本图笔者自制，资料来源：Preqin。

② 如认为人民币私募股权投资基金特指在境内募集、运作、退出的币种为人民币的私募股权投资基金，投资人中无外国投资者。参见君合律师事务所著：《律师之道 2 资深律师的 11 堂业务课》，北京大学出版社 2011 年版，第 47 页。认为指通过境内外私募股权投资基金募集人民币，以实现境内募集，境内操作的基金。参见杨雯、陈雯雯：《浅析人民币私募股权基金的发展之路》，载《商品与质量》2011 年第 9 期，第 15 页。

③ 参见北京道可特律师事务所编：《外资 PE 在中国的运作与发展》，中信出版社 2011 年版，第 11~12 页。

权投资基金形式的分别分析。[①] 笔者认为,总体来说,外资人民币私募股权投资基金是一个实务概念,指有外资因素的以人民币为币种的私募股权投资基金,实践中主要包括本土有限合伙制、外商投资创业投资企业、非法人制中外合作基金等几种设立形式(详见下文论述)。外资人民币私募股权投资基金概念的厘清对于理解外资人民币私募股权投资基金所适用的法律制度有重要意义。举例来说,外资人民币私募股权投资基金因为募集资金为人民币,在股权投资的环节中,省却了结汇等步骤,相比美元私募股权投资基金具有优势。[②]

二、外资人民币私募股权投资基金的困境及解决

(一)外资人民币私募股权投资基金的困境

2007 年起,外资机构开始试水人民币基金。2011 年初,多地开始了合格境外有限合伙试点,更进一步激发了外资私募股权投资机构设立人民币基金的热情。然而,这股热情却并未持续太久,2013 年以来,外资机构人民币融资规模迅速减少。根据顶尖咨询公司贝恩公司的报告,四成私募机构认为对其而言中国在亚太地区的重要性正在下降。[③] 变化并未仅限于人民币基金,实际上一些有投资中国的全球基金也正在退出中国市场。国际私募股权机构业内人士表示,多数境外机构开始抵触对中国的投资,渴望在更熟悉的市场运作。[④]

(二)法律对私募股权投资市场的影响

面对外资人民币私募股权投资基金的现状,研究其法律制度是否有助于发展外资人民币私募股权投资基金呢?答案是肯定的。国外学者对一

① 参见北京道可特律师事务所编:《外资 PE 在中国的运作与发展》,中信出版社 2011 年版,第 20 页。

② 由于前文所述 142 号文规定的对于结汇的限制,美元私募股权投资基金无法通过以境外募集的美元资金为注册金在境内设立普通外商投资企业形式的基金来投资目标公司。虽然该规定目前因 36 号文所推行的试点有所突破,但结汇问题一直是外资美元私募股权投资基金的关键问题。

③ 参见《大中华区私募股权市场概况(2013 年)》。

④ 参见李静颖:《外资人民币基金跟中国市场说再见》,载《第一财经日报》2013 年 5 月 3 日,第 C08 版。

国法律环境和私募股权投资基金发展的关系进行了深入的研究。学者们通过大量的调查和分析,对于一国投资者保护制度对国际私募股权投资基金投资者决策的影响,①影响新兴私募股权投资基金市场发展的法律因素等②均进行了研究。总的来看,“法律有效论”获得了广泛认可:对于私募股权投资基金来说,一国法律制度的诸多方面,如法律的公平与完善程度、行政程序的有效透明等,都对私募股权投资基金向境内的投资以及其管理有重要影响,从而也对国家整体经济产生作用。③ 虽然中国在法律尚不完善的情况下吸引了大量的国际私募股权投资基金的投资,但长久来看,如果中国法律制度不能提供给私募股权投资基金投资者适宜的法律保护,投资者将很可能选择排除中国法律制度的适用。以公司法相关的方面为例,我国现行公司法中缺乏与国际私募投资实践息息相关的重要概念,如优先股。这使私募投资公司熟悉的交易模式很难在中国的法律环境下进行,从而驱使投资者构建离岸交易模式,回避中国法律的适用。④

诚然,外资人民币私募股权投资基金在我国目前的困境有诸多非法律因素的影响。从实务界的角度考虑,外资人民币私募股权投资基金目前的水土不服,与其不熟悉中国市场,尚未适应与中国有限合伙人们的关系有关。但是,国家特色与法律制度的不完善要有所区分。完善、公平的法律制度应能为各竞争者提供公平、有保护的竞争环境,并具有一定的前瞻性,为市场的未来发展奠定基础。一方面,国家商事法律体系的完善是私募股权投资基金良好运作的基础。私募股权投资基金自身投资运作过程中的安排,主要是由各主体间的合同所确定的。一国法律是否对这些合同设定的权利义务的效力予以肯定,直接影响到私募股权投资基金各主体的利益。一国司法制度是否有效,则决定了私募股权投资基金各方在出现纠纷

① See Groh Alexander Peter & Liechtenstein Heinrich, “International Allocation Determinants for Institutional Investments in Venture Capital and Private Equity Limited Partnerships”, *in International Journal of Banking, Accounting and Finance*, Vol. 3, No. 2, 2011, pp. 3-4.

② See Darek Klonowski, “How Do Venture Capitalists Make Investment Decisions in Central and Eastern Europe?”, 2005, *Brandon University Working Paper*, pp. 3-4.

③ 比较基础的早期研究可参见 Rafael La Porta, Florencio Lopez-de-Silanes, Andrei Shleifer, “Legal Determinants of External Finance”, *in The Journal of Finance* Vol. 52, No. 3, 1997, pp. 1131-1150。

④ See Shen Wei, “Adapting Private Equity to Company Law or Vice Versa? Understanding Some Key Determinants of a Strong Private Equity Market in the China Context”, *in International and Comparative Corporate Law Journal*, Vol. 8, No. 3, 2011, p. 47.

时是否能够保护自己的权益。另一方面,国家对私募股权投资基金市场的监管制度与政策激励,对私募股权投资基金的发展有重要影响。特别是在我国的语境下,国家是否禁止某项安排、是否对某类交易设定了限制等,往往界定了私募股权投资基金投资运作的界限。国家的监管制度与商事法律体系等方面一起构筑了一国的法律制度环境。质量更优的法律环境能够相对降低私募股权投资基金交易过程中的成本、促进私募股权投资基金的发展。① 基于此,外资人民币私募股权投资基金的困境虽有非法律因素的作用,但审视其法律制度,为其发展移除障碍仍具有意义。

(三)解决外资人民币私募股权投资基金困境的意义

从经济学角度看,在企业的投融资过程中,存在信息不对称。特别是对于成长中的中小企业,潜在投资人难以知晓企业的情况。在这种情况下,经济学中所称的逆向选择与道德风险即会发生。企业获得融资所需的交易成本相应上升。这将为成长期企业造成更重的融资负担,制约其发展。而私募股权投资基金管理人通常为具有丰富投资经验以及专业知识的专业人士,在经济学的分析中,私募股权投资基金能够减弱信息不对称。② 正因私募股权投资基金的这一效果利于企业发展,世界各国普遍支持私募股权投资基金发展。特别的,外资人民币私募股权投资基金的发展对我国私募股权投资市场的发展有着积极意义。

1. 学习国际私募股权投资基金经验,促进我国私募股权投资市场有序竞争

优质的外资私募股权投资机构具有先进的资本运作经验,同时有着领先的管理思想。特别的,对于私募股权投资领域来说,其具有专业的风险把控与定价经验。这些都是国内本土私募股权投资基金难以在短时间内超越的。同时,我国本土私募股权投资基金在目前存在投资项目时间较短、追求短期收益等情况。而且,由于本土有限合伙人对私募股权投资业务的不熟悉,本土私募股权投资基金在运作流程上有时并不规范。这些都不利于我国私募股权投资市场的持久健康发展。发展外资人民币私募股

① 参见沈伟:《中国公司法真的能"孵化"私募投资吗?——一个基于比较法语境的法经济学分析》,载《当代法学》2014年第3期,第12~13页。

② 参见刘卫:《我国中小企业私募融资的SWOT分析》,载《学术论坛》2007年第10期,第123页。

权投资基金,促使我国本土私募股权投资基金在竞争中学习国际经验,长期看有助于我国本土私募股权投资基金发展。

2. 防止优质企业流失,有利于资本市场发展

近年来,国际私募股权投资向新兴市场的投资快速增长。经济学研究表明,除了传统讨论中提及的对作为资本输出国的发达国家的益处,国际私募股权投资对新兴市场经济的增长也有着强力的推动作用。特别是与其他获得被投资企业股权的外国直接投资形式相比,相对而言投资期限更短的私募股权投资,一方面使被投资本土企业有足够的时间向外国投资者学习,另一方面使本土企业最终的控制权有途径回归本国。[①] 特别是对于通常在境内退出的人民币基金,人民币基金在境内成功上市、并购退出,不但有助于促进我国证券市场发展,而且意味着企业今后的成长收益可以回馈社会公众,而这也是证券市场背后的社会福利逻辑。

3. 缓解国内企业融资困难,有利于中国经济发展

面对当前全国流动性趋紧、企业融资成本一路升高的现状,外资人民币私募股权投资基金对于缓解国内中小企业融资难的局面有着积极作用。与外币基金相对比,外资人民币私募股权投资基金如果采取本土有限合伙制形式设立,可以不受《外商投资产业指导目录》(以下简称《产业目录》)等外商投资限制且审批流程等会大大简化,从而满足更多需要人民币融资的国内企业的需求。[②]

4. 助力人民币国际化进程,有利于我国宏观经济平衡发展

外资人民币私募股权投资基金的发展与我国整体经济环境也息息相关。2007 年左右,时任央行副行长的吴晓灵多次公开支持中国发展外资人民币私募股权投资基金。[③] 主要由于当时我国长期保持国际收支双顺差,外汇储备不断增加的同时外币相对于人民币不断贬值,我国资产在不知不觉中流失。同时,流动性过剩的局面也一直困扰我国的经济。这些都

---

① See Tamir Agmon & Avi Messica,"Financial Foreign Direct Investment:The Role of Private Equity Investments in the Globalization Of Firms from Emerging Markets",in *Management International Review* Vol,49,No. 1,2009,p. 13.

② 参见《借力人民币基金,全球 PE 盛宴中国》,载 ipe 网,http://ipe-china.com/? p=1596,2014 年 11 月 27 日访问。

③ 参见《人民币私募股权基金,黄金期前须破四题》,载新华网,http://news.xinhuanet.com/mrdx/2007-09/15/content_6725785.htm,2014 年 11 月 17 日访问。

为当时积极支持外资私募股权投资基金境内募集人民币，提供了更深层的理由。虽然，2013 年以来，外资流入放缓等原因下，我国出现了戏剧性的流动性紧张。[①] 人民币国际化的逐步展开更是我国资本市场发展的大背景。此时，支持外资人民币私募股权投资基金募集境内外人民币，对我国推进人民币国际化、平衡宏观经济发展均有着积极作用。

第二节　外资人民币私募股权投资基金的设立——市场准入法律制度

一、外资人民币私募股权投资基金市场准入法律制度现状

（一）作为前提的"市场准入"

"市场准入"一词，译自英文中的"Market Access"首次出现于我国 1992 年的《中美市场准入谅解备忘录》。[②] 经过接近 30 年的发展，"市场准入"在我国的概念逐渐成熟，目前通常有两种含义：一是世界贸易组织法律框架下的一种特殊国际贸易法原则，类似于"市场自由开放"（Free market access rule）；二是一类法律规定的总称，用于调整、限制自然人、法人等主体，产品、劳动与资金等资源进入市场。[③] 在不同的情境下，这两种含义均有出现。作为世界贸易组织的加入者，我国在制定外国产品、服务进入国内市场的准入制度时，要遵循相应的世界贸易组织规定。

依据投资对象的特点，私募股权投资可以认为属于国际直接投资的一

① 参见《流动性紧张增加中国通缩风险》，载 FT 中文网，http://www.ftchinese.com/story/001057615，2014 年 11 月 17 日访问。

② 参见刘丹、侯茜：《中国市场准入制度的现状及完善》，载《商业研究》2005 年第 12 期。

③ 参见刘丹、侯茜：《中国市场准入制度的现状及完善》，载《商业研究》2005 年第 12 期。

种,[①]联合国贸易和发展会议(United Nations Conference on Trade and Development,UNCTAD)在其国际投资报告中,也采取此种意见。[②] 私募股权投资中,发达国家出口一种特殊的产品(高风险的特殊资本)给新兴市场的国家,使交易各方获得利益,是一种特殊的具有金融服务性质的国际直接投资。[③] 对于股权投资领域,其涉及外资流动和在东道国设立商业组织的情形,属于《服务贸易总协定》(General Agreement on Trade in Services,GATS)项下的"过境交付"和"商业存在"。在《服务贸易总协定》项下,市场准入主要受第16条的约束。[④] 该条规定要求一成员国,对于来自其他成员国的某项服务或相关市场主体,按照该国所承诺义务的规定,提供不低于其承诺的待遇。由于股权投资领域属于新近出现的领域,该领域在协议中无具体承诺,对于其市场准入的规定,在依照世界贸易组织基本原则的前提下,我国政府自主空间较大。

目前,我国处于经济体制改革的重点时期。我国积极探索实施市场准入的负面清单制度。[⑤] 负面清单制度,指政府改变以往列明允许进入的行业等的做法,制定"负面"的清单,列出禁止、限制的行业等,对于不在清单之列的商业活动,对各市场主体均采取平等对待、允许进入。目前,我国除地方自贸区试点外,尚未全面实行负面清单制度。本部分对于外资人民币私募股权投资基金市场准入的考察,仍是从何种条件下我国允许外国自然人、法人等主体进入该市场的角度进行分析。具体来看,外资人民币私募股权投资基金的市场准入制度主要涉及私募股权投资基金设立的形式与相关的基金管理人准入限制。

① 一般认为国际直接投资以获取企业股权、控制权为特征,区别于投资与国际证券类资产的间接投资。参见孙南申主编:《国际投资法》,中国人民大学出版社2008年版,第4~5页。私募股权投资虽有别于传统国际直接投资,但其投资核心仍为股权。

② See UNCTAD Geneva, *World Investment Report*, New York and Geneva, United Nations Press, 2014, pp. 17-18.

③ See Tamir Agmon & Avi Messica, "Financial Foreign Direct Investment: The Role of Private Equity Investments in the Globalization Of Firms from Emerging Markets", *in Management International Review* Vol. 49, No. 1, 2009, p. 12.

④ 参见韩龙:《市场准入与国内规制在WTO法中应如何合理界分》,载《政法论坛》(中国政法大学学报)2006年第4期,第145页。

⑤ 参见《市场准入负面清单或明年落地》,载中证网,http://www.cs.com.cn/cshtml/tj/,2014年11月27日访问。

（二）外资设立人民币私募股权投资基金的形式

私募股权投资基金，从金融学角度考察具有两种属性，一方面是作为一个法律实体（企业），通过进行投资、持有被投资企业股份、转让股份、卖出相应资产或企业上市等方式获取利润，实现撤出；另一方面集合资金，是一个个独立投资计划的汇总，是一种“集合投资计划”。[①] 在实务中，上述两种方面就体现在，基金组织形式的重要性及基金资金来源的重要性，并且二者互相制约、高度统一。

1. 我国可行的私募股权投资基金组织形式

我国法律私募股权投资基金并未有强制要求的私募股权投资基金组织形式。在私募股权投资基金发展初期，我国企业组织形式有限，常见于国外私募股权投资实践中的有限合伙形式尚不能实现。而随着我国法制环境的不断完善，特别是《合伙企业法》的出台，现阶段私募股权投资基金在我国主要可采用以下三种组织形式：有限合伙制、公司制、信托制（在一些学术研究中也称其为契约制或委托制）。[②]

（1）有限合伙制私募股权投资基金

我国有限合伙企业出现的较晚，自有关合伙企业的基础性法律《合伙企业法》于2006年颁布后，众多私募股权投资基金选择了有限合伙制的组织形式。此后，国务院出台了一系列管理办法以健全相关制度。[③] 其中，《外国企业或个人在中国境内设立合伙企业管理办法》（以下简称《外资合伙办法》）对于外资私募股权投资基金意义重大。尽管如此，我国有限合伙企业的配套措施仍不健全。

此种模式的私募股权投资基金通常由基金管理人作为普通合伙人发起设立。投资人作为有限合伙人参与出资。普通合伙人对私募股权投资基金承担无限责任，其出资比例极低（通常不高于5%）但会约定获得远高于其出资比例的收益。相反，有限合伙人是私募股权投资基金的主要

① 参见刘健钧：《创业投资制度创新论对“风险投资”范式的检讨》，经济科学出版社2004年版，第43~50页。

② 参见曹和平主编：《2011中国私募股权市场发展报告》，社会科学文献出版社2012年版，第57页；刘健钧、丁学文、刘金志：《国内PE模式之争》，载《中国计算机用户》2008年第19期，第8页。

③ 比如《合伙企业法登记管理办法》、国务院《关于个人独自企业和合伙企业征收所得税问题的通知》等。

资金来源，同时有限合伙人以出资为限承担有限责任。有限合伙企业同时也允许有限合伙人承诺出资，以最大限度地利用资金。具体示例如图6-3所示。

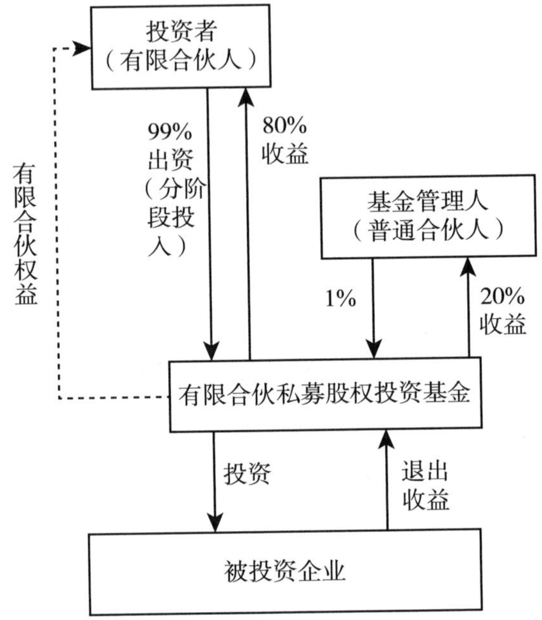

图6-3　有限合伙制私募股权投资基金组织架构①

（2）公司制私募股权投资基金

公司制私募股权投资基金是我国政府在很长时间内大力推行的模式。国家出台的《外商投资创业投资企业管理规定》（以下简称《外资创投规定》）与《创业投资企业管理暂行办法》（以下简称《创投办法》）等均主要针对公司制。公司制与合伙制的孰优孰劣也是私募股权投资基金实务界和现代界热议的话题。公司制的一大优势即是该领域的法律相对成熟。公司作为一个独立的法人有固有的优势。但是，对于专业、创新的私募股权投资市场，这些过于"拘谨"的法规，并不能完全适应私募股权投资基金的需要。公司制私募股权投资基金面临的较为主要的问题即是其所有权

① 本图为笔者自制，参考曹和平主编：《2011中国私募股权市场发展报告》，社会科学文献出版社2012年版，第276页。

与管理权的分离。作为私募股权投资基金管理人的机构，并非私募股权投资基金的投资人（股东），而是由公司与该机构签订委托协议等，委托其担任管理人并支付一定报酬。[①]

（3）信托制私募股权投资基金

信托制私募股权投资基金的出现始于信托公司集合资金信托计划在法律上的被认可。但是，信托制私募股权投资基金实践中并不多见，主要是其首次公开募股退出途径存在障碍。[②] 在信托制私募股权投资基金中，投资资金作为信托财产享有破产隔离，但是在募集阶段无法分期缴付。信托制私募股权投资基金中，基金管理人作为受托人为基金投资人的利益运营该私募股权投资基金。同时，信托资金必须由第三方托管人保管，以保障资金的专款专用。其组织架构如图 6-4 所示。

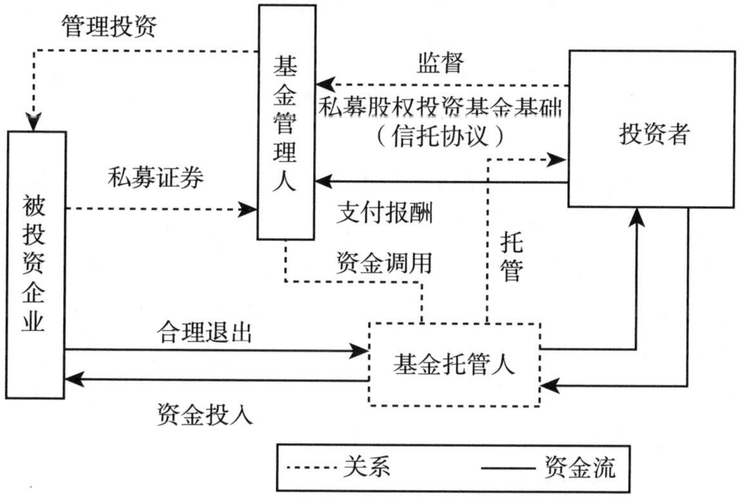

图 6-4　信托制私募股权投资基金组织架构[③]

实践中，也称类似的私募股权投资基金为契约制私募股权投资基金，主要是因为该私募股权投资基金其实本质为合同契约。此种形式一方面赋予

① 参见姚文平、陈颉主编：《中国私募股权投资年度报告 2012》，江苏人民出版社 2012 年版，第 121～122 页。

② 参见刘龙飞编：《私募股权基金运作法律实务》，中国法制出版社 2012 年版，第 33～34 页。

③ 本图为笔者自制，参考曹和平主编：《2011 中国私募股权市场发展报告》，社会科学文献出版社 2012 年版，第 273 页。

了双方极大的自主权来确定合同内容,利于实现最贴近双方需求的交易模式;另一方面又因其相应监管较少而需要支出更高的法律成本来防范风险。[①]

2. 外资人民币私募股权投资基金的形式

对于外资人民币私募股权投资基金来说,其特殊之处即在于人民币资金的募集与外资身份两者的相互作用。由于我国实行外汇管制,特别是前文所述142号文的相关规定,对于外资人民币私募股权投资基金来说,其所能选择的组织形式有一定限制。在已有研究中,对外资人民币私募股权投资基金的形式有着不同的分类。如将其统分为中外合资人民币基金和纯人民币基金,或者纯人民币基金、非法人制外资人民币私募股权投资基金、外商投资合伙企业型私募股权投资基金与中外合作平行基金等。[②] 这些分类各有其内在逻辑,外资人民币私募股权投资基金归根结底是我国市场上私募股权投资基金中的一种,以私募股权投资基金组织形式的大分类为基础,以在这些组织形势下实现外资人民币私募股权投资基金设立的不同之处为区分,才能更好地理解我国外资人民币私募股权投资基金的法律制度。

同时,由于信托投资公司属于我国《产业目录》中的限制类行业。而信托的集合资金计划式私募股权投资基金目前仅信托公司可以发起设立。我国虽然有渤海产业基金这一信托制的未经信托公司设立的私募股权投资基金,但该私募股权投资基金的设立合同为国家特殊批准,[③]这也是信托制又被称为契约制的一个原因。由此,外资人民币私募股权投资基金主要形式如下。

(1)有限合伙形式的外资人民币私募股权投资基金

①本土有限合伙模式

外资私募股权投资机构可以通过先在境内设立外商投资有限责任公司(依据《外资创投规定》设立股权投资公司或依据北京、上海地方试点设股权投资管理基金公司等),再以之为普通合伙人,于境内募集资金,设立

① 参见姚文平、陈颉主编:《中国私募股权投资年度报告2012》,江苏人民出版社2012年版,第273页。

② 参见邹菁著:《私募股权基金的募集与运作》(第3版),法律出版社2012年版,第3页。

③ 参见朱剑峰著:《关于人民币私募股权基金的制度设计的探讨》,第32页。

采取有限合伙企业形式的人民币基金。[①] 具体来讲需要两步：第一步，根据《外资创投规定》设立本土的中国企业法人作为普通合伙人；第二步，在中国境内寻找有限合伙人募集资金。此种模式的特点在于实现了普通合伙人本土化，并引入了本土投资人。该模式下私募股权投资基金完全具有内资资格，在进行投资时不受《产业目录》的限制，有学者称其为外资人民币私募股权投资基金中的“纯人民币基金”。[②]

2008 年，联想控股的子公司弘毅投资于天津设立有限合伙制私募股权投资基金——弘毅投资管理（天津）有限合伙。该人民币基金的有限合伙人主要有社保基金、联想控股、中银投资。[③] 该人民币私募股权投资基金是这一模式比较典型的例子。

②外资有限合伙模式

根据国务院 2009 年 12 月 2 日发布《外国企业或者个人在中国境内设立合伙企业管理办法》（以下简称《外资合伙办法》）规定，外资有限合伙模式在我国破冰。此后，工商总局又明确了其注册流程。[④] 相比三资企业、外资创投企业的设立，该模式可以直接向工商部门申请设立登记。在设立程序中该模式无需商务部门审批。[⑤] 在此模式下，根据《外资合伙办法》的规定，合伙人可以全部为外国企业或个人，也可以既有境外合伙人也有境内合伙人。后者与我国《外资创投规定》中的非法人制模式极其相似。外资有限合伙模式与合格境外合伙人制度也紧密联系。在与合格境外有限合伙人制度结合下，外资人民币私募股权投资基金可以成功实现向境外有限合伙人募集人民币。2010 年复星集团与凯雷投资集团共同出资组建凯雷复星股权投资企业，这是我国第一家合伙制外资股权投资企业。[⑥]

（2）公司形式的外资人民币私募股权投资基金

外资私募股权投资公司可以依据《外资创投规定》设立公司制的外商

---

① 参见北京市道可特律师事务所、道可特投资管理（北京）有限公司编：《中国 PE 的法律解读》，中信出版社 2010 年版，第 85 页。

② 参见邹菁著：《私募股权基金的募集与运作》（第 3 版），法律出版社 2012 年版，第 99 页。

③ 参见邹菁著：《私募股权基金的募集与运作》（第 3 版），法律出版社 2012 年版，第 102 页。

④ 参见《外商投资合伙企业登记管理规定》（工商总局令第 47 号）。

⑤ 参见《外资合伙办法》第 5 条。

⑥ 凯雷复星介绍参见《上海颁发全国首份外资股权投资合伙制企业营业执照》，载《工商行政管理》2010 年第 6 期，第 3 页。

投资创业投资企业。投资公司可以选择完全控股该外资创投企业,也可以引入中方股东,设立中外合资形式的创投企业。①

(3)外资人民币私募股权投资基金的特有形式

①非法人制外资人民币私募股权投资基金

根据《外资创投规定》,在非法人制组织形式中,投资者间要签订创投企业合同。该合同是调整投资者间法律关系的核心协议,可以约定各方互相的权利与义务。如《外资创投规定》第 4 条就表明,投资者可以约定他们中的必备投资者需对该企业的债务承担类似有限合伙中普通合伙人的责任,即连带责任。同时,《外资创投规定》第 22 条更表明投资者可以自行约定收益分配比例。由此可见,非法人制组织形式类似于有限合伙。这可以看作合格境外有限合伙缺失状态下,为实现有限合伙中的一些特性,我国所拟制的企业组织形式。

国内第一个非法人制人民币私募股权投资基金——“英菲尼迪—中新创业投资企业”成立于 2005 年。中新创投作为中方出资人,联合了以色列知名创投企业 Infinity,共同出资 1000 万美元。该私募股权投资基金注册于苏州工业园区。实际上,苏州工业园在成立非法人制私募股权投资基金上,斩获颇丰。以长三角中外合作创业投资企业为例,该私募股权投资基金由德同资本在中国境内成立的创业投资管理公司担任管理人。基金管理人同时作为必备投资人投入少量资金。园区则作为中方出资人投入 1 亿元。②

②中外合作平行基金

这种模式的主要操作流程是法律上具有独立性的两个基金(境外外币基金与境内人民币基金)委托境内同一家私募股权投资基金管理企业(多数为该两只基金共同创立)同时管理两个基金。该管理企业负责项目寻找、投资额申请、投后管理等职责。境内境外的两个基金通常情况下规模相近。私募股权投资基金管理公司将两者统一管理,尽量模拟成一个资

① 参见北京市道可特律师事务所、道可特投资管理(北京)有限公司编:《中国 PE 的法律解读》,中信出版社 2010 年版,第 86 页。

② 参见邹菁著:《私募股权基金的募集与运作》(第 3 版),法律出版社 2012 年版,第 106 页。

金既有外币也有人民币的基金。①

该种模式比较典型的是海泰—戈壁滨海高新创业投资基金。戈壁公司在国外设立一个外币私募股权投资基金。海泰公司在我国设立一个人民币私募股权投资基金。双方共同出资设立了创投管理公司,主要负责寻找天津高新区的高新产业的项目。管理公司确定项目后,要向海泰和戈壁公司的两个私募股权投资基金推荐,并在投资完成后负责目标企业的投后管理。②

（三）基金管理人准入限制

私募股权投资基金管理人是私募股权投资基金投资中的核心角色。常见的有限合伙制私募股权投资基金中,私募股权投资机构通常作为普通合伙人发起设立私募股权投资基金,并担任该私募股权投资基金的管理人。公司制私募股权投资基金中,通常是由公司与私募股权投资基金管理公司或私募股权投资基金投资公司签订委托合同,约定由其担任私募股权投资基金管理人。随着国际私募股权投资基金市场的不断发展,私募股权投资基金行业也出现了更加细致的专业分工。私募股权投资基金委托外部独立的管理公司负责私募股权投资基金的投资在实务中并不少见。即使在有限合伙制私募股权投资基金中,投资决策这一职能虽仍属于普通合伙人,投资后管理等职能由另一独立主体作为私募股权投资基金管理人负责也有出现。③ 因此,对于私募股权投资基金管理人的准入限制可以体现在两个方面:一方面是明确地对基金管理机构的限制,另一方面是对私募股权投资基金发起人的限制。④ 而在我国实践中,国际私募股权投资机构设立境内实体时,可以选择以股权投资为经营范围的股权投资企业或创业投资企业,也可以选择股权投资管理企业等类型。我国对上述企业的监管框架如下。

---

① 参见北京市道可特律师事务所、道可特投资管理（北京）有限公司编:《中国 PE 的法律解读》,中信出版社 2010 年版,第 86~87 页。

② 参见《海泰-戈壁滨海高新创业投资基金昨成立》,载中国证券网,http://www.cnstock.com/paper_new/html/2007-06/07/content_54986263.htm,2014 年 11 月 27 日访问。

③ 参见石育斌著:《中国私募股权投资人权益保护指南》,法律出版社 2012 年版,第 6~7 页。

④ 根据相关地方规定,私募股权投资基金的发起人也可以是股权投资管理企业。参见上海市《关于本市开展外商投资股权投资企业试点工作的实施办法》（沪金融办通〔2010〕38 号）。

1. 私募股权投资基金管理人准入限制制度

(1)备案

《私募监管暂行办法》确立了私募股权投资基金管理人的强制备案监管。该办法规定私募股权投资基金管理人应在基金业协会办理备案。① 这也呼应了此前基金业协会发布的《私募投资基金管理人登记和基金备案办法(试行)》(以下简称《备案办法》)。

在此之前,根据《创投办法》,私募股权投资基金管理人的备案是自愿进行的。备案的主管机关为发改委。备案的企业,可以享受政策扶持。② 然而政策扶持的吸引显然不够有效。全国近万家私募股权投资基金中,真正备案的不足百家。③ 私募股权投资基金行业在2011年左右出现"全民"乱象,以私募股权投资基金之名的违法犯罪行为时有发生,给社会经济造成了一定的危害。④

2011年1月31日,国家发改委发布了《关于进一步规范试点地区股权投资企业发展和备案管理工作的通知》(以下简称《253号文》)(已失效),发改委于2011年11月23日发布的《关于促进股权投资企业规范发展的通知》(发改办财金〔2011〕2864号)延续和细化了《253号文》的备案管理体系和规定。《253号文》和《2864号文》明确规定私募股权投资基金应于发改委备案,仅对于资本规模较小等情况予以豁免。然而,《253号文》和《2864号文》从法律效力来看仅为部门规范性文件。253号文规定中对于不备案的处罚,也仅是发改委公示。《第2864号文》规定对逾期没有备案的,将其作为"规避备案监管股权投资企业""规避备案监管受托管理机构",通过备案管理部门门户网站向社会公告。由于缺乏有效的惩罚机制,这些规定发出后的备案情况也并不理想。⑤ 目前,《第253号文》在《私募监管暂行办法》发布实施的前一日被发改委废止。这也印证了备案

① 参见《私募投资基金监督管理暂行办法》第7条。

② 参见《创业投资企业管理暂行办法》第3条。

③ 参见《PE到底由谁来监管|投资基金业|管理人》,载凤凰财经,http://finance.ifeng.com/a/20140429/12223195_0.shtml,2014年11月27日访问。

④ 有限合伙制私募股权投资基金在普通合伙人的要求上限制较多,但由于通常投资人是作为有限合伙人,故此处不列入讨论,参见曹和平主编:《2011中国私募股权市场发展报告》,社会科学文献出版社2012年版,第312~313页;天津农民注册私募股权投资基金公司实行非法集资案例,参见曹和平主编:《2011中国私募股权市场发展报告》,社会科学文献出版社2012年版,第148页。

⑤ 参见《关于进一步规范试点地区股权投资企业发展和备案管理工作的通知》第6条。

监管的主管部门已正式确立为证监会。

(2)资格限定

在我国法律规范中,对基金管理人准入的资格限定,散见于国家层面与地方层面的各法规中。它们虽然设定的标准各异,但主要思路可以概括为是从以下两方面规制基金管理人的。一是注册资本方面。各地法规常见有对设立私募股权投资基金管理公司的注册资本方面的要求,如上海为股权投资管理企业设定了500万元的注册资本标准,①而天津则对私募股权投资基金管理公司第一次缴付资本的数额设定了下限。② 二是管理人员方面。如《创投办法》规定了私募股权投资基金中承担管理责任的人员需达到的专业标准以及他们的最低人数。其中,工作年限是常见的标准。在新出台的《私募监管暂行办法》中,对私募股权投资基金从业人员也提出了统一标准,即获得从业资格,具体可通过考试获得或由工作年限认定。从业资格这一提法在以前的规定中均尚未涉及。

2. 外资人民币私募股权投资基金管理人准入限制

在基金管理人准入限制上,外资人民币私募股权投资基金管理人与其他外资私募股权投资基金管理人并无不同,主要根据其组织类型、设立地等确定适用的标准。但是,整体来看,外资私募股权投资基金管理人的准入限制要严于内资。特别是《私募监管暂行办法》之前,我国仅有对外资私募股权投资基金管理人的相关准入规定。③

目前,备案方面外资私募股权投资基金面对商务部和证监会的双监管。就全国范围来说,《私募监管暂行办法》的规定中并未区分外资私募股权投资基金和本土私募股权投资基金。根据基金行业协会网站上的解答,只要是在境内注册设立的,外资私募股权投资基金也被纳入备案登记的范围。④ 因此,外资人民币私募股权投资基金在我国也被纳入强制备案管理。

在资格限定方面,外资私募股权投资基金的相关限制要严于本土私募

① 参见上海市《关于本市股权投资企业工商登记等事项的通知》(沪金融办通〔2011〕10号)。

② 参见《天津股权投资企业和股权投资管理机构管理办法》(津发改财金〔2011〕675号)。

③ 参见刘新辉:《2010外资人民币基金焦点制度解析》,载《资本市场》2010年第12期,第105~108页。

④ 参见《私募基金登记备案相关问题解答(一)》,载资管平台,http://www.amac.org.cn/xhdt/zxdt/385645.shtml,2014年12月1日访问。

股权投资基金。比如,《外资创投规定》中对专业管理人员数量的要求就要多于《创投办法》中的相应规定。北京市的相关规定中,对注册资本和高管资历方面的要求也明显较高。① 在新规定要求私募股权投资基金从业人员均需获得从业资格的变化下,外资私募股权投资基金与本土私募股权投资基金间的要求差距有所缩小。

二、外资人民币私募股权投资基金市场准入法律制度问题及域外经验

(一)私募股权投资基金国际投资待遇标准

根据上文分析,私募股权投资基金属于具有金融服务性质的国际直接投资。私募股权投资基金应适用何种国际投资待遇标准值得思考。国际上,投资者会倾向于前往对外国投资者采取国民待遇,即与它本国主体同一待遇的国家。对于外国投资者来说,东道国采取的待遇标准影响着其在商业经营中的法律地位。在商业运营和法律救济方面,能否享受到与该国企业同等或类似的待遇是外国投资者关注的重点。经合组织也将上述方面列为评判是否为国民待遇的重要方面。② 而对于市场准入,美国一直在积极推动准入前国民待遇标准,该标准包括了试图向东道国投资的外国主体在设立、并购方面享受国民待遇。以美国为例,其在 2012 年修订了关于投资和投资保护的双边协定的标准文本。在该文章中,准入前国民待遇采取负面清单的形式。除非某一领域列入文本附件中的例外情形,外国主体在该领域的设立和并购享受国民待遇。③

当然,从国际经验看,对于至关重要的金融服务行业,实行一定的监督管理措施是必要的。以美国上述修订文本为例,它明确规定一国可以出于本国支付与清算体系正常运营的需要,以及某独立金融机构的安全性的需要等,制定、实施关于金融服务的监管法规。该条修订体现了该国在后金融危机时代对与政府金融监管的强调。④ 目前,我国并未将私募股权投资

① 参见《在京设立外商投资股权投资基金管理企业暂行办法》第 3 条。

② See OECD, *Foreign Direct Investment and Economic Development* (1998), pp. 37-41.

③ 参见黄洁:《美国双边投资新规则及其对中国的启示——以 2012 年 BIT 范本为视角》,载《环球法律评论》2013 年第 4 期,第 160~161 页。

④ 参见黄洁:《美国双边投资新规则及其对中国的启示——以 2012 年 BIT 范本为视角》,载《环球法律评论》2013 年第 4 期,第 160 页。

基金纳入金融机构进行监管，但随着《私募监管暂行办法》的实施，被纳入证监会监管范围的私募股权投资基金，其金融服务的特性越发显现。随着我国负面清单制度的起步，私募股权投资基金实行国民待遇为大势所趋，同时，强调私募股权投资基金属于金融机构而我国政府对私募股权投资基金的监管具有合法性也是符合国际经验的。

（二）基金设立的形式

从私募股权投资的国际实践来看，私募股权投资基金选择采用的商业组织经历了以公司形式向有限合伙形式的转变，目前绝大多数私募股权投资基金为有限合伙制。[①] 从发达国家和地区的实践来看，私募股权投资基金主要的设立形式可以分为两大阵营：以英美为代表的有限合伙形式为主导和以德日为代表的公司形式为主导。美国私募股权投资基金行业发展初期的主要设立形式为公司制。1978 年左右，美国进行了较大规模的资本所得税改革，慈善基金会、养老基金等享受了大幅税赋降低。[②] 同时，美国开始允许拥有巨额资产的养老基金将它持有的资金投资于私募股权投资基金。两相结合，养老基金、社会保险等机构迅速成为美国私募股权投资基金市场的重要投资人。对于养老基金等机构，其对于有限合伙形式能够免征双重税收这一特质更为看重，并且其自身无参与私募股权投资基金投资选择、决策的需求。其后，有限合伙制私募股权投资基金逐步成为市场主流。美国对于有限合伙制形式的采用以及其私募股权投资基金市场的成功，也使包括英国在内的多国纷纷模范。英国对有限合伙制的税收规定也同样优于公司制，同时其有限合伙人市场主要以机构投资者为主。[③]

不同的是，在大陆法系的德国与日本，公司制私募股权投资基金才是市场主导。两者的金融市场体系区别于证券市场占主导地位的英美两国，都是以商业银行为其市场的中心。银行同样也成为其发展私募股权投资基金的核心力量，与银行相关联的投资公司成为私募股权投资基金主要投

① See Seretakis Alexandros, "A Comparative Examination of Private Equity in the United States and Europe: Accounting for the Past and Predicting the Future of European Private Equity", *in Fordham Journal of Corporate & Financial Law* Vol. 18, No. 3, 2013, p. 4.

② 参见刘龙飞编：《私募股权基金运作法律实务》，第 11 页。

③ 参见曹和平主编：《2011 中国私募股权市场发展报告》，社会科学文献出版社 2012 年版，第 277～279 页。

资者。同时,德国实行一致的税收策略,并不给予合伙企业特殊优惠,大大降低了合伙企业的吸引力。① 值得注意的是,由于各国法律制度的不同,单纯以合伙、公司等概念概括,并不能体现其作为某一法律制度中企业组织形式的本质特点。如英美体系下公司法坚持以董事会为权力中心,其在企业治理层面与合伙制并无显著差别,有税收优惠的合伙制更加吸引投资者也是情理之中。②

从法律框架看,我国目前私募股权投资基金可采用的设立形式已基本与发达国家保持一致。③

(三)基金管理人准入限制

1. 基金管理人准入限制的意义

国际上对于私募股权投资基金基金管理人准入的监管都予以高度重视。美国证券法界具有举足轻重地位的路易斯·罗思教授更是对此进行了深入研究。他的研究结论指出对于基金的监管,核心是对基金管理人的监管。基金管理人的资质瑕疵是基金市场纠纷的常见导火索。另一常见的纠纷引起因素也与基金管理人有关,即基金管理人进行欺诈等。④

在通常情况下,投资者和企业间的信息是不对称的,投资者对创业企业的经营情况基本是不知情的,只有通过基金管理人选择优质的投资对象才能尽量降低交易成本。而只有专业的基金管理人才具备更多的专业知识,如估值调整、优先分红、分段投资等,而且其还具备多次历练而形成的投资经验和日臻完善的谈判技巧。这将有效降低缔约方面的成本。若无监管机制,基金管理人将良莠不齐,资质不够的基金管理人将造成拟进行投资的公众的投资成本增加,甚至是一定的经济损失。

① 参见曹和平主编:《2011中国私募股权市场发展报告》,社会科学文献出版社2012年版,第277~279页。

② 参见曹和平主编:《中国私募股权市场发展报告2010》,社会科学文献出版社2010年版,第318~319页。

③ 参见武圣涛:《境内外私募股权基金比较研究》,载《上海金融学院学报》2009年第1期,第64页。

④ 参见[美]路易斯·罗思、乔尔·塞里格曼著:《美国证券监管法基础》,张路等译,法律出版社2008年版,第6~15页。

2. 国外主要的基金管理人准入限制法律规定

国际实践对于金融市场的监管有两种不同的逻辑：一是保护相对于金融机构而言为弱势的投资者，二是维持金融系统的稳定性。后者在金融危机后越发受到关注。[①] 作为对私募股权投资基金进行监管的核心，基金管理人的监管制度背后也一样有两种思路。第一种被称为自由主义模式，美国即属于该模式。[②] 美国在对私募股权投资基金市场进行监管时，并未设置市场准入类标准。但是，它设定了合格投资者制度。对于豁免注册的机构，其投资者需要的是合格投资者。这种立法理念的背后，是对于合格投资者保护自身权益的能力的信任。[③] 不过，此种理念主要关注的是投资者保护，相对忽略金融系统的稳定性。在金融危机后，美国实施了新的规定，对豁免注册的基金管理人情况进行了限缩。[④] 另外，此处的豁免注册是表示该种情况下美国监管部门不对其适用严格的监管标准，备案和信息披露要求都低于公开发行的证券。[⑤] 第二种被称为限制主义模式。该模式以欧盟、日本等国家和地区为代表。此种模式会对基金管理人设置较高的资质要求，保证其资本充裕、具有从事私募股权投资基金业务的相关能力。比如，德国对于管理人的实收资本、专业人员等都设定了标准。欧盟2006年实施的《金融工具市场指令》，对基金管理公司自有资本与管理资本间的比例作了限定。[⑥] 这有别于我国对注册资本的限定。当管理人所管理资产增加时，也要相应增加其自有资本，是一种更有参考价值的动态的限定标准。日本则是明确实行强制注册模式，其证券投资信托法要求基金管理人要在证券监管部门登记，否则会受到相应惩罚。[⑦]

综合来看，我国对基金管理人准入的限制更偏向限制主义的立法

---

① 参见曹和平主编：《中国私募股权市场发展报告2010》，社会科学文献出版社2010年版，第162页。

② 参见宋芳：《美国私募基金监管法律制度研究及对我国的启示》，载《理论与现代化》2012年第5期，第91页。

③ 参见鲁勇睿：《刍议我国发展私募股权投资的立法与政策基础——基于对美国金融立法理念的理解》，载《现代财经》（天津财经大学学报）2012年第4期，第122页。

④ 参见赵玉：《私募股权投资基金管理人准入机制研究》，载《法律科学（西北政法大学学报）》2013年第4期，第169页。

⑤ 参见柳志伟主编：《基金业立法和发展 比较与借鉴》，中国政法大学出版社2003年版，第73页。

⑥ 参见柳志伟主编：《基金业立法和发展 比较与借鉴》，中国政法大学出版社2003年版，第73页。

⑦ 参见崔惠芳：《基金监管模式的国际比较及借鉴》，载《商业时代》2007年第26期，第63页。

模式,但《私募监管暂行办法》刚出台,相应的资格限定类标准设置还比较简单,如并未涉及动态资本的监控,且各地标准有所差别尚未统一。

第三节　外资人民币私募股权投资基金的募集——外汇管制与合格投资者制度

一、我国法律规定的现状

(一)外汇管理制度

由于我国实行外汇管制,外商投资企业在我国的运营均需考虑结汇问题。对于外资私募股权投资基金,发起人通常作为普通合伙人对基金出资,其以外币为表现形式的注册资本金如何结汇就是需要考虑的问题。而对于具有境外投资人的私募股权投资基金,投资人的外币资金如何汇入也极为重要。当然,外资人民币私募股权投资基金因其募集、运营的为人民币,也会有自己的操作特点。为厘清其所适用的外汇管理制度,此部分从更大范围的外汇管理制度切入论述。

1. 我国外汇管理制度法律体系

根据《外汇管理条例》,外汇是“以外币表示的可以用作国际清偿的支付手段和资产”。外汇管理在我国有着长期的历史。对于发展中国家而言,外汇管理也是其初期经济发展的需要。外汇管理对维持一国国际收支平衡有着重要意义。我国也正因有着外汇管理制度,方能在国际热钱试图涌入时,卡紧关口,从而避过多次可能的经济问题。

我国的外汇管理主要由外管局负责。在外管局的监管中,最主要的是经常项目(国家间经济交易常见的项目)与资本项目(体现国家间债权变动)的外汇管理。私募股权投资基金通常涉及的外汇管理为外商直接投资外汇管理,属于资本项目。

以现行的管理制度为例,在外商直接投资中,企业要先办理外汇登记等手续,才能在外汇资金注入时进行结汇。外国投资者拟退出境内也需要经过购汇及汇出的流程,而这也需要外汇管理部门核准。在我国的外汇管理实践中,外汇管理部门常能较灵活的根据实际需要颁布或废止相应规章,从而及时满足我国外汇管理实践的需要。但从整体上看,我国外汇管理一直在向开放发展,目前经常项目项下外汇进出已基本无障碍,而资本项目项下的开放正是国家关注的方向。这也使我国外汇管理政策整体来看属于“振荡”前行,逐步开放。

具体来说,与外资私募股权投资基金相关的外汇管理重要法规如表6-1所示。[①]

表6-1 外汇管理重要法规(外资私募股权投资基金相关)[②]

法规	重点法条	涉及外资私募股权投资基金的相关问题
《关于外商投资企业境内投资的暂行规定》	第5、15条	投资的条件及审批机关
《财政部、国家外汇管理局关于进一步加强外商投资企业验资工作及健全外资外汇登记制度的通知》	第1条	外资再投资、转增资等情形需要注册会计师核对外汇局资本项目核准件
《国家外汇管理局关于改革外商投资项下资本金结汇管理方式的通知》	第2、6条	资本金结汇限于外商投资企业投资项目的正常生产经营开支范围
《关于加强外商投资企业审批、登记、外汇及税收管理有关问题的通知》	第3、5、6条	投资受产业指导目录限制,并需商务机关审批
《国家外汇管理局关于完善外商投资企业外汇资本金支付结汇管理有关业务操作问题的通知》	第3条	外商投资企业资本金结汇所得人民币,除非另有规定,不得用于境内股权投资

① 参见北京道可特律师事务所编:《外资PE在中国的运作与发展》,中信出版社2011年版,第141页。

② 本表系笔者整理,仅挑选个别重要法规。

续表

法规	重点法条	涉及外资私募股权投资基金的相关问题
《国家外汇管理局关于完善外商直接投资外汇管理工作有关问题的通知》	第4、5条	非投资性外商投资企业与其所投资企业之间外汇资金不得在境内划转

2014年,外管局发布了一系列开放资本项目下管理的规章,其中,2014年7月4日发布的《关于在部分地区开展外商投资企业外汇资本金结汇管理方式改革试点有关问题的通知》(汇发〔2014〕36号,以下简称《36号文》)《36号文》以及《关于境内居民通过特殊目的公司境外投融资及返程投资外汇管理有关问题的通知》(以下简称《37号文》)尤为突出。《37号文》扩宽了原该领域《75号文》[①]的限制,关于境外设立的特殊目的公司获利的调回等规定均有放松。而《36号文》允许在试点地区内以投资为主要业务的外商投资起业(主要包括外商投资性公司、外商投资创业投资企业、外商投资股权投资企业)将外汇资本金结汇后进行股权投资,相比《142号文》,放松了对"红筹模式"以及外资私募股权投资基金的一些限制。

对于外资私募股权投资基金来说,影响最大的是《36号文》。原先《142号文》的管理框架下,外商投资企业实行"支付结汇",即在有确定的资金用途后方可申请结汇。根据该文,外商投资企业如想将其外币形式表现的资本金兑换为人民币,需要向银行申请。申请时,外商投资企业需提交文件证明兑换后人民币的用途。这就是"支付结汇"原则。而《142号文》同时规定,投资中国境内股权这一用途不被允许,除非有其他法规特殊规定,但目前仅存在外商投资创业投资企业等个别例外。在这种情况下,外资私募股权投资机构如希望先设立"三资企业"类外商投资企业,再将结汇所得人民币进行股权投资会存在障碍。[②] 同时,对于被投资的企业,在《142号文》规定下需要进行外商投资企业再投资登记,并通过再投资专用账户进行划款。

① 《关于境内居民通过境外特殊目的公司融资及返程投资外汇管理有关问题的通知》,业界又称《75号文》。

② 参见北京市道可特律师事务所、道可特投资管理(北京)有限公司编:《中国PE的法律解读》,中信出版社2010年版,第83页。

根据《36 号文》规定，投资类外商投资企业可在外币出资完成确认登记后直接结汇，并进行股权投资，即“意愿结汇”。[①] 这样对于《36 号文》试点范围内的外商投资企业，其进行境内股权投资既能以资本原币划转，经由被投资企业的境内再投资专用账户实现；也能以直接资本金结汇，将所得人民币划至被投资企业的专门账户。值得注意的是，外汇管理中常常实施地方试点模式。如《36 号文》目前就属多地试点。各地政府为了吸引外资私募股权投资基金落户，通常会对相关规定进行突破，[②]如允许基金管理企业投入不超过其所设私募股权投资基金总资金 5% 的资本金结汇资金，[③]更有地区明文规定此类出资不影响私募股权投资基金的内资身份。[④]

2. 外资人民币私募股权投资基金的外汇规定

外资人民币私募股权投资基金之所以受瞩目，其优势之一就是外汇管制方面相对简单。对于外资外币私募股权投资基金，投资收益须在中国境内换汇后汇出，这就涉及比较复杂的外汇、税收规定以及国家或地区间相关协定。[⑤] 同时对于纯外资式私募股权投资基金，其投资境内的外汇管理类似直接设立外商投资企业的流程。[⑥] 外资人民币私募股权投资基金省却了以人民币币种所募资金的换汇，特定形式的外资人民币私募股权投资基金更能使投资流程少却结汇资金流转的麻烦，其与外汇相关流程主要体现在以下两个方面。

(1)境外投资人结汇

人民币私募股权投资基金已不必然来自境内。简单来说，人民币私募股权投资基金中的人民币有以下可能来源：境内中国机构或个人资金、外

---

① 参见《外汇局 36 号文出台 外商投资企业资本金试点意愿结汇》，载新华网，http://jjckb.xinhuanet.com/2014-08/05/content_515561.htm，2014 年 11 月 25 日访问。

② 参见郝玉强、何芬、郭淑芬：《外资人民币基金热点分析》，载《首席财务官》2012 年第 7 期，第 86 页。

③ 参见北京市《关于本市开展股权投资基金及其管理企业做好利用外资工作试点的暂行办法》第 12 条；上海市《关于本市开展外商投资股权投资企业试点工作的实施办法》(沪金融办通〔2010〕38 号)。

④ 参见天津市《关于本市开展外商投资股权投资企业及其管理机构试点工作的暂行办法》(津发改财金〔2011〕1206 号)。

⑤ 参见顾文伯：《上海国际金融中心背景下股权投资基金法律制度》，载《上海政法学院学报》2011 年第 3 期，第 103 页。

⑥ 参见曹和平主编：《2011 中国私募股权市场发展报告》，社会科学文献出版社 2012 年版，第 146 页。

资机构所持有的人民币形式的境内收益、经批准的跨境人民币直接投资、①外商投资企业资本结汇（根据《36号文》，只适用于投资类企业）。

《外资合伙办法》公布后，对于中外合伙制私募股权投资基金，境外有限合伙人如何将其出资结汇一直未有详细规范，具体操作有待实践。同时根据规定，外国合伙人可以用其人民币出资。对于合格境外有限合伙人以人民币出资，需要提交外管局的证明文件，以证明所出资人民币为经合法途径获得。

（2）私募股权投资基金发起人自身结汇与投资

根据国际惯例，作为私募股权投资基金发起人与管理人的私募股权投资机构，往往也要以一定的出资与投资人一起设立私募股权投资基金，从而更好地激励管理人并防范委托代理机制下的风险。虽然外资人民币私募股权投资基金的大部分资金来自本土有限合伙人的人民币，但私募股权投资基金发起人自身的资金何处获得就涉及外汇管理制度。根据《142号文》规定，我国允许依据《外资创投规定》成立的公司或非法人制企业，在经外管局核准后，运用结汇所得人民币资金投资，并规定了详细的操作流程。《36号文》对此类企业来说，提供了划转结汇后人民币这一新的投资流程选择。但是，对于并非依照《外资创投规定》设立的企业，如外商投资咨询类企业、股权管理类企业，则其如何作为普通合伙人出资就出现了障碍。不过，在实践中，各主要私募股权投资基金聚集地外汇管理机关往往对该障碍实现了突破。②

（二）合格投资者制度

合格投资者制度与私募股权投资基金的概念一样，均源自美国。合格投资者制度是美国私募股权投资基金监管的核心制度，也是诸多国家在构建本国私募股权投资基金监管政策时争相模仿的对象。

布莱克法律词典中合格投资者是指“拥有大量净资产，对金融事务具有投资经验与知识的投资者，在适用豁免注册制度的证券发行行为中，合格投资者，无论是个人还是机构，都不受证券法关于信息披露条款

① 参见商务部《关于跨境人民币直接投资有关问题的通知》。

② 参见《中外合伙制人民币基金“有名无实”外汇结汇成门槛》，载金融界，http://finance.jrj.com.cn/2010/10/2011468374000-1.shtml，2014年11月17日访问。

的保护,但对于证券欺诈行为,投资者仍然可以使用证券法中的相关救济措施”。[①]

合格投资者制度是指,立法者采用证券公开发行注册制度保护公募投资者,而私募投资者无法得到注册制度的保护,因此,各国法律都明确规定私募发行人(募资者)只能向满足特定条件的投资者发出私募要约,这些满足特定条件的投资者就是所谓的合格投资者。合格投资者制度为私募法律制度的核心,这是因为私募制度采用注册豁免原则,而只有在参与的投资者有自我保护的可能与能力时,发行才能得到相应的注册豁免。[②]

合格投资者定义的范围和确定性直接决定了私募发行的效率。若合格投资人范围限制过严,在控制市场风险的同时减少交易人数、降低市场流动性,导致市场的有效性不足;若合格投资人制度过于宽松,市场参与度和市场流动性得到了提升,但一些承受能力与产品风险不匹配的投资者进入市场,市场就会受到很多非理性行为的影响,风险加大。合格投资者定义的确定性取决于定义的方式,主观化的定义方式存在不确定性,客观化的定义则给公募和私募划分了一条明确的分界线,有助于降低发行成本、提升私募融资效率。[③]

1. 美国法上的合格投资者制度

(1)制度渊源和需求保护标准的确立

合格投资者制度源于“罗尔顿公司案”。[④] 美国联邦最高法院在该案中认定,发行人能否依赖“证券私募注册豁免”取决于“受要约人是否需要证券法注册制度的保护”,这就是所谓的“需求保护”标准。虽然该案未直接引申出“合格投资者”这一概念,也未提出技术性的划分标准,但是相关的理念却发轫于此。[⑤]

美国《1933 年证券法》第 4(2)条“本法第 5 条(证券发行的注册规则)

① 转引自 Bryan A Garner ed. ,Black's Law Dictionary,West Group,2004,p. 2424。

② 梁清华:《美国私募注册豁免制度的演变及其启示——兼论中国合格投资者制度的构建》,载《法商研究》2013 年第 5 期。

③ 陈颖健:《私募基金合格投资者制度研究》,载《证券市场导报》2018 年第 10 期。

④ 转引自 Securities and Exchange Commission V. Ralston Purina Co. ,346U. S. 119(1953).

⑤ 梁清华:《美国私募注册豁免制度的演变及其启示——兼论中国合格投资者制度的构建》,载《法商研究》2013 年第 5 期。

不适用与公开发行无关的发行人的交易”奠定了私募制度的法律基础，但并没有明确界定私募的具体要件，而是把这个问题留给法庭判决和美国联邦证券监管委员会(Securities Regulatory Commission，SEC)来解释豁免的范围。1953年美国联邦最高法院在SEC v. Ralston Purina Co.一案中，给私募的对象提出了“需要保护的标准”，即如果发行对象不需要《1933年证券法》注册制的保护，那么该项发行就不属于公募发行。美国联邦最高法院进一步提出了“信息可获取性”标准，投资者可以获得与证券法以注册声明形式披露相同的信息，也属于豁免注册的范围。① 此案虽然没有明确表述合格投资者的具体定义，但是，“需要保护的标准”原则为后续“合格投资者”概念的产生奠定了理论基础，因而该案在私募制度发展史上具有里程碑意义。

但“需要保护的标准”原则过于抽象，无法给私募提供确定标准。在接下来的岁月里法院通过个案试图来明晰这个原则的内涵，特别是有一些法院对该原则做了非常严格的解释，导致合格投资者的范围十分狭窄。

(2)合格投资者标准的具体化

1962年，美国联邦证券监管委员会为了澄清对《1933年证券法》4(2)豁免适用的限制，宣称一项交易是否涉及公开发行显然是一个事实问题，必须考虑所有的相关因素，比如发行人和投资者之间的关系、本质、范围、规模、类别和发行的方法。但是在个案基础上决定合格投资者的做法效率太低，到了20世纪70年代，已经无法适应迅猛发展的私募融资。因此，美国联邦证券监管委员会于1974年发布了146规则，规定了《1933年证券法》4(2)豁免注册要求，试图对第4(2)条的标准提供具有更大确定性的指南。该规则对投资者的资格和人数的规定是：发行人必须有理由相信，购买人在财务上有足够的知识和经验来评估潜在投资的风险或者可以承受投资的经济损失；如果购买人没有所需要的知识和经验，他们的代表能提供必要的金融知识和经验；投资者必须有途径获得与公开发行注册表所包含的信息类似的信息；购买者人数不超过35人，但关系人和大额投资者(购买或同意购买总额为15万美元或以上证券的人)除外。146规则要求发行人对投资者的风险识别能力或风险承担能力进行主观判定。主观判

① 转引自Securities and Exchange Commission V. Ralston Purina Co.，346U. S. 119(1953).

定无法为发行人在事先提供确定性,反而容易在事后引发纠纷。如果发行人的主观判定没有得到监管机关的认可,私募豁免不能适用,那么发行人就要承担责任。

除此之外,对投资者获得信息的要求增加了发行人的信息披露成本。虽然146规则的出发点是提供更加客观的标准从而降低私募的不确定性,但是实际效果却背道而驰,非但未达到提供确定性的目标,反而过度增加了私募发行的成本,导致私募发行不必要的“复杂和昂贵”。

(3)客观化的合格投资者定义

1982年,美国联邦证券监管委员会制定“D条例”取代了146规则,给证券法4(a)(2)条提供了一个非排他的安全港规则。其中,获许投资者(accredited investor)的概念是《D条例》的基石。《D条例》501规则列举八个种类的个人和实体作为获许投资者,包含:(1)银行、保险公司、注册的投资公司、企业发展公司或小企业投资公司;(2)雇员退休收入保障法中的雇员福利计划,并且是由银行、保险公司或注册的投资公司为其做投资决策,或者该计划的总资产超过500万美元;(3)慈善组织、公司或合伙,并且总资产超过500万美元;(4)股东或成员全部由合格投资者组成的商业机构;(5)发行人的董事、执行高管或者普通合伙人;(6)拥有净资产100万美元以上,或者最近两年所得平均超过20万美元的自然人;(7)与配偶合计最近两年总收入平均每年超过30万美元,并且当年收入的合理预期也可达到该水平;(8)由专业人士负责投资的总资产超过500万美元的信托(非专为购买该证券而设立)。上述8类机构或个人可以概括为3种基本类型,即机构投资者、发行人内部人、高净值个人投资者。《D条例》下获许投资者没有人数限制,发行人对获许投资者也不承担信息披露的义务。除了获许投资者,《D条例》还规定成熟投资者(sophisticated purchaser)亦可投资私募证券。发行人必须对成熟投资者做出主观认定,即在销售前发行人必须合理地相信投资者在商业和金融方面有充分的知识和经验来适当评估潜在投资风险。成熟投资者虽然具有分析投资价值的经验和知识,能有效识别风险,但其本身不像发行人的内部人一样具有天然的信息优势,又不像高净值个人投资者一样具有风险承受能力。

因此,《D条例》将其人数限制在35人之下,同时要求发行人必须向此类投资者进行信息披露。虽然《D条例》保留了发行人对成熟投资者具备风险识别能力的主观认定,但实际上由于成熟投资者的人数限制,以及发行人的信息披露义务,私募发行很少引入成熟投资者。《D条例》的颁布有力促进了美国私募证券市场的发展,其成功在于它引入了获许投资者这一完全客观的合格投资者定义,同时《D条例》下获许投资者既没有人数限制,又无需发行人向其披露信息,这就有效解决了146规则的不确定性和高成本问题。

2. 美国法上的合格投资者定义

美国现行的合格投资者制度主要规定在《D条例》中。《D条例》之501规则(a)对"合格投资者"采取的是列举式规定,合格投资者"包含下列机构或个人:(1)银行、保险公司、注册的投资公司、企业发展公司或小企业投资公司;(2)雇员退休收入保障法中的雇员福利计划,并且是由银行、保险公司或注册的投资公司为其做投资决策,或者该计划的总资产超过500万美元;(3)慈善组织、公司或合伙,并且总资产超过500万美元;(4)股东或成员全部由合格投资者组成的商业机构;(5)发行人的董事、执行高管或者普通合伙人;(6)拥有净资产100万美元以上,或者最近两年所得平均超过20万美元的自然人;(7)与配偶合计最近两年总收入平均每年超过30万美元,并且当年收入的合理预期也可达到该水平;(8)由专业人士负责投资的总资产超过500万美元的信托(非专为购买该证券而设立)"。

上述8类机构或个人可以概括为3种基本类型:专业投资机构、发行人内部人、高净值投资者。综合来看,美国法对何为合格投资者是从以下几个方面认定的:

(1)经济实力

无论是合格的机构投资者还是个人投资者都必须具备承担风险的能力,这就要求合格投资者必须具备一定的经济基础。以自然人合格投资者为例:任何自然人,其个人或者家庭净资产在购买私募证券时超过100万美元,或者其近两年每年的个人收入超过200万美元或其家庭收入每年超过300万美元并且当年的收入能够达到此数目,这样的自然人被认为是合格的投资者。美国对个人合格投资者的资产标准规定于1982年,在其后的几十年内也并未根据通货膨胀进行调整。这使越来越多的个人投资者达到合格投资者的标准。

2010年7月21日,美国总统奥巴马签署了《多德—弗兰克华尔街改革和消费者保护法》(以下简称《多德—弗兰克法案》)。该法案的第四部分——《私募基金投资顾问注册法》要求美国证券交易委员会对《D条例》下的合格投资者的净资产标准进行调整。对自然人投资者而言,要求其在购买证券时,个人或与配偶的净资产总和超过100万美元,且不包括其主要居所的价值。该标准将适用于新投资人或要进行新投资的原投资人,除非美国证券交易委员会另有规定。同时,《私募基金投资顾问注册法》要求美国证券交易委员会在该法通过后1年内,以后每5年,基于通货膨胀的原因,调整个人合格投资者的标准,调整以10万美元的倍数为基数。

(2)投资者经验

合格投资者应该是那些能够判断投资风险且经验老到的人,包括发行人在销售前能够合理相信,该投资者(获许投资者除外)具备应有的商务知识和经验,能够评估投资所蕴涵的风险。例如,美国法中的"资深雇员",是指那些从事私募基金或基金经理人工作,参与管理基金或相关投资的人,因为从其占据的职位来看,可以推定其具备投资私募基金的相应知识,具有自我保护的能力。

(3)特殊关系

所谓特殊关系,是指这些投资者必须与发行人具有特殊的关系,这些特殊的关系包括但不限于投资者是发行人的内部人及其亲属、朋友或投资者与发行人之前存在业务上的关系。①

3. 美国法上的合格投资者认证

客观化的合格投资者定义需要配套严密的认证程序,如果缺乏严格的认证程序,合格投资者制度便会形同虚设。

美国《D条例》并没有规定获许投资者的具体认证程序,只要求发行人有合理基础相信投资者满足获许投资者的定义。2012年美国JOBS法案局部解决了这个问题。JOBS法案201(a)(1)条要求SEC在该法颁布之后的90日内修订《D条例》506条,在证券发行人"采取SEC认定的合理步骤去确认证券的购买者属于获许投资者"的前提下,允许证券私募发

① 陈颖健:《私募基金合格投资者制度研究》,载《证券市场导报》2018年第10期。

行采用一般性劝诱。之所以说是局部解决这个问题,是因为既有的506规则作为独立的豁免,并不受到JOBS法案201(a)(1)条的影响。换言之,发行人可以不从事一般性劝诱而进行《D条例》506规则下的私募发行。在这个规则下,发行人只需有合理的基础相信投资者满足《D条例》501(a)规定的获许投资者定义即可,无须满足获许投资者的认证要求,但是,其必须承担遵守禁止一般性劝诱规则所带来的成本。发行人也可以采用《D条例》506(c)规则,在满足一定条件下通过一般性劝诱来从事私募发行。在这种情况下,虽然放松禁止一般性劝诱规则有助于私募发行人更加容易地招揽投资者从而便利资本筹集,却必须承担认证获许投资者和备案D表格等带来的成本。

为了执行JOBS法案201(a)条,2013年7月SEC采纳了506(c)规则的修订案,该修订案设置了一个以原则为基础(principle-based)的验证方法,要求发行人或者其代理人在每一个购买或者交易的具体背景和环境下采取合理步骤来认证购买者的获许地位(the purchaser's accredited status)。规则提供了一些发行人可以采用的方法来满足对个人投资者的认证要求,包括:基于收入的验证,通过审阅国内税收署(Internal Revenus Service, IRS)报告收入的表格;净资产的验证,通过审阅3个月内具体类型文件,如银行对账单、佣金对账单、存款单、税收评估、信用报告,获得投资者的书面声明等。①

4. 中国法上的合格投资者及其定义

我国私募基金立法中合格投资者的概念采用了客观化的定义。2012年修订的《证券投资基金法》第88条界定了"合格投资者"的概念,是指"达到规定资产规模或者收入水平,并且具备相应的风险识别能力和风险承担能力、其基金份额认购金额不低于规定限额的单位和个人",并把合格投资者的具体标准授权给国务院证券监督管理机构规定。

2014年中国证监会《私募投资基金监督管理暂行办法》(以下简称《监管暂行办法》)从第11条到第13条,规定了合格投资者的具体标准,包括三种基本类型:专业投资机构、发行人内部人、高净值投资者。前两者体现在《监管暂行办法》第13条第1款中,该款将社会保障基金、企业年金

① 陈颖健:《私募基金合格投资者制度研究》,载《证券市场导报》2018年第10期。

等养老基金、慈善基金等社会公益基金、依法设立并在基金业协会备案的投资计划、投资于所管理私募基金的私募基金管理人及其从业人员视为当然的合格投资者,这主要是因为基于这些主体具备足够的投资管理经验或者具有获得充分信息的渠道,可以合理地认为其应当具备足够的风险识别能力来保护自己。

除此之外,《监管暂行办法》将符合一定资产规模与收入水平标准的单位与个人认定为合格投资者。针对单位合格投资者,要求单位净资产不得低于1000万元。针对个人合格投资者,要求:(1)资产规模:个人金融资产不低于300万元(金融资产包括银行存款、股票、债券、基金份额、资产管理计划、银行理财产品、信托计划、保险产品、期货权益等);或者(2)收入水平:最近三年个人年均收入不低于50万元。2016年基金业协会《私募投资基金募集行为管理办法》(以下简称《募集管理办法》)第28条承继了《监管暂行办法》对合格投资者的定义,只是对当然的合格投资者范围做了补充,增加了"受国务院金融监督管理机构监管的金融产品"。

由此可见,我国私募基金合格投资者制度呈现《D条例》的基本逻辑:把专业机构、发行人关系人和达到一定财富标准的投资者视为具备风险识别能力和风险承担能力,呈现出合格投资者定义客观化的特点。[①]

5. 中国法上的合格投资者认证

我国对合格投资者的认证程序一开始采取的是投资者自我申报的方法。2014年《监管暂行办法》要求"投资者应当如实填写风险识别能力和承担能力问卷,如实承诺资产或者收入情况,并对其真实性、准确性和完整性负责。填写虚假信息或者提供虚假承诺文件的,应当承担相应责任"。对投资者资格的认证仅基于投资者所填写的问卷和其个人承诺,这种验证并不可靠。在侨兴私募债违约事件[②]中,广东金融高新区股权交易中心的投资者适当性测试均在招财宝平台上在线完成,仅依靠投资者自行申报,

① 陈颖健:《私募基金合格投资者制度研究》,载《证券市场导报》2018年第10期。

② 2016年12月20日,广东惠州侨兴集团下属的2家公司在"招财宝"平台发行的10亿元私募债到期无法兑付,该私募债由浙商财险公司提供保证保险,但该公司称广发银行惠州分行为其出具了兜底保函。之后10多家金融机构拿着兜底保函等协议,先后向广发银行询问并主张债权。广发银行惠州分行否认出过担保函。银监会查明,这是广发银行惠州分行员工与侨兴集团人员内外勾结、私刻公章、违规担保案件。而查明的案件规模也远超10亿元私募债,涉案金额约120亿元。其中,银行业金融机构约100亿元,主要用于掩盖该行业的巨额不良资产和经营损失。

不要求投资者提供财产状况等证明信息。在这种情况下投资者的风险承受能力和识别能力未能经过有效评估，合格投资者制度没有得到真正的落实。

《募集行为管理办法》[①]进一步完善了合格投资者的认证程序，规定“在完成私募基金风险揭示后，募集机构应当要求投资者提供必要的资产证明文件或收入证明”。资产和收入证明使私募基金发行人在判断是否符合合格投资者标准具有更加可靠的依据。但是，合格投资者的认证程序并不是孤立存在的，需要在国家层面上配套个人收入登记和申报制度，只有这样才具备对投资者个人收入真实性进行判断的基础。由于美国的税收体系是以所得税为主，因此，每年每个家庭都会向国内税收署申报收入，这样收入申报表的可信度是较高的。而在我国多数个人收入状况是由工作单位提供，其准确性和可信度都非常有限。这在一定程度上也削弱了合格投资者认定的确定性。同时，对合格投资者认证程序的严格化，会导致发行人成本的上升。从美国 JOBS 法案对授权投资者认证程序的立法看，他们认为，一个严格的认证程序会增加私募发行人的成本。考虑到有了可靠性较强的合格投资者制度，禁止一般性劝诱规则存在的意义有所减弱，因此，为了平衡，放弃对禁止一般性劝诱的规定，从而减轻发行人的成本。而我国并没有采用这种方法来平衡发行人成本，在规定合格投资者认证程序的同时，也规定了十分严格的禁止一般性劝诱规则，两者的成本叠加在很大程度上降低了私募基金的融资效率。[②]

中国人民银行等于 2018 年 4 月 27 日发布的《关于规范金融机构资产管理业务的指导意见》，(以下简称《资管新规》)及《私募投资基金监督管理暂行办法》(以下简称《暂行办法》)对合格投资者的定义如下：《资管新规》第 5 条规定合格投资者是指具备相应风险识别能力和风险承担能力，投资于单只资产管理产品不低于一定金额且符合下列条件的自然人和法人或者其他组织，包括：(1)具有 2 年以上投资经历，且满足以下条件之一：家庭金融净资产不低于 300 万元，家庭金融资产不低于 500 万元，或者近 3 年本人年均收入不低于 40 万元；(2)最近 1 年末净资产不低于 1000 万元的法人单位；(3)金融管理部门视为合格投资者的其他情形。《暂行办法》第 12 条规定私募基金的合格投资者是指具备相应风险识别能力和

① 中国基金业协会研究制定的《私募投资基金募集行为管理办法》于 2016 年 7 月 15 日起施行。

② 陈颖健：《私募基金合格投资者制度研究》，载《证券市场导报》2018 年第 10 期。

风险承担能力，投资于单只私募基金的金额不低于 100 万元且符合下列相关标准的单位和个人：

(1)净资产不低于 1000 万元的单位；(2)金融资产不低于 300 万元或者最近三年个人年均收入不低于 50 万元的个人。[①]

6. 中国法和美国法上合格投资者的区别

根据美国证券法的注册与豁免二分法，美国对私募证券进行豁免注册是因为投资者具有自我保护能力。美国法上的"获许投资者"对应了我国证券期货市场中的"合格投资者"。我国在不同的领域分别实施不同的"合格投资者"制度。简言之，对于自然人而言，股指期货领域是 50 万的财务条件，私募投资基金领域是 300 万的财务条件。

美国私募合格投资者定义客观化反映了 20 世纪 80 年代早期美国监管放松的时代主题。1933 年美国联邦证券法的关注点是保护个人远离不受限制的投机诱惑。该法所确定的证券注册制是父爱主义的体现，即不鼓励个人从事高风险投资。到 1980 年美国证券监管的重点转移，开始关注市场效率和资本形成。对投资者保护也有了新的认识，从鼓励个人从事低风险和低回报的投资转变到要确保投资者的回报与其承担的风险相称。《D 条例》正是在这样的时代背景下产生，作为私募安全港规则，它体现了市场自由化的趋势，获许投资者的定义是建立在以下前提之上的：即只要满足财富标准，无须具有投资经验性，不需要和发行人有关系，也不必收到来自发行人的任何信息披露。这就放松了由一些巡回法庭和美国证券交易委员会所作出的私募豁免限制，扩大了私募投资者的范围。而且获许投资者的定义呈现出客观化的特点，相对容易理解和管理，有助于提升私募募集效率。

与美国合格投资者制度相比，我国私募基金合格投资者制度具有三个特点：

(1)完全排除了成熟投资者准入。美国《D 条例》规定的"成熟投资者"是指具有识别风险和分析认识投资价值的专业、经验和知识，但其本身是既没有天然的信息优势也无风险承受能力的自然人。我国将这类的仅具有风险识别能力的投资者排除在私募基金合格投资者之外，没有考虑

① 王伟、刘少华：《〈资管新规〉对私募基金的九大重大影响》，2018 年 4 月 27 日，载 https://mp.weixin.qq.com/s/le7AYCVyXpYJXh1dRDcdaA，2019 年 2 月 15 日访问。

到达不到财产标准,但具备充分投资经验和风险识别能力的投资者的投资需求。

(2)采用了极为严格的财富标准。一方面,我国私募基金合格投资者制度规定了单笔最低投资金额。《私募暂行办法》要求投资者投资于单只私募基金的金额不得低于 100 万元。规定合格投资者每笔投资的最低投资金额,固然可以进一步证明投资者的真实财富情况。但最低投资金额的门槛会让投资者的投资金额人为集中,增加投资者风险,会抑制投资者投资私募基金的动机。另一方面,我国私募基金合格投资者制度采用的资产标准是金融资产,而《D 条例》评估获许投资者的财富用的资产标准是净资产。我国居民拥有的资产主要部分为房产等固定资产,但是房产并不属于金融资产的范围。用个人金融资产作为标准将拥有多套房产的具备较高财力的投资者排除在私募基金投资之外。

(3)限制合格投资者人数。单只私募基金的投资者人数累计不得超过《证券投资基金法》《公司法》《合伙企业法》等法律规定的特定数量。这就意味着有限责任公司型的私募基金中,投资者人数上限是 50 人;股份有限公司型的私募基金中,投资者人数上限是 200 人;有限合伙型私募基金中,投资者人数上限是 50 人;契约型私募基金中,投资者人数上限是 200 人。相比较美国《D 条例》,获许投资者的人数不受限制,成熟投资者的人数限制在 35 人以内,总体而言其私募投资者的人数是没有上限的。

通过与美国《D 条例》的比较,可以看出我国私募基金法律制度同美国《D 条例》一样采用了客观化的合格投资者定义,但是,完全排除了零售投资者的准入,采用极为严格的财富标准并规定了合格投资者的人数上限,因此,对合格投资者的限制要远高于美国《D 条例》。造成差异的原因在于美国《D 条例》的立法背景是放松管制、促进融资效率,而我国私募基金立法的背景是加强监管,立法者优先考虑市场的安全目标,要解决的问题是基金募集和投资者行为不规范导致的投资者权益受损及可能由此引发的金融风险、社会风险。[①]

7. 中国法上合格投资者保护和投资者保护的关系

投资者适当性制度,在有的场合被称为"投资者适当性原则"或"适当

① 陈颖健:《私募基金合格投资者制度研究》,载《证券市场导报》2018 年第 10 期。

性要求”。依巴塞尔银行监管委员会、国际证监会组织、国际保险监管协会 2008 年 4 月发布的《金融产品和服务领域的客户适当性》报告指出，“适当性要求”，是指金融机构在对零售客户推销特定的金融工具时评估该金融工具是否适合于该特定客户。适合与否具有广泛的涵义，包括“金融机构提供的产品或服务是否契合零售客户的财务状况、投资目标、风险承受水平、金融需求、知识和经验”等。简单地说，投资者适当性管理制度就是要把适当的产品或服务以适当的方式和程序提供给适当的人。投资者适当性制度中最为核心的内容之一就是金融中介的行为规范，各国基本上遵循三大原则：了解你的客户；了解你的产品；就产品和客户进行合理的匹配。[①] 换言之，投资者适当性管理制度或适合性原则是针对所有投资者，尤其是“不合格”的投资者。

中国《全国中小企业股份转让系统投资者适当性管理细则》将合格投资者制度与投资者适当性管理制度混淆了，中国证监会于 2016 年 12 月制定的《证券期货投资者适当性管理办法》才纠正了这一“错误”，不再使用“合格投资者”的称谓，而是将投资者分为普通投资者与专业投资者，并使普通投资者在信息告知、风险警示、适当性匹配等方面享有特别保护。

总体来说，合格投资者保护是一种具体的法律制度，其主要指私募业出于对投资者的保护而设立的豁免审查制度，投资者保护涵盖了合格投资者保护制度。

8. 我国私募股权投资基金合格投资者制度

目前，私募股权投资基金合格投资者制度的主要法规有《私募监管暂行办法》《创投办法》《信托公司集合资金信托计划管理办法》（以下简称《信托计划办法》）。其中，《私募监管暂行办法》2014 年 8 月出台，将投资资产为股权的私募投资基金正式与其他私募投资基金一起纳入监管。根据《私募监管暂行办法》的规定，合格投资者制度从投资人角度关注投资人的资产状况和“相应风险识别能力和风险承担能力”，从基金角度关注投资者人数以及对单只基金的投资下限。投资者同时被分为单位投资者与个人投资者，设定了不同的资产标准，即“净资产不低于 1000 万元的单位”和“金融资产不低于 300 万元或者最近三年个人年均收入不低于 50 万

① 转引自鲁公路、唐婧：《如何健全我国资本市场投资者适当性制度》，载《证券时报》2013 年 12 月 31 日，第 A11 版。

元的个人”。而从基金角度，投资者的起投金额为100万元，同时投资者的人数要符合该私募股权投资基金组织形式的要求。对于公司制的私募股权投资基金，其投资人为公司股东，适用《公司法》等关于股东的规定，即有限责任公司的股东最多50人；股份有限公司的股东应当有5人以上200人以下。而有限合伙制私募股权投资基金中，其投资人为合伙人，故根据《合伙企业法》投资者人数应为2人至50人。

在《私募监管暂行办法》之前，我国虽未有合格投资者制度，但对于投资人的条件要求在《信托计划办法》与《创投办法》中均有规定。值得注意的是，此前虽然两者对于投资者起投金额的规定也均为100万，《信托计划办法》对于投资者资产的要求更低且对自然人允许根据其家庭资产进行判断。① 同时《私募监管暂行办法》延续了之前发改委《关于促进股权投资企业规范发展的通知》（以下简称《2864号文》）（已失效），对于投资者人数以打通核查为原则。② 《2864号文》颁布后，实践中主动备案的私募股权投资基金较少，发改委在认定可以不被打通核查人数的基金中的基金时，就以私募股权投资基金是否备案为标准，以促使相关私募股权投资基金主动备案。③ 《私募监管暂行办法》更是明文规定，已备案的私募股权投资基金为打通核查原则的例外。

9. 与外资人民币私募股权投资基金相关的合格投资者规定

《私募监管暂行办法》并未对外资私募股权投资基金作特殊规定，适用于“在中华人民共和国境内，以非公开方式向投资者募集资金设立的投资基金”。④ 根据基金业协会对于备案问题的解答，在基金管理人层面，只要管理人为依据中国法律设立，则在监管范围之内。⑤ 由此，外资私募股权投资基金只要为在中国境内设立的，理应同样被纳入监管体系。

在此之前，如果外资私募股权投资基金为根据《外资创投规定》设立

---

① 如《信托计划办法》规定“个人收入在最近三年内每年收入超过20万元人民币或者夫妻双方合计收入在最近三年内每年收入超过30万元人民币”。

② 实践中出现有的私募股权投资基金通过以信托、合伙企业等实体为合伙人，突破投资者人数，有非法集资之嫌。故2864号文表明要打通计算投资者人数至最终投资者，称为打通核查原则。参见曹和平主编：《2011中国私募股权市场发展报告》，社会科学文献出版社2012年版，第312页。

③ 参见曹和平主编：《2011中国私募股权市场发展报告》，社会科学文献出版社2012年版，第312页。

④ 参见《私募投资基金监督管理暂行办法》第2条。

⑤ 参见《私募基金登记备案相关问题解答（一）》。

的公司或非法人制企业，其“每个投资者的最低认缴出资额不得低于100万美元”，有别于前文所述本土创投企业的要求。[①] 如果外资私募股权投资基金采取本土有限合伙企业模式或者直接设立外资合伙企业，则其要符合《合伙企业法》的规定。[②] 但是，对于未主动备案的合伙制私募股权投资基金，《创投办法》无法产生切实效力。正是因为缺乏适用所有私募股权投资基金组织形式的监管制度，私募股权投资基金行业在2011年左右出现“全民私募股权投资基金”乱象，以私募股权投资基金之名进行的违法犯罪行为时有发生。[③] 总之，对于外资私募股权投资基金来说，在《私募监管暂行办法》实施之前，对其投资者有适格要求的主要是《外资创投规定》，且该规定严于对本土私募股权投资基金的相应规定，即《创投办法》。但是，相比《信托计划办法》，外资私募股权投资基金适用的规定则相对较少，虽然标准仍相对较高。《私募监管暂行办法》实施后，由于《外资创投规定》仍为有效文件，对于以其设立的外资PE来说，其投资者仍要遵循相关规定，适用高于本土PE的合格投资者标准。

（三）机构投资者的限制

美国的私募股权投资基金市场至今保持着全球领先的份额，成交额占全球59%，同时成交量占全球54%。有研究表明，美国市场的吸引力正是基于其强力的机构投资者的存在（如养老基金、大学基金会、保险公司、基金中的基金等）。[④]

我国众多国家背景的或者金融相关的大型企业、机构持有着丰富的社会资金。但长期以来，上述机构在我国私募股权投资基金投资人市场中的重要性并不高。我国对于这些机构投资者投资实业、高风险资产等一直存

① 参见《外商投资创业投资企业管理规定》第6条。

② 根据《外资合伙办法》，其应遵守《合伙企业法》的规定。但该办法本身无关于合伙人的细节限制。

③ 有限合伙制私募股权投资基金在普通合伙人的要求上限制较多，但由于通常投资人是作为有限合伙人，故此处不列入讨论，参见曹和平主编：《2011中国私募股权市场发展报告》，社会科学文献出版社2012年版，第312~313页；天津农民注册PE公司实行非法集资案例，参见曹和平主编：《2011中国私募股权市场发展报告》，社会科学文献出版社2012年版，第148页。

④ See Alexandros L. Seretakis, “Private Equity in the United States and Europe: Market and Regulatory Developments” in *Private Equity-Opportunities and Risks*, edited by H. Kent Baker, Greg Filbeck & Halil Kiymaz, Oxford University Press, 2015, pp. 32–45.

在限制。时至今日，虽然机构投资限制在不断减少，相关规定仍是影响我国私募股权投资基金市场的重要因素。

机构投资限制可以说是合格投资者制度的围栏。合格投资者制度通过一系列设定排除抗风险能力、专业知识能力等不符合标准的投资者，而机构投资限制更多体现了一种行政上的武断判定，是一种出于过于谨慎的心态，将所有风险排绝在外的选择。虽然对于外资人民币私募股权投资基金，机构投资限制的相关规定并没有超出其他类型私募股权投资基金，但是对于本土资源有一定弱势的外资人民币私募股权投资基金，机构投资者的支持往往是其生存的关键。2008 年社保基金获批投资弘毅与鼎辉的人民币基金，这次事件也是外资人民币私募股权投资基金在市场上快速升温的原因之一。[①]

目前，我国机构投资限制已有诸多松动。具体来说，受各路资产管理机构瞩目的社保基金如今已获批将一定比例的资产投资私募股权投资基金。根据报道，截至 2013 年末，社保基金资产超过 1.24 万亿元。[②] 这也就意味着，按照目前允许的不超过 10% 的投资比例，社保基金可以将超过 1240 亿元人民币投资于私募股权投资基金市场。可以想见，社保基金必将长久成为外资人民币私募股权投资基金争取的有限合伙人。

金融机构方面，《商业银行法》限制商业银行向企业投资。虽然商业银行一直在关注私募股权投资基金领域，但仍处于也很可能长期处于旁观状态。目前，“中国民生投资股份有限公司”这一与民生银行有着紧密联系的投资公司的成立引起了诸多猜测。[③] 但目前来看，商业银行对私募股权投资基金投资仍未开闸。

保险机构已可以突破《保险法》的限制，在资产 5% 的范围内进行投资。但自开闸以来，保险机构投资私募股权投资基金的情况并不如预想中火热。这与原保监会虽然开放了投资，但设置了严格的对私募股权投资基

---

① 参见邹菁：《私募股权基金的募集与运作》（第 3 版），法律出版社 2012 年版，第 102～103 页。

② 参见《2013 年社保基金资产总额 1.24 万亿投资收益率 6.2%》，载证券时报网，http://kuaixun.stcn.com/2014/0630/11526474.shtml，2014 年 11 月 17 日访问。

③ 参见《商业银行与私募股权投资业务的重构与整合》，载网易，http://money.163.com/14/0618/16/9V1MCM5500254L5I.html，2014 年 11 月 17 日访问。

金管理机构的筛选标准(特殊的基金管理人要求)①并对具体投资的私募股权投资基金类型也多有限制有关。

证券公司方面更是一波三折。证监会开展证券公司直投业务试点后,出现了作为公司上市中介的证券公司同时对公司进行股权投资的现象。迫于此,中国证监会2011年紧急颁布相关业务监管指引,直投业务进入较严监管阶段。2014年年初,直投业务再次出现政策利好,为解决直投募资难等问题允许个人入资。②

值得注意的是,从市场的角度看,机构投资限制一方面限制了私募股权投资基金的资金来源,不利于外资人民币私募股权投资基金发展,但另一方面也限制了金融机构与私募股权投资基金的竞争,反而给予了外资人民币私募股权投资基金更多发展机会,如证券公司直投子公司在从事股权投资方面,因其对上市规则的熟悉等,有着固有的资源优势。

二、外资人民币私募股权投资基金募集问题及域外经验

募资问题一直是外资人民币私募股权投资基金的重点问题。著名外资私募股权投资机构——鼎辉,在2008年设立的计划规模为50亿元的人民币基金,实际仅募集31.9亿元。2010年成立的北京和谐成长投资基金,募集目标金额为50亿元,最终募集规模35亿元。类似的募集未达预期的案例比比皆是,数据显示多支外资人民币私募股权投资基金未能完成其预计募集额。③ 而外资外币基金与本土人民币基金通常不会出现此类问题。可见,募资环节是外资人民币私募股权投资基金的弱势环节,是制约其发展的一大因素。对于募资环节中的核心——投资人,合格投资人制度及机构投资限制是法律影响外资人民币私募股权投资基金募资的关键。

---

① 管理机构注册资本或认缴资本不低于1亿元,管理资产余额不低于30亿元,募集或认缴的基金规模不低于5亿元等,国内有资格满足险资投资条件的PE机构有限。参见《保险机构涉足私募股权投资政策存掣肘》,载网易,http://money.163.com/13/0712/13/93JATHHR00253B0H.html,2014年12月5日访问。

② 参见《券商直投业务松绑个人投资者准入意义有限》,载证券时报网,http://epaper.stcn.com/paper/zqsb/html/2014-01/09/content_535198.htm,2014年11月17日访问。

③ 参见姚文平、陈颉主编:《中国私募股权投资年度报告2012》,江苏人民出版社2012年版,第93页。

(一)外汇法规不完善

我国外汇规章较为繁复,各地在执行时也多有变化。实践中,外汇管理制度在规定层面有留白,给了当地相关部门权力寻租的空间。根据寻租理论,如果权力主体未受到有效监管,权力就很可能被作为资本,交换物质利益。这也是腐败的根源。[①] 外资人民币私募股权投资基金境外投资人是否能顺利引入、普通合伙人是否能按惯例出资私募股权投资基金等问题,都尚需各地政府部门具体配合,在实践操作中给基金管理人等很大的不便。

(二)合格投资者制度的影响

对于外资人民币私募股权投资基金来说,来源于境内的人民币资金受前述合格投资者制度约束并无疑义。但是,外资人民币私募股权投资基金的发展蓝海——境外人民币资金的投资者是否适用又如何适用合格投资者制度,特别是当境外投资人为设立于境外的基金中的基金的情况下,是否仍应继续适用打通核查等问题暂待证监会具体细则的明确。

但是,实践中,合格投资者的资产限制对私募股权投资基金影响不大,主要原因在于私募股权投资基金主要受高端净值人群青睐,如图 6-5 所示。

具体考察合格投资者制度,它是投资人进行某种投资的准入制度,是一种投资者保护制度。[③] 从其在美国的发展历程,可以看出,合格投资者制度是建立在监管者保护投资者与保持金融体系稳定的基础上的。由于存在信息不对称,绝大部分投资者在与专业金融机构交易时处于劣势。保护这些普通投资者免受欺诈,是美国监管金融机构的理念。[④] 基于此,美

① 参见谢平、陆磊:《金融腐败:非规范融资行为的交易特征和体制动因》,载《经济研究》2003年第6期,第3页。

② 本图笔者自制,数据参见曹和平主编:《2011 中国私募股权市场发展报告》,社会科学文献出版社 2012 年版,第6页。

③ 有观点认为投资者适当性制度本质才为投资者保护制度,其与合格投资者制度是不同的,投资者适当性表现为对客户的分类、提供适当的产品给合适的客户。但是,目前实践与理论中二者通常混同,我国目前对投资者适当性的规定也多与合格投资者制度规定相似,故笔者认为,虽然二者可能有区分,但在中国实践中,合格投资者制度也被赋予了保护投资者的意义。参见张付标、李玫:《论证券投资者适当性的法律性质》,载《法学》2013 年第 10 期,第 83~84 页。

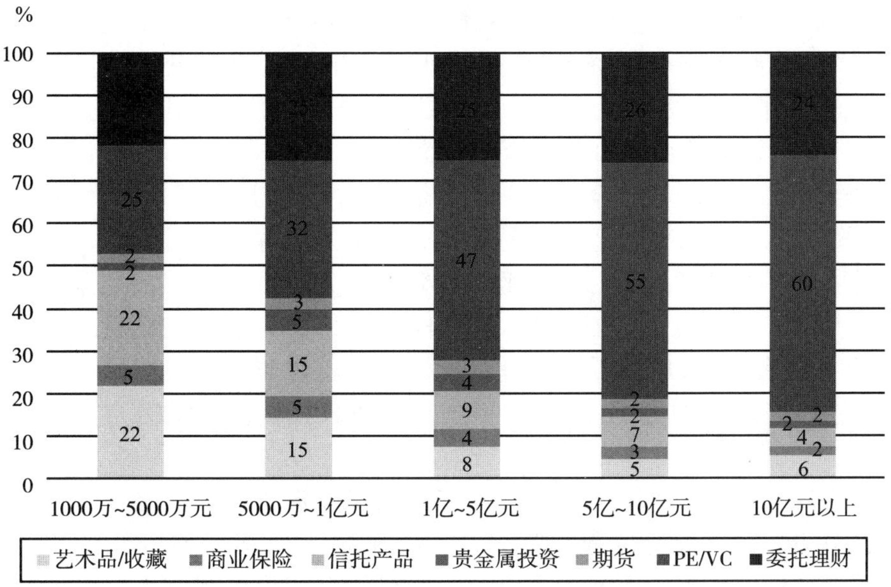

图 6-5　高端净值人群的投资结构①

国在颁布 1933 年《证券法》之时，对于投资公司实行强制注册制，仅对一些特殊情况实行豁免，而注册后的公司要受严格监管。被定义为属于应受美国证券交易委员会（Securities and Exchange Commission，SEC）管辖的证券的私募股权投资基金，即属能被豁免注册的范围。而私募股权投资基金豁免注册的条件的核心正是合格投资者制度。可见，私募股权投资基金的豁免注册正是基于其所面向的投资者具有一定的自我保护能力。免于注册与注册后的严格监管，是美国私募股权投资基金行业飞速发展的一大原因。金融危机后，美国实施了新的《私募基金投资顾问注册法》，对于注册豁免制度进行限缩，以确保金融体系的稳定性。

从国外经验来看，我国的合格投资者制度基本模仿了美国的框架。美国合格投资者的挑选原则由美国证券交易委员会 v. Ralston 案伊始：该案确立了以投资者是否需要注册制度保护来判断发行人是否能享受注册豁免。此后合格投资者的标准也是以此理念为核心进行设定。目前，美国关

① 参见曹和平主编：《中国私募股权市场发展报告 2010》，社会科学文献出版社 2010 年版，第 162 页。

于合格投资者的制度主要见于《D 条例》，分别从经济水平、专业经验以及双方关系来判定合格投资者。[①] 经济水平标准通过设定最低资产收入水平等，保障了合格投资者为具有一定风险承受能力的机构或个人。并且上文所述新的注册法明确规定该资产标准要每五年进行一次调整，以适应当时的经济状况。专业经验则是评估投资者是否具有风险识别能力，私募股权投资基金须采取美国证券交易委员会规定的步骤来进行确认。双方关系则是考察投资者是否与私募股权投资基金发行人有足够的关系得以使其获得足够的信息，从而即使私募股权投资基金不进行注册后的信息披露，该投资者也可以识别风险。值得注意的是，对非美国投资顾问的注册豁免法律规定范围更小，如其在美国私募股权投资基金的客户不得超过 15 人。[②]

另一种立法时间较新的合格投资者制度设定路径可以参考英国。英国 2001 年《集合投资发起（豁免）条例》限定了向不同投资者的宣传行为。[③] 同时，由于英国实践中主要由中介机构介绍投资者进行私募股权投资基金投资，英国金融监管局以此出发，要求机构在提供相应业务时对客户进行分类。只有当属于专业客户或合格交易对手，中介机构才可向其营销私募股权投资基金。以专业客户的认定为例，其认定会考量客户的资产状况、测试客户的专业知识、考察客户相关领域工作经历或交易历史等，最后对于一些客户还会要求签字确认其同意被视为专业客户。可见，英国的合格投资者制度前置至营销环节，并设有比较细致的流程要求。

（三）机构投资者限制的影响

根据国内有限合伙人相关报告，目前国内市场有限合伙人主要是富有个人、公司等民营资本，以及背后为政府财政支持的引导基金、国有企业等。这与国际上的有限合伙人构成有着显著不同。国际上主要有限合伙人如保险公司、资产管理公司和信托等，在国内受政策限制较多。政策对

---

① 参见曹和平主编：《中国私募股权市场发展报告 2010》，社会科学文献出版社 2010 年版，第 163~165 页。

② 参见曹和平主编：《中国私募股权市场发展报告 2010》，社会科学文献出版社 2010 年版，第 168 页。

③ 参见《论私募投资基金中的合格投资者制度》，载慧博投研资讯，http://www.microbell.com/docdetail_201145.html#，2014 年 11 月 6 日访问。

机构投资者的限制是造成外资人民币私募股权投资基金募资难的一个原因，这也是外资人民币私募股权投资基金发展的一大障碍。

从国际经验看，金融危机后美国开始对银行等金融机构发起、投资私募股权投资基金进行限制。2010年颁布的《多德-弗兰克华尔街改革和消费者保护法》中的“沃克尔规则”即是限制的基础。该规则禁止受其约束的金融机构等发起设立私募股权投资基金或者购买、持有私募股权投资基金的任何权益，并设定了上述金融机构处理不符合要求的投资的时间。[①]基于私募股权投资基金对系统金融安全的影响，适当限制金融机构参与私募股权投资基金，也是如今国际上的常见做法。

当然，政策限制只是一个方面。对于国内有限合伙人来说，外资机构运作人民币基金的经验与成功案例较少，人民币基金在从项目挑选到退出的一系列环节上与外币基金都有诸多不同，选择更熟悉国内游戏规则的本土机构似乎更是明智之举。这也正是外资机构募资问题的一大原因。

第四节　外资人民币私募股权投资基金的投资运作——投资限制与运作管理

一、我国相关法律规定

（一）外资人民币私募股权投资基金的投资限制

外资人民币私募股权投资基金，依具体设立形式的不同，可能因其涉外因素而适用我国关于外商投资的相应法规限制。我国对于外商投资的准入政策框架主要由《指导外商投资方向规定》和《产业目录》规定。总体来说，外商投资方向被划分为鼓励、允许、限制和禁止四类，其中除允许类外均在《产业目录》中列明。现行的《产业目录》为2011年修订版，大幅度

① 参见曹和平主编：《中国私募股权市场发展报告2010》，社会科学文献出版社2010年版，第171~173页。

开放市场。[①]

通常情况下,外资人民币私募股权投资基金因其外资成分,虽然采用人民币资金,但依据我国对外资企业的界定,其投资仍应适用外商投资的准入政策。具体来讲,依据相关规定,前述外资人民币私募股权投资基金形式中的公司形式及非法人制形式均属于应适用《产业目录》等规定的范围。值得注意的是,本土有限合伙模式私募股权投资基金以及中外合作平行基金中的在岸基金因为从本质上讲通常与本土私募股权投资基金无区别,所以不适用《产业目录》等相关规定。

1. 外资人民币私募股权投资基金对外投资的特殊程序

根据《外资创投规定》,私募股权投资基金投资鼓励类和允许类企业,需要向外经贸部门备案;投资限制类企业,需向省级外经贸主管部门提出申请。完成备案审核手续后,外经贸部门颁发外商投资企业批准证书。这一备案要求有别于外资投资性公司投资时的审批要求。同时,对于投资鼓励类和允许类企业来说,一般的外商投资企业境内再投资只需直接向登记机关提出申请,而不需经备案程序。也就是说,相比于本土私募股权投资基金以及本土有限合伙形式外资私募股权投资基金,其他外资私募股权投资基金投资流程的环节更多,时间上不占优势。

2. 合格境外有限合伙人的属性认定

自我国允许外资有限合伙的设立,对于其中中外合资合伙企业的身份认定一直不明确。2010 年上海颁布《关于本市开展外商投资股权投资企业试点工作的实施办法》。该办法允许外资普通合伙人在私募股权投资基金资本的 5%的限额内结汇出资,并且这种私募股权投资基金仍视为内资身份。这促使外资私募股权投资基金均积极申请试点。然而,2012 年发改委明确此类私募股权投资基金仍为外资。这就使该形式的人民币私募股权投资基金与外资美元私募股权投资基金相比没有特殊优势。[②] 两者投资均受《产业目录》限制。

---

① 参见《〈外商投资产业指导目录〉再次修订》,载北大荒网,http://www.chinabdh.com/HtmlFiles/2014/201411/20141104202333620.html,2014 年 11 月 27 日访问。

② 参见《发改委厘清外资人民币基金:仍视为外资》,载财经网,http://finance.caijing.com.cn/2012-05-02/111835120.html,2014 年 11 月 27 日访问。

（二）外资人民币私募股权投资基金的运作管理

私募股权投资行业因其特殊的专业性要求，对基金管理公司或基金的普通合伙人的历史业绩、口碑等极为看重，更容易出现行业资源向少数顶尖私募股权投资机构聚集。国际实务中，一家优秀的私募股权投资机构通常会同时担任多支基金的普通合伙人或基金管理公司，这也就将利益冲突问题引入我们的视线。

利益冲突问题，在我国法律上有其基本规定。[1]《私募监管暂行办法》中，更是明确规定私募股权投资基金管理人应公平对待其管理的不同私募股权投资基金，并规定了对违反的单位和个人的罚则，最严重的可给予市场禁入。而这一问题对于外资人民币私募股权投资基金，特别是中外合作平行基金形式的私募股权投资基金一直是关键领域。

中外平行基金是私募股权投资基金实践中"共同投资"（co－investment）的一种。但是，此种模式一直遭受着诸多批评。实践中，有些此类基金一直只使用在岸基金投资有较好回报前景的交易，而并不让离岸基金参与。具体来看，此种架构对与有限合伙人来说最大的担忧就是投资项目分配的不透明以及可能的利益冲突。通常来说，管理人会以目标公司需要人民币、中国法规限制等理由进行解释。但是，很多离岸的有限合伙人会担忧管理人因在岸基金投资的审批程序少等原因而将精力集中在寻找不需美元的投资。这也成为境外有限合伙人拒绝中外平行架构的一大原因。

实践中，选择平行基金形式的私募股权投资基金，通常会作出更细致的合同安排，以连系离岸基金与在岸基金，比如，管理人可以约定任何人民币基金的单独投资都需要境外有限合伙人的同意，或者约定不投资限制产业，从而在理论上让境内外有限合伙人处于同一条件。也有一些规定是通过激励或惩罚管理人以使其对于离岸基金更关注，如要求仅在美元基金已完全投资后方能募集下一期人民币基金或者在人民币基金资金完全投资后调低美元基金管理费率。利用复杂的基金架构，境外有限合伙人也可以实现调整其收到的投资回报，达到使数额最终以离岸与在岸基金的所有投

[1] 如《合伙企业法》中对于不得从事相竞争业务的规定，参见刘龙飞著：《私募股权基金运作法律实务》，中国法制出版社 2012 年版，第 54 页。

资的收益为基础进行计算,而不是离岸基金实际投资的回报。[①]

而以上这些合同安排,是否符合我国法律规定的“公平对待”值得怀疑。该法律规定是否能真正被执行还是只是原则指导,尚有待实践的检验。目前,根据《私募监管暂行办法》的要求,私募股权投资基金管理人要对其投资决策、交易等建立完善记录,并保存相关资料不少于10年。决策资料的存档,为监管机构判定基金间的公平对待情况提供了可能性。

二、外资人民币私募股权投资基金投资运作问题及域外经验

(一)合格境外有限合伙人的外资身份问题

对于外资人民币私募股权投资基金来说,合格境外有限合伙人制度意义重大。在国内的募资市场,外资人民币私募股权投资基金没有本土私募股权投资基金的雄厚社会资源,难以在争夺有限合伙人的竞争中取胜。合格境外有限合伙人制度一方面打通了外资人民币私募股权投资基金向境外持有大量资金的机构募资的通道,另一方面又能使其继续享有人民币私募股权投资基金在国内投资的优势。

合格境外有限合伙人制度的核心是其换汇自由。合格境外有限合伙人试点企业会获批人民币换汇额度。在额度内,企业可以简便地进行资本金结汇与利润汇出购汇。合格境外有限合伙人的另一大被关注点,即是能否享有国民待遇问题。根据《外资创投规定》,私募股权投资基金的投资人中只要有外国身份者,该私募股权投资基金即被认定为外资。而外资私募股权投资基金的投资就要受《产业目录》指导。而在上海推出的试点政策中,私募股权投资基金“外资比例不超5%就可享受‘国民待遇’”。[②] 但如今国务院的规定打破了这一预期。目前,外资私募股权投资基金人民币(除本土有限合伙模式),投资鼓励类、允许类项目的所需的审批层级有所下调。目前的地方政府审批权限为3亿美元。[③] 这也体现了我国坚持逐

---

① See “O'Melveny Publishes New Comprehensive Report on RMB Funds”, http://www.omm.com/omelveny-publishes-new-comprehensive-report-on-rmb-funds-10-15-2011/, last visit at 2014-12-01.

② 参见闵鹏:《QFLP 制度的法律探析》,载《法制与社会》2011 年第 11 期,第 108 页。

③ 参见国务院《关于进一步做好利用外资工作的若干意见》。

步开放的态度。①

但是,国际社会上也因合格境外有限合伙人制度的波折,对我国的监管态度的变化有一定不理解。此种误解,唯有通过更开放、透明的监管态度,通过国际范围内统一金融规则的发展而逐步消除。②

实践中,虽然被定性为外资令众多境外投资人、私募股权投资机构大失所望,合格境外有限合伙人制度仍备受关注。新加坡华侨银行(以下简称华侨银行)为合格境外有限合伙人试点机构。2014 年年初,它设立了华侨星城(上海)股权投资基金注资 1 亿美元。利用合格境外有限合伙人,其资本金直接转换为人民币后投向目标企业。③

但是,合格境外有限合伙人的外资身份仍被众多学者继续讨论。对于外资普通合伙人仅在 5%以下出资,主要人民币资金来自境内投资者的情况下,视此私募股权投资基金为外资身份,恐有失公平,也损害了国内投资者的利益。

(二)监管的具体措施

此次《管理规定》的出台,设立了信息披露、信息存档等制度,并对于管理人管理多只基金的利益冲突问题进行了原则性的规定。但是,此规定解决问题的效力有待存疑。

英国于 2007 年发布了私募股权投资基金行业监管指引。指引主要聚焦信息披露和透明度问题。④ 该指引对私募股权投资基金信息披露作出了明确的规定,并建立了定期披露的规则。通过更明确地对投资数据等的披露,防止有限合伙人与普通合伙人间的利益冲突。另外,英美法中的普通合伙人对有限合伙人的信义义务也是解决利益冲突的一种路径。信义义务,简单来说,是由于双方间具有信义关系而产生的,受托方对于委托方

① 参见《QFLP 暂不享受人民币基金待遇外资 PE 投资仍受限》,载金融街,http://www.jinrongstreet.com/show.asp? id=11614,2014 年 11 月 17 日访问。

② 参见范晓娟:《合格境外有限合伙人的博弈分析》,载《政法论坛》(中国政法大学学报)2013 年第 1 期,第 88~89 页。

③ 参见《华侨银行获 QFLP 试点重点投资五类民企》,载中国知网,http://epub.cnki.net/kns/detail/detail.aspx? FileName=SJBD201401090101&DbName=CCNDPTEM,2014 年 11 月 27 日访问。

④ 参见曹和平主编:《2011 中国私募股权市场发展报告》,社会科学文献出版社 2012 年版,第 155 页。

负有的法律上的义务。通常认为信义义务要求受托人对于委托人忠诚、勤勉。[①] 在私募股权投资基金的语境下,该义务要求普通合伙人需勤勉尽责,不能忽视其所管理的私募股权投资基金。同时,该义务还要求普通合伙人忠实于有限合伙人,避免利益冲突的情形出现。[②] 信义义务作为法律规定的义务,可以为投资者提供救济途径。而我国目前仅在《合伙企业法》中涉及"合伙人不得自营或者同他人合作经营与本合伙企业相竞争的业务"。而此条文对私募股权投资基金的情况也并不适用。对于利益冲突情形,我国法律体系中缺乏可行的救济途径。

第五节 外资人民币私募股权投资基金法律制度完善的建议

一、外资人民币私募股权投资基金设立的监管——去繁存简,统一标准

综合上文分析,我国外资人民币私募股权投资基金在设立层面上主要涉及是否采取国民待遇以及基金管理人准入限制是否合理的问题。总的来说,目前我国对整个私募股权投资基金行业的市场准入监管混乱,而外资人民币私募股权投资基金在其中受限制更多,去繁存简、统一标准方为要务。根据前文所考察的国际经验,首先,对于私募股权投资基金实行国民待遇是国际投资发展的大势所趋。我国应在实行负面清单的改革中,考虑对于私募股权投资基金实行国民待遇。目前落地的外资机构名称混乱,"创业投资企业""创业投资管理企业"之外,"基金管理"和"股权投资管理"两种地方称谓也很常见。[③] 同时这些称谓背后各自的经营范围也并未区分,整体呈现混乱局面。这些在《私募监管暂行办法》中均未涉及,需要

① 参见何超群:《有限合伙制度中普通合伙人的信义义务研究》,载《桂林航天工业高等专科学校学报》2007 年第 4 期,第 121 页。

② 参见甘培忠、李科珍:《论风险投资有限合伙人"执行合伙事务"行为暨权力之边界》,载《法学评论》2012 年第 2 期,第 34 页。

③ 参见北京道可特律师事务所编:《外资 PE 在中国的运作与发展》,中信出版社 2011 年版,第 226 页。

证监会与工商部门合作解决,而部门间合作之难,也无形中提高了解决该问题的难度。

其次,作为市场准入制度中核心的基金管理人准入规制中,目前国家层面仅《外资创投规定》,而地方层面上,各地对于股权投资管理企业、股权管理企业的试点规定提出了不同的要求。对于境外私募股权投资机构来说,其在我国设立外资人民币私募股权投资基金的过程受诸多全国、地方规定限制,相比本土投资机构,有着劣势。并且,目前我国对基金管理人准入的限制更偏向限制主义的立法模式,但《私募监管暂行办法》初出台,相应的资格限定类标准设置还比较简单,在具体细化的过程中实行动态资本标准值得考虑。特别是对于外资人民币私募股权投资基金,与其对其注册资本额提出高要求,不如从动态资本角度更灵活地进行。值得一提的是,目前我国对基金管理人的备案监管仅涉及境内设立的私募股权投资基金。而前文也提及,美国则是选择对于非美国设立的管理机构实行更严格的豁免注册制度。可以想见,如果反而境外机构可以不用接受备案监管,对于一直希望保持私密性的私募股权投资基金行业来说,境外机构反而处于优势地位。

总之,统一标准的出台对于外资人民币私募股权投资基金的设立有着重要意义。著名私募投资机构凯雷在申请于上海设立外商投资合伙企业时,工商部门在接到上海市金融服务办公室的相关回函后才进行登记。法律规定的不明确会给外资人民币私募股权投资基金的设立带来诸多实际上的困难。

二、外资人民币私募股权投资基金募资的监管——机构松绑,鼓励发展

募资问题一直是外资人民币私募股权投资基金的首要问题。相比美国,我国私募股权投资基金的机构投资者范围相当有限,对于私募股权投资基金投资人的机构限制直接制约了人民币私募股权投资基金的发展。对于本土资源相对较弱的外资人民币私募股权投资基金来说,这更是重要问题。从其他国家的发展实践来看,机构投资者的适当松绑是私募股权投资基金行业发展的发动机。我国也一直在逐步放开机构投资限制的轨道上前行。当然,由于私募股权投资基金的高风险性质,通过限制机构投资者所投资私募股权投资基金的管理人资质,从而通过这一特殊的管理人准

入,达到保障社会福利性资金安全的方法也不失为一种选择。

在合格投资者制度与外汇制度中,首先,如果外资私募股权投资基金选择依据《外资创投规定》设立企业,则其适用的合格投资者标准远高于《私募监管暂行办法》拟定的标准。不利于外资人民币私募股权投资基金的募集。其次,外资人民币私募股权投资基金一直试图突破的即是能够募集境外人民币。合格境外有限合伙人制度的试点对于外资人民币私募股权投资基金有着重大意义。但是,现在合格境外有限合伙人的结汇情况仍非常复杂,目前是由相应主管部门根据具体情况批给各外资投资机构直接结汇。① 从鼓励外资人民币私募股权投资基金发展的角度,相关部门应尽快完善规定,出台具体办法。再次,前文也提及的境外机构的备案问题,在合格投资者制度中也有其意义。因目前我国规定对于合格投资者人数的计算实行打通核查,例外之一是已登记的基金中的基金。可以想见,如果对于外资人民币私募股权投资基金的境外投资者同样适用打通核查原则,那么为境外基金中的基金这一国际私募的主要投资者之一提供打通核查的例外尤为重要。此时,与其再设立例外规范,境外机构备案的实施不失为一条更统一、便捷的途径。

总的来说,从鼓励外资人民币私募股权投资基金发展的角度看,我国应逐步松绑机构投资限制,尽快完善相关的外汇制度与合格投资者制度。

三、外资人民币私募股权投资基金运作的监管——适当放松,完善法律

关于外资私募股权投资基金在中国境内的投资性质确定,是涉及外资私募股权投资基金投资的核心问题,但一直以来并未有定论,争议始终未曾停息。有观点认为其为外资私募股权投资基金投资,并不区别于其他投资,应当视为外商投资的一个类型,属于外资并购的一种投资方式。而另外的说法则认为,私募股权投资基金投资本身应是一种金融工具,其专注于股权投资,并且适用专业投资工具、术语、协议等,所以,应当将其视为一种金融工具。② 如果将其视为金融工具,则外资私募股权投资基金投资是外资运用金融工具的投资,其投资是否受《产业目录》指导就存有疑问。

---

① 参见《华侨银行获 QFLP 试点　重点投资五类民企》。

② 参见北京道可特律师事务所编:《外资私募股权投资基金在中国的运作与发展》,中信出版社 2011 年版,第 227 页。

再具体到前文提及的合格境外有限合伙人问题,其投资被视为外资投资也应再重新考量。

无论外资私募股权投资基金投资是否属于外商投资的类型,目前让其全部适用《产业目录》的方式并没有体现私募股权投资基金这一特殊金融投资的特点。私募股权投资基金投资,积累了资金和专业投资的优势,其投资人、管理人往往具有相关行业的资源优势,能为被投资企业,特别是中小企业,带去不可限量的价值。

特别是资金来源的不同这一因素,在完善外资人民币私募股权投资基金的监管中也应被考虑。对于募集资金来自我国境内本土有限合伙人的外资人民币私募股权投资基金,外资私募股权投资机构主要是以其专业能力服务我国本土有限合伙人,与主要服务于外资资金的基金相比,可以对其在监管上有一定的区别对待,从而充分发挥外资私募股权投资机构可能的积极作用。①

四、外资人民币私募股权投资基金监管的其他问题与建议

(一)监管机构的确定

2002年,发改委、财政部、证监会、商务部等十个部门组成联席会议,负责研究和制定创业投资行业的有关问题。其出发点在于更好地发展、管理创投行业。但是实践中,多个部门的参与使得政令繁多、混乱,反而不利于行业的监管,同时,监管主体也非常分散。外资人民币私募股权投资基金如希望采取外商投资创投资企业模式,根据《外资创投规定》要经商务部批准。信托公司属于中国银保监会监管,信托制私募股权投资基金的监管权也自然落在了中国银保监会。更不用说发改委一直负责着本土创业投资企业的审批事宜。2013年甚至证监会刚发文,允许股权投资机构进入公募业务领域。发改委就下达通知,明令股权投资企业不得参与公募基金业务。②

① 参见北京道可特律师事务所编:《外资PE在中国的运作与发展》,中信出版社2011年版,第220~221页。

② 参见《PE到底由谁来监管》,载http://finance.ifeng.com/a/20140429/12223195_0.shtml,2014年11月27日访问。

2014年年初，中央编办印发《关于私募股权基金管理职责分工的通知》，历时多年的各部门监管权争夺表面上告一段落，中国证监会获得私募股权投资基金的监管权，发改委则负责私募股权投资基金发展政策的拟定。[①] 这也是中央部门对于业界长期存在的监管混乱的首次回应。

但是，目前对于外资私募股权投资基金常采用的外资创投企业模式，其设立就需经商务主管部门、科学技术部等部门批准。商务部已经形成了对于外商投资创投资企业的比较完善的备案模式，[②]外资私募股权投资基金也一致未纳入证监会的监管体系。《私募监管暂行办法》出台，对于外资私募股权投资基金来说一方面仍需商务部审批，另一方面又需进行证监会要求的备案。这些流程对于投资时间非常宝贵的私募股权投资基金来说是一大损失。可见《私募监管暂行办法》的出台只是监管机构间进一步协调的开始，在监管的诸多细节上，监管机构的确定与简化有助于外资人民币私募股权投资基金发展。

（二）多层次法规的统一与完善

从法律环境来看，我国长期以来对于股权投资基金的监管规范仅在金融试验区有地方性的规定，无统一的法律法规；仅有对外资和内资创投企业的规定，无全面的对于私募股权投资基金和私募股权投资基金管理人的规定。几年前发改委就已试图制定统一的私募股权投资基金管理法规，但是，该法规一直停留在草案的阶段。目前，中国证监会正在积极推进《私募投资基金管理暂行条例》的尽快出台。[③] 多年来，私募股权投资的统一法律规定一直是雷声大雨点小。此次中国证监会《私募监管暂行办法》的出台可以说是一个突破。但是，股权投资基金涉及的环节多，当事人之间法律关系复杂，其设立、募集、运营等若没有明确的法律规定，一旦产生法律纠纷则可能缺少可适用的判断依据，投资纠纷难以解决。以前文所述利益冲突问题为例，随着我国《合伙企业法》等商事法律体系的完善，可能可

---

① 参见《中央编办发文明确私募股权基金管理职责分工》，载搜狐网，http://stock.sohu.com/20130628/n380190772.shtml，2014年11月6日访问。

② 参见商务部《关于完善外商投资创业投资企业备案管理的通知》（商资函〔2012〕269号）。

③ 参见《陆玲：起底私募监管：PE/VC的大私募版图》，载中金在线：http://fund.cnfol.com/smjj/guquansimu/20141110/19417730.shtml，2014年11月27日访问。

以更轻松的应对该问题。再如,《私募监管暂行办法》虽然规定了我国的合格投资者制度、基金管理人监管制度等,但其与其他部门规章间如何协调等仍存疑。特别是长期受国家商务部批准的外资私募股权投资基金,如何协调不同的规定要求是需要面对的问题。总体来说,外资人民币私募股权投资基金在我国的发展,需要良好的法律环境支撑,《私募监管暂行办法》的出台只是私募股权投资基金市场规范化的开始。

第七章　私募股权投资估值调整机制研究
——以我国司法实践为视角

第一节　私募股权投资与估值调整机制

一、私募股权投资的基本概念及其发展

(一)私募股权投融资在公司融资中的定位

1. 公司融资的分类

公司融资是公司存续和发展的重要事项。按照募集对象划分,公司融资包含内部融资和外部融资;按照募集方式划分,公司融资包含公募融资和私募融资;按照募集资金来源划分,公司融资包含股权融资与债权融资。私募股权融资属于外部融资、私募融资和股权融资。为了准确理解私募股权投融资在公司融资中的定位,我们需要首先厘清公司融资各项分类的含义。

(1)内部融资与外部融资

内部融资是指企业依靠其内部积累进行的融资,包括留存盈余融资、票据贴现融资、资产典当融资和商业信用(如应付账款、应付票据、预收账款)融资。外部融资是将其他经济主体的资金转化为自身资金的过程。内部融资可以在较大程度上降低信息不对称带来的交易成本,企业融资过程大多始于内部融资。然而,随着企业生产规模的不断扩大,单纯的内部融资越来越难以

满足企业的资金需求,外部融资的重要性更加凸显。

(2)私募融资与公募融资

私募融资和公募融资通常是在外部融资中继续作出的分类。公募(public offering),是指公开向社会募集资金,或通过公开宣传方式向不特定人募集资金。公募通常没有投资方人数上限,对投资方的资质要求也通常较低。私募(private placement)是与公募相对应的概念,是指企业以非公开方式,向特定对象募集资金,包括私募股权融资和私募债务融资。[①]私募融资通常对投资方人数上限和投资方资质作出一定要求,且通常不能采用公开方式募集资金。根据我国 2014 年 8 月 31 日修订的《证券法》第 10 条规定,公开发行证券包括向不特定对象或累计超过 200 人的特定对象发行证券;非公开发行证券禁止采用广告、公开劝诱或变相公开方式。该条款即是对我国企业私募融资的募集方式和人数的限制规定。

(3)股权融资与债权融资

股权融资与债权融资为两类基本的金融合约,二者主要在投资方融资成本、资金使用期限、是否与融资方共享收益并承担风险、目标公司是否有定期偿付的财务压力以及融资方是否面临控制权分散风险等方面存在区别,[②]如表 7-1 所示。

表 7-1　股权融资与债权融资的区别

融资方式	融资成本	资金使用期限	投资方是否与融资方共享收益共担风险	目标公司定期偿付的财务压力	融资方是否面临控制权分散风险
股权融资	较高	较长	是	否	是
债权融资	较低	较短	否	是	是

2. 私募股权投资与相关概念的区分

(1)私募股权投资与私募债权投资

私募股权投资与私募债权投资的区别主要体现在目标公司的类型与资质审查重点、融资期限、融资担保、投资方对目标公司的参与程度、融资风险与回报、目标公司破产时的清偿顺序等方面。

① 程兴华:《中小民营企业融资创新研究:融资路径依赖与内生性契约构建》,载《经济管理》2008 年第 16 期。

② 陈晓芳、廖志敏:《为什么股权融资——与借贷比较》,载《北京大学学报(哲学社会科学版)》2008 年第 6 期。

私募股权投资的目标公司主要为处于种子期、成长期的有巨大发展潜力的非上市企业,投资方以目标公司的股权增值后退出获利为目标,目标公司的发展潜力、管理和技术创新及市场前景为融资资格审查的重点;私募股权投融资期限一般为3至7年(通常可能更短);目标公司通常不需要向投资方提供担保;投资方通常积极参与企业的管理经营,待企业上市或快速发展后退出;私募股权投资中高风险与高收益并存;当目标公司陷入破产清算时,私募股权投资方的清偿顺序排在私募债权投资方之后,但创始股东之前。

相较于私募股权融资,私募债权融资的目标公司则更多地包括成熟期企业,企业的财务状况和偿还能力是融资资格审查的重点;部分私募债权融资的期限短至一年甚至以下;目标公司通常需要向投资方提供担保;投资方的投资回报通常仅限于利息,且其一般不参与企业生产经营;私募债权投资的投资收益和风险通常都不如私募股权投资大;目标公司破产清算时,私募债权投资方的清偿顺序排在私募股权投资方之前。①

(2)私募股权投资与私募证券投资

私募股权投资与私募证券投资的区别主要体现在资金来源、投资对象和资产组合、投资期限和退出方式等方面。两者虽然都向非公众投资方募集,但私募证券投资对投资方的资质和财产要求较低;私募证券投资的投资对象为上市公司股票、债券、期货等流通性较好的证券,而私募股权投资的投资对象通常为非上市公司股权;私募证券投资的投资方不直接参与投资对象的经营,投资收益通常为买进卖出的差价,投资变现时限较短,而私募股权投资方在投资过程中进行调查、谈判,积极参与融资企业的经营决策,通常以目标公司上市、管理层回购等方式退出,退出方式相对复杂。② 在经济活动中,多处"私募投资"的用语实际上是指私募证券投资。③

3. 私募股权投融资在我国公司融资中的地位

美国经济学家Myers和Majluf在《信息不对称情形下公司的投融资

① 肖金泉著:《国际私募——企业通往国际资本市场的桥梁与跳板》,中信出版社2008年版,第21~23页。

② 盛立军著:《私募股权与资本市场》,上海交通大学出版社2003年版,第78~80页。

③ 例如《私募投资基金监督管理暂行办法》(中国证券监督管理委员会令第105号)第2条。

决定》[①]一文中提出了著名的融资顺序理论(Pecking Financial Order Theory)。他们指出,企业在作出融资方式决策时,通常会根据成本最小化原则,综合考虑财务成本、控制权分散等因素,通常最先选择企业内部融资,其次选择债务融资,最后才会考虑选择股权融资。

基于以上对公司融资的分类,外部融资可以分为公募股权融资、公募债权融资、私募股权融资和私募债权融资。其中,公募股权融资最典型的方式为首次公开发行股票(Initial Public Offering,IPO),但缺乏资金的中小企业通常较难满足主板、新三板、创业板等上市条件;公募债权融资的典型为公司债,但受限于相关法律、法规,目前能够发行公司债的企业寥寥;私募债权融资的典型为银行借贷,但是,由于中小企业因资信等级低、缺乏抵押资产、融资成本高等原因,较难取得银行贷款。[②] 受"麦克米伦缺口"(Macmillan Ciap)的影响,[③]资金提供方往往不愿意以中小企业所要求的条件提供资金,我国数量众多的中小企业普遍面临融资难问题,[④]私募股权融资成为我国中小企业优先采用甚至唯一采用的融资方式。[⑤]

(二)私募股权投资的中国实践与发展

1. 私募股权投资的国际市场用法

在国际市场中,私募股权投资有广义和狭义之分,其中广义的私募股权投资还包括风险投资。狭义的私募股权投资的投资对象通常为已经形成一定规模、开始产生稳定现金流的企业,甚至包含以大规模杠杆融资将上市公司进行私有化的交易,通常对投资行业没有明显的限定和偏好。[⑥]

---

① Stewart C. Myers and Nicolas S. Majluf, "Corporate Financing and Investment Decision When Firms Have Information That Investors Do Not Have", in *Journal of Financial Economics*, Vol. 13, No. 2, 1984, pp. 187-221.

② 陈峥嵘:《私募股权市场与我国中小企业融资环境改善》,载《高科技与产业化》2005年第6期。

③ 指现代中小企业由于普遍存在的基础资源短缺特别是长期融资由于金融资源供给不足而形成的巨大资金配置缺口。这个缺口又叫"信用配给不足",其定义为"资金的供给方不愿意以中小企业所要求的条件提供资金"。

④ 王云霞:《对赌协议的法律适用及风险防范》,载《西部法学评论》2013年第1期。

⑤ 周传丽:《成长型企业的私募股权融资、对赌协议与财务绩效的路径依赖》,载《学术研究》2009年第9期。

⑥ 肖金泉著:《国际私募——企业通往国际资本市场的桥梁与跳板》,中信出版社2008年版,第16~17页。

在国际市场中,风险投资与私募股权投资具有如下明显区别:

第一,在投资对象方面,私募股权投资的投资对象通常为已经形成一定规模、开始产生稳定现金流的企业;而风险投资者则主要对处于初创期的具有高成长潜力的中小企业进行早期股权投资,目标公司通常为高新技术企业。

第二,在投资金额方面,由于私募股权的投资对象通常比较成熟、投资风险较小,私募股权投资者通常对单一投资对象投资的金额超过1亿美元;而由于风险投资对象通常为初创期的企业,投资失败的风险较大,风险投资者对单一投资对象的投资金额通常在1000万美元或以下。①

第三,在投资产业方面,私募股权投资者可以投资任何产业的企业,然而风险投资者的投资对象通常集中于高新技术和医药行业。

2. 私募股权投资的中国实践

在中国投资环境中,风险投资与私募股权投资未被严格区分,可能的原因有三:首先,中国作为世界制造大国时日已久,但尚处于科学和技术创新领域的不断发展阶段,缺乏大量适合风险资本进行投资的技术创新企业,风险投资企业在中国面临有限的潜在投资项目;其次,中国尚处于经济快速发展和现代化的进程中,对于大多数中国企业而言,不论其创立时间早晚、企业规模大小,均可被视为仍处于成长和发展阶段,早期和成熟期企业的区分并不明显;最后,风险投资和私募股权对于中国而言均属于舶来品,中国法律、法规对两者的定位和规制尚不明确,两者在中国均属于新兴投资方式,我国法律法规和市场实践中尚未对两者作出明确区分。由于以上原因,私募股权投资者在中国的表现被认为更像风险投资者,而风险投资者常常投资于高新技术产业之外的其他产业。②

本章从中国市场情况出发,采广义的私募股权投资概念(包含风险投资),即投资方以非公开方式对目标公司进行股权投资,由专业的管理人进行投资管理决策,并在有限存续期内退出获利的投资。

---

① "What is the difference between private equity and venture capital", available on http://www.investopedia.com/ask/answers/020415/what-difference-between-private-equity-and-venture-capital.asp, last visited on 17 April 2016.

② 陈永坚著:《中国风险投资与私募股权》,法律出版社2008年版,第2~3页。

3. 私募股权投资在我国的新近发展

清科研究中心出具的《中国股权投资市场 2015 年全年回顾与展望》① 列举了我国自 2006 年至 2015 年的股权投资基金投资情况。从图 7-1 可以看出,自 2006 年至 2009 年,我国私募股权投资市场以外币投资为主,外币私募股权投资案例数及总金额远远超过人民币,但两者的差距逐渐缩小;自 2010 年至 2015 年,我国人民币基金投资案例数及总金额不断攀升,人民币投资案例数及总金额开始超过外币,且两者的差距不断扩大;2015 年,我国人民币基金的投资案例数约为外币基金投资案例数的 6 倍,人民币基金的投资总金额约为外币基金投资总金额的 2 倍。

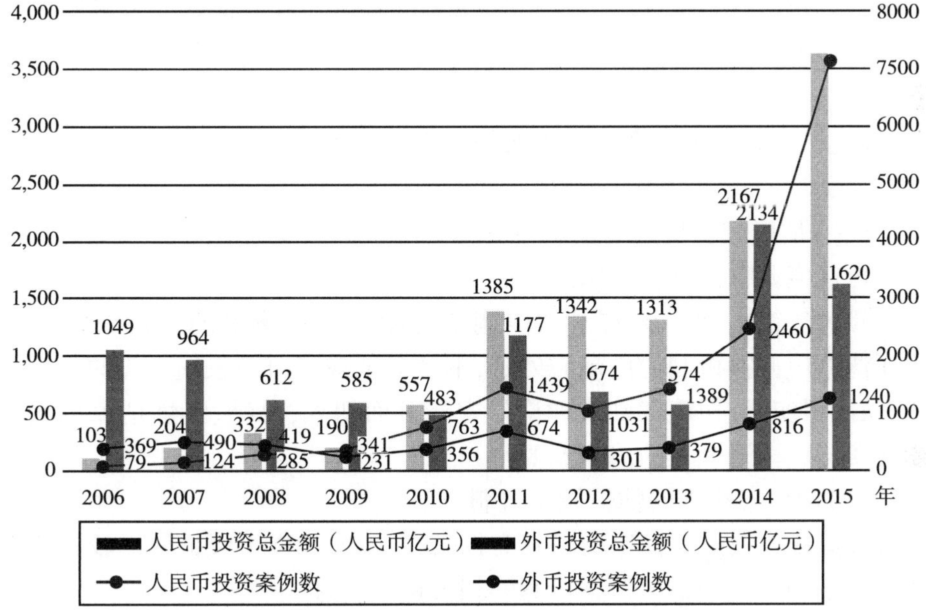

图 7-1 2006~2015 年中国股权投资基金投资情况

数据来源:清科研究中心《中国股权投资市场 **2015** 年回顾》

在 2015 年与 2014 年对比方面,2015 年全年共计有 2970 支可投资中国大陆的私募股权投资基金完成募集,是 2014 年全年新募基金数量的

① 参见清科研究中心:《中国股权投资市场 2015 年全年回顾与展望》,载清科集团:http://www.zero2ipo.com.cn/promotion/survey/2016/0119/201601.pdf,2016 年 4 月 15 日访问。

3.99倍;已知披露募资金额的2253支基金新增可投资于中国大陆的资本量为7849亿元人民币。私募股权投资案例数量和投资金额亦双双创下历史新高:2015年中国私募股权投资市场共计完成8365笔投资案例,平均单笔投资金额为6796.38万元人民币;退出案例共计3774笔(其中,新三板占退出案例超五成,成为最主要的退出渠道),是2014年全年退出案例数量的4.55倍。①

我国虽然已成为仅次于美国的世界第二大私募市场,但是在政府规制、宏观经济确定性、退出机制、合规及公司治理等私募投资者高度关注的领域还存在诸多问题,我国亟需实现公司法制现代化,提高司法机关业务水平及裁判执行力度,改善行政机关的监管方式,营造良好的私募股权投资发展环境。②

二、私募股权投资中的估值调整机制

(一)估值调整机制的概念与分类

1.估值调整机制在我国的发展

我国法律法规中鲜有对估值调整机制或对赌协议的表述或定义。③为厘清估值调整机制的内涵和外延,本节尝试采用由现象到本质的分析方法,从商事实践、司法裁判及理论研究三方面切入,总结、提炼估值调整机制在我国法律语境下的内涵及要素。

(1)商事实践中的估值调整机制

私募股权投融资商事交易具有保密性,本文从以下经披露的较为典型的商事案例中整理估值调整机制的相关构成信息。

上海永乐家用电器有限公司(以下简称永乐电器)于2005年1月获摩

---

① 清科研究中心:《清科盘点:十大关键词回顾2015中国VC/PE市场》,载投资界,http://research.pedaily.cn/201602/20160202393191.shtml,2016年2月6日访问。

② 沈伟:《中国公司法真的能"孵化"私募投资吗?——一个基于比较法语境的法经济学分析》,载《当代法学》2014年第3期。

③ 笔者使用"估值调整机制""估值调整协议""对赌"作为检索词,在万律中国(Westlaw China)网站中就所有中国的法律法规进行全文检索。检索结果显示,仅在最高人民法院《关于人民法院为企业兼并重组提供司法保障的指导意见》中有"估值调整机制"的表述,仅在《期货交易所交易规则指导性原则》等与期货有关的法律法规中有"对赌"的表述,但上述表述均未附含义或解释。

根士丹利和鼎晖投资5000万美元联合投资。摩根士丹利、鼎晖投资与永乐电器管理层订立估值调整机制,如果永乐电器2007年的净利润高于7.5亿元,二私募股权投资基金机构将向永乐管理层转让4697.38万股永乐电器股份;如果净利润不高于6.75亿元,永乐电器管理层将向二私募股权投资基金机构转让4697.38万股;如果净利润不高于6亿元,永乐管理层向二私募股权投资基金机构转让的股份最多将达到9394.76万股。后因永乐未实现承诺净利润,鼎晖推动永乐被国美收购后从香港联交所退市。①

俏江南股份有限公司(以下简称俏江南)于年获鼎晖投资约2亿元,鼎晖获取俏江南约10%股权。俏江南创始股东张兰与鼎晖订立估值调整机制,约定若俏江南在2012年12月31日前无法上市,张兰应当按约回购鼎晖持有的俏江南股权。由于俏江南于2012年前尝试在A股、H股市场上市均失败,张兰向企业风险投资(Corporate Venture Capital,CVC)出售部分股权,以筹措资金回购鼎晖持有的俏江南股权,俏江南实际控制人由张兰转变为企业风险投资。②

2003年,内蒙古蒙牛乳业(集团)股份有限公司(以下简称蒙牛)获摩根士丹利投资约2.9亿元,被发放类似看涨期权的可转换文据。蒙牛公司管理层与摩根士丹利订立估值调整机制,约定蒙牛于2003年至2006年间年复合增长率若低于50%,蒙牛管理层应将持有的6000万至7000万股份转让给摩根士丹利,反之则由摩根士丹利向蒙牛管理层转让相同数额股份。后因蒙牛达到约定符合增长率,摩根士丹利的可转换文据得以高价兑换,蒙牛管理层亦获得高额奖励。③

(2)司法裁判中的估值调整机制

在苏州海富案中,苏州工业园区海富投资有限公司(以下简称海富公司)于2007年对甘肃世恒有色资源再利用有限公司(以下简称世恒公司)进行高溢价股权投资,海富公司、世恒公司及其母公司香港迪亚天天有限公司(以下简称迪亚公司)订立“增资协议书”,约定:第一,世恒公司应改

---

① 佚名:《企业管理:对赌协议之博弈》,载企业网,http://www.ceccen.com/toutiaoxinwen/1454290858.html,2016年2月11日访问。

② 佚名:《张兰输掉俏江南的主要原因:对赌协议》,载腾讯财经网,http://finance.qq.com/cross/20151126/8LPD5I34.html,2016年2月12日访问。

③ 佚名:《蒙牛:对赌协议典型案例》,载和讯网,http://news.hexun.com/2013-09-29/158419805.html,2016年2月12日访问。

制为股份有限公司,并于2010年10月20日前获得中国证监会就众星公司在主板上市的批复,否则海富公司有权要求迪亚公司回购海富公司持有的众星公司的全部股权;第二,世恒公司2008年净利润不得低于3000万元人民币,否则世恒公司应对海富公司予以补偿,补偿金额=(1-2008年实际净利润/3000万元)×本次投资金额,迪亚公司承担补充补偿责任。由于世恒公司2008年实际净利润仅2万余元,海富公司于2009年12月诉至兰州市中级人民法院,请求判令世恒公司、迪亚公司和陆波向其支付协议补偿款约1998万元并承担诉讼费及其他费用。[①]

在南京誉达案中,南京誉达创业投资合伙企业(有限合伙)(以下简称南京誉达)于2011年7月对上海超硅半导体有限公司(以下简称超硅公司)进行高溢价股权投资,约定超硅公司2012年的净利润不得低于5000万元,否则南京誉达有权要求超硅公司及陈猛或其指定的企业或自然人在南京誉达提出收购要求后的3个月内收购南京誉达所持有的超硅公司股权或股份,如3个月内无法完成股份收购,则由陈猛承担收购的义务;若南京誉达要求超硅公司及陈猛承担收购义务,超硅公司及陈猛应对其违反承诺给予原告每年以投资额为基数,一次性给付由年息10%的违约补偿款加上投资本金组成的股权回购价款。后南京誉达诉至上海市松江区人民法院,请求判令被告超硅公司、陈猛共同以26,043,287元收购原告持有的被告超硅公司3.6364%股份。[②]

在北京昆吾案中,北京昆吾九鼎医药投资中心(有限合伙)(以下简称"北京昆吾")与另外七家有限合伙制股权投资基金于2011年12月共同对上海新华联制药有限公司(以下简称新华联)进行高溢价投资。各方约定若新华联2012年实际实现的净利润低于6000万元,新华联的实际控制人周秋火、施燕华按照"业绩补偿款=2012年承诺净利润×(1-2012年实际实现的净利润÷2012年承诺实现的净利润)"的计算结果对原告进行现金补偿,新华联及其股东浙江凯迪药业有限公司(以下简称凯迪药业)、仙

① 参见(2012)民提字第11号民事判决书,载中国裁判文书网,http://wenshu.court.gov.cn/content/content?DocID=f021cf9c-b647-11e3-84e9-5cf3fc0c2c18,2016年4月17日访问。

② 参见(2015)松民二(商)初字第142号,载中国裁判文书网,http://wenshu.court.gov.cn/content/content?DocID=b9e9938b-4be7-4e25-82d5-4f04b875a911,2016年4月17日访问。

居凯迪投资有限公司(以下简称凯迪投资)对此承担连带赔偿责任。[①]

在厦门金泰案中,厦门金泰九鼎股权投资合伙企业(有限合伙)(以下简称厦门金泰)与另外两家投资企业于2010年共同对江西旭阳雷迪高科技股份有限公司(以下简称旭阳雷迪)进行高溢价投资,三投资方共占旭阳雷迪增资后股份的9.3%。各方约定若旭阳雷迪2011年年度净利润低于50000万元,则旭阳雷迪应当向厦门金泰等三投资方按照“(50000万元-旭阳雷迪2011年实际净利润)×4.3×9.3%”的计算结果进行赔偿,旭阳雷迪的董事长骆鸿承诺对该补偿提供担保。[②]

在北京富汇案中,富汇创业投资管理有限公司(以下简称富汇创投)于2011年初高溢价投资宁夏泰瑞制药股份有限公司(以下简称泰瑞制药),[③]在《增资扩股协议》中约定,若泰瑞制药2011年经审计的税后净利润低于3亿元,泰瑞制药应当以其实际税后净利润为基础,按约定的投资市盈率15倍进行计算,给予投资方现金补偿;反之,则富汇创投应当以泰瑞制药的实际税后净利润为基础,按约定的投资市盈率15倍进行计算,给予泰瑞制药现金补偿。[④]

(3)理论研究中的估值调整机制

法学理论研究学者对于估值调整机制内涵的表述虽然多样,但差异不大。学者们主要在估值调整机制的性质和效力上存在较大争议(详见本章第三、四部分)。张先中对估值调整机制定义为:估值调整机制是指“私募股权投融资双方以目标公司发生触发条件与否,相应调增或调减私募股权投资方持有的目标公司的股权比例或采取其他能达成与股权比例变化

① 参见(2014)奉民二(商)初字第418号民事判决书,载中国裁判文书网:http://wenshu.court.gov.cn/content/content? DocID=6b9319a4-1012-46fc-9fb2-d6839d7e0aed,2016年4月17日访问。

② 参见(2014)厦民初字第137号民事判决书,载中国裁判文书网:http://wenshu.court.gov.cn/content/content? DocID=a81d62eb-5e89-4c1b-b1ce-8b219751f351,2016年4月17日访问。

③ 西南政法大学应用法学院季境副教授为本案仲裁代理律师,本案部分信息来源于其在西南政法大学应用法学院网站上发布的教师简介,载西南政法大学官网,http://www.swupl.edu.cn/yyfxy/xueyuan/News_View.asp? NewsID=3160,2016年4月2日访问。

④ 参见于辉:《最高法院世恒对赌案后的“逆转”裁决》,载中国裁判文书网:http://www.pelawyers.cn/newshow.asp? id=34509,2016年4月2日访问。该文作者为大成律师事务所于辉律师。由于仲裁案件的保密性,本文仅就在网络上获取的该决的信息为基础进行论述。

具有相同商业效果的替代方式”。①

2. 估值调整机制的要素

通过深入探究我国商事实践、司法裁判及理论研究中的估值调整机制,我们可以发现其基本构成要素为投融资主体、触发条件和调整方式。

(1)投融资主体

私募股权投融资中约定估值调整机制的主体为投融资双方,融资方通常为目标公司或目标公司的股东或实际控制人。目标公司为融资方时,通常约定以目标公司增发股份为调整方式;目标公司的股东或实际控制人为融资方时,通常约定以股权转让为调整方式。

投资方通常为私募股权投资机构。我国私募股权投资发展早期,投资方通常为外资私募股权投资机构,如红杉资本、IDG、摩根士丹利、高盛、凯雷等;随着私募股权投资在我国的发展,逐渐出现了一些本土的私募股权投资机构,如弘毅投资、重庆九鼎投资、天堂硅谷、复星创富等。投资方通常资金实力雄厚,投资经验丰富,在资本投资市场占据主导地位。

我国私募股权融资的目标公司一般为处于成长期、已经形成一定规模、资金需求较大的非上市民营企业。这类目标公司具有良好的发展潜力,但是在运营管理、公司治理方面存在较大的完善空间。

此外,估值调整机制法律关系的主体还包括目标公司股东或实际控制人,其多为目标公司的创始人,通常约定在发生触发条件时,由其向私募股权投资方承担补偿责任或与被投资公司承担连带补偿责任。

需要注意的是,目标公司的管理层也是某些估值调整机制的签署主体,但通常该管理层仅出现在陈述与保证条款中,不对投资方承担补偿责任,或者该管理层同时是目标公司的股东,以股东身份对投资方承担补偿责任。例如,在苏州海富案中,被告陆波是世恒公司的总经理而非股东,其虽参与签署增资协议书,但增资协议书中没有其就估值调整条款承担责任的约定,一审、二审、再审法院均以其“陆波在世恒公司的行为代表的是公司利益行为”“没有关于陆波承担个人责任的约定”②为由,判定陆波不对

① 张先中:《私募股权投资中估值调整机制研究——以我国〈公司法〉资本规制为视角》,载《法学论坛》2013年第5期。

② 参见(2012)民提字第11号民事判决书,载中国裁判文书网,http://wenshu.court.gov.cn/content/content?DocID=f021cf9c-b647-11e3-84e9-5cf3fc0c2c18,2016年4月17日访问。

海富公司承担补偿责任。

(2)触发条件

估值调整机制的触发条件主要可以分为财务绩效和非财务绩效。财务绩效通常指目标公司在某一个或某几个会计年度内的经营业绩,如营业额、净利润、复合增长率等。非财务绩效主要包括企业上市、管理层去向、市场占有率等。目标公司在一定时间节点前实现境内外上市,或取得相关机构对该企业在境内外上市的批复或同意函件,有些估值调整机制还约定目标公司在上市后每股应达到约定的价格水平;对于一些固定资产较少、无形资产为核心资产的创业企业,管理层、创业团队的稳定性对企业的发展至关重要,由此投融资双方往往将一定时间节点前的管理层去留约定为触发条件;对于科技、媒体、通信行业而言,一定时间节点前的市场占有率、用户好评率等通常被约定为触发条件。

(3)调整方式

估值调整机制的本质是对目标公司股权价值进行重新调整。其基本运作原理为:目标公司股权原估值=投资方股权投资额÷认购股数,当目标公司的原有股东、管理层或实际控制人的承诺标准达到或超过时,目标公司的股权价值被低估,应当由投资方多支付投资额,或者转让部分已认购股数,以实现企业估值的向上调整;当目标公司的原有股东、管理层或实际控制人的承诺标准未达到时,表明目标公司的股权价值被高估,应当由上述人士向投资方返还投资额,或向投资方转让股份,以实现企业估值的向下调整。①

3. 估值调整机制的分类

(1)按照触发条件分类

如上所述,按照触发条件,估值调整机制可以被划分为财务绩效型和非财务绩效型,财务绩效型为最常约定的估值调整机制类型。非财务绩效型估值调整机制又可以被划分为企业上市型、管理层去留型和市场占有率型等。苏州海富案中就既有财务绩效型估值调整机制,又有企业上市型估值调整机制,而南京誉达案、北京昆吾案和北京富汇案都仅约定了财务绩效型估值调整机制。

① 傅穹:《对赌协议的法律构造与定性观察》,载《政法论丛》2011年第6期。

(2)按照调整方向分类

基于估值调整条款对于投融资双方的估值调整方向的规定,有双向调整的估值调整机制和单向调整的估值调整机制之分。单向调整型估值调整条款通常约定,根据触发条件发生与否,融资方需要或不需要对投资方进行补偿;而双向调整型估值调整条款通常约定,投融资双方在触发条件中约定的目的达到,则投资方向融资进行补偿或给予奖励,否则应由融资方向投资方进行补偿。

(3)按照调整方式分类

按照实现融资企业股权估值调整的方式,估值调整机制又可以分为货币补偿型和股权补偿型。货币补偿型是指根据触发条件发生与否,当融资企业股权价值被高估时,由融资企业股东或实际控制人向投资方进行货币补偿;当融资企业股权价值被低估时,由投资方向融资企业的股东或实际控制人进行货币补偿,从而达到间接调整股权价格的目的。

按照股权补偿的方向,估值调整机制可以分为股权稀释型、股权回购型和股权激励型。股权稀释型是指,在目标公司未实现触发条件中约定的条件时,投资方享有要求融资方无偿或以极低的价格向投资方转让股权的请求权。股权回购型,是指在目标公司未实现触发条件中约定的条件时,投资方享有要求目标公司以极低的价格向投资方增发股份的请求权。股权激励型,是指当目标公司实现了触发条件中约定的条件时,目标公司处于管理层的原股东享有要求投资方无偿或以极低的价格向其转让部分股权的请求权。

4. 估值调整机制的内涵

本章将估值调整机制界定为,在私募股权投融资交易中,为减少信息不对称和道德风险、促成商事交易的达成,由投融资双方(或含目标公司)约定的,由投融资主体、触发条件和调整方式构成的股权价格动态调整条款。

(二)估值调整机制的产生动因及作用

1. 估值调整机制的产生动因

(1)估值调整机制产生的理论依据

①委托—代理理论

在委托—代理关系中,由于所有权与经营管理权的分离,代理人与委托人通常存在利益冲突,代理人可能会为了追求自身利益最大化而损害委托人的利益,甚至会从事“不道德”的行为,引发道德风险,即委托人面临着代理人改变行为而损害委托人利益的风险。① 为在一定程度上缓解道德风险,委托人和代理人可以通过契约安排,为代理人提供一定的激励机制,促使代理人自愿选择能够使委托人利益最大化的行为。

在私募股权投资中,私募股权投资方通常通过高溢价投资,仅获取目标公司的小部分股权,且不深入参与目标公司的经营管理。由此,私募股权投资方与目标公司实际控制人、原股东或管理层形成一种委托—代理关系,前者面临着极大的道德风险。估值调整机制即是该种激励机制在私募股权投资契约中的体现。

②不完全契约理论

不完全契约理论(Incomplete Contracting Theory)是与完全契约理论(Complete Contracting Theory)相对应的概念。两者的区别在于,完全契约理论试图规定缔约双方在履约过程中的各项权利义务,其重点是事后监督,上述委托—代理即可被归类于一种完全契约;然而,出于预见成本(由于外部环境的复杂性、不确定性和人的有限理性,缔约双方往往难以完全预料到契约履行过程中会遇到的所有情况)、缔约成本(缔约双方即使能够预料到所有情况,也难以用双方均无争议的表述写入契约)和证实成本(契约履行过程中的重要信息对包括法院在内的第三方难以证实或无法证实)的考虑,契约双方通常不可能在契约中约定在所有可能遇到的情况下的权利义务,故不完全契约下缔约双方需要注重对事前的权利进行机制设计或者制度安排。②

估值调整机制实质上是一种不完全契约,即投融资双方在投资时点上不能准确预估目标公司股权价格的发展方向及变化幅度,于是在投资协议中对投融资双方的权利义务进行事前的机制设计和制度安排,待触发条件发生后对目标公司股权价格的调整实质上是对投融资双方权利义务的调整。

(2)估值调整机制产生的现实基础

①私募股权投资中的信息不对称

① 郝文清:《道德风险的防范与化解》,载《社会科学家》2011 年第 5 期。

② 杨瑞龙、聂辉华:《不完全契约理论:一个综述》,载《经济研究》2006 年第 2 期。

私募股权投资市场中普遍存在信息不对称(asymmetric information)现象。信息不对称主要是指交易各方掌握的信息不均衡分布的状态。严重的信息不对称将导致代理问题(agency problem)的出现,使委托人与代理人产生利益冲突,产生代理成本。代理人为使自身利益的最大化,极有可能损害委托人的利益。

在我国的私募股权投资中,投资人高溢价购买被投资公司的股权,往往仅持有被投资公司的少量股份,且不享有被投资公司的实际控制权,仅仅是等待股权增值后退出获利,一定程度上可以认为投资方将资金委托给企业经营者进行运用,投资方与企业经营者之间产生委托代理关系。在进行私募股权投资之前,投融资双方均需要对被投资公司的股权进行估值。融资方希望高估其股价,以尽可能少的股权获得尽可能多的融资;而投资方出于内部收益率(IRR)的考虑,希望能以较低的价格受让尽可能多的股权,并在退出时卖得高价,以赚取差价获利。投融资双方出现较严重的利益冲突和信息不对称;在进行私募股权投资之后,投资方难以影响和监管公司经营者的行为,投融资双方的信息不对称依然延续,代理问题也难以避免。为在一定程度上缓解信息不对称带来的代理问题,私募股权投资中逐渐采用估值调整机制这一创新安排。

②促成商事交易达成的需要

估值是决定股权转让价格的重要基础,是企业股权转让中的关键事项。如上所述,在私募股权投资前后,投融资双方均存在利益冲突和信息不对称,目标公司及其原有股东为融资方,通常希望将企业估值尽可能提高;而私募股权投资基金等投资方出于退出收益的考虑,通常希望企业估值尽可能降低。投融资双方通常难以对目标公司的估值达成一致意见。

此外,由于私募股权投资方不仅对目标公司提供融资服务,还积极参与目标公司的管理经营,帮助改善目标公司的公司治理结构,促进投资企业的价值增值,这种参与型的动态投资导致私募股权投资中的定价与私法上一般财产的定价产生显著差别。①

估值调整机制的采用,使投融资双方暂时放下对企业估值的争议,约定以一定触发条件是否发生为条件,届时调增或调减企业的估值,以促使

① 赵玉著:《我国私募股权投资基金法律制度研究》,中国政法大学出版社2013年版,第118~121页。

企业价值逐渐向其真实价值逼近。

2. 估值调整机制的作用

（1）对目标公司股东或管理层的经营激励

结合以上分析，在私募股权投资中，投资方与目标公司管理层存在信息不对称，二者之间形成的是较为典型的委托代理关系，投资方关心的重点是投资回报率和回收期，目标公司管理层更多地关心其个人利益。在此情况下，极有可能出现代理问题和道德风险。已有学者从经济学角度证明，估值调整机制是对管理层的激励强度最大，对投资方的风险控制最优，并且在经济效率上实现帕累托最优的机制接排。①

（2）对投资方的高溢价投资风险补偿

由于私募股权投资的目标公司通常是未在公开市场上市交易的公司，其股权价值面临着较大的不确定性。私募股权投资方对目标公司进行高溢价的股权投资后，通常面临着较大的投资风险。根据估值调整条款，基于触发条件发生与否，在目标公司股权被高估的情况下，融资方应当向投资方无偿转让股权或支付现金。由此，投资方可以在投资金额不变的情况下，获取更多目标公司的股权，或者在所获取的股权不变的情况下，实质上减少投资金额，从而在一定程度上减少了投资方的投资风险。

（三）估值调整机制与域外相关机制的联系和区别

我国学者大多认为估值调整机制"发轫于英美法系"，②由"valuation adjustment mechanism"直译而来，③已"在西方发达资本市场上广泛使用"，④是"国际私募股权投资领域常用的估值调整工具"，⑤"作为外资私募股权融资经常运用的投资工具进入中国"。⑥ 而许多以估值调整机制为

---

① 张波、费一文、黄培清：《"对赌协议"的经济学研究》，载《上海管理科学》2009年第1期。

② 胡晓珂：《风险投资领域"对赌协议"的可执行性研究》，载《证券市场导报》2011年第9期。

③ 参见华忆昕：《对赌协议之性质和效力分析——以〈公司法〉和〈合同法〉为视角》，载《福州大学学报（哲学社会科学版）》2015年第1期。

④ 熊智、杨泽：《私募股权投资中对赌协议的定性及效力的司法认定——以"对赌协议无效第一案"立论》，载《北京仲裁》第48辑。

⑤ 谢海霞：《对赌协议的法律性质探析》，载《法学杂志》2010年第1期；张先中：《私募股权投资中估值调整机制研究——以我国〈公司法〉资本规制为视角》，载《法学论坛》2013年第5期。

⑥ 杨红芹、张岑：《对赌协议法律性质和效力研究——以"海富投资案"为视角》，载《江西财经大学学报》2013年第5期。

研究主题的论文也将估值调整机制认定为舶来品。①

然而上述文章就估值调整机制为舶来品的论述语句鲜有域外源头的引注。笔者在谷歌、百度等搜索引擎上以“Valuation Adjustment Mechanism”“VAM”等关键词进行搜索，搜索结果几乎全部是中国学者撰写的英文文章，鲜见域外相关探讨。有学者查阅硅谷知名律所 Fenwick & West LLP 自 2004 年至今按季发布的 VC 投资协议条款趋势调查报告，发现该跨越十数年的报告中“从未提及 Valuation Adjustment Mechanism，或者 VAM 的字样”。②

基于以上原因，笔者认为估值调整机制难以被认定为域外舶来品，③厘清估值调整机制与域外类似机制的联系与区别具有一定的研究必要性。与估值调整机制最为相似的域外机制有盈利能力支付计划（earn-outs）、期待价值权（contingent value right）、选择性回赎权（optional redemption right）和棘轮机制（ratchet mechanism）。

1. 估值调整机制与盈利能力支付计划

在美国股权收购交易中，买卖双方通常约定基于目标公司在交割时或交割后的经营情况调整股权价格，即交割日股权价格调整（closing date purchase price adjustment）与交割后股权价格调整（post-closing purchase price adjustment），而后者又分为适用于私人企业（private company）的盈利能力支付计划（earn-outs）和适用于公众企业（public company）的期待价值权（contingent value right）。④

盈利能力支付计划是在美国公司并购交易中逐渐盛行的一种创新支付方式，其产生原因和目的与估值调整机制类似，即为了缓解收购方和被收购方的利益冲突和信息不对称。盈利能力支付计划是指，在收购与兼并

---

① 符望：《对 PE 估值调整协议效力的再思考——从甘肃世桓“愿赌不服输”案看估值调整协议的“堵”与“疏”》，载《证券法苑》2013 年第 1 期；赵忠奎：《对赌协议效力认定路径的偏失与矫正》，载《经济法论坛》2016 年第 2 期。

② 清澄君：《硅谷无对赌》，载微倍公众号，http://mp. weixin. qq. com/s? _ _ biz = MzI3MjExMDYyNg = = &mid = 402817902&idx = 1&sn = 400684cd80e14e4a618900d4645e94eb&scene = 1&srcid = 0331soDKh8Yvq5Xgf6qe 1ram#rd，2016 年 4 月 2 日访问。

③ 刘燕：《对赌协议于公司法资本管制：美国实战及其启示》，载《环球比史译论》2016 年第 3 期。

④ Christopher S. Harrison: *Make the Deal: Negotiating Mergers & Acquisitions*, Bloomberg BNA 2016, p. 74.

（M&A）中，收购方与被收购方约定将收购价格的一部分保留在收购结束后，根据被收购方未来的财务绩效或其他指标的完成情况来决定是否支付。[①]

据研究，美国约40%的对私人企业的并购交易中约定了盈利能力支付计划，在对医药企业及资产管理企业的并购中的使用比例甚至高达80%以上，[②]且其或有支付金额在使用该计划的交易金额中所占的平均比例高达33%；在采用盈利能力支付计划的并购交易中，80%以上约定调整期限为交割后1~3年，剩余20%则约定3年以上的调整期限；由于买方在调整期限内向卖方支付的价款可能多于或少于交割时剩余价款，股权购买价格可能被向上或向下调整。[③]

然而，我国有研究将估值调整机制误认作盈利能力支付计划。[④] 有学者认为存在一种以二轮注资为调整方式的估值调整机制，但其实际上是将估值调整机制与盈利能力支付计划相混淆。所谓以二轮注资为调整方式的估值调整机制，是指投融资双方约定，根据触发机制的发生与否，投资方决定是否向目标公司进行二轮注资，但无论是否二轮注资，该调整方式都不能达到使得前一轮投资的股权进行价格调整的功用，故该调整方式不符合估值调整机制的实质构成要求，而应当归属于盈利能力支付计划。

2. 估值调整机制与期待价值权

期待价值权在西方对公众公司的并购交易中已被广泛运用，但在我国还是一个新生事物，甚至目前尚未有对应术语，有学者称其为“期待价值权”。[⑤] 期待价值权是指当发生特定事件或目标公司达到特定财务绩效时，买方有义务向卖方给付额外对价，它是一种单向向上调整的机制，且在并购公众公司的交易中极少使用。[⑥] 期待价值权主要分为价格保护型

---

① 陈涛：《并购支付方式的盈利能力支付计划探讨》，载《证券市场导报》2015年第9期。

② Matthew D. Cain, Davis J. Denis and Diane K. Denis, “Earn-outs: A Study of Financial Contracting in Acquisition Agreements”, in *Journal of Accounting and Economics* Vol. 51, No. 1-2, 2006, pp. 151-170.

③ Christopher S. Harrison: *Make the Deal: Negotiating Mergers & Acquisitions*, Bloomberg BNA 2016, p. 86.

④ 陈一新：《探微 earnout 本土化进路：机理解构、中国式异化与展望》，载《上海金融》2017年第11期。

⑤ 王仁荣：《“期待价值权”在并购交易中的运用》，载《上海经济》2010年第7期。

⑥ Christopher S. Harrison, *Make the Deal: Negotiating Mergers & Acquisitions*, Bloomberg BNA 2016, p. 91.

(Price-Protection CVRs)和事件触发型(Event-Driven CVRs)两种类型。[①]一些有经验的商事交易主体注意到,当买卖双方开始讨论期待价值权时,该并购交易可能已走到尽头。[②]

我国法律语境下的估值调整机制与期待价值权存在较大区别,主要体现为:第一,期待价值权仅适用于并购公众公司的情形,而估值调整机制则不存在此适用限制,例如,本章列举的苏州海富案、南京誉达案等案例中的目标公司都是私人公司;第二,期待价值权的适用结果仅仅是单向向上调整股权价格,而估值调整机制的适用结果可能是双向的(例如北京富汇案中的双向调整型估值调整机制)。

3. 估值调整机制与选择性回赎权

回赎权通常伴随优先股出现在风险投资中,具体是指在目标公司的发展未达到投资者预期或投资者无望以等高投资回报形式退出的情况下,投资者有权要求目标公司以事先约定的价格(通常为初始股权购买价格,也可能是最高清算价格或"公允市场价格")回购其所持有的目标公司股权。[③] 在目标公司清算的情况下,回赎权可以使得风险投资者获得清算优先权(就这一点而言,回赎权与债权合同中债权人要求债务人偿还本金的权利非常相似[④]),并增加风险投资者在清算中的决定权和话语权。[⑤] 依据美国硅谷律所 Fenwick & West LLP 的调查,在 2015 年第 4 季度,仅有 9% 的硅谷风险投资协议中包含回赎权条款,其在风险投资中的重要性逐渐式微。[⑥]

---

① Igor Kirman and Victor Goldfeld, "Contingent Value Rights (CVRs)", available on http://www.wlrk.com/webdocs/wlrknew/AttorneyPubs/WLRK.18405.11.pdf, last visited on February 10, 2016.

② Christopher S. Harrison, *Make the Deal: Negotiating Mergers & Acquisitions*, Bloomberg BNA 2016, p. 91.

③ Scott Edward Walker, "Demystifying the VC Term Sheet: Redemption Rights", available on http://venturebeat.com/2011/07/04/demystifying-the-vc-term-sheet-redemption-rights/, last visited on March 10, 2016.

④ Steven N. Kaplan and Per Stromberg, "Financial Contracting Theory Meets the Real World: An Empirical Analysis of Venture Capital Contracts", in *Review of Economic Studies*, Vol. 70, No. 2, 2003, pp. 281-315.

⑤ 于莹、潘林:《优先股制度与创业企业——以美国风险投资为背景的研究》,载《当代法学》2011 年第 4 期。

⑥ Fenwick & West LLP, "Silicon Valley Venture Capital Survey Fourth Quarter 2016", p. 11, available on https://www.fenwick.com/FenwickDocuments/4Q15-Silicon-Valley-Venture-Capital-Survey.pdf, last visited on April 2, 2016.

回赎权与估值调整机制非常类似,但两者存在以下区别:

第一,回赎权通常为风险投资优先股配套条款,而估值调整机制的适用则不限于风险投资或优先股。实际上,在我国现有公司法框架下,优先股制度尚存在较大限制,估值调整机制几乎仅适用于普通股。

第二,回赎权的回购价格通常为初始股权购买价格,而估值调整机制中股权回购价格通常高于初始股权购买价格(例如,在前述南京誉达案中,股权回购款为投资本金加上年息10%的违约补偿款)。

第三,在目标公司进行清算时,回赎权赋予风险投资者清算优先权,使风险投资者在清算地位上从公司股东转变为类似公司债权人的地位;而适用估值调整机制通常不会给予投资者清算优先权。

4. 估值调整机制与棘轮机制

私募股权投融资通常会约定反稀释保护条款,以确保未来若干轮融资的价格不低于当前一轮融资的价格。反稀释保护条款主要包括加权平均价格条款和棘轮条款两种主要方式。基于加权平均条款,新的转换价格为当前转换价格和后续降价融资价格考虑权重(发行股份数量)的加权平均值。根据Kaplan和Stromberg的研究,美国95%的风险投资采用反稀释保护条款,其中76%的反稀释保护条款采用加权平均条款方式。[①]

棘轮条款分为完全棘轮条款和部分棘轮条款。完全棘轮(full ratchet),是指如果企业以低于前一轮或前几轮的价格发行新的股份(数量不限),则前一轮或前几轮购买者的购买价格应当调整为与新的股份发行价格一致。[②] 部分棘轮(partial ratchet)为完全棘轮进行调整后的产物,主要有半棘轮或2/3棘轮,但部分棘轮在实践中很少见。

然而,实践中经常有人将估值调整机制与棘轮机制相混淆。例如,孙黎、梁昊、李炜文等认为,棘轮协议是指"如果创业家在未来能达到某些事先承诺的财务目标,该机制就要求创业家向投资方补偿一部分普通股或优先股;相反,如果创业家在未来实现了这些财务目标,该机制则强

① Steven N. Kaplan and Per Stromberg, "Financial Contracting Theory Meets the Real World: An Empirical Analysis of Venture Capital Contracts", in *Review of Economic Studies*, Vol. 70, No. 2, 2003, pp. 281-315.

② 徐永兵:《我国风险投资中防稀释条款的应用及效用分析》,载《海南金融》2010年第10期。

制投资向创业家奖励一部分普通股”,[①]错误地将棘轮机制等同于估值调整机制。

第二节 估值调整机制相关司法案例分析

一、相关司法案例的案情及裁判结果

(一)相关司法案例的案情差异及其可比性

苏州海富案、南京誉达案、北京昆吾案、厦门金泰案和北京富汇案的案情[②]共性为:估值调整机制的订立主体均为投资方、融资方、目标公司三方;估值调整机制的触发条件均为特定年度的净利润额。五起案例在估值调整机制的调整方式、调整方向以及目标公司盈利情况上有些许差异,但这些差异并未成为司法机关裁判的主要考量。以这五起具有典型性和可比性的司法案例为视角,探索我国司法机关对估值调整机制的性质和效力的认定理由及结论,具有可行性。

1.估值调整机制的调整方式差异

如表7-2所示,苏州海富案、北京昆吾案、厦门金泰案和北京富汇案的调整方式均为货币补偿,计算结果多为融资方、目标公司向投资方给付投资额与目标公司当年实际净利润的差额;南京誉达案的调整方式为股权回购,目标公司应当以投资本金加年息10%的违约补偿款的收购价格,向投资者回购本公司股份。然而,这两类调整方式的实质都是目标公司及融资方向投资方进行给付,本质上并无差异,不应当成为对裁判结果产生重大影响的因素。

① 孙黎、梁昊、李炜文:《棘轮机制:国际私募资本在中国的治理模式》,载《吉林大学社会科学学报》2014年第6期。

② 关于苏州海富案、南京誉达案、北京昆吾案、厦门金泰案及北京富汇案的基本案情,请见本章“司法裁判中的估值调整机制”部分的详述。

表 7-2 相关司法案例中估值调整机制的差异

案例	触发条件	调整方式	调整方向
苏州海富案	2010 年 10 月 20 日前获主板上市批复(未触发)	股权回购(未触发)	单向调整型
	2008 年净利润不低于 3000 万元	货币补偿:(1-2008 年实际净利润/3000 万元)×本次投资金额	
南京誉达案	2012 年净利润不低于 5000 万元	股权回购:投资本金+年 10%违约补偿金	单向调整型
北京昆吾案	2012 年净利润不低于 6000 万元	货币补偿:6000 万元×(1-2012 年实际净利润/6000 万元)	单向调整型
厦门金泰案	2011 年净利润不低于 50000 万元	货币补偿:(50000 万元-2011 年实际净利润)×4.3×9.3%	单向调整型
北京富汇案	2011 年净利润不低于 3 亿元	双向货币补偿:投资市盈率 4.4%的 15 倍	双向调整型

2. 估值调整机制的调整方向差异

苏州海富案、南京誉达案、北京昆吾案和厦门金泰案均订立单向调整条款,即目标公司未达到承诺净利润标准时,融资方及目标公司向投资方承担连带货币补偿或股权回购责任。在此类单向调整型估值调整机制下,若目标公司未达目标,则投资方可获得高额补偿;若目标公司达到目标,则投资方亦可作为股东分享经营收益。单向调整方式容易被司法机关认定为使交易价格确定、投资人不承担经营风险却能获得相对固定收益,从而增加估值调整条款被认定无效的风险。

在北京富汇案中,投融资双方约定的是双向调整型估值调整机制:目标公司未达承诺净利润目标时,融资方及目标公司向投资方承担货币补偿责任;目标公司达到承诺净利润目标时,投资方向融资方及目标公司承担货币补偿责任。仲裁庭认定此类估值调整机制中“价格存在或有事项”“投资人亦承担经营风险”,也不存在其他违反强制性法律法规等无效事由,从而认定富汇创投与泰瑞制药约定的估值条款有效。①

① 参见 2014 中国贸仲京裁字第 0056 号仲裁裁决书。转引自徐睿:《以目标公司作为对赌义务人的合同效力研究》,载《证券市场导报》2015 年第 5 期。

实际上,单向调整型估值调整机制并非当然无效。原因在于,投资方对目标公司进行高溢价投资时已提前承担了风险,融资方已预先享受投资带来的股权价格上涨收益,而一旦目标公司未达到承诺业绩目标,应当按约对投资方进行利益回填,对投融资双方权利义务进行动态调整。

3. 目标公司的实际盈利情况差异

如表 7-3 所示,在苏州海富案、南京誉达案、北京昆吾案和厦门金泰案中,目标公司的承诺业绩分别为实际业绩的 1100 余倍、45 倍、3529 倍和 11 倍;而在北京富汇案中,目标公司的承诺业绩仅为实际业绩的 2 倍,考虑整体经济环境下行的影响,企业盈利水平较为良好。在财务绩效型估值调整条款中,若目标公司的承诺业绩与实际业绩相差太远,则容易被司法机关认定为脱离目标公司的实际经营业绩,进而增加估值调整条款被认定无效的风险。

表 7-3 相关司法案例中原告诉求与目标公司盈利情况差异

案例	原告(投资方)诉求	投资方投资额	目标公司增资后注册资本	目标公司承诺净利润	目标公司实际净利润
苏州海富案	补偿款约 1998 万元	2000 万元	约 400 万美元	3000 万元	2.7 万元
南京誉达案	回购款约 2600 万元	2000 万元	7150 万元	5000 万元	110 万元
北京昆吾案	补偿款约 1979 万元	4950 万元	约 7371 万元	6000 万元	1.7 万元
厦门金泰案	补偿款约 2920 万元	3000 万元	约 43165 万元	50000 万元	4549 万元
北京富汇案	补偿款约 9900 万元	2 亿元	约 2.27 亿元	3 亿元	1.5 亿元

然而,目标公司实际盈利情况与承诺业绩的差异也并非导致估值调整机制当然无效的真因。原因在于,由于私募股权投资中约定估值调整条款的主体均为典型商主体,双方在订立相关条款前已通过尽职调查和精密计算,理性预估了企业未来价值目标,明晰了自身的履约风险,基于意思自治订立估值调整条款。而由无处不在的商业风险导致公司实际业绩脱离目标业绩的情况差异屡见不鲜。若无其他违反法律、法规的事由,目标公司的实际业绩情况与承诺业绩的差异不能被作为认定估值调整机制无效的原因。

如上所述,苏州海富案、南京誉达案、北京昆吾案和北京富汇案这四起典型司法案例虽然在估值调整机制的调整方式、调整方向和目标公司的实际盈利情况上有一定的差异，但这些差异不是或不应当成为司法机关裁判的主要考量，且四起案例中估值调整机制的订立主体和触发条件相同，从而使以四起具有可比性的司法案例出发，探讨我国司法实践对估值调整机制的认定观点具有可行性。

（二）相关司法案例的裁判认定过程及结果

1. 司法机关裁判的法律依据差异

在这五起具有可比性的典型司法案例中，司法机关的裁判理由既有相似之处又有区别（由于仲裁案件的保密性，北京富汇案的裁判法律依据尚未得知）。

在苏州海富案、南京誉达案、北京昆吾案和厦门金泰案中，审理法院都首先从对估值调整机制的性质出发，认定估值调整条款使得投资者能够获得固定收益，损害目标公司及其债权人利益，违反《公司法》第 20 条的规定，进而适用《合同法》第 52 条第 5 项，认定投资方与目标公司订立的估值调整条款无效。

此外，由于各案案情与当事人诉求等细微差异，四起相关司法案例适用的法律依据还包括以下几项，[①]如表 7-4 所示。

第一，在苏州海富案中，由于目标公司世恒公司在被投资前为外商独资企业，在被投资后变更为中外合资企业，所以，法院审理中还援引和适用了与中外合资经营企业相关的法律法规。

第二，在南京誉达案中，目标公司辩称最初订立的估值调整条款因显失公平，于是审理法院援引并适用了《合同法》第 54 条第 2 项关于因显失公平而变更或解除合同的规定。

第三，在厦门金泰案中，目标公司辩称估值调整条款订立后因情势变更而不再适用，审理法院援引了最高人民法院《关于适用〈中华人民共和国合同法〉若干问题的解释（二）》［以下简称《合同法解释（二）》］第 26 条关于情势变更的规定。

第四，在厦门金泰案中，融资方辩称其仅对目标公司的估值调整责任承担保证责任。审理法院援引《担保法》第 6 条，认定融资方并非估值调

① 关于各司法机关的法律适用是否正确，请见本部分详述。

整条款的一般保证人，而是估值调整条款的主合同主体。

表 7-4 相关司法案例中司法机关的法律适用差异

案例	司法机关	法律依据	公司类型	交易类型	适用结果
苏州海富案	一审：甘肃兰州中级人民法院	《中外合资经营企业法》§ 8 《中外合资经营企业法实施条例》§ 10.2 《公司法》§ 20.1 《合同法》§ 52.1.5	由外资企业变更为中外合资企业	投资	认定 VAM 为合营企业利润及风险分配条款。
	二审：甘肃省高级人民法院	《公司法》§ 20.1 《合同法》§ 52.1.5 最高人民法院《关于审理联营合同纠纷案件若干问题的解答》§ 4.2		借贷	认定 VAM"名为投资，实为借贷"。
	再审：最高人民法院	《中外合资经营企业法》§ 8 《公司法》§ 20.1 《合同法》§ 52.1.5		投资	认定 VAM 为合营企业利润及风险分配条款。
南京誉达案①	一审：上海松江区法院	《公司法》§ 20.1 《合同法》§ 52.1.5；§ 107；§ 114 《合同法解释（二）》§ 26	内资企业	投资	认定 VAM 订立时未显失公平。
	二审：上海第一中院	《民事诉讼法》§ 118；§ 171.1.1；§ 175	内资企业	投资	认定一审判决正确。
北京昆吾案②	一审：上海奉贤区法院	《公司法》§ 20.1；§ 167 《合同法》§ 52.1.5；§ 54.1；§ 60.1	内资企业	投资	认定 VAM 违反强行性法律规定。

① 参见(2015)松民二(商)初字第 142 号，载中国裁判文书网：http://wenshu.court.gov.cn/content/content? DocID=b9e9938b-4be7-4e25-82d5-4f04b875a911，2016 年 4 月 17 日访问；参见(2015)沪一中民四(商)终字第 1712 号，载中国裁判文书网，http://wenshu.court.gov.cn/content/content? DocID=438cca52-4e60-4f8c-bb48-efc7f7f19e65，2016 年 4 月 17 日访问。

② 参见(2014)奉民二(商)初字第 418 号民事判决书，载中国裁判文书网，http://wenshu.court.gov.cn/content/content? DocID=6b9319a4-1012-46fc-9fb2-d6839d7e0aed，2016 年 4 月 17 日访问。

续表

案例	司法机关	法律依据	公司类型	交易类型	适用结果
厦门金泰案①	一审：厦门中院	《公司法》§ 20.1 《担保法》§ 6 《合同法》§ 52.1.5；§ 60.1；§ 107 《合同法解释(二)》§ 26	内资企业	投资	不适用情势变更；融资方并非 VAM 一般保证人。

2. 估值调整机制的法律性质认定差异

如表 7-5 所示，在苏州海富案中，一审法院和再审法院均将估值调整条款认定为股权投资中的利润分配条款，二审法院将其认定为借贷合同条款。而在其后的南京誉达案、北京昆吾案、北京富汇案中，司法机关均将估值调整条款认定为股权投资价格调整条款。②

3. 估值调整机制的法律效力认定差异

如表 7-5 所示，在苏州海富案、南京誉达案和北京昆吾案中，司法机关均认定投资方与融资方对赌有效，与目标公司对赌无效，判决仅融资方承担补偿或回购责任。司法机关在这三起案件中的判决理由可归纳为以下三点：违反联营各方风险共担原则；违反合营企业利润分配原则；滥用股东权利损害目标公司及其债权人利益。而在北京富汇案中，仲裁机构认为估值调整机制是各方平等协商订立的，其实质为或有合同债务，并且不违反法律法规的强行性规定，因而认定估值调整机制合法有效。

4. 相关司法案例的判决结果差异

如表 7-5 所示，在苏州海富案、南京誉达案、厦门金泰案和北京昆吾案中，法院均将融资方为目标公司或原股东的情形作区别对待，认定目标公司与投资方对赌无效，融资方（目标公司实际控制人或原股东）与投资方对赌有效，从而判决目标公司不承担股权价格调整责任，融资方承担股权价格调整责任。而在北京富汇案中，仲裁庭裁定目标公司及融资方应按

① 参见(2014)厦民初字第 137 号民事判决书，载中国裁判文书网，http://wenshu.court.gov.cn/content/content?DocID=a81d62eb-5e89-4c1b-b1ce-8b219751f351，2016 年 4 月 17 日访问。

② 笔者认为，估值调整机制既非股权投资中的利润分配条款，更非借贷合同条款，而应当是股权投资价格动态调整条款关于估值调整机制是股权投资价格动态调整条款，请见本章“估值调整条款为股权价格变更条款”详述。

约定对原告承担连带补偿责任。

表 7-5　司法机关对估值调整机制的认定结论及裁判结果

案例	审理层级	法律性质	法律效力	裁判结果
苏州海富案	一审	股权投资利润分配条款	违反合营企业利润分配原则及损害公司及其债权人利益而无效。	三被告均无需向原告承担货币补偿责任。
	二审	借贷合同条款	违反联营各方风险共担原则而无效。	世恒公司、迪亚公司向海富公司返还 1885 万余元借款及同期银行定期存款利息。
	再审	股权投资利润分配条款	违反合营企业利润分配原则;损害公司及其债权人利益;与融资方对赌有效,与目标公司对赌无效。	仅迪亚公司按约定承担 1998 万余元货币补偿责任。
南京誉达案①	一审	股权投资价格调整条款	原告不得滥用股东权利损害公司及其债权人利益;实质为目标公司为融资方提供连带责任保证,造成目标公司责任资产的不当减少;与融资方对赌有效,与目标公司对赌无效。	仅陈猛按约定(投资款+年息 10%)回购南京誉达持有的超硅公司股权。
	二审	股权投资价格调整条款	目标公司在估值调整法律关系中不具备法定主体资格;与融资方对赌有效,与目标公司对赌无效。	驳回上诉,维持原判。
北京昆吾案②	一审	股权投资价格调整条款	原告不得损害公司及其债权人利益;与融资方对赌有效,与目标公司对赌无效。	五被告中除目标公司外对原告承担连带业绩补偿责任。

① 参见(2015)松民二(商)初字第 142 号,载中国裁判文书网,http://wenshu.court.gov.cn/content/content?DocID=b9e9938b-4be7-4e25-82d5-4f04b875a911,2016 年 4 月 17 日访问;参见(2015)沪一中民四(商)终字第 1712 号,载中国裁判文书网,http://wenshu.court.gov.cn/content/content?DocID=438cca52-4e60-4f8c-bb48-efc7f7f19e65,2016 年 4 月 17 日访问。

② 参见(2014)奉民二(商)初字第 418 号民事判决书,载中国裁判文书网,http://wenshu.court.gov.cn/content/content?DocID=6b9319a4-1012-46fc-9fb2-d6839d7e0aed,2016 年 4 月 17 日访问。

续表

案例	审理层级	法律性质	法律效力	裁判结果
厦门金泰案①	一审	股权投资价格调整条款	损害公司及其债权人利益;融资方并非提供担保;不适用情势变更;与融资方对赌有效,与目标公司对赌无效。	仅融资方承担货币补偿责任。
北京富汇案②	中国贸仲	股权投资价格调整条款	各方平等协商订立;实质为或有合同债务;因不违反法律法规的强行性规定而合法有效。	目标公司及融资方应按约定对原告承担连带补偿责任。

二、司法机关对估值调整机制的性质和效力认定

(一)苏州海富案各级审理法院的判决差异分析

苏州海富案经过兰州中院一审、甘肃省高院二审和最高法院再审,历时逾三年,在私募股权投资界产生重大影响,被广泛认为是我国“对赌协议第一案”。③ 苏州海富案各审理法院对估值调整机制的法律性质和法律效力的判决依据、判决理由及判决结果差异较大,具体分析如下。

1. 一审法院的判决依据和判决结果分析

一审法院(兰州中院)认为,增资协议书第 7 条第 2 款约定的估值调整机制不符合《中外合资经营企业法》第 8 条关于企业利润根据合营各方注册资本比例进行分配的规定,与合营各方签订的合资经营合同相悖(根据《中外合资经营企业法实施条例》第 10 条第 2 款,应以合资经营合同为准),并且与世恒公司的公司章程相悖,损害世恒公司及其债权人的利益(违反《公司法》第 21 条),进而结合《合同法》第 52 条第 5 项,判决认定估

① 参见(2014)厦民初字第 137 号民事判决书,载中国裁判文书网,http://wenshu.court.gov.cn/content/content? DocID=a81d62eb-5e89-4c1b-b1ce-8b219751f351,2016 年 4 月 17 日访问。

② 参见《最高法院世恒对赌案后的“逆转”裁决》,载中国裁判文书网,http://www.pelawyers.cn/newshow.asp? id=34509,2016 年 4 月 2 日访问。

③ 朱涛、李博雅:《“对赌协议第一案”中被遗忘的资本维持原则》,载《法人》2013 年第 10 期。

值调整条款无效,驳回海富公司的全部诉讼请求。

一审法院将估值调整合同认定为股权投资利润分配条款是错误的。这是因为,在各方订立估值调整机制时,海富公司并未成为世恒公司股东,估值调整机制的订立目的和作用是对股权投资价格进行调整,而非分配企业利润。世恒公司完成增资后变更为合营企业,海富公司成为世恒公司的股东,对合营企业的利润分配按照海富公司和迪亚公司于 2007 年 11 月 1 日订立的“合资经营合同”第 68 条、第 69 条的规定(“按合资方各持股比例进行分配”),①并且该规定符合中外合资经营企业利润分配的相关法律法规。

一审法院认定估值调整机制损害世恒公司及其债权人的利益的观点错误。实际上,法院判决的真正理由应当是估值调整机制违反公司资本维持原则。② 然而,当事人在约定估值调整机制时并未具体约定货币补偿或股权回购的方式(例如,通过定向减资、公积金转增资本、债转股或模拟优先股),③而不同的适用方式不一定会违反公司资本维持原则。例如通过债转股形式,将投资者对目标公司的债权转换为对目标公司的股权,既可以达到估值向下调整的目的,又可以减轻目标公司的财务负担,并且不会导致目标公司资产的不当减少,不会损害公司及其债权人的利益。此外,通过定向减资等方式也未必会违反公司资本维持原则,只要世恒公司进行减资时通知债权人,④且减资后公司责任财产仍能偿还公司的到期债务,就不能禁止世恒公司将公司资产通过减资、股权回购等方式流向投资者。

2. 二审法院的判决依据和判决结果分析

二审法院援引最高人民法院《关于审理联营合同纠纷案件若干问题的解答》第 4 条第 2 项,认定海富公司作为联营一方,不参加共同经营也不承担联营的风险责任,违反合营各方风险共担原则,进而结合《合同法》第 52 条第 5 项,判决认定估值调整条款无效,但世恒公司和迪亚公司应当对

---

① 参见(2012)民提字第 11 号民事判决书,载中国裁判文书网,http://wenshu.court.gov.cn/content/content? DocID=f021cf9c-b647-11e3-84e9-5cf3fc0c2c18,2016 年 4 月 17 日访问。

② 关于公司资本维持原则的基本涵义,请见本章“从公司法角度分析估值调整机制的法律效力”详述。

③ 关于估值调整机制的具体使用方式,请见本章“估值调整机制在我国的适用空间”详述。

④ 根据《公司法》第 177 条第 2 款,目标公司在减少注册资本时负有通知债权人的义务,债权人享有要求公司清偿债务或者提供相应的担保的权利。

无效的法律后果负主要过错责任,海富公司负次要过错责任,判决世恒公司和迪亚公司连带向海富公司承担返还约 1885 万元及同期银行存款利息。

二审法院的判决理由和结论主要有以下错误:

第一,将估值调整条款认定为合营企业风险分配条款。订立估值调整条款时,海富公司并非世恒公司的股东,但已经开始承担高溢价投资的巨大商业风险,估值调整条款并非是对海富公司的投资风险的排除,而恰恰是对海富公司承担的商业风险的动态调整。海富公司作为合营方承担合营企业的经营风险体现在《合资经营合同》的风险分配条款中,二审法院对估值调整条款无效的认定理由不足。

第二,适用法律错误。《合同法》第 52 条第 5 项规定,违反法律、行政法规的强制性规定的合同无效。然而,根据《立法法》,司法解释不属于《合同法》第 52 条第 5 项规定的“法律”。故该案二审法院依据最高人民法院《关于审理联营合同纠纷案件若干问题的解答》这一司法解释对估值调整条款的无效认定过程也是错误的。

第三,将海富公司的投资款性质进行区分认定。海富公司对世恒公司的投资款为 2000 万元,其中 114 万元计入世恒公司的注册资本,剩下 1885 万元与列入世恒公司的资本公积金。二审法院将 114 万元认定为投资款,1885 万元认定为借贷款,缺乏证据和法律依据。

第四,判决超出了原告的诉讼请求。原告海富公司的诉讼请求为被告向其支付协议补偿款并承担诉讼费用,没有请求判决被告返还投资款。然而,二审法院判令世恒公司和迪亚公司共同向海富公司返还投资款及银行同期存款利息,超出了原告的诉讼请求,属于应当再审的事由。①

3. 再审法院的判决依据和判决结果分析

再审法院认为海富公司与世恒公司订立的估值调整机制因“使海富公司的投资可以取得相对固定的收益,该收益脱离了世恒公司的经营业绩,损害了公司利益和公司债权人利益”②而无效;而海富公司与迪亚公司

① 依据《民事诉讼法》第 200 条第 11 项,原判决、裁定遗漏或者超出诉讼请求的,人民法院应当再审。

② 参见(2012)民提字第 11 号民事判决书,载中国裁判文书网,http://wenshu. court. gov. cn/content/content? DocID=f021cf9c-b647-11e3-84e9-5cf3fc0c2c18,2016 年 4 月 17 日访问。

订立的估值调整机制“并不损害公司及公司债权人的利益,不违反法律法规的禁止性规定,是当事人的真实意思表示”①因而有效。

再审法院的判决主要有以下两点错误。

第一,再审法院将融资方与目标公司作区别对待,认为估值调整机制损害世恒公司及其债权人利益,而不损害迪亚公司及其债权人利益。判断估值调整机制是否损害公司及其债权人的利益,应当根据其承担责任的方式、责任财产、债务情况确定,②不应当根据其在交易中的地位(目标公司或融资方)来确定。

第二,再审法院忽略或错误认定了迪亚公司对于世恒公司的一般保证人地位。《增资协议书》第 7 条第 2 款约定,如果众星公司未达到 2008 年的业绩标准,世恒公司应按照上述公司向海富公司支付补偿款,如果世恒公司未能履行补偿义务,海富公司有权要求迪亚公司履行补偿义务。适用文理解释的法律解释方法,结合《担保法》第 16 条、第 17 条可以认定,迪亚公司是世恒公司的一般保证人,只有在世恒公司与海富公司之间的主合同纠纷经审判或者仲裁,且世恒公司被依法强制执行裁判而仍不能履行债务之后,海富公司才有权要求迪亚公司承担保证责任。本案的一审和二审正确认定了迪亚公司的一般保证人地位,然而,最高人民法院却错误地将迪亚公司认定为世恒公司的独立保证人,从而作出世恒公司不承担责任、而迪亚公司却需要承担责任的判决,可以说是对迪亚公司一般保证人地位的忽略或误认。

(二)相关司法案例的裁判依据及理由总结分析

如前所述,在苏州海富案、南京誉达案、厦门金泰案和北京昆吾案中,审理法院对估值调整机制的效力认定通常分两步走:第一步,认定估值调整条款“使投资方获得固定收益”“损害目标公司及其债权人利益”,违反《公司法》第 20 条第 1 款;第二步,适用《合同法》第 52 条第 5 项,因为估值调整条款违反《公司法》第 20 条第 1 款这一强制性法律规定而归于无效。

① 参见(2012)民提字第 11 号民事判决书,载中国裁判文书网,http://wenshu.court.gov.cn/content/content? DocID=f021cf9c-b647-11e3-84e9-5cf3fc0c2c18,2016 年 4 月 17 日访问。

② 关于判断估值调整机制是否会损害公司及其债权人利益的标准及具体内容,请见本章“损害目标公司及债权人的利益”详述。

以下针对四起案例审理法院的具体裁判理由进行分析。

1. 使投资方获得固定收益

在苏州海富案中，再审法院认为估值调整条款“使海富公司的投资可以取得相对固定的收益，该收益脱离了世恒公司的经营业绩”。南京誉达案中，审理法院认为估值调整条款将“造成超硅公司责任资产的不当减少，使原告可以脱离超硅公司经营业绩获得固定投资收益”。[①] 厦门金泰案中，审理法院认为，“诉争对赌条款的约定使得金泰九鼎等投资方对旭阳雷迪公司的投资可以获得相对固定收益”。

司法机关认定投资方可以获得固定收益的理由是：如果目标公司达到承诺净利润目标，则投资方作为股东可以分享利润；如果目标公司未达到承诺净利润目标，则投资方仍可基于估值调整机制获得补偿；即无论目标公司盈利情况如何，投资方均可获得收益。然而，这一结论有二个问题：

第一，结合表7-2可知，根据投资方与目标公司约定的货币补偿或股权回购公式，如果目标公司在特定年度的实际净利润达到其承诺的净利润额，则投资方不能获得货币补偿或回购股权，甚至应当向目标公司进行货币补偿或回购股权。

第二，目标公司达到承诺净利润时，投资方作为股东分享收益，这点无可厚非；目标公司未达到承诺净利润时，投资方以投资者的身份基于投资前的约定，对投资标的的价格进行调整，也充分具备合理性。从某种程度而言，估值调整机制有点类似于套期保值，是商人对于降低商事交易风险而设计出来的，体现了商事交易的多样性和创新性。

2. 损害目标公司及债权人的利益

在苏州海富案、南京誉达案、北京昆吾案和厦门金泰案中，目标公司实际净利润与承诺净利润相差巨大，投资方诉求补偿款或回购款亦远远超过目标公司实际净利润，甚至高于投资方的投资额。苏州海富案的一审法院认为，目标公司按照估值调整机制向投资者进行补偿或回购股权，会损害目标公司及其债权人的利益。苏州海富案的再审法院、南京誉达案、北京昆吾案和厦门金泰案的审理法院均认为，适用估值调整机制会损害目标公司及其债权人的利益，而不会损害融资方及其债权人的利益。

---

① （2015）松民二（商）初字第142号民事判决书，载中国裁判文书网，http://wenshu.court.gov.cn/content/content? DocID=b9e9938b-4be7-4e25-82d5-4f04b875a911，2016年4月17日访问。

而北京富汇案的仲裁律师认为，泰瑞制药2011年度的净利润为近1.5亿元，按照约定标准需要支付投资方的补偿款为0.99亿元，泰瑞制药履行补偿义务后仍然有0.51亿元的净利润，不会动摇公司的注册资本，而实际中也没有债权人对泰瑞制药主张权利，所以适用估值调整机制不会损害目标公司及其债权人的利益。①

实际上，上述四起案例中，司法机关未深入探究估值调整机制的运作方式及可能后果，而抽象认定其效力的做法是错误的。受我国公司法框架的限制，目标公司通常可以采用以下四种方式进行估值调整：定向减资、公积金转增资本、以债权转股权模拟可转债、以改变股权权利模拟优先股。②

目标公司以定向减资方式承担估值调整责任并非必然损害目标公司及其债权人的利益。③ 从程序角度来看，根据《公司法》第177条第2款，只要目标公司按照相关程序依法作出减资决议，并公告通知债权人，使债权人享有要求公司清偿债务或者提供相应担保的权利，就不能一概认为债权人利益受到侵害。④ 从实质角度而言，减资是《公司法》规定的公司回购股权的法定方式之一；在南京誉达案中，目标公司增资后注册资本为7150万元，回购款约为2600万元，目标公司以定向减资方式实施股权回购后，注册资本仍剩余约4550万元，故依照法定程序进行的定向减资不一定会损害公司利益。⑤

以公积金转增资本方式承担估值调整责任并非必然损害目标公司及其债权人的利益。私募股权投资方通常对目标公司进行高溢价投资，例如在南京誉达案中，投资方实际投资额为2000万元，其中200万元计入注册资本，其余计入资本公积。为回购股权，目标公司可以将资本公积金转增资本，再进行定向减资，这样实际回购款为600万元，与目标公司实际净利润110万元相抵后，目标公司当年亏损490万元，结合目标公司的历年盈

---

① 参见于辉：《最高法院世恒对赌案后的“逆转”裁决》，载中国裁判文书网，http://www.pelawyers.cn/newshow.asp?id=34509，2016年4月2日访问。

② 关于估值调整机制的可能的具体适用方式，请见本章“估值调整机制在我国的适用方式”详述。

③ 我国司法机关否认对赌条款效力的一个基本依据是资本维护规则。有学者认为，我国法院逾越了公司法管制介入契约自治的规范边界，忽略了公司作为合同法中心的作用。参见刘燕：《对赌协议与公司法资本官制：美国实践及其启示》，载《环球法律评论》2016年第3期。

④ 彭冰：《“对赌协议”第一案分析》，载《北京仲裁》2012年第3期。

⑤ 关于以公司资本维持原则的涵义，请见本章“公司资本维持原则的内涵”详述。

利情况和债务状况，不能一概得出该股权回购行为会损害目标公司及其债权人利益的结论。

以债权转股权模拟可转换公司债券方式承担估值调整责任，实质上是将投资人的债权转换为目标公司的新增注册资本，能够减少目标公司的债务，符合目标公司及其债权人的利益。

以改变股权权利模拟优先股的方式进行估值调整虽然在我国还存在较大限制，[①]但实际上该方式也会为目标公司减负，符合目标及其债权人的利益。

综上所述，司法机关应当结合目标公司是否符合法律法规对估值调整的程序要求、目标公司实施调整后的责任资产与实际债务状况的关系，来认定估值调整是否会损害目标公司和融资方及其债权人的利益，而不能一概抽象地得出结论。[②]

3. 违反合营各方利润分配相关规定

在苏州海富案中，一审法院认为“不符合《中华人民共和国中外合资经营企业法》第 8 条关于企业利润根据合营各方注册资本的比例进行分配的规定”，再审法院认为“世恒公司为合资企业”，估值调整机制“使海富公司的投资可以取得相对固定的收益，该收益脱离了世恒公司的经营业绩”。

二审理法院的错误在于将估值调整机制与合营企业的利润分配条款相混淆。在各方订立估值调整机制时，投资者并未成为目标公司股东，估值调整机制仅是对股权投资价格的调整条款，而非股权投资利润分配条款。在上诉相关司法案例中，估值调整机制的目的和作用并非分配目标公司的净利润，而是旨在基于目标公司在某一年度的净利润额来调整最初的股权投资价格。

海富公司和迪亚公司于 2007 年 11 月 1 日订立的“合资经营合同”第 68 条、第 69 条约定“合资公司依法缴纳所得税和提取各项基金后的利润，按合资方各持股比例进行分配”。[③] 该约定符合合营各方利润分配的法律

① 关于以改变股权权利模拟优先股尚存在较大限制，请见本章“我国公司法框架下改变股权权利路径的可行性”详述。

② 参见潘林：《重新认识“合同”与“公司”基于“对赌协议”类高的中美比叙研究》，载《中外法学》2017 年第 1 期。

③ 参见(2012)民提字第 11 号民事判决书，载中国裁判文书网，http://wenshu.court.gov.cn/content/content?DocID=f021cf9c-b647-11e3-84e9-5cf3fc0c2c18，2016 年 4 月 17 日访问。

规定，且目标公司的利润分配也并非各案件的涉诉原因。苏州海富案的一审法院和再审法院不加区分地适用合营企业利润分配原则，有违背意思自治原则、有“削足适履”之嫌。①

4. 估值调整条款构成显失公平

北京昆吾案中，被告辩称，依据《合同法》第54条第1款第2项，估值调整条款在订立时显失公平，被告有权请求法院撤销该合同。

而北京昆吾案的审理法院认为“估值调整机制作为一项新型的投资机制，其创设的风险和回报虽是较高，但对于双方而言亦是相对均等的。对于融资方，其需要资金注入以获得更多的经营空间，而对于投资方，其可以依赖注资企业的经营以实现高额的利润”，“协议实质满足了交易双方对于实现投资利益最大化的营利性要求，系双方真实意思的表示”，进而分析融资方“应具备专业的判断能力、分析能力和交易能力”“作出业绩目标成诺时，亦系经过审慎仔细的计算和判断”，从而对被告辩称估值调整条款显失公平的主张不予采信。

订立估值调整机制的投融资主体往往是专业的私募投资基金和被投资公司股东，均为典型商主体，双方在立约时已对履约风险和盈利作过尽职调查和精密计算，理性预估了企业未来价值目标后才进行的合作。除有相反证据证明外，估值调整条款通常不构成显失公平。

5. 估值调整条款适用情势变更

厦门金泰案中，被告旭阳雷迪公司辩称，欧美反倾销反补贴对中国光伏产业造成毁灭性打击，使其在2011年度未达到承诺净利润目标，客观情况发生了各方在订立估值调整机制时无法预料的变化，请求法院依据《合同法解释（二）》第26条关于情势变更的规定，驳回原告请求。

审理法院认为，欧美国家的反倾销反补贴调查是正常的贸易保护措施，非不可预见的情形，属于正常的商业风险，因此被告关于其遭受外国的贸易保护措施构成情势变更的理由不能成立。该法律适用理由和适用过程是正确的。

6. 融资方并非估值调整条款的保证人

在厦门金泰案中，融资方（目标公司旭阳雷迪的董事长骆鸿）辩称，估

---

① 彭冰：《“对赌协议”第一案分析》，载《北京仲裁》2012年第3期。

值调整条款约定"旭阳雷迪公司未能实现年度净利润,应对投资方进行补偿,骆鸿承诺担保赔偿",由此骆鸿承担的是保证责任。在主合同(估值调整条款)被认定无效的情况下,骆鸿作为从合同(保证合同)中的保证人不应当承担责任。

然而,审理法院(厦门中院)认为,"该条款虽然字面为'担保赔偿',但对赌条款的设立目的在于帮助投资方控制和锁定投资风险""骆鸿承诺的'担保赔偿'并非担保法意义上的保证""骆鸿作为对赌条款的向对方应对投资人直接承担补偿责任,而非担保责任"。

根据法解释学,在对合同条款进行解释时,文理解释应当优先于目的解释。运用文理解释的分析方法,结合《担保法》第6条,我们可以认定融资方骆鸿的保证人地位。然而,审理法院在已认定投资方与目标公司对赌无效的情况下,为使融资方承担责任,削足适履地采用目的解释的分析方法,将融资方强行认定为赌条款的责任主体。该法律适用和认定过程是错误的。

三、司法机关裁判结果的差异原因

(一)两种纠纷解决机制的差异

1.最高人民法院公报案例的影响

苏州海富案是《最高人民法院公报》2014年第8期公报案例。虽然《最高人民法院公报案例》不同于指导性案例,不具有指导性案例般在审判类似案件时"应当参照"[①]的法律效力,但其仍然对全国各级法院的审判具有一定影响力。此外,由于估值调整机制是立法、司法均未明确其法律性质和法律效力的事项,苏州海富案对我国私募股权投融资法律实务和法律裁判产生了巨大的影响。

实际上,在厦门金泰案中,审理法院在判决理由处援引了最高法院对苏州海富案作出的"(2012)民提字第11号"民事判决,以直接认定"股东与公司对赌的约定"无效,而"股东对投资人的补偿承诺"有效。[②] 南京誉

① 《最高人民法院关于案例指导工作的规定》第5条;《〈最高人民法院关于案例指导工作的规定〉实施细则》第9条。

② 参见(2014)厦民初字第137号民事判决书,载中国裁判文书网:http://wenshu.court.gov.cn/content/content?DocID=a81d62eb-5e89-4c1b-b1ce-8b219751f351,2016年4月17日访问。

达案和北京昆吾案的判决理由中虽未明确指出苏州海富案,但法院的判决理由及判决结果与苏州海富案极其相似。由此,我们可以看出苏州海富案这一《最高人民法院公报案例》对后续类似案件的深远影响。

对于最高人民法院公报案例的法律地位,学界有三种观点:其一,“个案既判力说”,即《最高人民法院公报案例》既判力原则仅在涉案当事人之间,遇到相似案例,下级法院没有遵循《最高人民法院公报案例》的义务;其二,“解释义务说”,即最高人民法院公报案例具备一定“先例”特征,在案件相同或近似情况下,下级法院不遵循《最高人民法院公报案例》的,该院有义务作出解释;其三,“习惯法说”,即符合特定内部条件(案情具体确定、判断标准明确具体、事实认定和法律判断确定无疑)和外部条件(被人们认为普遍正确)的《最高人民法院公报案例》,可认定为形成习惯法。①也有观点认为,《最高人民法院的案例》成为判例的必要条件有两点:其一,最高人民法院的判决确立了一项司法规则;其二,这项司法规则对基本案情类似的案件具有拘束力,并被这些基本案情类似的案件所援引。②

苏州海富案虽然是我国私募股权投资中估值调整机制的性质和效力认定的第一案,本章中列举的南京誉达案等后续案例也与苏州海富案的案情相同或类似,但从后续案例的裁判认定过程、结果及商事实践、理论研究中的讨论可以看出,苏州海富案中最高人民法院对于估值调整机制性质和效力的认定依据及认定结果未被人们普遍认为正确,远未成为“判例”或“习惯法”,所以,不能当然地要求下级法院在遇到类似案件时援引最高法的判决理由。

2. 仲裁作为纠纷解决机制的特点

仲裁作为一种被广泛运用的与诉讼平行的争议解决方式,具有以下优点:

第一,保密性强。除涉及国家秘密、商业秘密或个人隐私的案件以外,诉讼案件一律公开审理,容易导致企业商业秘密的泄露;而仲裁一律不公开进行裁决,能够更好地满足私募股权投融资者对于商业秘密保密的要求。

第二,时间成本较低。对于重视货币时间价值的私募投资方而言,周

① 曹士兵:《最高人民法院裁判、司法解释的法律地位》,载《中国法学》2006年第3期。

② 陈卫东、李训虎:《先例判决·判例制度·司法改革》,载《法律适用》2003年第1期。

期无疑对投资盈利具有影响。法院审判采取两审终审制，并可能启动再审程序，耗时较长。例如，在苏州海富案中，自 2009 年在兰州中院一审至 2013 年最高人民法院再审，海富公司采用诉讼的方式解决纠纷耗时逾三年。而仲裁采用一裁终局规则，当事人寻求争议解决耗费的时间成本较低。

第三，仲裁裁决对估值调整机制的态度更明朗。由于仲裁员更为了解商业实践，尊重商主体的意思自治，他们可能更倾向于认可估值调整机制的效力。① 北京富汇案在一定程度上表明了仲裁机构对估值调整条款的法律效力的认可态度。此外，根据通商律师事务所合伙人陈浮律师在网络上发布的文章，②中国国际经济贸易仲裁委员会在 2014 年 5 月作出的一项仲裁裁决中，同样认可了投资人与目标公司订立的估值调整机制的合法性和有效性。

（二）估值调整机制与公司资本维持原则

1. 公司资本维持原则的含义

公司资本确定原则、公司资本维持原则及公司资本不变原则被认为是大陆法系公司法最核心的三项原则，也被我国公司法所采纳。③ 资本维持原则是指由公司股东出资所形成的公司资本不得再被返还给股东，公司向股东给付的财产绝对不能是用于维持公司注册资本数额所需要的公司资产。④

公司资本维持原则的保护对象并非限于公司资产负债表所有者权益栏中登载的公司注册资本，而是保护抽象数额上的公司资产。公司资本维持原则的保护内容可以分为三个层次：第一个层次是对用于维持注册资本数额所必需的公司资产的保护；第二个层次是对用于维持注册资本数额和法定及公司章程所提取的盈余公积金数额所必需的资产的保护；第三个层

① Raymond Wang：《“对赌协议”的中国实践》，载钛媒体，http://www.tmtpost.com/42563.html，2016 年 4 月 2 日访问。

② 陈浮、张威：《最全面的仲裁协议报告分析》，载投资银行在线，http://www.investbank.com.cn/Information/Detail.aspx? id=49143，2016 年 5 月 16 日访问。

③ 江平、方流芳主编：《新编公司法教程》（第 2 版），法律出版社 2003 年版，第 74 页；冯果著：《公司法要论》，武汉大学出版社 2003 年版，第 91 页。

④ 白江：《论公司资本维持原则和公司资产的保护》，载《社会科学》2007 年第 12 期。

次是对公司资产的整体保护。[①]

公司资本维持原则在我国公司法上主要体现为：

第一，有限公司和股份公司的发起人、股东在公司成立后不得抽逃其出资。《公司法》第35条规定："公司成立后，股东不得抽逃出资。"《公司法》第200条规定："公司的发起人、股东在公司成立后抽逃出资的，由公司登记机关责令改正，处以所抽逃出资金额百分之五以上百分之十五以下的罚款。"

第二，有限公司和股份公司在弥补亏损、提取公积金之前，不得向股东分配利润。《公司法》第166条规定，公司分配当年税后利润时，应当提取利润的百分之十列入公司法定公积金；公司法定公积金累计额为公司注册资本的百分之五十以上的，可以不再提取。

第三，股东不得任意从公司取回资本。《公司法》第142条规定，除减资、与持有本公司股份的其他公司合并、将股份奖励给本公司职工及股东对公司合并、分立决议持异议、将股份用于转换可转债、维护公司价值及股东权益的情况下，公司才可以收购本公司股份。

2. 不能抽象地适用公司资本维持原则

从上述案例分析可以看出，我国司法机关对于估值调整机制的效力认定分歧主要出现于投资者与目标公司订立估值调整条款，且股权购买价格向下调整的情况。在此情况下，估值调整的方式有二：目标公司回购投资者所持有的本公司股权，或者目标公司对投资者进行货币补偿。在股权回购型估值调整机制下，目标公司回购投资者的股权不一定符合《公司法》第142条列明的法定回购方式；而在货币补偿型估值调整机制下，目标公司向投资者给付的货币可能来自公司维持注册资本数额所需要的公司资产。

在我国公司法体系下，目标公司通常可以采用以下四种方式进行估值调整：定向减资、公积金转增资本、以债权转股权模拟可转债、改变股权权利模拟优先股。[②] 定向减资或公积转增资本后定向减资是《公司法》第142条规定的公司向股东回购本公司股份的法定方式，按照法定程序进行的定向减资不违反资本维持原则；债权转股权的实质是将目标公司的债务转换为新增注册资本，改变股权权利模拟优先股的调整方式虽然受到较大限制，但两者均不涉及对公司资本的抽离和给付，也通常不会违反公司资本

① 白江：《论公司资本维持原则和公司资产的保护》，载《社会科学》2007年第12期。

② 关于估值调整机制的可能的具体适用方式，请见本章"估值调整机制在我国的适用方式"详述。

维持原则。

苏州海富案、南京誉达案、厦门金泰案和北京昆吾案均未明确具体的估值调整方式,从而导致估值调整条款无法实施。在此情况下,审理法院却首先适用《公司法》第 20 条第 1 款,抽象地认定估值调整条款违反公司资本维持原则,损害目标公司的利益,①继而适用《合同法》认定估值调整条款无效,审理法院这种削足适履、抽象适用公司资本维持原则、贸然否定估值调整条款效力的裁判思维并不可取。审理法院应当结合具体的估值调整方式来分析判定估值调整条款的效力;在具体估值调整方式不明确的情况下,审理法院亦不能抽象地适用公司资本维持原则,孤立地认定估值调整机制的效力,可以以约定不明确为由驳回诉讼请求,②由估值调整机制的订立主体经友好协商解决该未尽事宜。

从本章论述的估值调整机制相关司法案例可以看出,我国司法机关一般认定投资方与目标公司股东约定的估值调整机制有效,而在投资方与目标公司约定的估值调整机制的效力认定上存在重大差异。此种认定差异将极大地影响商事活动的稳定性知可预见性,不利于商事交易的当事人提前安排商业行为、判断法律后果,甚至可能导致商事交易当事人作出纠纷解决方式的投机性选择行为。由此,我们亟需从理论层面厘清估值调整机制的法律性质和效力。

第三节 从合同法和公司法角度分析估值调整机制

一、从合同法角度分析估值调整机制的性质和效力

由于投融资双方达成增资协议书之前,投资人并未成为公司股东,而

① 关于对估值调整机制损害目标公司利益的裁判理由的分析,请见本章“损害目标公司及其债权人的利益”详述。

② 张先中:《私募股权投资中估值调整机制研究——以我国〈公司法〉资本规制为视角》,载《法学论坛》2013 年第 5 期。

估值调整条款又通常约定在增资协议书中。由此,在估值调整条款的合法性问题上,合同法是判断其性质和效力的首要依据。

(一)从合同法角度分析估值调整机制的法律关系

按照传统民法理论,法律关系主体、法律关系客体及法律关系内容是法律关系的必要构成要素;法律关系主体指在法律关系中享受权利和承担义务的当事人;法律关系客体是指法律关系主体的权利义务所指向的对象;法律关系内容是指法律关系主体的权利和义务。[①]

据此,估值调整机制的法律关系可被解构为:估值调整机制法律关系的主体与前述估值调整主体中分析的相同,包括投资方(通常为私募股权投资机构)、目标公司或目标公司的股东或实际控制人;估值调整机制中的法律关系客体应当是目标公司的股权价格;估值调整机制中的法律关系内容是给付行为。按照调整方向,给付行为包括双向给付和单向给付,双向给付是指投融资双方基于一定条件互为给付,单向给付通常是指融资方向投资方为给付。估值调整机制中的给付标的通常包括股权或货币。

(二)从合同法角度分析估值调整机制的法律性质

1.并非射幸合同条款或附条件合同条款

(1)射幸合同与附条件合同的概念厘清

通常出现在股权转让协议中的估值调整机制,首先属于《合同法》调整的无名合同的一种,且其在性质上类似于射幸合同或附条件合同。谢海霞认为估值调整条款为射幸合同;[②]强力认为估值调整机制为附条件合同。[③] 为正确界定估值调整机制的性质,我们需要首先厘清附条件合同与射幸合同的含义及两者的区别。

依据合同的法律效果在缔约时是否确定,合同可以分为实定合同和射幸合同。[④] 实定合同是指合同的法律效果在缔约时就已经确定的合同,一般合同通常为实定合同。射幸合同,是指合同的法律效果在缔约时不确

① 梁慧星著:《民法总论》,法律出版社2009年版,第57~58页。

② 谢海霞:《对赌协议的法律性质探析》,载《法律杂志》2010年第1期。

③ 强力:《私募股权投资中对赌条款的性质和效力》,载《中国审判》2012年第12期。

④ 崔建远著:《合同法》,法律出版社2010年版,第36页。

定,在缔约后完全因偶然的情事决定的合同。① 典型的射幸合同为保险合同和彩票合同。射幸合同的核心特征包括:合同标的为“希望”或“机会”;合同通常成立即生效;买受人未获取收益的情况下亦不能请求出卖人补偿;合同类型和内容严格受法律规定的限制。附条件合同是实定合同的一种,将所附条件成就与否作为合同效力产生或变更的依据。② 附生效条件的赠予合同就是典型的附条件合同。

射幸合同与附条件合同的具体区别如下:

第一,合同生效时间不同。未经合同当事人特殊约定,射幸合同自成立时起生效,偶然情事的发生与否不影响合同的效力。例如,在保险合同中,合同当事人虽然约定在发生一定保险事项时,保险公司对被保险人或受益人为给付,但保险合同自成立时即生效。而在附条件合同中,当事人约定的条件为合同的生效或终止条件,仅在所附条件达成时,合同才生效。例如,在附生效条件的赠予合同中,合同当事人约定在达成一定条件后,赠予人应当向受赠人进行赠予。即该赠予合同成立但未生效,仅在所附条件达成时,赠与合同发生效力。

第二,权利义务是否确定的情况不同。射幸合同虽然通常成立即生效,但当事人之间的权利义务关系是不确定的。例如,在保险合同中,依据保险事故的不同,保险人给付保险金的数额也不同。而附条件合同虽然要待所附条件成就时合同才生效,但合同当事人订立合同时即在所附条件中明确了权利义务关系。

第三,当事人干涉条件成就与否的后果不同。由于附条件合同所附的条件是否成就直接影响合同是否生效,我国《合同法》第 45 条第 2 款对当事人不正当地干涉条件成就或不成就的情形进行了严格的法律拟制。而对于射幸合同,我国《合同法》未对当事人干涉条件成就与否作出特别规定,即仅在出现当事人恶意干涉条件成就、损害国家、集体或第三人利益等情形下,才有可能导致射幸合同出现效力瑕疵。

(2)估值调整机制不是射幸合同

以业务绩效型、货币补偿型估值调整机制为例,若将估值调整机制中溢价投资获取股权的投资方认作买方,将获取投资款出卖股权的融资方认

① 马俊驹、余延满著:《民法原论》,法律出版社 2010 年版,第 507 页。
② 马俊驹、余延满著:《民法原论》,法律出版社 2010 年版,第 198 页。

作卖方，将触发条件的认作“希望”或“机会”，以此与买卖模式下的射幸合同相比对，会发现两者在以下方面存在较大区别：

第一，两者在获取收益与承担风险上存在较大区别。在射幸合同中，获取“希望”或“机会”的买方通常能够获取超越其对价很多倍的额外收益，且无需与卖方共享此额外收益；而未获取此类“希望”或“机会”的买方则必须自担风险，无权请求卖方返还对价或进行补偿。而在上述类型的估值调整机制中，若目标公司达到业绩目标，则买方虽然能够从股价增长中获取利益，但该利益为买方溢价投资获取的股权投资收益，而非额外收益，且其通常须依约向卖方返还货币，以弥补卖方因股权价格被低估产生的损失。若目标公司未达到业绩目标，买方通常可以依约向卖方请求返还部分投资溢价款，以弥补买方因股权价格被高估而产生的损失，也不同于射幸合同中买方自担风险的后果。

第二，两者在交易等价性上存在区别。射幸合同中，双方交易是不等价的，一方当事人的“只取不予”对应另一方当事人的“只予不取”。[①] 而在单向调整型的估值调整机制中，虽然也会发生投资方“只取不予”、融资方“只予不取”的情况，但前提是投资方早已在溢价增资环节“只予不取”，已提前承担了溢价增资的风险。估值条款发生的作用仅是对投融资双方的利益回填，而非重置。即从私募股权投融资的整体来看，投融资双方的交易是等价的。

第三，射幸合同的类型和内容由法律法规严格规定，估值调整机制并非我国法律法规明确规定的射幸合同。在我国，彩票合同、保险合同和有奖销售合同为法律法规明确规定的射幸合同。其中，彩票合同和保险合同被明确规定合法。对于有奖销售合同，根据我国《反不正当竞争法》第 10 条，经营者不得进行最高奖金额超过 50000 元的有奖销售。由于射幸合同的不等价性等特殊性，“除法令有特许外，射幸契约原则上无效”。[②] 由于并无法律法规明确界定，估值调整机制不能被归属于射幸合同。

(3)估值调整机制不是附条件合同

估值调整机制并非附条件合同，主要表现为以下方面：

① 潘林：《金融创新与司法判决：以我国“对赌协议”的案例、学说、实践为样本》，载《南京师大学报(社会科学版)》2013 年第 3 期。

② 林诚二著：《民法债编总论——体系化解说》，中国人民大学出版社 2003 年版，第 33 页。

第一,从估值调整条款的生效时间来看,在私募股权投融资中,如投融资双方无特殊约定,增资协议书自双方当事人签字、盖章即告生效。估值调整条款通常约定在增资协议书中,或者为增资协议书的附件或补充合同,成立与生效时间通常与增资协议书相同。

第二,从当事人之间权利义务确定与否的情况来看,估值调整条款时通常仅约定特定公式或比例,具体调整方向、给付股权比例、给付货币金额等都需要待明确触发机制发生与否、发生情况而确定,而非订立条款时就已经确定。

第三,从当事人干涉条件成就与否的后果来看,当事人促成估值调整机制的触发条件成就的,不当然地视为条件未成就。以苏州海富案为例,估值调整条款约定的触发机制为世恒公司在2011年的经营业绩达到3000万元,若海富公司积极促成该触发机制的实现,海富公司可以从购买的股权中获取增值收益,而世恒公司及其股东亦无需对海富公司进行补偿,投融资双方可以达到双赢。即当事人促成触发条件成就的,不当然地被视为条件未成就。

由此,估值调整机制既不是射幸合同,也不是附条件合同,而是一种未在法律法规中明确界定的无名合同。

2. 并非违约责任条款

根据我国《合同法》规定,违约责任有继续履行、赔偿损失、采取补救措施等形式。当事人约定的违约金过高的,任何一方可以请求司法机关适当减少。在司法裁判中,有被告援引以上法律条文,辩称按照估值调整机制作出的调整实质为支付违约金,并请求司法机关适当减少支付金额。

例如,在中小企业(天津)创业投资基金合伙企业(有限合伙)诉卢士海合同纠纷案中,被告卢士海(目标公司实际控制人)辩称,基于双方约定的企业绩效型、货币补偿型的估值调整机制,融资方依约应对投资方进行的现金补偿的性质为违约金,①而根据"现金补偿"计算的违约金过高,请求法院予以调减。

审理法院(武汉市中级人民法院)认为,"'甲方及目标公司承诺2012年实现净利润不低于人民币6500万元'中'承诺'一词的含义,其并不意

① 参见(2014)鄂武汉中民商初字第00304号民事判决书,载中国裁判文书网,http://wenshu.court.gov.cn/content/content?DocID=fcbe6171-eda5-4903-8d74-5f7724c33062,2016年4月17日访问。

在给甲方卢士海设定实现净利润的合同义务,而是为合同履行中确定卢士海承担付款义务的情形设定一个判断标准,俗称'业绩对赌目标'","控股股东卢士海对投资人创投基金合伙企业支付现金补偿本身就是合同义务,而非违约责任","依被告卢士海抗辩,现金补偿的性质为违约金,则其隐含的逻辑前提为关于2012年实现净利润不低于人民币6500万元的约定为合同义务。这种对合同的解读,不仅将业绩对赌目标和补偿方式这个有机联系的整体做机械拆分,而且因创造净利润的主体是目标公司,而支付补偿款的义务主体为卢士海,违反我国法律关于违约责任主体与合同义务主体应具同一性的要求,抗辩不成立"。从而对被告辩称估值调整机制的调整方式为违约责任的主张不予支持。

结合上述案例进行分析,估值条款机制由投融资双方、触发条件和调整方式三要素组成。三要素中,触发条件的实质是为投资方或融资方承担股权价格调整责任设定标准,调整方式的实质是合同义务。若将触发条件认定为合同义务,而将调整方式认定为违约责任,将出现合同义务与违约责任的主体不具有同一性的矛盾。故此,估值调整机制不应当被认定为违约责任条款。

(三)从合同法角度分析估值调整机制的法律效力

通常来说,不违背法律禁止性规定和公序良俗的无名合同均为有效。[①] 对于估值调整机制这一无名合同,我们不能简单地得出其有效或无效的结论,而应当对其有无可变更、撤销、解除或无效情形进行具体分析。

1. 合同可变更、可撤销或解除情形

(1)并非显失公平

《合同法》第54条第1款第2项规定,当事人一方可以请求司法机关变更或撤销订立时显失公平的合同。在北京昆吾案中,审理法院总结案件的争议焦点之一即为"双方签订的《增资扩股协议》及《补充协议》是否存在显失公平而应被撤销"?

从投资方角度而言,其以高于融资方原始股东的入股价格进行高溢价投资,实际上提前承担了风险,除投入巨额资金外,投资方帮助融资方开展

---

① 郭明瑞著:《合同法学》,复旦大学出版社2009年版,第11页。

投后管理以及为实现上市的资本市场运作，另需付出成本；而一旦目标公司亏损，投资方作为股东亦应按持股比例承担相应损失。

从融资方角度而言，投资方高价入股后，融资公司内部股东都提前享有了股份增值的收益，又在较短时间内解决了融资难题，获得了企业生存和发展的机遇。因此，上市失败后，融资方股东给予的补偿应是正当的损失补偿，应视为系根据事前自主商业判断所自愿负担的责任后果，不存在不公后果。当然，若有证据证明存在法律规定的“显失公平”情形的，则另当别论。①

（2）不适用情势变更

《合同法解释（二）》第26条规定，合同成立以后客观情况发生了当事人在订立合同时无法预见的、非不可抗力造成的不属于商业风险的重大变化，继续履行对于一方当事人明显不公平或者不能实现合同目的的，当事人有权请求法院变更或解除合同。

在南京誉达案中，就被告辩称约定业绩未达到系因情势变更的答辩意见，法院认为“虽然被告方证明了2012年超硅公司主营的蓝宝石衬底行业，市场价格暴跌，竞争惨烈，超硅公司业绩未达到协议约定目标”，“但该市场价格剧烈变动的状况应属于行业经营性风险，并不符合情势变更要件”，从而对被告的主张不予采信。②

在估值调整机制中，由于投融资双方基于真实的意思表示订立该股权价格动态调整条款，融资方基于触发条件对投资方进行股权补偿或货币补偿，通常属于承担正当的商业风险，而非受累于“无法预见”的社会环境异常变动情况，故估值调整机制通常不能够适用情势变更。

（3）并非欺诈

《合同法》第54条第2款规定，一方以欺诈、胁迫或者乘人之危，使对方在违背真实意思的情况下订立的合同，受损方有权请求人民法院或者仲裁机构变更或者撤销。

在励小伟等诉上海鑫坤投资管理有限公司等新增资本认购纠纷案（“上海鑫坤案”）中，对于约定的估值调整条款是否存在欺诈情形，二审法

---

① 俞秋玮、夏青：《以上市为条件的“对赌”协议的效力评价》，载中国法院网，http://shfy.chinacourt.org/article/detail/2015/03/id/1573242.shtml，2016年4月2日访问。

② 参见（2015）松民二（商）初字第142号民事判决书，载中国裁判文书网，http://wenshu.court.gov.cn/content/content? DocID=b9e9938b-4be7-4e25-82d5-4f04b875a911，2016年4月17日访问。

院认为,“双方当事人签订《增资扩股协议》及《补充协议》的目的在于被上诉人作为投资者身份以认购新增注册资本的形式投资于启鑫公司以期获得相应资金投资回报”,“上诉人在与作为投资者的被上诉人在签订有关协议过程中,完全能理性地对引入被上诉人投资的收益和相对应的商业风险作出提前预判”,从而对上诉人认为估值调整条款存在欺诈情形的主张不予采信。①

投融资双方均为具有独立订约能力的商事交易主体,能够理性地分析、评估估值调整机制对自身的利弊,谨慎地订立估值调整条款。由此,融资方关于订约时受到投资方欺诈的主张通常很难得到法院的支持。

2. 合同无效情形

(1)并非“名为投资,实为借贷”

在司法实践中,有法院将估值调整条款认定使得投资方“名为投资,实为借贷”,进而认定估值调整条款无效。然而,由于股权投资与债权投资有本质上的不同,通常私募股权投资不应当被认定为债权投资行为。例如,在苏州海富案中,海富公司以支付20倍的股权溢价的形式向世恒公司投资,这种高风险高溢价的最终目标是,待世恒公司达到业绩目标或成功上市后,海富公司作为股东从股价增长中获取收益。我们可以看出,海富公司的投资本质上是一种股权投资行为,而非债权投资行为。

我国《合同法》第52条第5项规定,违反法律、行政法规的强制性规定的合同无效。而依据《立法法》,上述司法解释不属于《合同法》第52条第5项规定的“法律、行政法规”的范围,不能用于认定合同无效。

(2)并非保底条款

所谓保底条款,通常是指无论融资方亏盈情况如何,投资方都可以收回出资并获取固定利润的条款。有学者认为,在苏州海富案中,世恒公司向海富公司进行货币补偿相当于世恒公司向海富公司返还投资,因此估值调整条款具有股权投资保底条款性质。② 而苏州海富案二审法院亦认为,

---

① 参见(2015)沪一中民四(商)终字第79号民事判决书,载中国裁判文书网,http://wenshu.court.gov.cn/content/content? DocID=438cca52-4e60-4f8c-bb48-efc7f7f19e65,2016年4月17日访问。

② 唐英:《甘肃“对赌协议案”判决之评析——以法律方法的运用为视角》,载《法学论坛》2015年第1期。

估值调整条款违反了合营企业风险共担原则,使海富公司作为投资方,不论世恒公司的盈利状况如何,均能取得固定收益且不承担任何风险。

在宁波正业案中,法院认为“从该份协议书签订的合同主体来看,原告作为拓日新能的股东并非与拓日新能订立保底收益条款,而是与拓日新能的股东即两被告订立”,我们亦可从中看出,法院对估值调整机制为保底收益条款的解读。

然而,投资方并非不承担风险,也并非可基于估值调整条款获取固定收益。原因在于,投资方在对目标公司进行高溢价投资时,就已经开始承担巨大的私募股权投资风险,而融资方为促使投资方提前承担高溢价投资的风险,在估值调整条款中承诺一定业绩标准或上市节点。一目标公司未达成该承诺,触发条件发生,投融资双方依约进行的调整实际上是对风险的动态调整和重新分配。从这个意义上说,认为投资方借助估值调整条款不承担风险、获取固定收益的观点是错误的。

二、从公司法角度分析估值调整机制的性质和效力

在苏州海富案、南京誉达案和北京昆吾案中,审理法院均首先从合同法角度考虑和论证估值调整条款的性质和效力,仅在适用《合同法》第 52 条第 5 项时,才将对估值调整机制的效力判断视角由单纯的合同法视角转向公司法、金融法等部门法的视角,最终多以抽象的“损害公司股东和债权人的利益”为适用该款的理由,认定投资方与被投资公司对赌无效。这导致一些学者作出“投资方与股东对赌有效,与公司对赌无效”的论断。结合北京富汇案,我们可以发现,投资方与目标公司订立的估值调整机制并非当然地损害公司和债权人的利益,此类估值调整机制也不应一概地被认定无效。由此,从公司法角度厘清估值调整机制的法律性质和法律效力非常有必要。

(一)从公司法角度分析估值调整机制的法律性质

本部分旨在结合苏州海富案等相关司法案例探究估值调整机制的法律性质。在苏州海富案中,二审法院将《增资协议书》第 7 条第 2 款约定的估值调整条款定性为债权投资条款,一审法院和再审法院均将其定性为私募股权投资利润分配条款。笔者认为,估值调整条款既非私募债权投资条款,也非私募股权投资利润分配条款,而应当是股权价格变更条款。

由于苏州海富案为中国法院认定私募股权投资中的估值调整机制效力的首例新型疑难案件，解决本案的认定难题应综合适用文理解释、体系解释、目的解释等多种法律解释方法进行分析。

1. 估值调整条款并非借贷合同条款

由于苏州海富案为中国法院认定私募股权投资估值调整机制的性质和效力的首例新型疑难案件，我们可以首先以此案切入，综合适用文理解释、体系解释、目的解释等多种法律解释方法进行分析，探究估值调整机制的法律性质。

适用文理解释和体系解释的法律解释方法进行分析，《增资协议书》第7条第2款约定，众星公司2008年净利润不得低于3000万元人民币，否则世恒公司应对海富公司予以补偿，计算公式为“补偿金额=（1-2008年实际净利润÷3000万元）×本次投资金额”。3000万元的净利润是世恒公司对海富公司作出的业绩承诺，若世恒公司2008年净利润达到或超过3000万元，则世恒公司无需向海富公司进行任何货币补偿，这与私募债权投资中投资方可以获得相对固定的利息回报是截然不同的。

适用目的解释的法律解释方法，即结合合同当事人订立合同所希望达成目的以及交易活动中交易主体普遍接受的、长期的、反复实践的习惯性做法[①]进行分析，海富公司对世恒公司进行高溢价投资，并在《增资协议书》中约定帮助世恒公司加强经营管理及改制上市，其投资目的是待世恒公司因业绩增长或改制上市而导致股价增值后退出获利，而非借款给世恒公司后获取固定利息收益。本案中，海富公司对世恒公司的投资实质为私募股权投资，而非私募债权投资，二审法院以“名为投资，实为借贷”将估值调整条款认定为借贷合同条款实为错误。

此外，在“张瑞芳等与旺达纸品集团有限公司等股权转让合同纠纷案”（以下简称旺达纸品案）中，对于投融资双方约定的企业上市型、股权回购型估值调整机制，一审法院（深圳市中级人民法院）首先将该笔投资定性为民间借贷纠纷，继而认定按照估值调整条款计算的股权回购款应当受限于民间借贷与银行同期贷款利率的倍数限制。[②] 而二审法院认为，

① 郑永流著：《法律方法阶梯》，北京大学出版社2012年版，第113页。

② 参见（2014）粤高法民四终字第12号民事判决书，载中国裁判文书网，http://wenshu.court.gov.cn/content/content? DocID=ca3f9bd5-4cf3-4d0c-8b0c-cfc534035e41，2016年4月17日访问。

"《股权转让协议》与《股权转让补充协议书》共同构成确定双方权利义务的基础，且都是围绕张瑞芳是否可取得旺达股份公司股权设定权利、义务内容，因此本案定性为股权转让纠纷。原审将其定性为民间借贷纠纷，忽略了案件本身的特质，属认定不当，法院予以纠正"。①

运用多种法律解释方法，结合上述相关案例分析，我们可以看出，存在于私募股权投资中的估值调整条款首先不应当定性为借贷合同条款。

2. 估值调整条款并非股权投资利润分配条款

准确把握合同成立及生效时点有助于我们厘清估值调整条款与利润分配条款的区别。估值调整条款是在《增资协议书》中约定的，订立时投资方海富公司尚未成为公司股东，待触发条件的发生情况明确以后，对投资时点上双方约定的股权价格作相应调整，其性质为股权投资价格调整条款，而非合营各方对于利润分配的约定；而利润分配条款是在《合资经营合同》中约定的，订立时海富公司已完成增资扩股行为，成为世恒公司股东，《合资经营合同》第 68 条、第 69 条是对股东间分红权的约定，而实际上海富公司和迪亚公司作出的该分红权约定是符合相关合资经营法律法规的。故估值调整条款并非对于合资方利润分配的约定，一审法院和再审法院将其认定为利润分配条款是错误的。

3. 估值调整条款为股权价格动态变更条款

如上所述，在苏州海富案中，海富公司对世恒公司进行高溢价投资的性质为私募股权投资，目的是待股权投资增值后退出获利；且由于估值调整条款订立时，投资方并非目标公司的股东，触发条件发生后的相应估值调整的对象是股权投资价格，而非对投资方进行的利润分配，因此其亦不是股权投资利润分配条款。

在南京誉达案中，审理法院认为估值调整机制"为投资方与被投资方信息不对称及激励机制问题提供一种解决方案"，"可以防止被投资企业不全面披露经营信息而损害投资方利益"，"促使被投资企业主要股东、控制人等积极履行股东义务，与投资方形成一致的目标"。②

① 参见（2014）粤高法民四终字第 12 号民事判决书，载中国裁判文书网，http://wenshu.court.gov.cn/content/content? DocID=ca3f9bd5-4cf3-4d0c-8b0c-cfc534035e41，2016 年 4 月 17 日访问。

② 参见（2015）松民二（商）初字第 142 号，载中国裁判文书网，http://wenshu.court.gov.cn/content/content? DocID=b9e9938b-4be7-4e25-82d5-4f04b875a911，2016 年 4 月 17 日访问。

在北京昆吾案中，审理法院认为估值调整机制是“股权投资中投资者根据融资企业未来经营情况，对企业估值及投资价格所进行调整的机制”。①

在北京富汇案中，仲裁庭在裁决中认定“投资补偿是出资后对投资进行估值调整的结果，是补偿行为”，即估值调整机制的履行并非为投资后利益的分配，而是根据融资方承诺达成与否，对目标公司的股价进行动态调整的条款。由此，私募股权投资中的估值调整机制既非债权投资条款，又非股权投资利润分配条款，而应当被界定为股权投资价格的动态变更条款。②

(二)从公司法角度分析估值调整机制的法律效力

1. 融资方为目标公司实际控制人或股东的效力分析

当融资方为目标公司的实际控制人或股东时，若估值调整机制的订立无法律、法规规定的效力瑕疵的情形，通常法院会将估值调整机制认定为投融资商事主体的意思自治行为，不会轻易对其作出无效认定。

例如在宁波正业案中，法院认为“承担赔偿责任的主体也是拓日新能的股东及实际控制人(两被告)，而非拓日新能本身。既然赔偿主体是拓日新能的股东即实际控制人，股东及实际控制人作为独立的公司法人及自然人对其自身作出的承诺应当独立承担相应的民事责任”。即体现出在投资方与目标公司股东(或实际控制人)订立估值调整条款时，法院对于商主体意思自治的尊重。

2. 特殊情形下估值调整机制的效力认定

(1)投融资方具有国有性质

无论订立估值调整机制的投资方还是融资方为国有企业或国有控股企业时，在估值调整机制的订立及后续履行过程中，均应当考虑并遵守国有资产管理法等相关法律、法规，并向国有资产监督管理委员会履行特定审批或备案手续。

(2)投融资方为非内资企业

当投融资双方均为内资企业时，在不存在上述各项无效情形的情况

---

① 参见(2014)奉民二(商)初字第418号民事判决书，载中国裁判文书网，http://wenshu.court.gov.cn/content/content? DocID=6b9319a4-1012-46fc-9fb2-d6839d7e0aed，2016年4月17日访问。

② 唐英：《甘肃“对赌协议案”判决之评析——以法律方法的运用为视角》，载《法学论坛》2015年第1期。

下，估值调整机制的效力通常不受影响。而当投资方或融资方为外商投资企业时，根据估值调整机制进行的股权调整还应当受到《外商投资企业投资方股权变更的若干规定》《中外合资经营企业法》等相关法律、法规的限制。若估值调整机制的履行违反了上述相关法律、法规中的强制性效力性法律规范，则有可能导致商务委员会、工商登记部门或司法机关对估值调整机制的无效认定。

(3)目标公司变更为中外合资经营企业

若投资方为境外私募股权投资机构，目标公司为内资公司，在签订增资扩股协议并履行投资行为后，目标公司往往会变更为中外合资经营企业，此时境外私募股权投资机构成为目标公司的外方股东，与原中方股东签订合资经营合同。

如前所述，估值调整条款可能被认定为违反合营企业相关规定(如苏州海富案中，一审法院和再审法院均认为估值调整条款违反了《中外合资经营企业法》中关于合营各方应当按照注册资本比例分配利润的规定)，但由于估值调整条款并非股权投资利润分配条款，只要合资经营合同中的约定符合法律规定，估值调整条款的效力就不应当受此影响。

(4)载明估值调整机制的协议未经批准

当投融资双方或目标公司具有国资、外资等属性，导致载明估值调整条款的协议应当经审批才生效的情况下。但如果协议未经审批，该情形是否会影响估值调整机制的效力呢？

在旺达纸品案中，原告诉请法院判决被告依约向原告支付股权回购款，被告辩称，由于载明估值调整条款的《股权转让协议书》和《股权转让补充协议书》未经必要的审批程序，因而协议未生效，估值调整条款不能发生效力。而法院认为，“该条款是双方为股权转让合同履行设定的前提条件。因此，该条款效力不应受股权转让合同是否审批影响。该股权价值估值调整条款的约定没有违反法律、行政法规的强制性规定，依法应认定有效”。[1]

笔者对上述法院判决推理过程有不同意见：对于载明估值调整条款的协议，若审批或备案为协议生效的必经程序，非经此类程序则整份协议不生效，载于其中的估值调整条款则亦未生效，不能正常发挥股权价格动态

① (2014)粤高法民四终字第12号民事判决书，载中国裁判文书网，http://wenshu.court.gov.cn/content/content? DocID=ca3f9bd5-4cf3-4d0c-8b0c-cfc534035e41，2016年4月17日访问。

调整的作用。

(5)投资方迟延履行注资义务

私募股权投资中,投资方迟延履行注资义务是否影响估值调整机制的运行呢?在南京誉达案中,被告(融资方)陈猛主张,由于原告(投资方)迟延支付投资款而丧失向被告主张股权回购的权利。法院认为"且股权估值调整机制中对原告权利的约定,对原告而言是保障其权益的重大权利,原告虽有迟延,但该违约并不重大,被告超硅公司与陈猛没有证据证明原告的迟延履行违约给其造成重大损失,也没有证据证明其向原告催告过履行支付投资款的义务,原告轻微违约即排除其行使重大权利,显然导致双方权利义务关系严重失衡"。[①] 审理法院对被告陈猛所辩称的原告因违约丧失股权收购请求权的答辩意见不予采信。

对于投资方迟延履行注资义务是否影响估值调整条款运行的问题,应当由司法机关对迟延履行是否属于重大违约、根本违约进行界定,非重大违约的迟延注资不能作为排除适用估值调整机制的理由。

第四节 估值调整机制在域外和我国的适用方式

一、估值调整机制在域外的适用方式

虽然估值调整机制并非如众多学者所述是域外舶来品,[②]但在域外公司法框架下,下列方式可以被相应地调整或组合使用,以达到股权价格调整的商业效果:私募股权投资方与目标公司原有股东或实际控制人根据协议转让货币或股份;目标公司无偿向投资方发行新股;目标公司赎回投资方的股份;目标公司向投资方发行可转换债券;目标公司向投资方发行优

---

① 参见(2015)松民二(商)初字第142号,载中国裁判文书网,http://wenshu.court.gov.cn/content/content?DocID=b9e9938b-4be7-4e25-82d5-4f04b875a911,2016年4月17日访问。

② 关于估值调整机制并非舶来品,请见本章"估值调整机制与域外相关机制的联系和区别"的详细探讨。

先股，在发生触发条件后，目标公司改变投资方所持有的优先股的投票权、分红权、剩余资产分配权等权限等。

（一）投资方与目标公司原股东订立估值调整机制

投资方与目标公司原股东（或实际控制人）间订立的估值调整机制，按调整方式分类，主要包括货币补偿型估值调整机制和股权补偿型估值调整机制。

在货币补偿型估值调整机制中，触发机制发生后，目标公司股权价格应当向上调整时，由投资方向目标公司原股东给付货币；目标公司股权价格应当向下调整时，由目标公司原股东向投资方给付货币。在投资方为境外公司的情况下，估值调整可能涉及外汇管制问题；而在一些外汇管制较为松弛的域外国家，此类调整更为顺畅。

在股权调整型估值调整机制中，触发机制发生后，目标公司股权价格应当向上调整时，由投资方向目标公司原股东无偿或低价转让股权；目标公司股权价格应当向下调整时，由目标公司原股东向投资方无偿或低价转让股权。由于域外一些国家（如美国）的法律并未禁止投融资双方之间无偿或低价转让股权，因此，该类型的调整通常可以顺利实施，且相应无税负或税负极小，从而易于达到估值调整的效果。

（二）投资方与目标公司订立估值调整机制

在投资方与目标公司订立估值调整机制的情形下，如果股权价格向下调整，目标公司可以采取以下三种方式向投资方给付股权：

1. 目标公司向投资方无偿或低价发行新股

在目标公司股权价格应当向下调整时，由目标公司向投资者无偿或者低价发行新股是最为直接的调整方式。某些域外国家的公司法对股东出资对价类型、对价充足性的规制较小，从而在很大程度上为适用该直接调整方式带来的便利。

2. 目标公司向投资方发行可转换债券

可转换债券（convertible bond）是一种赋予投资者在一定时期内按照约定条件将其持有的可转换债券转换为公司普通股股票权利的公司债券，由于可转换债券能够很好地规避普通债务融资和股权融资的缺点，有效地降低债权人、股东和管理层之间的代理成本,因而成为普遍使用的金融工具。①

在目标公司股权应当被向下调整的情况下,目标公司向投资者发行的可转换债券,一方面使投资者获得可预期的更多目标公司的普通股,从而达到估值调整的效果;另一方面使得发展情况未达承诺的目标公司不至于背负过重的现时债务,避免目标公司的财务状况雪上加霜。

3. 目标公司向投资方发行优先股

优先股(preferred stock 或 preference stock)与普通股(common stock)的主要区别在于,优先股股东享有利润分配优先权和剩余财产分配优先权。利润分配优先权,是指优先股股东可以先于普通股股东以约定的相对固定的股息率获得分配;剩余财产分配优先权是指公司因解散、破产等原因进行清算时,优先股股东可以先于普通股股东分得公司的剩余财产。

优先股可以由公司溢价回收或以偿债基金定期赎回,或者由投资者选择将优先股转换为普通股,进而退出获利。例如,在美国风险投资协会起草的风险投资法律示范文本《Amended and Restated Certificate of Incorporation》的第 1 条规定,每一优先股可以转换成一普通股,但如果公司在下一季度没有实现一定财务绩效标准的情况下,则每一优先股可以转换成两股普通股,从而达到调整股权价格的目的;第 2. 1 条规定了在公司清算条件下,应当优先向 A 轮优先股股东分配剩余财产(preferential payments to holders of series a preferred stock);第 4. 1. 1 条规定了 A 轮优先股股东将优先股转换为普通股的权利(right to conversion)。②

实证研究表明,优先股是非常有效的估值调整机制适用对象,美国 95%的风险投融资中采用可转换优先股作为目标公司股权价格调整工具。③ 在投资合同中,目标公司向投资方给付优先权,并辅以优先认购权、优先购买权、反摊薄条款、投票权、特别事项否决权,重大事项特别知情权

① 祝继高、张乔、汤谷良:《可转换债券:融资工具还是制度安排——基于贝恩资本投资国美电器可转换债券的案例研究》,载《中国工业经济》2012 年第 5 期。

② “Amended and Restated Certificate of Incorporation”, available on http://nvca. org/resources/model-legal-documents/, last visited on April 2, 2016.

③ 于莹、潘林:《优先股制度与创业企业——以美国风险投资为背景的研究》,载《当代法学》2011 年第 4 期。

等,可以有效地预防和控制道德风险。[①]

二、估值调整机制在我国的适用方式

我国法律法规中虽然并未明确估值调整机制的涵义和内容,司法裁判对于估值调整机制的性质和效力认定也具有一定的差异性,但估值调整机制在私募股权中普遍存在,日渐成为私募股权投融资的重要合同条款。我们应当在现有法律框架下,谨慎设置估值调整方式,合理避免效力风险,确保私募股权投融资交易的合法性和最终达成。

(一)投资方与目标公司原股东订立估值调整机制

在我国现有法律框架下,投资方与目标公司原有股东(或实际控制人)订立的估值调整机制在适用时主要面临以下两个问题。

1. 无偿或低价转让股权的可行性问题

我国公司法未明确禁止无偿或低价转让股权。但是,如果融资方为国有控股或参股的企业,在发生触发条件,股权价格需向下调整,融资方需向投资方无偿或低价给付股权时,为防止国有资产流失,国有资产监督管理相关法律法规通常规定,在国有控股、参股企业股权转让过程中,需要进行价格评估。这将导致股权转让的价格过于刚性,最终可能导致无法完成股权转让或无法达到股权价格调整效果,同时会极大地增加投融资双方的税负。

2. 无偿或低价转让股权的税务负担问题

在我国,无偿或低价受让股权也存在应负担相应税费的可能性,从而极大地增加估值调整机制的实施成本。国家税务总局于 2015 年 1 月 1 日实施的《股权转让所得个人所得税管理办法(试行)》规定,对于“申报的股权转让收入明显偏低且无正当理由的”,主管税务机关可以按照净资产核定法、类比法或其他合理方法核定合理的股权转让收入;“不具合理性的无偿让渡股权或股份”视为股权转让收入明显偏低;而“股权转让双方能

① 丁楹:《从美国优先股制度发展历程看中国转轨时期优先股制度的建立》,载《中央财经大学学报》2013 年第 5 期。

够提供有效证据证明其合理性的”，视为该偏低的股权转让收入有正当理由。[①] 然而，在估值调整机制的效力仍无定论的情况下，适用估值调整机制无偿或低价转让股权是否具有合理性仍存疑，个人股东无偿或低价转让股权是否受制于税务核定仍具有不确定性。

投资方与目标公司原股东（或实际控制人）订立估值调整机制，也可以约定由目标公司原股东促使目标公司向投资方进行股权补偿或货币补偿，即订立“由第三人履行的合同”，但该合同的效力应当对照投资方与目标公司订立估值调整机制的合同。

（二）投资方与目标公司订立估值调整机制

在我国现行公司法体系下，公司对投资方承担责任的主要方式如下。

1. 定向减资

我国《公司法》第142条规定，除公司减资、公司与持有本公司股份的其他公司合并、对本公司职工进行股权激励以及股东对公司合并、分立有异议以外，公司不能收购股东持有的本公司股份。定向减资是符合公司资本维持原则的调整方式，但其在实践操作过程中通常面临以下两个问题：

（1）受限于公司注册资本

在我国私募股权投融资中，目标公司的初始注册资本常常不高，而其后续估值却通常较高，导致对目标公司的私募股权投资额中仅有一小部分被用于增资，而绝大部分溢价被作为企业资本公积金。在触发条件发生后，仅通过减资极有可能无法完成相应的调整。在此情况下，可以考虑先将资本公积金转增注册资本，再进行定向减资，然而也应当考虑该程序（可能涉及审批或备案）的时间成本。

（2）可能引发公司债务提前清偿

《公司法》第177条第2款规定：“公司应当自作出减少注册资本决议之日起十日内通知债权人，并于三十日内在报纸上公告。债权人……有权要求公司清偿债务或者提供相应的担保。”目标公司以定向减资进行估值调整可能引发债务的提前清偿，加重企业的财务困难。

① 参见《股权转让所得个人所得税管理办法（试行）》（国家税务总局公告2014年第67号）第10条至第14条。

2. 公积金转增资本

根据我国《公司法》规定，公司共有三种公积金形式：法定公积金、任意公积金和资本公积金。其中，公司弥补亏损后，以当年利润的 10%计入法定公积金；经股东(大)会同意可以提取任意公积金；资本公积金则主要来源于公司溢价发行股份所得的溢价款。这三种公积金都可以被用于增加公司注册资本。但法定公积金被用于增加公司资本时，剩余的法定公积金不得少于转增资本前注册资本的 25%。由上述法律规定可看出，目标公司以公积金转增资本的方式对投资方承担责任似乎可行。

目标公司以公积金转增资本的方式对投资方承担责任需要关注以下问题：

(1)公积金转增资本的单向分配问题

由估值调整机制的目的和作用决定，触发条件发生后，投资方与目标公司原股东的股份比例的增减是反方向的，即目标公司仅能将转增的注册资本分配给投资方或公司原有股东中的一方。然而，我国公司法并未明确规定这一做法的可行性。

由于 A 股上市为估值调整机制的重要约定内容即私募股权投资方退出的重要方式，中国证监会在对 A 股上市公司的批复中反映的观点对我们有一定程度的参考价值。《江西赣锋锂业股份有限公司首次公开发行股票招股说明书》①中提到，该公司以起资本公积金转增资本后，将转增的资本单独给予股东李良彬，但该项资本公积金来源于股东李良彬的捐赠，虽然该公司最终于 2010 年 6 月 28 日取得中国证监会的上市批复，②但由于该案例中公司将增资单项分配给原股东有一定特殊性，对于该问题的答案仍未十分明确。

(2)公积金转增资本的纳税负担问题

我国现行税法对于法定公积金、任意公积金盈余转增资本和资本公积金转增资本两种方式下，个人承担个人所得税的税负问题的规定存在差别。根据《关于股份制企业转增股本和派发红股征免个人所得税的通知》，企业以资本公积金转增注册资本不属于股息、红利性质的分配，个人

① 《江西赣锋锂业股份有限公司首次公开发行股票招股说明书》，载中国裁判文书网，http://disclosure.szse.cn/finalpage/2010-07-27/58221382.PDF，2016 年 4 月 2 日访问。

② 《中国证券监督委员会关于核准江西赣锋锂业股份有限公司首次公开发行股票的批复》，载中国裁判文书网：http://disclosure.szse.cn/finalpage/2010-07-20/58192803.PDF，2016 年 4 月 2 日访问。

取得的转增股本不被视为个人所得,不需要缴纳个人所得税。根据《关于盈余公积金转增注册资本征收个人所得税问题的批复》,个人股东分得盈余公积金后将其转增为公司注册资本的,应当按照“利息、股息、红利所得”项目缴纳个人所得税,由公司代扣代缴。

由此,以公司盈余资本金转增资本,以提高投资方或公司原有股东的股权比例时,取得该转增股份的投资方或被投资公司原有股东存在潜在税负负担。

3. 我国公司法框架下债权转股权路径的可行性

(1)债权转股权的含义及实质

如上所述,域外法域可采取目标公司向投资者发行可转换公司债的方式实现目标公司股权价格的向下调整。然而,根据我国《公司法》第161条和第162条,仅上市公司可以在报请中国证监会核准后发行可以转换为股票的公司债券。而我国私募股权融资的目标公司大多为非上市公司,通常无法发行可转换公司债券,而只能通过债权转股权(“债转股”)的方式实现可转换公司债券带来的与股权转让相似的商业效果。

国家工商总局于2012年1月1日实施的《公司债权转股权登记管理办法》详细规定了债转股的含义、评估验资程序和申请材料,然而该管理办法被工商总局于2014年3月1日实施的《公司注册资本登记管理规定》废止。根据《公司注册资本登记管理规定》,债权人可以将其依法享有的对在中国境内设立的公司的债权转为公司股权。[①] 目前,我国重庆、天津、上海等地区对企业债转股制定并实施了审批登记试行办法。

究其实质,债转股是指债权人以其对该企业的债权出资,成为该企业的股东。债转股主要涉及商务部门对增资的审批程序和工商部门对增资的登记程序。

(2)债权转股权的限制和阻碍

在目前的法律框架下,目标公司通过债转股制度拟达到可转换公司债券的商业效果的路径仍然存在以下限制和阻碍:

第一,可转换的债权范围的限制。根据《公司注册资本登记管理规定》,仅以下三种类型的公司债权可以被转化为股权:债权人与公司间的

① 参见《公司注册资本登记管理规定》(国家工商行政管理总局令第64号)第7条。

合同之债；司法机关裁判确认的债权；经法院批准的公司重组计划或裁定认可的和解协议的债权。[①] 私募股权投融资过程中产生的债权不属于上述第三种类型；由于商务部门对估值调整机制的性质和效力认定结论存在较大不确定性，其是否属于债权人与公司间的合同之债存疑；通过诉讼或仲裁使得该债权转换为经司法机关裁判确认的债权成本过高，并且将极大地增加该交易模式的风险。

第二，债权评估价值限制。根据《公司注册资本登记管理规定》，用以转化为股权的债权应当经依法设立的资产评估机构评估。[②] 由于估值调整机制在实践中的性质和效力并不明确，资产评估机构对估值调整机制产生的债权价格评估具有较大不确定性，经债转股制度转换而成的股权数量和价值也可能会受到评估价值的限制。

4. 我国公司法框架下改变股权权利路径的可行性

由于我国公司法并未明确优先股的地位，我国公司无法向投资者发行优先股，以实现股权价格调整。然而，究其实质，优先股与普通股在股东分红权、投票权及剩余财产分配权上存在差异。由此，我们可以在我国《公司法》框架下，探究能否通过改变股份的分红权、剩余财产分配权和投票权，以实现与优先股带来的股权价格调整相似的商业效果。

第一，从投票权角度来看，根据《公司法》第 42 条的规定，除公司章程另有规定外，有限责任公司的股东会会议由股东按照出资比例行使表决权。《公司法》第 103 条规定，股份有限公司的“股东出席股东大会会议，所持每一股份有一表决权”，不允许公司章程作出例外规定。

第二，从分红权角度来看，《公司法》第 34 条允许有限责任公司全体股东约定不按持股比例进行分配。此外，《公司法》第 166 条第 4 款允许未上市的股份有限公司以公司章程的形式约定不按持股比例进行分配。然而，对于已经上市的股份有限公司，并不存在不按持股比例进行分配的例外。

第三，从公司清算时的剩余资产分配权角度来看，《公司法》第 186 条第 2 款规定：“公司财产在分别支付清算费用、职工的工资、社会保险费用和法定补偿金，缴纳所欠税款，清偿公司债务后的剩余财产，有限责任公司按照股东的出资比例分配，股份有限公司按照股东持有的股份比例分

① 参见《公司注册资本登记管理规定》（国家工商行政管理总局令第 64 号）第 7 条。
② 参见《公司注册资本登记管理规定》（国家工商行政管理总局令第 64 号）第 19 条。

配。”即我国公司法不允许有限责任公司和股份有限公司在剩余资产分配权上作出有违“同股同权”制度的约定。

综上，在我国公司法框架下，目标公司通过改变投资方持有的股权权利，以模拟优先股转普通股带来的股权调整商业效果的路径仍然存在较大阻碍。此外，由于上市是私募股权投资者退出的主要途径，而公司应在上市前进行改制，恢复至“同股同权”的状态，该调整方式的适用效果和适用空间受到较大局限。

第五节 余论

一、估值调整机制的司法政策导向

（一）尊重商主体意思自治

市场经济瞬息万变，而立法、执法和司法都存在一定的滞后性。以估值调整机制为例，其存在于私募股权投资已久，而我国法律法规中却尚无内涵和性质的界定，苏州海富案等诉讼或仲裁案件中各司法机关的裁判也具有较大差异，可见我国商事立法、商事裁判和商事交易在对估值调整机制的认定上存在一定矛盾。

在上海瑞沨股权投资合伙企业与连云港鼎发投资有限公司、朱立起股权转让合同纠纷案（“上海瑞沨案”）中，二审法院（上海市第一中级人民法院）认为，“由于‘对赌条款’在内容上亦隐含有非正义性的保底性质，容易与现行法律规定的合同无效情形相混淆，且无对应的法律条文予以规范，故人民法院在对此法律行为进行适度评判时，应当遵循以下原则：1. 鼓励交易；2. 尊重当事人意思自治；3. 维护公共利益；4. 保障商事交易的过程正义，以此来确定‘对赌条款’的法律效力”。[①] 该案审理法院结合具体案例，

① 俞秋玮、夏青：《以上市为条件的“对赌”协议效力评价》，载中国法院网，http://shfy.chinacourt.org/article/detail/2015/03/id/1573242.shtml，2016年4月2日访问。

总结出上述对估值调整条款的效力判断标准，反映了我国法院的对商事交易活动的鼓励和对商主体意思自治的尊重，也在一定程度上反映出我国法院的审判水平。

（二）谨慎认定估值调整机制的效力

在我国私募股权投资相关法律制度尚不健全、私募股权投资行业规范尚未完全建立的情况下，司法裁判可以在一定程度上成为制度构建的方式。[①] 虽然商事审判和商事立法一样，都无法直接确保某一商事主体营利，但其可以通过调整商事法律关系以达到定分止争，从而与商事立法共同营造营利的条件和环境。[②]

最高人民法院颁布的《关于人民法院为企业兼并重组提供司法保障的指导意见》规定："要坚持促进交易进行，维护交易安全的商事审判理念，审慎认定企业估值调整协议……等新类型合同的效力，避免简单以法律没有规定为由认定合同无效。要尊重市场主体的意思自治，维护契约精神。"[③]

上海高级人民法院的俞秋玮和夏青两位法官在上海法院网上就上海瑞沨案发表的法律评论文章中指出，"不轻易否定效力符合经济发展和司法政策的导向"。[④] 法官应当结合商事交易惯例和交易模式，尊重商事交易主体的意思自治，细致谨慎地衡量估值调整机制的性质和效力。

二、我国公司法的制度供给建议

（一）完善优先股法律制度

如本章第四节所述，由于我国公司法始终坚持"同股同价"原则，相关法律法规中未规定优先股制度，导致目标公司无法通过向投资者发行优先股的方式实现估值调整的商业目的。如果我国公司法明确了优先股的法

---

① 许晓骁：《风险投资纠纷中的司法介入》，载应勇主编：《金融法治前沿》（2010 年卷），法律出版社 2010 年版，第 213 页。

② 参见王保树：《尊重商法的特殊思维》，载《扬州大学学报》2011 年第 2 期。

③ 《关于人民法院为企业兼并重组提供司法保障的指导意见》（法发〔2014〕7 号）第 6 条。

④ 俞秋玮、夏青：《以上市为条件的"对赌"协议的效力评价》，载中国法院网：http://shfy.chinacourt.org/article/detail/2015/03/id/1573242.shtml，2016 年 4 月 2 日访问。

律地位,投融资双方可以在估值调整机制中约定,依据触发机制发生与否,优先股根据一定条件转换为一定数量的普通股,并且享有更换公司管理层的权利。

实际上,我国公司法相关法律、法规中已经开始进行优先股改革试验。例如,由国家发改委颁布、自2006年3月1日实施的《创业投资企业管理暂行办法》第15条规定:"经与目标公司签订投资协议,创业投资企业可以以股权和优先股、可转换优先股等准股权方式对未上市企业进行投资。"

我国公司法未来的改革方向应当不断放开对公司资本维持过于严苛的规制,允许公司依法创设不同类型的优先股,完善对优先股在董监事选任与更换、优先股与普通股的转化等方面的规定。

(二)合理改革公司资本维持原则

为简化公司注册登记程序,2013年修订的《公司法》取消了公司成立时的最低注册资本限额,合理改革公司资本形成原则。然而此次修订未涉及公司资本维持原则,公司减资、股权回购等仍然受到严格限制。

为合理改革公司资本维持原则,我国可以在一定程度上借鉴域外国家的改革方式,在我国现有公司法框架下引入偿付能力测试标准和库存股制度,调和现有公司资本维持制度对公司减资和公司股权回购的刚性规制,在保障商事交易安全的基础上,进一步促进商事交易的发展自由。

在公司减资方面,新加坡和香港分别在2006年和2014年进行的公司法改革,均放松公司资本维持原则,引入偿付能力测试标准(该标准以偿付能力证明为核心,即如果公司有能力在其资产对股东进行返还后的一定时期偿付到期债务,则公司资产可以通过减资、股权回购等方式流向股东,反之则不然),在公司满足偿付能力测试标准、董事做出偿付能力声明(director solvency statement)的情况下,可以减少注册资本、向股东回购股权或者向购买该公司股份的其他方提供财务资助(financial assistance);若公司届时不能清偿到期债务,则由作出偿付能力声明的董事对债权人承担相应责任。①

① 周翔、高菲:《我国公司资本制度改革中资本维持原则的修正》,载《甘肃社会科学》2016年第1期。

在公司股权回购方面，我国可以借鉴新加坡公司法改革中的库存股制度（指公司回购但没有注销并由该公司持有的已发行股份），该制度能够发挥实现资金融通和资金调度的作用，公司在资金充裕时保留股份，在资金紧张时出售股份，且不需要再次发行股份融资，从而降低融资成本，提高回购股份的利用效率）。①

（三）制定私募股权投资示范合同

美国风险投资协会（NVCA）在其网站上发布了众多风险投资相关的示范法律文件，如公司章程（Certificate of Incorporation）、免责协议（Indemnification Agreement）、投资方权利协议（Investor Rights Agreements）、管理权利协议（Management Rights Letter）、法律意见范本（Model Legal Opinion）、优先购买权和共同出售权协议（Right of First Refusal and Co-sale Agreement）、股权购买协议（Stock Purchase Agreement）、投资意向书（Term Sheet）、投票权协议（Voting Agreement）等。② 此类示范文件可以引导投融资者明确风险投资中的主要法律问题，有助于降低交易成本，减少法律纠纷。且投融资者可以在此类示范合同的基础上结合交易模式特点设计出新的交易条件，并纳入合同条款。③

示范合同是具有正外部性的公共产品，私人往往不愿意生产和提供，全国性私募股权投资自律组织④或地方性私募股权投资自律组织⑤应当积极制定和发布私募股权投资的示范文件，引导和促进我国私募股权投资的健康发展。

---

① 周翔、高菲：《我国公司资本制度改革中资本维持原则的修正》，载《甘肃社会科学》2016 年第 1 期。

② 参见美国风险投资协会示范法律文件，载 NVCA 网，http://nvca.org/resources/model-legal-documents/，2015 年 12 月 10 日访问。

③ 彭丁带：《美国风险投资合同及其对我国的启示》，载《河北法学》2006 年第 11 期。

④ 例如在中国证监会的领导下于 2012 年 6 月 6 日成立的中国证券投资基金业协会，参见中国证券投资基金业协会官网，http://www.amac.org.cn/，2016 年 4 月 2 日访问。

⑤ 例如深圳市私募基金协会（中国第一家以“私募基金”命名的行业协会），参见深圳市私募基金协会官网，http://www.szfca.org.cn/，2016 年 4 月 2 日访问。

第八章　可变利益实体(VIE)结构的法律效力及合法化路径

引言

可变利益实体(Variable Interest Entities,VIE)结构是私募投资者投资我国限制类产业的重要交易结构。

我国资本市场正在经历着重大变革,《外国投资法》征求意见稿、2015年版《外商投资产业指导目录》等法律法规让众多使用可变利益实体结构赴海外上市的可变利益实体企业看到了回归的曙光,纷纷试图拆除可变利益实体模式以便回归资本市场。在这一背景下,有必要对可变利益实体企业回归的法律问题进行分析,对可变利益实体模式的前世今生、监管环境、拆除可变利益实体过程中的法律问题,以及可变利益实体回归所涉及的法律问题进行综合考量并进行分析,有利于企业能够准确判断市场、行业、政策等综合因素下应该作何选择,同时也有利于监管者对经济环境和企业的发展需求有宏观的把握,针对国情,及时调整方针政策。

可变利益实体结构产生的主要原因是规避国内关于外资准入限制的规定,《外国投资法(草案)》出台以前,国内学者研究的重点在于该结构的效力、涉及的法律风险及如何监管三个层面。[①] 在国内企业融资需求得不到满足、国内经济试图加快融入国际经济的背景之下,如何正确认识可变利益实体结构及其潜在的法律风险,如何同时激发市场活力并做好法律监管成为这一阶段研究的主要目的。

就可变利益实体结构的效力问题,国内学者各有见解也给出了相应的阐述。支持的一派认为可变利益实体结构在促进国内互联网行业快速发展方面功不可没,应对其效力予以肯定。如张里在《否认协议控制是一种倒退》一文中提出,十几年来的事实情况足以证明协议控制结构的价值,可变利益实体结构在互联网产业的快速发展中发挥了突出的作用。[②] 再如薛乾在《VIE 模式产生的原因、风险及对策分析》一文中提到,我国投资市场的繁荣的一部分原因即为一批中国企业利用可变利益实体模式完成了境外上市,吸引了海外的资本。[③] 否定者则认为该结构创生之初即是为了规避境内的外资准入限制,不能纵容其发展。如梅新育在《协议控制模式理当终结》一文中指出,可变利益实体模式是对国家主权的侵犯,其目的就是规避中国法律的监管,国家相关监管机关应当将其认定为自始无效行为。[④] 然而,监管部门就此问题始终保持沉默的态度。

支付宝事件的发生使更多学者开始关注可变利益实体结构潜在的法律风险。王仁荣在《VIE 模式:山雨欲来风满楼》一文中提出,只要政府还未对可变利益实体架构作出明确表态,可变利益实体架构的存在就是一枚不定时炸弹,一旦被认定为违法将极大影响中国企业,外界也会质疑中国的法律环境。[⑤] 陈玥在《可变利益实体的基本架构、潜在风险及应对》一文指出,可变利益实体架构的核心部分在于外商独资企业与境内运营实体之间签订的一系列协议,一旦任何一方违约,境外的实际投资者将失去控制权。[⑥] 该事件也增强了人们对于协议控制结构的恐慌,协议控制模式危害

---

① 2019 年初通过的《中华人民共和国外国投资法》最终并没有如市场预期的那样对可变利益实体的合法化做出制度安排。

② 参见张里:《否定协议控制是一种倒退》,载《时代期刊》2011 年第 14 期,第 79 页。

③ 参见薛乾:《VIE 模式产生的原因、风险及对策分析》,载《现代商业》2012 年第 21 期,第 193 页。

④ 参见梅新育:《协议控制模式理当终结》,载《经理人》2011 年第 8 期,第 106 页。

⑤ 参见王仁荣:《VIE 模式:山雨欲来风满楼》,载《上海经济》2011 年第 10 期,第 20 页。

⑥ 参见陈玥、鲍大雷:《可变利益实体的基本架构、潜在风险及应对》,载《财务与会计》2014 年第 6 期,第 72 页。

我国金融安全的议论也由此而起。刘迅在《VIE 结构、金融安全与契约精神》一文对支付宝事件给我国国家利益和金融安全产生的危害进行了详细的阐述。[①]

与风险联系紧密的就是监管问题,可变利益实体结构所蕴含的种种风险激发了学者研究监管对策的热情。刘纪鹏在《VIE 监管不可一刀切》一文中提出,关系到国家安全的产业仍然应当禁止或限制外资进入,在其余领域可以适度放开其他行业的外资准入限制,这样既能促进经济发展,又能对可变利益实体架构进行疏导。[②] 谷世英在《论协议控制模式法律监管的完善》一文中提出,可变利益实体监管应当以疏导为主,建立多层次、分情况的监管体系,并注重信息披露。[③]

2015 年《外国投资法(草案)》出台后,许多规定对可变利益实体结构企业有着重大影响,如禁止以协议控制方式规避《草案》中的相关规定以及外资准入制度、实际控制人标准等,使可变利益实体结构企业处于极大的法律风险中。叶林在《VIE 是制定外国投资法中的大问题》一文中分析了可变利益实体结构产生的原因,并做出了相关制度设计。[④] 薛胜男分析了《外国投资法(草案征求意见稿)》对可变利益实体架构企业的监管思路的变化,并预测可变利益实体结构将失去其作用而被淘汰。[⑤] 另一方面,暴风科技在 2015 年 3 月 24 日成功在创业板上市,引发了可变利益实体结构企业私有化退市回归境内资本市场的高潮,在拆可变利益实体结构浪潮的背景下,出现了大量的实务研究。如刘成伟在《VIE 红筹回归之路》一文中对可变利益实体结构企业回归中的外汇问题进行了研究。[⑥] 汪轶民在《企业融资过程中的税务筹划》一文中对可变利益实体拆除过程中的税务问题进行了研究。[⑦] 刘辉在《VIE 架构企业"拆迁"回归难题》一文中对可

---

① 参见刘迅、张庆:《VIE 结构、金融安全和契约精神——支付宝股权变更引发的思考》,载《财务与会计》2011 年第 12 期,第 38 页。

② 参见刘纪鹏:《VIE 监管不可一刀切》,载《英才》2015 年第 3 期,第 98 页。

③ 参见谷世英:《论协议控制模式法律监管的完善》,载《证券市场导报》2013 年第 10 期,第 67 页。

④ 参见叶林:《VIE 是制定外国投资法中的大问题》,载《经济参考报》2015 年第 8 期,第 8 页。

⑤ 参见薛胜男:《〈外国投资法(草案征求意见稿)〉对 VIE 架构企业的监管思路的变化》,载《法治与社会》2015 年第 16 期,第 254 页。

⑥ 参见刘成伟:《VIE 红筹回归之路》,载《中国外汇》2015 年第 6 期,第 18 页。

⑦ 参见汪轶民:《企业融资过程中的税务筹划》,载《现代经济信息》2015 年第 19 期,第 188 页。

变利益实体结构企业拆除过程中的私有化与上市两大难点问题进行了研究。[①] 该阶段研究的特点是实务性强,具有较强的适用性、操作性。

通过对境内外关于可变利益实体结构相关文献的分析,我们可以看出,可变利益实体问题本身诞生于实践,服务于企业的发展,对其进行的研究偏向于实务,指导性强,在不同阶段具有明显的特征。但总体来说,研究落后于实践,对该模式的预测、前瞻性的分析较少,也没有对此较为系统的研究。

美国财务会计准则委员会出台 FIN46 颁布后,国外基于财务视角对可变利益实体合并财务报表的问题作和很多研究,而基于法律视角的分析则比较少见。比如,2005 年,Alan Reinstein 等人在《VIE 的合并:适用 FIN46(R)规则》中就会计师事务所等中介机构应当如何帮助公司上市,作出了详细的指导。[②] 2006 年,John M. Fleming 在《可变利益实体中可变利益的确定》一文中,具体阐述了应当如何根据准则要求对可变利益实体中的可变利益进行认定。[③] 2010 年,Victoria Dickinson 等人在《神秘的会计:可变利益实体的合并、财务杠杆和税务筹划》中提出观点认为财务会计准则委员会 FIN46 解释函有助于提高信息披露的质量,保护投资安全。[④]

2012 年华懋案中,最高人民法院认为,合同规避了国内关于外资进入金融领域的强制性规定,属于以合法形式掩盖非法目的,并以此为由判决该案委托合同无效。华懋案虽然只是股权代持的模式,却使境外学者、监管层及投资者开始担忧规避类似领域法律规定的可变利益实体结构,并对中概股企业的可变利益实体模式及其潜在的法律风险做了大量研究。2012 年,David Schindelheim 在《VIE 结构企业在中国:外国投资者部分在中国经济发展规划中是否仍不确定?》一文中,作者阐述了中国国内监管环境下可变利益实体结构企业面临的风险,并认为这种不确定性是由于中

① 参见刘辉:《VIE 架构企业“拆迁”回归难题》,载《董事会》2015 年第 8 期,第 78 页。

② Alan Reinstein,“Consolidation of Variable Interest Entities:Applying the Provisions of FIN 46(R)”(Nov. 30,2017),http://dx. doi. org/10. 2139/ssrn. 815745.

③ John M. Fleming,“Identifying Variable Interests in Variable Interest Entities”,(2006) 1 Pennsylvania CPA Journal 76(4).

④ Victoria Dickinson,“Clandestine Accounting: Variable Interest Entity Consolidation, Financial Leverage and Tax Shelter Participation”(August 26,2010),https://ssrn. com/abstract=1013547.

国政府限制外商投资以促进特定国内产业发展而造成的。[①] 沈伟也在《阿里巴巴将外商投资(错)置于中国公法框架之后监管是否会更加包容》与《解构阿里巴巴困境之谜:中国电信领域外商投资的非政治化解读》详细阐述了阿里巴巴案件的发展历程及贯穿其中的监管层态度,并就可变利益实体结构的监管问题做出了具体的分析。[②] 2014 年,Serena Y. Shi 在《投资赴美上市的中国 VIE 企业存在的风险》一文中表明了对可变利益实体系列协议有效性的担忧,该阐述与同时期美国证监会警告投资者的内容相一致。[③] 2014 年,郭雳在《中国的 VIE 结构是否还能在灰色地带继续生存?》中详细介绍了中国监管层对可变利益实体结构的态度,并通过陈述支付宝违约事件向公众警示可变利益实体结构的风险。[④]

2015 年,《外国投资法(草案)》的出台引起了各国学者的关注。Kaitlyn Johnson 在《可变利益实体:阿里巴巴对中国外商投资限制的应对举措》一文中分析了《外国投资法(草案)》出台对可变利益实体结构企业的影响,并提出了一些监管建议。[⑤] 同年,Emily Foster 在《中国的限制引发了针对 VIE 结构的反思》文中认为《外国投资者(草案)》并不会很大程度上影响控制权仍在中国人手上的可变利益实体结构企业。[⑥] John Loh 在《随着可变利益实体结构的消失中国企业将回归境内上市》一文中指出,可变利益实体结构企业很可能因为市场估值、监管改革等因素而逐渐消

① David Schindelheim, "Variable Interest Entity Structures in the People's Republic of China: Is Uncertainty for Foreign Investors Part of China's Economic Development Plan?", (2012) 195 Cardozo J. Int'l & Comp. L. 21.

② Wei Shen, "Will the Door Open Wider in the Aftermath of Alibaba-Placing (or Misplacing) Foreign Investment in a Chinese Public Law Frame", (2012) 275 Hong Kong LJ 42; Wei Shen, "Deconstructing the Myth of Alipay Drama—Repoliticizing Foreign Investment in the Telecommunications Sector in China", (2012) 929 Telecommunications Policy 36.

③ Serena Y. Shi, "Perils of Investing in Variable Interest Entities Domiciled in the People's Republic of China and Listed in the United States", (2013) 1265 Fordham Int'l L. J. 37.

④ Li Guo, "Chinese Style VIEs: Continuing to Sneak under Smog?", (2014) 569 Cornell Int'l L. J. 47.

⑤ Kaitlyn Johnson, "Variable Interest Entities: Alibaba's Regulatory Work-Around to China's Foreign Investment Restrictions", (2014) 249 Loy. U. Chi. Int'l L. Rev. 12.

⑥ Emily Foster, "China Crackdown Prompts Rethink on VIE Structures" (Nov. 30, 2017), https://www.globalcapital.com/article/q58cd9wmst1t/china-crackdown-prompts-rethink-on-vie-structures.

失,与此同时中国境内经济实体的活动将更为活跃。[①] Park Si-soo 在《草案出台后乐天等中外合作企业在中国面临风险》中指出非中国人控制的可变利益实体结构企业将不得不转让自己的股份。[②] 沈伟在《中国是否在创造新的商业秩序? 使中国在治外法域拓展穿透主义合理化》指出了可变利益实体架构可能面临的税收风险,以及中国税务当局扩张性使用揭开公司面纱原则的不利后果。[③]

2016 年,Tyler W. Perry 在《对经济繁荣正统道路的批判》一文中以阿里巴巴为例,反驳知识产权对经济发展的重要影响,呼吁对中国经济的发展方式给予更多的关注与研究。[④] 中概股企业海外上市的浪潮也引发了境外学者对该模式的研究与思考,他们或是从经济方面分析总结该种模式的运作方法与经验,或是从法律角度研究该模式的监管环境与存在的法律风险,并对监管方法提出自己的见解。

第一节　可变利益实体结构概述

一、可变利益实体结构简介

(一)可变利益实体概念的来源

可变利益实体的全称为 Variable Interest Entities,中文译为"可变利益

① John Loh, "Chinese IPOs to Go Onshore as VIEs Fade" (Nov. 30, 2017), https://www.globalcapital.com/article/rtjpv9s239h9/chinese-ipos-to-go-onshore-as-vies-fade.

② Park Si-soo, "Lotte, CJ Ventures in China Face Risks from Proposed Law" (Nov 30, 2017), http://koreatimes.co.kr/www/news/tech/2015/04/129_177710.html.

③ Wei Shen and Casey Watters, "Is China Creating A New Business Order? Rationalizing China's Extraterritorial Attempt to Expand the Veil-Piercing Doctrine", (2015) 519Nw. J. Int'l L. & Bus. 35.

④ Tyler W. Perry, "Development and Distrust: A Critique of the Orthodox Path to Economic Prosperity", (2015) 477 Nw. U. L. Rev. 110.

实体”,是特殊目的实体(SPE)的一种。[①] 可变利益实体结构(模式)也被称为“协议控制模式”或者“新浪模式”。简单地说,可变利益实体模式是指境外上市主体(一般利用其子公司)通过与境内运营实体的一系列协议安排实现对境内运营实体的间接控制,从而将境内运营实体经营特定领域业务的利润转移至境外上市主体并承担其风险的运作模式,该境内运营实体即为境外上市主体的可变利益实体。[②] 在该种模式中,境内运营实体经营的领域通常为我国外商投资法律法规限制或禁止的领域。

可变利益实体是一个来源于美国会计准则的概念。2001 年安然事件发生时,美国的会计准则实行以股权控制为标准的“投票权”模式,仅当一主体对另一主体享有股权控制的情况下,才将受控制方的财务报表合并至控制方,安然公司正是通过这一规则的漏洞,以协议控制等方式控制了多个特殊目的公司而不需要合并其财务报表,从而达到隐瞒负债和亏损的目的,最终以破产告终。[③]

2013 年 1 月,美国财务会计准则委员会(Financial Accounting Standards Board,FASB)发布了 46 号解释函(FIN46)对可变利益实体企业合并财务报表做出了规范。根据该解释的规定,受其约束的实体即为可变利益实体,承受可变利益实体部分预期损失或者获得该实体部分预期留存收益的投资或其他利益即为可变利益。[④] 而解释函规定当一个实体存在以下情形时受其约束:(1)在不寻求另外方次级财务支持的情况下,承受风险的所有股权投资不足以允许该实体为其活动融资(一般将承担风险的股权投资比例少于总资产的 10%视作“不足以允许”),这种股权投资包括仅在实体内部大量参与利润分配和风险承担的股权投资,即使这些投资不具有投票权。(2)承担风险的股权投资持有者作为集团其控制性财务利益缺乏三个特征之一:第一,有能力通过投票权或类似权利直接/间接对重要影

① 指为了特殊目的而建立的法律实体。特殊目的实体(SPE)是美国的叫法,在欧洲,特殊目的实体通常称为“特殊目的载体”(Special Purpose Vehicle,SPV)。

② Thomas A. Gavin,“Update on Consolidation of Variable Interest Entities”,(2010)18 Com. Lending Rev. 25.

③ 参见刘燕:《企业境外间接上市的监管困境及其突破路径——以协议控制模式为分析对象》,载《法商研究》2012 年第 29 期,第 13 页。

④ John M. Fleming,“Identifying Variable Interests in Variable Interest Entities”,(2006)1 Pennsylvania CPA Journal 76(4).

响实体成功的活动作出决定,如果所有者都不享有投票权或类似权利(如公司中的普通股东或是合伙中的普通合伙人),则投资者不具备该能力;第二,承担实体预期损失的义务,如果投资者不用承担该预期损失或者获得了由实体本身或其他关联方保证的返还,则其不具有该义务;第三,获得实体预期剩余收益的权利,如果投资者的回报受制于实体管理性文件或与其他可变利益持有者或实体之间的安排,则投资者不享有该权利。(3)作为集团的股权投资者如果满足以下情形,也应当被认为缺乏第(2)条中的第一个特征:一些投资者的投票权与其承担实体预期损失的义务或获得预期剩余收益的权利不成比例(或两者均不成比例),并且实体的所有活动(如提供融资或购买资产)实质上涉及或者为了投票权不成比例的投资者行使。根据该解释函的要求,可变利益实体的主要受益人应当披露可变利益实体的性质、目的、规模和活动,与可变利益实体义务相关的合并资产的账面价值和分类,以及如果可变利益实体的债权人(或主要利益持有者)对主要受益人的一般信用证无追索权时缺乏追索权的情况。[①] 这些信息将有助于财务报告使用者对企业风险进行更有效的评估。

(二)可变利益实体结构的产生原因及发展历程

1. 可变利益实体结构的产生原因

可变利益实体结构产生主要有两个重要原因,一个是境内资本市场融资困难,另一个是外国投资国内产业受到相关准入规则的限制。

采用可变利益实体结构实现境外上市的企业多属于互联网等新兴行业,它们通常难以满足境内上市发行的要求,而且我国针对新兴产业的风险投资相对滞后,融资渠道并不广泛,无法满足互联网新兴产业的资金需求,[②]这成为新兴产业公司寻求境外上市的主要原因。[③]

---

① 参见美国财务会计准则委员会 FASB Interpretation No. 46(revised December 2003)。

② 参见马俊丽、许瑶:《协议控制(VIE)模式下的风险研究》,载《金融经济》2016年第4期,第116页。

③ Serena Y. Shi,"Perils of Investing in Variable Interest Entities Domiciled in the People's Republic of China and Listed in the United States",(2013) 1265 Fordham Int'l L. J. 37;Wei Shen,"China's Dilemma: How Can a Weak Company Law Regime Support a Strong Market for International Private Equity Investments? A Real 'Piggybacking' Case",(2010) 197 Business Law International Vol. 11.

另一方面,境外投资者投资境内相关产业受到严格的政策限制。① 以互联网领域为例,2011 年版《外商投资产业指导目录》中基础电信业务及增值电信业务属于限制外商投资的领域,网络视听节目服务和互联网文化经营属于禁止外商投资的领域,且根据国务院《中华人民共和国电信条例》(国务院令第 291 号)和《互联网信息服务管理办法》(国务院令 292 号),互联网信息服务提供者需要取得各地通信管理部门核发的 ICP 许可证才能从事相关业务。逐年进行修订的《外商投资产业指导目录》列明了具体限制外资进入的境内行业,在这些限制之下,外资试图通过其他方式间接参与到相关限制性产业的经营中以获得收益。②

2. 可变利益实体结构的发展历程

2000 年 4 月,新浪在美国纳斯达克创业板上市(NASDAQ),作为第一家利用可变利益实体结构在境外上市的境内企业,此后,境内企业纷纷对其展开了效仿,掀起了境内企业借助可变利益实体结构境外上市融资的热潮。2012 年 9 月,以可变利益实体结构上市的境内企业已近 117 家(除去已退市),在这些境内企业中,互联网信息服务 22 家、电子商务 7 家、网游 7 家、软件服务 12 家,泛互联网总共占据了 41%;教育培训 10 家,占 8.5%;传媒出版 11 家,占 9.4%。③ 到 2014 年 6 月,在美国上市的中国企业(除去已退市)已经有 202 家,采用可变利益实体结构的有 84 家。④

二、可变利益实体结构的搭建及其构成

可变利益实体结构的搭建通常按照以下几个步骤:

第一步(如图 8-1 示①)设立创始人公司。境内运营实体的创始人通常设立 BVI(英属维尔京群岛)公司,并通过该公司控股境外上市主体。在英属维尔京群岛设立公司成本较低、程序简单、税收优惠(个人所得税和

① 参见周清华、李慧:《中资利用离岸金融中心资本外逃的法律分析》,载《对外经济贸易大学学报》2005 年第 6 期,第 88 页。

② 参见伏军:《境外间接上市法律制度研究》,北京大学出版社 2010 年版,第 8 页。

③ 2012 年 12 月 31 日以前的数据引用:欧阳瑭珂:《中国企业境外间接上市中的合同控制模式研究——法律和财务的双重视角》,北京大学 2011 年硕士学位论文。数据来源新财富杂志高级研究员苏龙飞。

④ 参见刘纪鹏、林蔚然:《VIE 模式双重道德风险及监管建议》,载《证券市场导报》2015 年第 10 期,第 4 页。

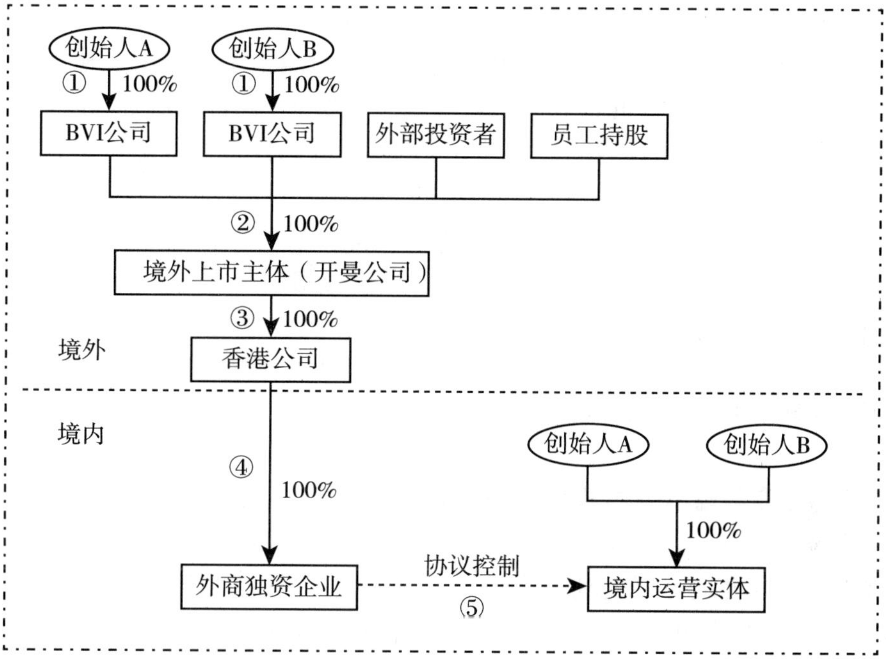

图 8-1　可变利益实体结构的搭建步骤

企业所得税均免征),不限制经营范围,且能做到对股东信息进行严格保密,也不需要披露具体的财务数据,因此这一层的架构通常选择 BVI 用来进行资源整合以及避免关联并购监管。①

第二步(如图 8-1 所示②)设立境外上市主体。境内运营实体的创始人通常选择设立 Cayman Islands(开曼群岛)公司作为上市主体,并为此开曼公司引入外部战略投资者(私募股权投资基金或者风险投资基金)。这一层的架构选择开曼公司的原因在于美国对境内上市的外国公司有注册地要求。

第三步(如图 8-1 所示③)由境外上市主体开曼公司在香港设立全资子公司。根据香港与内地的双边贸易协定,香港对内地进口享受零关税,②

① Ioannis V. Floros,"Shell Games:On the Value of Shell Companies",(2011) 850-867 Journal of Corporate Finance 17(4).

② 参见中国中央政府与香港特区政府签署的《内地与香港关于建立更紧密经贸关系的安排》(CEPA),2013 年 12 月 2 日颁布。

因此,开曼公司设立香港全资子公司,为后期的协议安排做好准备。

第四步(如图8-1所示④)由香港子公司在境内设立外商独资企业(WFOE),通过外商独资企业实现对境内经营实体的协议控制。由于中国法律对外商投资企业的经营范围有严格限制,外商独资企业通常会申请咨询业务许可证。

第五步(如图8-1所示⑤)外商独资企业与境内经营实体签订一系列控制协议。控制协议旨在实现境内运营实体控制权和利润的转移,以达到接近股权控制的效果,一般包括来说以下系列协议:借贷协议、采购协议、技术服务\咨询服务提供协议、知识产权转让协议、股权质押(购买)协议、委托(代理)协议,利润分配协议等。[①]

三、可变利益实体结构的法律风险

规避国家对外资准入特定行业的限制是可变利益实体结构兴起的重要原因,这也决定了可变利益实体结构本身存在一定程度的法律风险,综合近几年发生的相关案例,我们可以发现,可变利益实体结构主要存在以下法律风险:

(一)政策风险

可变利益实体结构自兴起以来一直游走于灰色地带。司法机关在审理涉及可变利益实体结构的案件时往往选择回避结构本身的合法性(参见下文对可变利益实体结构效力的案件分析),各地政府部门对待可变利益实体结构资本运作所表现出的态度也不尽相同,2015年商务部发布的《外国投资法(草案)》虽就可变利益实体结构效力问题作出一些规范,但尚存在许多不明确之处,且该草案发布已有近两年多的时间,是否能获通过也存在很大的不确定性。在此背景之下,可变利益实体结构面临很大的政策风险。

(二)违约风险

可变利益实体结构的核心是协议控制,因而一系列控制协议自然成为

① 参见刘亭立、曹锦平:《阿里巴巴VIE模式应用分析》,载《财会月刊:理论版》2013年第2期,第94页。

可变利益实体机构运作的重要连结点,其有效性对可变利益实体结构具有重要影响。[①] 控制协议的本质是合同,境外股东并不直接拥有境内企业的所有权,所有控制协议均依靠缔约双方的自觉遵守才能顺利履行,如果违反控制协议能够比履约获得更大的收益,创始人和境内企业作为市场中的理性人很难会选择继续执行合同。[②] 一般来说,违约情形主要涉及境内公司控制权问题和资产转移问题。根据传统公司法理论,控制协议类似于实现了公司股东所有权与控制权的分离,由此形成了委托代理关系而具有道德风险。[③] 控制协议中通常包含股权质押协议,该协议的有效性我们暂且不论,境内创始人股东完全可以通过现金清偿终止股权质押协议而使境外投资者丧失对境内公司的控制。此外,境内企业也可以违反控制协议将该公司资产转移给善意第三人,可变利益实体结构就很容易崩塌。[④]

支付宝事件[⑤]和信超媒体事件[⑥]都是股东违约的典型案例。在支付宝纠纷之前,支付宝一直是中国最大的互联网商业公司阿里巴巴的子公司,为规避中国电信领域的法律、法规限制,阿里巴巴于 2009 年 7 月和 2010 年 6 月分别将支付宝 70%和 30%的股权转让给杭州阿里巴巴,由于阿里巴巴通过协议控制了杭州阿里巴巴,其可以继续保持对支付宝的控制。[⑦] 支付宝案件的起因是央行 2010 年 12 月发布的《非金融机构支付服务管理办法》,该办法规定经营在线支付业务的公司须取得央行发放的支付业务许

---

① David Schindelheim, "Variable Interest Entity Structures in the People's Republic of China: Is Uncertainty for Foreign Investors Part of China's Economic Development Plan?", (2012) 195 Cardozo J. Int'l & Comp. L. 21.

② Thomas Hatch, "Emerging Legal Risks for Investors Who Deal with Chinese Variable Interest Entity (VIE) Structures" (Nov. 30 2017), http://www. robinskaplan. com/resources/articles/china-s-forbidden-investment.

③ 参见[美]莱纳·克拉克曼、亨利·汉斯曼著:《公司法剖析:比较与功能的视角》,罗培新译,法律出版社 2012 年版,第 15 页。

④ Thomas Hatch, "Emerging Legal Risks for Investors Who Deal with Chinese Variable Interest Entity (VIE) Structures" (Nov. 30 2017), http://www. robinskaplan. com/resources/articles/china-s-forbidden-investment.

⑤ 郭一璟:《从"支付宝事件"析 VIE 模式的法律风险与监管对策》,载《河南司法警官职业学院学报》2014 年 12 卷第 2 期,第 51~55 页。

⑥ 参见孔焕志、隋雪芹:《贸仲上海第一起 VIE 案》,载《商法》2012 年 12 月、2013 年 1 月号,第 90 页。

⑦ Kaitlyn Johnson, "Variable Interest Entities: Alibaba's Regulatory Work-Around to China's Foreign Investment Restrictions", (2014) 249 Loy. U. Chi. Int'l L. Rev. 12.

可证，如有外资成分，须经国务院审批。为了尽快取得该许可证，阿里巴巴将支付宝另外30%的股权也转让给杭州阿里巴巴。2011年1月支付宝收到了央行的传真要求其对是否与外国投资者之间存在可变利益实体安排作出声明（暗示若支付宝存在可变利益实体安排，申请将不被通过），马云终止了该可变利益实体结构（阿里巴巴持股43%的股东雅虎认为该决定未经公司董事会或股东会通过，而CEO马云驳回了该声明），最终该纠纷以阿里巴巴与其股东雅虎和软银达成补偿协议得以解决。[①]

可变利益实体结构一旦发生违约，救济途径无外乎采用境内诉讼、仲裁或者境外诉讼、仲裁手段来解决。采用境内救济途径自然面临上文提到的政策风险，可变利益实体结构的效力存疑；若采用境外救济途径，所获判决或仲裁裁决是否能在国内得到认可依旧存疑。而且无论是境内还是境外，均要投入大量的时间成本，执行效果也不能够保证。

（三）外汇风险

可变利益实体结构一般涉及境外特殊目的公司融资及返程投资问题，这就需要按照我国的外汇规定办理外汇登记，主要依据的是国家外汇管理局的《10号文》和《75号文》的规定。境外融资后返程投资一般由境外的上市主体先对境内外商投资企业（WFOE）进行增资，再由外商投资企业将资金转移至境内运营实体，这一过程中涉及外汇资金注入外商投资企业、外商投资企业资本金结汇以及外商投资企业结汇后将资金转移至境内运营实体三个外汇问题。

第一个问题是外商投资企业增资的核心是境内主体的外汇登记，这方面的典型案例是境内运营实体北京觅缘（WFOE）因未能按时完成外汇登记而导致境外主体世纪佳缘不能如期出资，北京觅缘的外商投资企业设立批复也因此而自动失效。第二个问题是外商投资企业资本金结汇中，除了“外保内贷”和“真实交易结汇”外，实践中的其他方法诸如“虚假交易结汇”“分拆结汇”“以垫款或归还贷款方式结汇”等都有相当程度的外汇风险。第三个问题是外商投资企业结汇后转移至境内运营实体存在风险，根

① Wei Shen，“Will the Door Open Wider in the Aftermath of Alibaba-Placing（or Misplacing）Foreign Investment in a Chinese Public Law Frame”，（2012）275 Hong Kong LJ 42.

据国家外汇管理局 2014 年的规定，[①]外商投资企业资本金结汇不得直接或间接用于企业经营范围之外或者国家法律法规禁止的支出，在可变利益实体结构中，设立在境内的外商投资企业一般以技术或咨询服务作为其营业范围，境内运营运营实体则从事限制或禁止外商投资领域的业务，这样便很容易导致外商投资企业资本金结汇后的投入违反相关外汇管理规定。[②]

（四）税务风险

相比于股权控制，协议控制使企业承受了更大的税务负担。企业通过技术或服务费手段转移利润的同时不仅要缴纳相应数额的增值税，[③]还要按照相关商业合同的金额缴纳相应的印花税。因此，可变利益实体结构企业往往要采取各种方法减少税负，一般包括将利润留于境内运营实体或外商投资企业（WFOE）以及转移定价。当出现境内运营实体往往将其收入或利润转移至境外主体而产生"转移定价"的情形时，是否需要对该关联交易进行税务调整取决于税务主管部门的自由裁量。

境外主体的身份的认定也会影响到可变利益实体结构的纳税情况。在境外上市主体被认定为中国居民企业的情况下，境外上市主体从境内外商投资企业处获得的股息是免缴中国企业所得税的，而境外上市主体的企

---

① 参见《国家外汇管理局关于在部分地区开展外商投资企业外汇资本金结汇管理方式改革试点有关问题的通知》（汇发〔2014〕36 号）。

② 参见李志强、方晓杰：《公司境外上市中的外汇管制》，载《中国法律》2006 年第 2 期，第 40 页；贾拓、褚应前、蒋先进：《民营企业境外上市融资对当前外汇管理的影响——以泰州市为例》，载《金融会计》2011 年第 3 期，第 52 页。

③ 佚名：《实施 60 多年的营业税正式废止！》2017 年 11 月，载中国政府网，http://www.gov.cn/xinwen/2017-11/02/content_5236650.htm，中国法律法规信息库：国务院关于废止《中华人民共和国营业税暂行条例》和修改《中华人民共和国增值税暂行条例》的决定，2017 年 11 月，载 http://law.npc.gov.cn/FLFG/flfgByID.action?flfgID=37073280&zlsxid=02，增值税暂行条例：第 1 条"在中华人民共和国境内销售货物或者加工、修理修配劳务（以下简称劳务），销售服务、无形资产、不动产以及进口货物的单位和个人，为增值税的纳税人，应当依照本条例缴纳增值税。"第 2 条"纳税人销售服务、无形资产，除本条第一项、第二项、第五项另有规定外，税率为 6%。"高培林：《收取商标使用费应缴增值税》，载《中国税务报》2014 年 10 月，http://www.shui5.cn/article/34/58323.html，华税："纳税人提供技术转让、技术开发和与之相关的技术咨询、技术服务，享受增值税优惠，免征增值税"。载《技术转让所得涉及增值税、企业所得税问题总结》2018 年 11 月，http://www.shui5.cn/article/ec/124316.html，由于 VIE 公司是境内的经营实体，境外上市公司要获得其分配的利润，通常通过协议约定，WFOE 公司向 VIE 公司收取服务费，从而转移 VIE 公司的利润，再向境外公司作出分配。在这个过程中，WFOE 公司应就该项服务费收入按现行税率 6%缴纳增值税，并确认企业所得税收入。

业股东(非居民)转让境外上市主体股份取得收入或者从境外上市主体处获得股息则应缴纳中国企业所得税;若将境外上市主体认定为非中国居民企业,那么境外上市主体从境内外商投资企业处获得的股息是应缴纳中国企业所得税,境外上市主体的企业股东(非居民)从境外上市主体处获得股息无需缴纳中国企业所得税,境外上市主体的企业股东(非居民)转让境外上市主体股份取得收入需要参考国税总局2013年第72号文①的规定处理。由此看来,可变利益实体结构在税收方面存在很大空间也伴随着相对应的风险。

此外,国税总局近日颁布的《37号文》②进一步明确了非居民企业对境内所得应承担的纳税义务(源泉扣缴),无论是在交易结构还是交易条款方面都对可变利益实体结构下的离案交易产生了新的影响,此前的《698号文》③亦被废止。根据《37号文》的规定,创始人的境外公司转让境外上市主体的股权所获得的收益需缴纳间接转让税款,间接转让税款应为(股权转让收入-股权净值)×10%④(不考虑税收方面的特殊国际协定)。而当境外公司间接转让境内股权时,则应根据企业所得税法的规定,缴纳10%的企业所得税。

第二节 可变利益实体协议的法律效力

一、可变利益实体协议效力的法律分析

通过考察可变利益实体结构中"一揽子"控制协议,我们发现单个控

---

① 参见国家税务总局《关于非居民企业股权转让适用特殊性税务处理有关问题的公告》(2013年第72号)。

② 参见国家税务总局《关于非居民企业所得税源泉扣缴有关问题的公告》(2017年第37号)。

③ 参见国家税务总局《关于加强非居民企业股权转让所得企业所得税管理的通知》(国税函〔2009〕698号)。

④ "股权转让收入"是指股权转让人转让股权所收取的对价,对价形式包括货币和非货币;"股权净值"是指取得该股权的计税基础。股权的计税基础是以下的两项之一:(1)股权转让人投资入股时向中国居民企业实际支付的出资成本;或(2)购买该项股权时向该股权的原转让人实际支付的股权受让成本。

制协议在效力上即存在很大不确定性。借贷协议中外商投资企业给境内企业发放贷款是否构成企业间资金拆借存疑,因为按照现行法律规定仅房地产开发企业之间的资金拆借合同有效。股权质押协议或独家期权协议(行权内容为购买境内运营实体的全部股份)作为外商投资的担保,其在实践中的执行非常困难,因为无论是外商投资企业实现担保权利还是行使期权,前提都是外资根据中国法律的规定可以取得某些特定领域的股权。利润分配协议是可变利益实体结构中最为关键的一环,它不仅影响各投资方的切身利益,还决定着境外公司能否据此达到上市的财务要求,然而该分配协议看似真实自愿,实质分配不公,很可能出现合同某方以协议显失公平主张合同无效的情形,协议效力存在很大不稳定性。

那么,从整体上看,可变利益实体结构中的控制协议是否有效,我们需要根据法学理论、我国《民法通则》《合同法》(尤其是第 52 条合同无效认定标准)以及相关的司法解释,结合主体、意思表示、内容和标的这四个合同有效的构成要件来具体考察。[①] 通过对照不难发现,可变利益实体协议整体上符合主体具备法定缔约资格、意思表示真实和合同标的确定可行的要求,存在的疑问的是合同内容这一构成要素,该要素主要体现《合同法》第 52 条的规定之中。

(一)是否违反法律、行政法规的强制性规定

根据《合同法》第 52 条的规定,“合同内容违反法律、行政法规的强制性规定时,合同无效。”而根据《合同法司法解释二》,[②]此处认定合同无效的强制性规定指的是效力性强制性规定,与管理性强制性规定相对。那么什么是效力性强制性规定呢?

根据最高人民法院全国民事审判工作意见,只有法律(人大及其常委会制定)及行政法规(国务院制定)明确规定违反该类规定将导致合同无效,或者虽未明确规定前述内容但若使合同继续有效将有损国家利益和社会公共利益的,才作为效力性规定;未明确规定违反此类法律、行政法规将导致合同无效的是管理性规定。虽然管理性规范和效力性规范(同属于

① 参见崔建远:《合同法》,法律出版社 2007 年版,第 96 页。

② 《合同法司法解释二》第 14 条规定:《合同法》第 52 条第 5 项规定的“强制性规定”,是指效力性强制性规定。

强制性规定)针对的都是违反法律、行政法规的行为,但其意旨存在差异,管理性规范目的在于管理和处罚,并不必然否认其民商法效力,效力性规定则两个目的兼而有之。

此外,最高人民法院在其指导意见中还强调法院应当综合法律、法规的意旨来综合认定强制性规定的类型。[①] 纳入考量范围的因素包括交易安全、规制对象、权益类型等。该指导意见根据强制性规定规制的对象将其分为两类:一类是合同行为本身,另一类是合同当事人的市场准入资格(不是某类型的合同行为)或者是某种合同行为(不是某类的合同行为)。法院应当然认定前一类合同无效;而对于后一类,则应慎重考虑,可以在有必要的时候向有关立法部门征求意见或请示上级法院的意见。

具体到可变利益实体结构的法律效力问题,我国当下并不存在任何禁止可变利益实体协议的效力性强制性规定。当前的主要管理文件均来自商务部、工信部等国务院部门,在法律层级上皆属于部门规章,因此不能根据违反效力性强制性规定直接认定协议无效。

(二)是否损害社会公共利益

最高人民法院的指导意见[②]曾指出,对于违反效力性强制性规定的,法院应认定合同无效,而违反管理性强制规定的,法院应根据具体情形做认定,也就是说,虽然我国法院不能直接援引上述法律和行政法规中效力性强制性规定以外的其他依据判定合同无效,但若违反上述规定以外的其他规定(如部门行政规章、地方性法规),则可以根据《合同法》第52条第4项的规定,认定该行为损害公共利益,并确认合同无效。国内学者也曾提出过同样的观点,建议将《合同法》第52条的第4款用作第5款的补充。[③] 在我国司法实践中,最高人民法院也曾经在司法解释中通过援引中国人民银行的管理办法否定担保合同的效力。[④]

那么可变利益实体协议是否会因为违反社会公共利益而被认定无效呢?首先我们需要界定公共利益的涵义。由于我国并没有法律给出公共

---

① 参见最高人民法院《关于当前形势下审理民商事合同纠纷案件若干问题的指导意见》第五点。

② 参见最高人民法院《关于当前形势下审理民商事合同纠纷案件若干问题的指导意见》第五点。

③ 参见苏号朋:《合同的订立与效力》,中国法制出版社1999年版,第285页。

④ 参见最高人民法院《担保法司法解释》第6条。

利益的涵义,在相关的法条释义中,也仅仅是将“社会公共利益”一词具体表述为社会主义公共道德、社会经济和生活秩序,而不曾有清晰的标准,因此,“公共利益”一词究竟如何判定决定权依旧属于立法者,可变利益实体协议的效力在此意义上也悬而未决。

(三)是否以合法行为掩饰非法目的(脱法行为理论解释)

在涉及红筹架构的相关案例中(如民生华贸案),法院曾以“以合法形式掩盖非法目的”作为判决依据,那么这一依据在涉及可变利益实体协议时是否具有参考意义同样值得我们考虑。根据全国人大法工委合同法释义,“以合法形式掩盖非法目的”具有几个要素,首先是为了达到非法目的,其次在方法上行为人是通过迂回的方式,而在效果上是避开了法律或行政法规的强制性规定。[①] 在实践中,这种迂回方式的典型便是阴阳合同。根据隐藏行为说,该学说主张“所谓合法形式掩盖非法目的的行为,是指行为人利用一个合法的民事行为掩盖一个非法的民事行为。这种民事行为实际上包括两种:一是用来掩盖另一种民事行为的伪装行为;二是被掩盖的真实行为。此行为也可称为隐藏行为、隐匿行为。”具体而言,“以合法形式掩盖非法目的”有四大构成要件:非法目的、合法外观、隐藏行为、共谋之非真实意思表示。[②] 进一步看,“以合法形式掩盖非法目的”在实质意义上可归于学理上的“脱法行为”,即“将强行法规所禁止之事项,欲依其他方法达成之行为”。[③] 对于脱法行为应当如何认定,王泽鉴先生参考了德国学说及实践中相对保守的态度,认为不存在独立的脱法行为理论,认定脱法行为无效的理由可以有三种:一是违反相关规范的明确规定,二是违反对法规立法目的之解释,三是综合考虑禁止性规定加财产所有权规定的类推适用。[④] 除了第一种理由可以明确作出判断外,另外两种理由实质上都依赖于法律解释。

根据上述分析,我们可以得出结论,判断脱法行为效力的难点主要集

① 参见全国人大法工委编:《中华人民共和国合同法释义》(第3版),法律出版社2013年版,第216页。

② 参见马强著《合同法总则》,法律出版社2007年版,第48页。

③ 参见史尚宽:《民法总论》,中国政法大学出版社2001年版,第333页。

④ 参见王泽鉴:《民法总则》,北京大学出版社2009年版,第227~230页。

中在考察所规避法律规范的立法目的和脱法行为的事实行为本身，而要考量立法目的又首先要看该法律规范的效力层级。可变利益实体结构的目的在于绕开我国对外商投资的准入限制。根据我国外商投资法的规定，禁止或限制外资进入的行业是由国务院规定的，①该条属于委任性规则。因此，此处不仅需要先判断限制或禁止外资准入相关行业的规范自身的效力层级，在此基础上还需要考量是否应当将该层级规范的立法目的作为判断合同效力的依据，若是应当作为依据，接下来则要根据立法背景和法规内容做一个裁量。司法机关在这一点上还有较大的自由裁量权。

（四）合同效力的价值思考

对合同效力的判断在本质上其实也是一个价值判断。在思考合同效力问题时，学者们也从合同价值出发，提出了各种理论和原则。一般将自由、正义、安全、秩序、效益作为民商法的基本价值，这些价值在实践中可能共存，也可能相互冲突。② 此外，基于合同背后的利益考量，有学者将行政法学的“比例原则”延伸到了私法的合同效力判断领域，③依旧将传统比例原则的适合性、必要性和均衡性作为三个子原则。④ 具体到合同无效认定中，有学者提出了六项判断标准，包括合同本身的恶劣性，合同与社会公共利益的关联性，社会公共利益的重要性，合同无效的必要性、实效性和均衡性。⑤ 这些新的理论和原则既对合同效力制度的构建有重要影响，也为司法机关在个案中裁量可变利益实体控制协议的效力提供了一定参考。⑥

二、有关可变利益实体效力的案例评析

（一）法院判决

在法院司法判决领域备受关注的案例有以下几个，将分别做评述：

---

① 参见《外资企业法》第3条第2款，“国家禁止或限制设立外资企业的行业由国务院规定”。

② 参见孙鹏：《论合同效力判断》，载《云南法学》1998年第2期，第64页。

③ 参见黄忠：《比例原则下的无效合同判定之展开》，载《法制与社会发展》2012年第4期，第46页。

④ 参见姜昕：《比例原则释义学结构构建及反思》，载《西北政法大学学报》2008年第5期，第45页。

⑤ 参见黄忠：《违法合同的效力判定路径之辨识》，载《法学家》2010年第5期，第56页。

⑥ 参见黄忠：《违法合同效力论》，法律出版社2010年版，第197页。

1."可变利益实体结构第一案":亚星公司 vs. 安博公司①

在本案中,Ambow Education Holding Ltd. 全资控股安博在线(WFOE),安博在线与安博公司及其股东签署一系列控制协议,以此方式搭建成立可变利益实体结构。其中一系列控制协议包括安博公司的股东将其全部公司股权质押给安博在线(股权质押协议),上述股东将其在公司的所有表决权授予安博在线,且该授予无期限、不可撤销(委托/代理协议),安博在线向安博公司提供技术支持和咨询服务,安博公司向安博在线支付相当于其利润数额的服务费用(技术服务\咨询服务协议),这些协议都是可变利益实体结构中典型的控制协议。具体可变利益实体结构如图 8-2 所示。

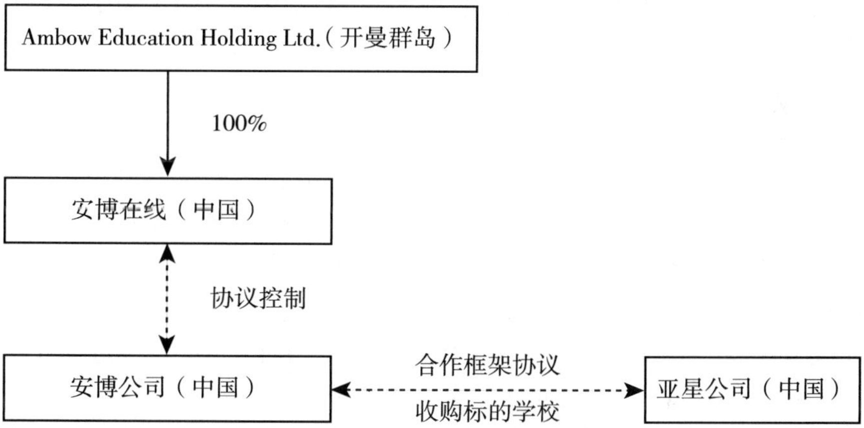

图 8-2　可变利益实体结构

2009 年,亚星公司与安博公司达成了一系列合作框架协议,该协议约定安博公司作价 16779 万元收购亚星公司的标的资产,该标的资产主要包括湖南长沙某实验学校和幼儿园的举办权等权益和资产以及亚星公司境外关联公司的 70%权益,收购的对价是安博公司现金支付 8391 万元,安博公司的境外关联方(Ambow Education Holding Ltd.)向亚星公司的境外关联方支付 8388 万元等值股票。

① 参见长沙亚兴置业发展有限公司与北京师大安博教育科技有限责任纷上诉公司合作合同纠案,法宝引证码 CLI. C. 9036337,载北大法院,http://www.pkulaw.cn/case/pfnl_1970324846010929.html? keywords=%E5%AE%89%E5%8D%9A%E5%9C%A8%E7%BA%BF&match=Exact,2017 年 11 月 21 日访问。

达成合作框架协议后，作为收购对价的 Ambow Education Holding Ltd. 股票自该公司在纽交所上市交易后一路下跌，2013 年 3 月，纽交所宣布暂停 Ambow Education Holding Ltd. 的股票交易，此时股价已跌至 0.95 美元，安博公司与亚星公司的纠纷由此产生。亚星公司就此向湖南省高级人民法院提起诉讼，援引《中外合作办学条例》第 6 条的规定[①]和《外商投资产业知道目录(2007 版本)》的规定，[②]主张双方之间的合作框架协议实质上是收购方利用可变利益实体结构恶意规避我国法律和产业政策禁止进入义务教育领域的规定，属于以合法形式掩盖非法目的，要求认定合作框架协议无效，收购方安博公司返还已转让的标的资产。

一审湖南省高级人民法院认为，本案的争议焦点是合作框架协议是否有效。针对该焦点，湖南省高级人民法院认为："合作框架协议是双方真实意思表示，协议内容不违反我国法律、行政法规中有关于合同效力的强制性规定，应认定为合法有效的合同，受法律保护"。在理由阐述中，湖南省高级人民法院主要提出了三点理由：一是根据我国对投资主体是内资或外资的判定标准，不能仅仅因为争议双方的投票权让渡协议和利润转移安排就将安博公司认定为外商投资企业；二是安博公司与安博在线之间的利润转移安排仅转移了目标学校的经营收益而不涉及控制教学安排，不会必然地危害我国教育产业的安全，因此，也不违反我国禁止外资进入义务教育领域的立法本意，不能驳回亚星公司的全部诉讼请求；三是法院如果否定合作框架协议的效力将鼓励亚星公司的不诚信交易行为，破坏商事交易安全。由此，一审湖南高级人民法院驳回亚星公司的是全部诉讼请求。亚星公司不服一审判决向最高人民法院提出上诉。

2016 年 7 月，二审最高人民法院针对与一审法院相同的争议焦点给出了六点理由：一是虽然安博公司股东将其股东权利协议委托给安博在线，安博在线并非安博公司的股东，安博公司是内资企业而非外资；二是合作框架协议是原被告双方的真实意思表示；三是因外商投资产业指导目录

① 参见《中华人民共和国中外合作办学条例》第 6 条规定：中外合作办学者可以合作举办各级各类教育机构，但是不得举办实施义务教育和实施军事、警察、政治等特殊性质教育的机构。

② 《外商投资产业指导目录》(2007 版本)第九项为教育—义务教育机构，军事、警察、政治和党校等特殊领域教育机构。

与商务部外国投资者并购安全审查十号文①是部门规章而非法律或行政法规,依据《合同法》第52条及最高人民法院《合同法司法解释(一)》,②其不能作为认定合作框架协议无效的依据,此外,就本案中外资企业通过协议控制义务教育机构举办权是否违反《中外合作办学条例》第6条③的规定,最高法院征求了教育部的意见,得到的答复为中外办学的特征是外方为教育机构且直接参与教育办学管理,本案中的协议控制并非直接参与学校办学管理因而不在该调理的调整范围之内;四是协议双方是否按约履行及按约履行是否产生损失不影响合作框架协议的约定;五是《认购期权协议》、《独家合作协议》、《委托协议》(所谓的可变利益实体结构控制协议)不属于本案审理范围;六是目标学校举办者变更已经教育行政主管部门许可,法人变更已经相应民政局审核批准,且无证据证明目标学校举办权变更后存在违法办学,目标学校也没有受到任何行政机关的违法认定。需要特别注意的是,最高人民法院在其判决书中强调,外资通过并购参与或者实际控制义务教育民办学校是否危害教育安全或社会公共利益属于教育主管部门的职责,应当由教育主管部门行政执法予以规范,并已就此向教育部提出司法建议。

本案中,最高人民法院虽然并未就可变利益实体结构的一系列控制协议作出认定,但其认定合作框架协议有效的理由对可变利益实体结构的效力认定具有重要的参考意义。从案件审理过程中最高人民法院对教育部的意见征询以及职责归属阐明不难看出,一方面最高人民法院非常重视行业主管部门的监管,相关产业政策的立法目的将对可变利益实体协议的效力产生影响,另一方面最高人民法院将外资通过协议控制参与义务教育办学是否危害教育安全交由教育部行政执法,对可变利益实体结构的效力判断尚留有余地。这些对可变利益实体结构的境外上市公司并购境内禁止

---

① 指《商务部实施外国投资者并购境内企业安全审查制度的规定》(商务部公告2011年第53号)。

② 根据《合同法》第52条第5项:"违反法律、行政法规的强制性规定"应当认定无效的规定及《最高人民法院关于适用合同法若干问题的解释(一)》第四条"合同法实施以后,应当以全国人大及其常委会制定的法律和国务院制定的行政法规为依据,不得以地方性法规、行政规章为依据"。

③ 《中外合作办学条例》第6条规定:中外合作办学者可以举办各级各类教育机构,但是,不得举办实施义务教育和实施军事、警察、政治等特殊性教育的机构。

或限制外商投资的特殊领域资产也具有非常重要的参照价值。[①]

2. 执行香港仲裁裁决案：福建纵横、分众传媒等 vs 中国高速传媒控股[②]

在本案之前，不曾出现中国内地法院强制执行相关境外仲裁或判决的先例。在本案中，申请人福建纵横、分众传媒等称在中国内地执行香港国际仲裁中心的两份仲裁裁决（HKIAC/A11030 号和 HKIAC/A11098 号）将严重违反中国内地的社会公共利益，请求福建省福州市中级人民法院依法[③]裁定不予执行两份仲裁裁决。申请人就可变利益实体结构提出了两点理由：一是可变利益实体结构违反中国内地法律关于禁止外国投资者以协议控制方式在中国内地经营新媒体广告传媒及增值电信业务的强制性规定，并构成“以合法形式掩盖非法目的”，适用中国内地法律应为无效；二是仲裁协议约定适用美国法律规避中国内地强制性法律规范，若执行仲裁裁决将严重违反社会公共利益，根据最高人民法院《关于贯彻执行〈中华人民共和国民法通则〉若干问题的意见》第 194 条的规定以及内地与香港相互执行仲裁裁决的安排第 7 条的规定，应不予执行该裁定。

本案的争议焦点就在于是否存在可变利益实体结构安排以及该安排是否因为违反行政法规或部门规章中的强制性规定而构成对我国公共利益的违反。2014 年 11 月，福建省福州市中级人民法院作出裁定，驳回福建纵横、分众传媒等不予执行香港国际仲裁中心裁决的请求。裁决书中，福建市中级人民法院援引了最高人民法院《关于对海口中院不予承认和执行瑞典斯德哥尔摩商会仲裁院仲裁裁决请示的复函》中的陈述作为参考，“对行政法规和部门规章中强制性规定的违反，并不当然构成对我国公共政策的违反”。就本案申请人主张的可变利益实体结构安排违反国

① 参见周家玮：《“VIE 第一案”对境外上市公司跨境收购的影响》，载《法制博览》2017 年第 37 期，第 240 页。

② 参见《福建纵横高速信息技术有限公司等诉中国高速传媒控股有限公司协议纠纷案》，法宝引证码 CLI. C. 3790168，载北大法宝，http://www. pkulaw. cn/case/pfnl _ 1970324840764760. html?keywords=%E7%A6%8F%E5%BB%BA%E7%BA%B5%E6%A8%AA%E5%85%AC%E5%8F%B8%E3%80%81%E7%A6%8F%E5%BB%BA%E5%88%86%E4%BC%97%E5%85%AC%E5%8F%B8%E7%AD%89%E7%94%B3%E8%AF%B7%E4%B8%8D%E4%BA%88%E6%89%A7%E8%A1%8C%E9%A6%99%E6%B8%AF%E4%BB%B2%E8%A3%81%E8%A3%81%E5%86%B3%E6%A1%88&match=Fuzzy，2017 年 11 月 21 日访问。

③ 参见《最高人民法院关于内地与香港特别行政区相互执行仲裁裁决的安排》第 7 条的规定。

务院《外商投资电信企业管理规定》、工信部《关于加强外商投资经营增值电信业务管理的通知》、商务部《实施外国投资者并购境内企业安全审查制度的规定》应裁定不予执行,福建省福州市中级人民法院认为是否涉及可变利益实体结构安排以及是否违反前述国务院、工信部和商务部的部门规章并不当然构成对我国公共利益的违反,因此,不支持申请人主张的"在内地执行香港仲裁裁决违反内地社会公共利益的,可裁定不予执行"。

在本案中,福建省福州市中级人民法院并未就可变利益实体结构本身及其效力作出认定,而仅是根据申请人举证不足以证明执行仲裁协议将违反中国内地社会的公共利益而支持仲裁协议的履行,由此看来,可变利益实体结构在认定及效力问题上依旧存在很大的不确定性,这在一定程度上也给有关境外可变利益实体结构安排在中国境内的执行问题提供了参考价值。

(二)仲裁裁决:"贸仲上海第一起可变利益实体仲裁案"

根据笔者获取的汉坤律师事务所可变利益实体相关案例备忘录,该仲裁案件中 X 互联网游戏公司(拥有外商无法取得的 ICP 牌照)作为境内运营实体与境外 BVI 公司通过签订一系列控制类协议和利润输送协议,搭建了可变利益实体结构。在经营过程中,X 公司的创始人与 BVI 公司的投资方对境内运营实体的控制权产生争议,投资方主张继续履行控制协议以控制 X 公司,X 公司的创始人则主张可变利益实体协议无效从而夺回公司控制权,该争议提交上海贸仲分会仲裁。

本案的核心焦点便在于可变利益实体协议安排是否有效。贸仲上海分会最终裁决认为,涉案互联网公司通过协议安排使原本没有网络游戏业务经营资格的外商投资企业参与到相关运营中并可由此获得收益,该可变利益实体结构违反了有关禁止外国投资者运营网络游戏业务的行政法规强制性规定(外商不得用签订相关协议等间接等方式实际控制或参与境内网络游戏运营业务),且构成《合同法》第 52 条,"以合法形式掩盖非法目的",可变利益实体结构无效。

虽然我国的仲裁裁决对未来案件并不具有先例的约束效果,但从这些案例中我们不难窥见仲裁机构和采取了实质主义的立场对可变利益实体结构进行认定。当然,本案也为法律实践带来诸多疑问,比如,可变利益实体结构中的一系列控制协议应当分别进行审查裁决还是作为一个“整体”来裁决？互联网游戏运营之外法律没有明确禁止外商间接参与的其他行业，可变利益实体安排的效力应当如何认定？这些可能都需要在未来的法律实践中予以印证。

（三）行政决定

1. 沃尔玛案

2012 年，商务部发布反垄断审查公告，附加限制性条件批准沃尔玛公司收购纽海控股 33.6%股权，根据购股协议，沃尔玛公司将在交易完成后成为纽海控股的控股股东，并且通过纽海控股实现对上海益实多公司 1 号店网上直销业务的控制。在一系列限制条件中，反垄断局禁止沃尔玛公司在本次交易完成后通过可变利益实体结构经营上海益实多的增值电信业务，[①]这就直接排除了沃尔玛通过收购交易控制在华增值电信业务的可能性。2015 年 7 月，沃尔玛向商务部提出申请，要求解除前述限制性条件。2016 年 5 月，商务部评估了市场竞争状况后决定解除上述限制性条件。

在此案例中，商务部于 2012 年明确禁止以可变利益实体结构从事电信增值业务，其审查决定明确表达了对可变利益实体结构可能规避增值电信业务外资准入限制的担忧，而就可变利益实体结构的合法性本身亦未作广泛的讨论。从商务部的态度中可以看出，反垄断审查可能会成为行政部门限制外商投资（尤其是限制敏感行业外商投资）的新角度。通过反垄断审查程序，行政部门可以用正常渠道干预交易，哪怕该交易的架构是在境外的。[②] 其后，商务部解除限制性条件是由于 2014 年以来增值电信行业的市场逐渐开放、门槛不断降低以及原市场竞争状况的实质性变化。根据工信部放开经营类电子商务外资股比限制的规定，[③]外资最高可 100%持股；且 1 号店的优势逐渐消失，发展速度落后于主要竞争对手，解除限制条件不再会产生排除、限制市场竞争的影响。综合商务部对可变利益实体结构

① 参见商务部《关于附加限制性条件批准沃尔玛公司收购纽海控股 33.6%股权经营者集中反垄断审查决定的公告》（2012 年第 49 号）。

② Paul Gillis:《沃尔玛收购中国最大网络超市的方案设计及相关 VIE 架构的综合评述》，载 https://wenku.baidu.com/view/82347aa6284ac850ad0242ff.html，2017 年 12 月 1 日访问。

③ 参见工信部《关于放开在线数据处理与交易处理业务（经营类电子商务）外资股比限制的通告》（工信部通〔2015〕196 号）。

态度的前后转变,其更多考量的是市场竞争因素,而非可变利益实体结构本身的效力因素,因而可变利益实体结构本身的效力依旧存在很大不确定。

2. 宝生钢铁案

宝生钢铁在2010年通过换股方式收购了一家香港公司GoldPromise,该香港公司全资控股的境内外商投资企业HAIC(WFOE)与河北一家钢铁公司河北宝生(境内运营实体)之间存在可变利益实体控制协议,香港公司控制其全部经济收益,因而河北宝生实际上成为宝生钢铁的协议控制附属公司。2010年9月,宝生钢铁向美国证券监督委员会提交了申请文件欲实现美国上市。2011年3月,在报送河北省人民政府审查时,河北省人民政府认为控制协议违背了有关外商投资企业的管理政策和国家法律,宝生钢铁只能终止该控制协议,并撤回在美上市申请。宝生钢铁案在一定程度上反映了我国行政机关对可变利益实体结构的审查和监管持有否定态度,但是,宝生钢铁案因涉及国家能源行业也具有一定的特殊性。

(四)小结

综合上述几个典型案例我们可以发现:我国法院虽然没有直接肯定可变利益实体结构本身的法律效力,但也并未因为可变利益实体结构的存在而影响对涉案交易结构或行为的认定,无论是上述可变利益实体第一案还是香港仲裁裁决案,法院均支持了可变利益实体结构一方;在仲裁实践中,仲裁机构则在典型案例中采取了实质主义的态度,直接认定可变利益实体结构无效;在各级政府机构的实践中,商务部从限制到取消限制,河北省政府则直接不予批准并要求相关企业终止可变利益实体控制协议。

不难看出,司法和行政上的规制并无统一的标准,而主要原因在于各个主体所处的立场及价值判断方面存在差异。法院需要在自己与行政主管部门的职责之间作出划分,将违反行政规范的行为留给相关主管部门通过行政执法予以惩戒,因此,对可变利益实体结构效力的判断稍留余地,为政府部门制定自己的产业政策、实现行业行政监管提供空间。在上述案例中,最高人民法院最后向教育部发出了司法建议,建议该部门在行政审批和监管的过程中加强规范。仲裁机构的否定态度是明晰的,但是,我国仲裁案例不具有先例效果,个案差异未必不会在今后出现。各级政府部门的判断则是更多基于当时的经济背景和行业发展状况,对不同敏感领域的企业可能会采取不同的态度,比如涉及能源、通信、教育等关乎国家安全的领域可能面临非常严格的监管要求;市场竞争状况的改变也可能导致变监管态度的转变,因而政府行政决定往往具有一定的特殊性,对可变利益实体安排的考量也并不局限于其本身的效力因素,需要结合个案情况作出具体分析。

第三节　可变利益实体结构的法律监管

一、可变利益实体结构的法律基础及监管状况

(一)境内监管体系

目前,境内资本市场对可变利益实体结构企业的监管由各个部门主导,相对比较分散。表 8-1 总结提炼每一规范的核心内容。[①] 为了方便与境内企业海外上市作比较,也为后面讨论境内企业融资的选择做好准备,表 8-1 还将列出境内企业海外上市的相关规定。[②]

通过上述梳理可以发现,我国法律中并无明文规定可变利益实体结构企业或可变利益实体模式。若将着眼点放低至部门规章的层级,虽有散见于其他事项规定中对于可变利益实体模式的条文,但这些规定并不系统,难以形成有效的约束力,而且这种零散且效力层级相对较低的规定不仅不能保障可变利益实体模式的健康发展,反而因为没有统一的指导思想而产生矛盾与冲突,在实践中更加缺乏难以操作。从监管部门来看,目前我国存在的相关监管部门众多,多数监管规章的执行部门各自独立,缺乏统一的协调机构,而且监管层对很多事项没有明确的职责划分,极易导致监管

① 参见陈文著:《企业上市融资必备——中外资本市场法律制度》,法律出版社 2011 年版,第 56~58 页。

② 参见赵龙、赵清:《中国企业境外上市监管》,中国金融出版社 2011 年版,第 60 页。

表 8-1　可变利益实体结构法律监管体系(境内资本市场)

颁布时间	生效时间	部　门	名　称	与可变利益实体相关的内容要点	具体规定	立法意图
1994 年 8 月 4 日	1994 年 8 月 4 日	国务院	国务院关于股份有限公司境外募集股份及上市的特别规定	【境外上市】境内企业境外上市最早期的规定。	“股份有限公司经国务院证券委员会批准,可以向境外特定的、非特定的投资人募集股份,其股票可以在境外上市。”(第 2 条)	适应境内股份有限公司境外募集股份、境外上市的需要。
2002 年 2 月 11 日	2002 年 4 月 1 日	国务院	指导外商投资方向规定	将外商投资项目分为鼓励、允许、限制和禁止四类,并将其中的鼓励、限制和禁止类列入《外商投资产业指导目录》。	“外商投资项目分为鼓励、允许、限制和禁止四类。鼓励类、限制类和禁止类的外商投资项目,列入《外商投资产业指导目录》。不属于鼓励类、限制类和禁止类的外商投资项目,为允许类外商投资项目。允许类外商投资项目不列入《外商投资产业指导目录》。”(第 4 条)	实施我国外商投资法和产业政策,指导外商投资方向。
2000 年 5 月	2000 年 7 月	卫生部、对外贸易经济合作部	《中外合资、合作医疗机构管理暂行办法》	引导外商投资医疗领域。	“合资、合作的中外双方应当具有直接或间接从事医疗卫生投资与管理的经验,并符合下列要求之一:(一)能够提供国际先进的医疗机构管理经验、管理模式和服务模式;(二)能够提供具有国际领先水平的医学技术和设备;(三)可以补充或改善当地在医疗服务能力、医疗技术、资金和医疗设施方面的不足。(第 7 条)	引导外商投资企业投资医疗领域。

续表

颁布时间	生效时间	部　门	名　称	与可变利益实体相关的内容要点	具体规定	立法意图
2006年8月8日	2006年9月8日	六部委①	关于外国投资者并购境内企业的规定(10号文)	第十一条规定境内公司、企业或自然人以其在境外合法设立或控制的公司名义并购与其有关联关系的境内公司,应报商务部批准。当事人不得以外商投资企业境内投资或其他方式规避前述要求。	“境内公司、企业或自然人以其在境外合法设立或控制的公司名义并购与其有关联关系的境内的公司,应报商务部审批。”(第11条)	规范外国投资者在中国境内的投资行为,提高利用外资的水平,维护公平竞争和国家经济安全。
2006年7月13日	—	工信部	关于加强外商投资经营增值电信业务管理的通知	①外国投资者涉及增值电信业务需经过审批(包括在线数据处理和互联网接入服务业务),未明确提及可变利益实体结构;② ②禁止境内企业将电信业务许可证出售给境外投资者。	“外国投资者在我国境内投资经营电信业务,应严格按照《规定》要求,申请设立外商投资电信企业,并申请相应电信业务经营许可证。未依法在我国境内设立外商投资电信企业并取得电信业务经营许可证的,外国投资者不得在我国境内投资经营电信业务。境内电信公司不得以任何形式向外国投资者变相租借、转让、倒卖电信业务经营许可,也不得以任何形式为外国投资者在我国境内非法经营电信业务提供资源、场地、设施等条件。”(第一点)	落实国务院《外商投资电信企业管理规定》,加强对外商投资经营增值电信业务的管理和规范。

① 六部委是指商务部、国务院国有资产监督管理委员会、国家税务总局、国家工商行政管理总局、中国证券监督管理委员会和国家外汇管理局。

② 参见陈永坚著:《中国风险投资与私募股权》,法律出版社2008年版,第295~300页。

续表

颁布时间	生效时间	部　门	名　称	与可变利益实体相关的内容要点	具体规定	立法意图
2007年5月23日	—	商务部、国家外汇管理局	关于进一步加强、规范外商直接投资房地产业审批和监管的通知（简称商资函〔2007〕50号	①严格以返程投资方式（包括同一实际控制人）并购或投资境内房地产企业； ②境外投资者不能通过变更境内房地产业其实际控制人来规避外商投资审批。	“严格控制以返程投资方式（包括同一实际控制人）、并购或投资境内房地产企业。境外投资者不得以变更境内房地产企业实际控制人的方式，规避外商投资房地产审批。外汇管理部门一经发现以采取蓄意规避、虚假陈述等手段违规设立的外商投资房地产企业，将对其擅自汇出资本及附生收益的行为追究其逃骗汇责任。”（第三点）	规范房地产市场外资准入和管理。
2009年9月28日	—	新闻出版总署、国家版权局	关于贯彻落实国务院“三定”规定和中央编办有关解释，进一步加强网络游戏前置审批和进口网络游戏审批管理的通知	明确禁止外商投资网络游戏运营行业（包括通过控制协议取得对境内网络游戏运营商的控制）。	“禁止外商以独资、合资、合作等方式在中国境内投资从事网络游戏运营服务。外商不得通过设立其他合资公司、签订相关协议或提供技术支持等间接方式实际控制和参与境内企业的网络游戏运营业务。也不得通过将用户注册、账号管理、点卡消费等直接导入由外商实际控制或具有所有权的游戏联网、对战平台等方式，变相控制和参与网络游戏运营业务。违反规定的，新闻出版总署将会同国家有关部门依法查处，情节严重者将吊销相关许可证、注销相关登记。”（第四点）	加强网络游戏前置审批和进口网络游戏审批管理。

续表

颁布时间	生效时间	部　门	名　称	与可变利益实体相关的内容要点	具体规定	立法意图
2009年6月22日	2009年6月22日	商务部	关于外国投资者并购境内企业的规定	对2006年的规定进行了修改，包括删除第五章“反垄断审查”，与反垄断法及经营者集中申报规定相统一。	“依据《反垄断法》的规定，外国投资者并购境内企业达到《国务院关于经营者集中申报标准的规定》规定的申报标准的，应当事先向商务部申报，未申报不得实施交易。”（第51条）	保证《关于外国投资者并购境内企业的规定》与《反垄断法》和《国务院关于经营者集中申报标准的规定》相一致。
2010年8月19日	2010年8月19日	商务部	商务部办公厅关于外商投资互联网、自动售货机方式销售项目审批管理有关问题的通知	对外商投资互联网、自动售货机方式销售项目实行管理。	“申请设立专门从事网上销售的外商投资企业报省级商务主管部门批准，由省级商务主管部门根据《外商投资商业领域管理办法》及其他相关的法律法规进行严格审批。”（第1条）“申请设立以自动售货机销售方式销售商品的外商投资商业企业，或已设立企业增加自动售货机销售方式销售业务的，报省级商务主管部门审批。”（第2条）	加强互联网、自动售货机方式销售项目领域的管理。

续表

颁布时间	生效时间	部　门	名　称	与可变利益实体相关的内容要点	具体规定	立法意图
2011年2月3日	2011年2月3日	国务院	国务院办公厅关于建立外国投资者并购境内企业安全审查制度的通知	定义了外国投资者并购境内企业的概念	(二)外国投资者并购境内企业,是指下列情形:1. 外国投资者购买境内非外商投资企业的股权或认购境内非外商投资企业增资,使该境内企业变更设立为外商投资企业。2. 外国投资者购买境内外商投资企业中方股东的股权,或认购境内外商投资企业增资。3. 外国投资者设立外商投资企业,并通过该外商投资企业协议购买境内企业资产并且运营该资产,或通过该外商投资企业购买境内企业股权。(第1条)	维护国家经济安全。
2011年8月25日	2011年9月1日	商务部	商务部实施外国投资者并购境内企业安全审查制度的规定(第53号公告)	①第9条强调:外国投资者(包括可变利益实体结构)不得以任何手段规避国家对外资并购境内企业的审查。该安全审查针对涉及国家安全和经济安全的外资并购; ②将并购交易的实质内容和实际影响作为判断是否需要跨境并购安全审查的标准。①	"对于外国投资者并购境内企业,应从交易的实质内容和实际影响来判断并购交易是否属于并购安全审查的范围;外国投资者不得以任何方式实质规避并购安全审查,包括但不限于代持、信托、多层次再投资、租赁、贷款、协议控制、境外交易等方式。"(第9条)	维护国家经济安全。

① 参见刘燕:《企业境外间接上市的监管困境及其突破路径——以协议控制模式为分析对象》,载《法商研究》2012年第29期,第13页。

续表

颁布时间	生效时间	部　门	名　称	与可变利益实体相关的内容要点	具体规定	立法意图
2012年12月20日	2013年1月1日	证监会	关于股份有限公司境外发行股票和上市申报文件及审核程序的监管指引(第45号公告)	【境外上市】境内公司实现海外上市必须符合相关要求并经证监会审批许可。	包括申报文件、申请及审核程序两大部分。	适应中小企业融资需求,放宽境外发行股票和上市的条件,简化审核程序。
2014年2月	2014年2月	工业和信息化部 上海市人民政府	工业和信息化部 上海市人民政府关于中国(上海)自由贸易试验区进一步对外开放增值电信业务的意见	进一步开放外商投资企业投资电信行业	“(一)已经对WTO承诺开放,但外资股比不超过50%的信息服务业务、存储转发类业务等两项业务外资股比可试点突破50%。其中信息服务业务仅含应用商店。(二)新增试点开放四项业务:呼叫中心业务、国内多方通信服务业务、因特网接入服务业务(为上网用户提供因特网接入服务)、国内因特网虚拟专用网业务。其中,呼叫中心业务、国内多方通信服务业务、因特网接入服务业务(为上网用户提供因特网接入服务)外资股比可突破50%;国内因特网虚拟专用网业务外资股比不超过50%。(三)在线数据处理与交易处理业务(经营类电子商务)外资股比不超过55%。”(第2条)	引导外商投资企业投资电信领域。

续表

颁布时间	生效时间	部　门	名　称	与可变利益实体相关的内容要点	具体规定	立法意图
2014年9月6日	2014年10月6日	商务部	境外投资管理办法	【境外上市】	“商务部和省级商务主管部门按照企业境外投资的不同情形,分别实行备案和核准管理。企业境外投资涉及敏感国家和地区、敏感行业的,实行核准管理。企业其他情形的境外投资,实行备案管理。”(第6条)	规范和便利境外投资。
2014年7月4日	2014年7月4日	外汇管理局	关于境内居民通过特殊目的公司海外投融资及返程投资外汇管理有关问题的通知(37号文)及其附件(操作指引)	总体上看,对可变利益实体结构的规范更加严格; ①扩大“特殊目的公司”的范围,将“以投融资为目的”作为新的判断标准,取代原75号文中仅能规范红筹架构的“股权融资目的”;① ②规定了特殊目的公司的资产和权益来源不仅包括境内居民在境内合法持有的全部资产和权益,还将其他们在境外合法持有的全部财产和权益纳入范围; ③以VIE结构上市的公司不仅需要满足原外汇登记要求,还需要取得商务部发放的企业境外投资证书。	“本通知所称“特殊目的公司”,是指境内居民(含境内机构和境内居民个人)以投融资为目的,以其合法持有的境内企业资产或权益,或者以其合法持有的境外资产或权益,在境外直接设立或间接控制的境外企业。本通知所称“返程投资”,是指境内居民直接或间接通过特殊目的公司对境内开展的直接投资活动,即通过新设、并购等方式在境内设立外商投资企业或项目(以下简称外商投资企业),并取得所有权、控制权、经营管理权等权益的行为。本通知所称“控制”,是指境内居民通过收购、信托、代持、投票权、回购、可转换债券等方式取得特殊目的公司的经营权、收益权或者决策权。”(第一点)	便利境内居民通过特殊目的公司从事投融资活动所涉及的跨境资本交易,有序提高跨境资本和金融交易可兑换程度。

① 参见李寿双、苏龙飞、朱锐著:《红筹博弈》,中国政法大学出版社2011年版,第237页。

续表

颁布时间	生效时间	部门	名称	与可变利益实体相关的内容要点	具体规定	立法意图
2015年6月19日	2015年6月19日	工信部	工业和信息化部关于放开在线数据处理与交易处理业务（经营类电子商务）外资股比限制的通告（第196号文）	放开该项外资股比限制，外资持股比例可至100%。	“在全国范围内放开在线数据处理与交易处理业务（经营类电子商务）的外资股比限制，外资持股比例可至100%。”	鼓励和引导外资积极参与我国电子商务发展。
2016年2月6日	2016年2月6日	国务院	外商投资电信企业管理规定（2016年修订）	对外商投资企业经营增值电信业务提出要求。	“经营增值电信业务的外商投资电信企业的外方主要投资者应当具有经营增值电信业务的良好业绩和运营经验”（第10条）。	引导外商投资企业投资增值电信业务。

续表

颁布时间	生效时间	部 门	名 称	与可变利益实体相关的内容要点	具体规定	立法意图
2017年6月28日	2017年7月28日	发改委、商务部	外商投资产业指导目录(2017年修订)	分为鼓励外商投资产业和外商投资准入特别管理措施(包括限制外商投资和禁止外商投资产业目录),新增了外商投资负面清单的说明,相比于2015年版本主要有以下几个变化: ①大幅缩减限制类条目,由原来的93条减少到62条(包括鼓励类有股比要求的); ②鼓励类和禁止类项目有所增加(典型的包括鼓励VR/AR/3D打印,禁止互联网新闻信息服务/互联网公众发布信息服务); ③出现了内外资一致管理趋势,只要是法律限制或者禁止的,内外资均受同等对待,而不再单独列入产业指导目录; ④对外商投资的企业组织形式提出要求,多数情形下应采用设立公司的形式。	具体参见该目录。	实施我国外商投资法和产业政策,指导外商投资方向。

续表

颁布时间	生效时间	部　门	名　称	与可变利益实体相关的内容要点	具体规定	立法意图
2018 年 10月	2018 年 10月	司法部	中华人民共和国民办教育促进法实施条例（修订草案）（送审稿）	采用“协议控制”的概念，体现了将“协议控制”纳入监管范畴的倾向。	“在中国境内设立的外商投资企业以及外方为实际控制人的社会组织不得举办、参与举办或者实际控制实施义务教育的民办学校；举办其他类型民办学校的，应当符合国家有关外商投资的规定”。（第 5 条） “实施集团化办学的，不得通过兼并收购、加盟连锁、协议控制等方式控制非营利性民办学校。”（第 12 条）	加强外商投资企业投资于民办教育的监管。

权力的重叠或者冲突,让可变利益实体结构企业难以适从。[①] 与权力重叠相对应的还有监管的真空,不少行业领域目前尚缺乏对可变利益实体结构的监管规定,这样不仅会使可变利益实体结构企业处于不确定的法律状态中,还可能给监管本身带来很大的负面影响。

因此,有必要制定出统一的监管政策并有效提高相关规则的效力层级。同时,在监管过程中,监管者不能仅仅针对已有现象被动地对可变利益实体结构企业进行规制,对于可能出现的风险应当有预先评估,才不会使整个监管规则落后于实践。此外,国内一直贯彻限制可变利益实体结构为主的监管思路,这样一方面不能满足现阶段我国企业的融资需要,另一方面也并不能有效阻碍可变利益实体结构企业寻求海外上市之路,反而会使国内企业在应对监管壁垒中消耗大量的时间和精力,不利于资本市场的长远发展。而且在这种否定性监管的思路之下,如果可变利益实体结构企业不主动上报相关控制协议,监管部门也很难事无巨细的审核到每一项协议,无异于建立了一道马其诺防线。综上,只有从可变利益实体结构企业的各方利益主体出发进行综合考量,才能有效把关协议控制,从而实现对可变利益实体结构企业的有效监管。

(二)域外监管环境

1. 香港

总体上看,港交所对可变利益实体结构上市采取了比较谨慎的态度,不仅在信息披露方面设置了高门槛,还加大了中国律师需要承担的责任。[②] 2011 年,港交所上市指引修正条款第 n161 款确立了逐案查制,所有采用可变利益实体结构香港上市的企业需要提供采用可变利益实体上市的充分理由,并逐个受到审查。同时,港交所还要求可变利益实体协议要给予境外投资者更多的权利(包括选择仲裁方式等司法救济权利),并通过设置协议条款避免境内企业的股东私自转移境内运营实体的资产而致使境外上市主体遭受损失。

2012 年,港交所新修正案条款细化了针对可变利益实体结构的信息

① 参见郭一璟:《从"支付宝事件"析 VIE 模式的法律风险与监管对策》,载《河南司法警官职业学院学报》2014 年 12 卷第 2 期,第 51~55 页。

② 参见香港联合交易所 2013 年 11 月 15 日上市决策 LD43-3。

披露要求。这些要求包括可变利益实体结构的股权纠纷风险、境内运营实体股东与境外投资者的利益安排约定、拟上市主体能够有效控制境内运营实体的法律依据。2013年,港交所上市规则新增16A、18A条款,要求律师正面确认可变利益实体结构的控制协议不违反中国限制外商投资的法律及规例,或者确定有关可变利益实体控制协议在这些法律及规例下不被视为失效或无效,此外,在有可能的情况下该法律意见还需要监管机构作担保。①

2014年港交所再次修改了上市规则并于2015年8月发布,在此次更新中有两个重点值得关注:一是对授权文件的要求,境内运营实体的股东应当确保其与拟上市主体董事(及继任)签订的授权文件不存在潜在利益冲突,且如果境内运营实体的股东也是拟上市主体董事或人员的,授权文件应当授予拟上市主体其他无关联的董事或人员;二是境内外国投资法草案的出台,市场对结构性合约(控制协议)效力的疑惑增加,应尽早联系港交所寻求非正式及保密指引。②

2. 美国

美国同样也针对中国企业利用可变利益实体结构在美上市提出了更加严格的披露要求。早在百度公司2005年美国纳斯达克上市时,美国证监会就要求其披露近期业务状况、与中国政府当局针对可变利益实体模式的沟通结果以及失去境内运营实体资产(包括百度域名等)控制权的风险。从2012年开始,披露可变利益实体结构财务报表的合并内容成为美国证监会的重点监管要求,可变利益实体结构公司需要通过披露相关的财务、管理信息和经济运行情况,使公众投资者了解适用可变利益实体结构产生的影响,此外,可变利益实体结构公司还需要披露中国法律实践走向,尤其是控制协议的合同安排及法律效力等相关问题。③

美国证券交易所对采用可变利益实体结构赴美上市企业的监管主要

① 参考梁小婵:《港交所修订规则网络企业VIE赴港上市趋紧》,载网易财经频道,http://money.163.com/13/1122/08/9E97F5MJ00254.html#from=keyscan,载http://money.163.com/13/1122/08/9E97F5MJ00254IU4.html#from=keyscan,2017年11月21日访问。

② 参考香港交易所指引信HKEx-GL77-14(于2015年8月更新),载http://cn-rules.hkex.com.hk/tr/chi/tr_8940_10709.pdf,2017年11月21日访问。

③ 参见美国证监会官方网,https://www.sec.gov/rules/rulemaking-index.shtml,2019年2月14日访问。

体现在监管主体的确立和监管制度的设立两方面。在主体方面,美国证券证券交易所是最主要的监管者,负责主导对可变利益实体结构公司的调查,监督可变利益实体结构公司的运营情况,上市公司会计监督委员会(PCAOB)负责所有可变利益实体结构公司的登记并监督其审计报告。在监管制度方面主要是信息披露制度,重点关注上市公司的财务会计报告,主要包括会计资料编制报告、财务报告编制公告、首席会计公告等文件;同时,在美国的强制信息披露要求之下,可变利益实体结构公司需要在招股说明书中披露可变利益实体模式、中国律师就该模式在中国境内是否合规的法律意见。①

在证券交易委员会等政府机构的监管之外,美国的做空机构也发挥了很大的监督作用。2012 年 7 月,美国证券交易委员会对新东方的可变利益实体结构进行调查引发股价暴跌 34. 32%,次日做空机构浑水公司针对新东方发布了质疑报告,指证新东方通过麻烦的可变利益实体结构在特许加盟模式、企业所得税、营业收入以及其所运营的学校资产等方面存在欺诈行为,并且新东方没有把经济利益的控制权实质性转移给外商投资企业(WFOE),这一报告的发布导致新东方的股价再一次接连暴跌 35%。② 从新东方事件的整个过程中我们可以发现美国相关当局并没有否定可变利益实体结构的效力,反而是将百度的可变利益实体结构作为正面教材予以参照,其关注点在于可变利益实体结构是否实现了实质上的控制权转移、是否满足了信息披露要求,最终目的是保护投资者的权益不受侵害。③

2014 年 7 月,阿里巴巴由香港转战美国上市时,美国国会曾发出警告表达了对类似阿里巴巴等可变利益实体结构面临重大风险的忧虑,美国国会在报告中认为作为可变利益实体结构基础的法律合同只能在中国境内执行,美国应该督促中国采取措施来降低可变利益实体结构的风险,如明确可变利益实体在中国的法律地位、实现金融市场自由化、取消相关产业

---

① 参见美国证监会官方网,https://www.sec.gov/rules/rulemaking-index.shtml,2019 年 2 月 14 日访问。

② 参见佚名:《浑水质疑新东方:VIE 加盟财务都存在问题》,载搜弧教育频道,http://news.imeigu.com/a/1342628035194.html,2017 年 11 月 21 日访问。

③ 参见立悟编译:《美 SEC 结束对新东方调查未发现违规行为》,载新浪财经频道,http://finance.sina.com.cn/stock/usstock/c/20140930/204720457040.shtml,2019 年 2 月 14 日访问。

对外资的限制等。[①] 美中经济与安全评估委员会(U. S. -China Economic and Security Review Commission)也相继发出报告提示了阿里巴巴可变利益实体结构存在的重大风险,并重点讨论的中国互联网公司的可变利益实体结构问题,该报告认为可变利益实体结构是“复杂且风险极高的法律安排”,且控制协议的效力在中国法院存疑。[②]

二、《外国投资法(草案)》出台后可能对可变利益实体结构产生的影响

(一)《外国投资法(草案)》修订的背景

金融危机以来,世界经济形势和中国经济格局都发生了重大变化。从世界经济看,美国推进跨太平洋伙伴关系协议(Tranc-Pacific Partnership Agreement,TPP)、跨大西洋贸易与投资伙伴关系协议(Transatiantic Trade and Investment Partnesship,TTIP)、国际服务贸易协定(Trade in Service Agrtement,TISA)三大谈判,力图重塑全球贸易投资版图,但都把中国排除在外。从中国经济格局看,出口导向的战略已经走到了尽头,经济增速也下了一个台阶,进入了中速增长的“新常态”。然而,中国经济仍保持着全球最快的增长速度,在“互联网+”的领域内与世界最先进的技术保持同步,在新一轮产业革命的萌芽中并不输给发达国家,中国经济正在适应并争取引领新一轮的全球化浪潮。[③]

以“外资三法”(中外合资企业经营法、外资企业法和中外合作经营企业法)为核心的外资法律体系为我国有效利用外资做出了重要贡献,对改革开放重大进程具有极其重要的意义。[④] 然而,改革开放早期制定的“外资三法”已经难以适应国家全面深化改革和进一步扩大开放的要求。[⑤] 随

---

① 参见《美国国会发出警告:投资阿里巴巴面临重大风险》,搜狐财经频道,载 http://business.sohu.com/20140623/n401188660.shtml,2017 年 11 月 21 日访问。

② 参考《美方警示中国互联网公司 VIE 模式风险》,中华人民共和国商务部网,载 http://www.mofcom.gov.cn/article/i/jyjl/m/201407/20140700682386.shtml,2017 年 11 月 21 日访问。

③ 参见石良平、姚磊:《外国投资法:自贸试验区下一步改革开放的新标杆》,载《学术月刊》2015 年第 47 期。

④ William I. Friedman,“One Country,Two Systems:The Inherent Conflict Between China's Communist Politics and CapitalistSecurities Market”,(2002) 477 BROOK. J. INT'L L. 27.

⑤ Ken Davies,“China's Economy:Still Some Way to Go”,(2003) 26 The OECD Observer 238.

着2013年《公司法》的修订,“外资三法”与其在企业组织形式以及相关的经营活动方面出现了法律关系的重复,部分规定存在一定冲突;逐案审批制对外资限制较大,也不利于实现政府职能从事前审批向提供公共服务和加强事中事后监管的转变,难以满足构建经济新体制的要求;外资并购、国家安全审查等制度亟待纳入统一的法律规范中并做进一步的完善。[①] 出台新草案不仅是适应国际贸易投资新规则的需要,也是推进国内投资管理体制改革的需要。

近年来商务部启动了“外资三法”的重新修订工作,于2015年1月19日完成了《中外合资经营企业法》《外资企业法》《中外合作经营企业法》三法合一的初步工作,并向社会各界人士发出了《外国投资法(草案征求意见稿)》(以下简称《2015年征求意见稿》),象征着该修订过程已经初步取得了成果。[②] 该草案规定,本法实施之日起原“外资三法”同时废止,此举将原本分而治之的三资企业法形成一个统一的体系,以此来规制所有关于外国投资者的投资行为,作为日后外国投资领域立法的基础。作为对境外投资的基础性法律,将有望改变以往监管混乱的局面,为形成统一的监管体系指明方向,在准入制度、投资领域的放开、管理措施的建设等方面达到协调同步,解决以往的监管重叠并填补监管的空白,有利于增强投资者信心,甚至能够起到倒逼国内改革的作用。

2015年3月,商务部部长在十二届人大三次会议回答记者提问时谈到,改革开放初期的“外资三法”已经显然不能适应新形势的需要,按照党的十八届三中全会全面深化改革的要求和四中全会关于依法治国的要求,这些都是需要进行改革的内容。制定统一的外国投资法的基本思路是放宽外资准入、保护外资的合法权益,同时加强事中、事后的监管,为外商投资营造更加稳定、透明、可预期的法律环境。商务部于2018年1月向社会就草案公开征求意见以来,欧盟、美国、日本、加拿大、澳大利亚、新加坡等国家和地区的政府主管部门、驻华使领馆、商协会组织以及企业和大的投资者均给予了高度关注,国内的企业界、学术界和法律界也进行了热烈的

① 参见《〈中华人民共和国外国投资法(草案征求意见稿)〉说明》,中华人民共和国商务部官网,载 http://tfs.mofcom.gov.cn/article/as/201501/20150100871010.shtml,2018年1月4日访问。

② 参见《中华人民共和国外国投资法(草案征求意见稿)》,中华人民共和国商务部官网,载 http://tfs.mofcom.gov.cn/article/as/201501/20150100871010.shtml,2018年1月4日访问。

讨论。①

外国投资法的立法进程正在加快。《法制日报》记者从2015年9月召开的“2015中国国际投资法律论坛”上获悉，商务部将于近期向国务院上报草案，国务院法制办牵头向社会公开征求意见或不久远。而对于这部呼之欲出的法律，中国政法大学终身教授江平指出：“对于外国投资，如果需要加以禁止和加以限制的话，我们就要有负面清单的办法。即在法律中明确规定，哪些领域是外商禁止进入的，哪些领域是外国投资应该加以限制的。”②

2017年11月，商务部在例行发布会上回答了媒体的提问，商务部已经将充分吸收社会各界相关建议的《外国投资法》的送审稿上报，将继续积极配合国务院法制办等有关部门，做好立法审议的相关工作。希望通过制定出台《外国投资法》，作为新的外资基础性法律，改革我国外资管理体制，全面实行准入前国民待遇加负面清单管理制度，切实保护外商投资的合法权益，促进公平竞争，营造更加稳定、透明、法制化的营商环境。③ 商务部条约法律司投资法律处处长蒋成华此前介绍，立法将做到“五个突出”：突出扩大开放；突出简政放权；突出保护外商投资合法权益；突出对外商投资的促进和服务；突出外商投资企业和其他各类市场主体之间的公平竞争。④ 具体来说，该草案对当前我国可变利益实体的影响主要有如下几个核心问题值得讨论。

2018年12月23日，《中华人民共和国外商投资法（草案）》（以下简称《2018年草案》）提请十三届全国人大常委会第七次会议审议。2018年12月26日，全国人大在其官网公布了《2018年草案》，向社会公开征求意见，征求意见截止日期为2019年2月24日。

值得注意的是，《2018年草案》完全没有提及可变利益实体架构。

---

① 参见《高虎城：外国投资法草案已征求意见将尽早出台》，载网易新闻，http://news.163.com/15/0307/11/AK3P176R00014JB6.html，2018年1月4日访问。

② 参见张维：《外国投资法草案近期上报　江平提出以负面清单规定外资禁止领域》，载人民网，http://legal.people.com.cn/n/2015/0921/c42510-27611719.html，2018年1月4日访问。

③ 参见《商务部11月2日举行例行新闻发布会》，载国务院新闻办公室官网，http://www.scio.gov.cn/xwfbh/gbwxwfbh/xwfbh/swb/Document/1605135/1605135.htm，2018年1月4日访问。

④ 参考经济参考报《外资开放新政近期有望密集落地外国投资法立法提速》，载《经济参考报》，http://www.mm111.net/2017/1201/340656.shtml，2018年1月4日访问。

与《2015 年征求意见稿》中“外国投资”的定义相比,《2018 年草案》第 2 条第 2 款对“外商投资”的定义删除了“向其持有权益的境内企业提供一年期以上融资”“取得境内或其他属于中国资源管辖领域自然资源勘探、开发的特许权,或者取得基础设施建设、运营的特许权”、“取得境内土地使用权、房屋所有权等不动产权利”和“通过合同、信托等方式控制境内企业或者持有境内企业权益”等列举情形,但同时新增了“外国投资者通过法律、行政法规或者国务院规定的其他方式在中国境内投资”这一兜底情形。此外,《2015 年征求意见稿》中首次提出的“实际控制人”概念及相关条款也被完全删除。这意味着,倘若《外商投资法按》照现有《2018 年草案》文本通过,则可变利益实体架构的合法性问题以及监管模式问题可能重新回到灰色地带。

值得探讨的是,《2018 年草案》删除可变利益实体架构相关内容的立法意图是什么？全国人大在《关于〈中华人民共和国外商投资法(草案)〉的说明》中指出,《2018 年草案》起草遵循的思路包括“立足于推动形成全面开放新格局,突出扩大对外廾放和积极利用外资的主基调,侧重于投资促进和投资保护,鲜明展现我国坚定不移推动新一轮高水平对外开放的原则和立场。”随后,商务部新闻发言人高峰在 2018 年 12 月 27 日的商务部例行新闻发布会[①]上的介绍也提供了一些线索。“我们相信,外商投资法的出台,将给广大外国投资者和外商投资企业一颗‘定心丸’。”他说,“我们将按照中央经济工作会议的部署,适应新形势、把握新特点,积极推动全方位对外开放,进一步放宽外资市场准入,推动相关部门加快电信、教育、医疗、文化等领域的开放进程,特别是外国投资者关注、国内市场缺口较大的教育、医疗等领域,也将放宽外资股比限制。”

据此,我们有理由推测,在改革开放四十周年、中美经贸摩擦与磋商持续进行等大背景下,外商投资法现阶段的立法重点更多地关注进一步对外开放、明确对外商投资实行准入前国民待遇加负面清单管理制度、营造内外资公平竞争制度环境等基础性且相对紧迫的问题,而关于可变利益实体架构合法性、外资认定看血统而非注册地(《2015 年征求意见稿》提出的“实际控制”思路)等仍存在分歧且相对不紧迫的问题则选择了暂时搁置,

① 参见《商务部召开例行新闻发布会》(2018 年 12 月 27 日),载商务部官网,http://www.mofcom.gov.cn/xwfbh/20181227.shtml,2019 年 2 月 14 日访问。

并通过立法授权的方式留待后续再解决。根据《2018 年草案》第 2 条第 2 款的上述兜底条款，可变利益实体架构未来仍有可能通过其他单行法律、国务院制定的行政法规乃至规范性文件的方式纳入“外商投资”的监管范畴。

（二）“控制”概念的界定将影响外国投资者身份的判断

《2018 年草案》第 11 条、第 18 条和第 19 条分别对“外国投资者”、“控制”和“实际控制人”等几个概念作出了界定，实际上是为可变利益实体结构的认定提出了实际控制人标准。根据该标准，若可变利益实体结构的实际控制人是中国投资者，则该可变利益实体企业应当被认定为中国投资者；若可变利益实体结构的实际控制人为外国投资者，则该可变利益实体企业应该被认定为外国投资者，并因此受到更为严格的监管。[①] 这一判断标准与最高人民法院在“可变利益实体结构第一案”中的判断标准显然是不一致的，如果《2018 年草案》能够通过，则原工商登记标准也将做相应的更改。

然而，《2018 年草案》第 18 条并未明确界定“控制”一词的含义。从理论上看，立法中存在两种“控制”标准：一种是个体标准，即判断控制时以单个外国投资者的持股为准；另一种是身份标准，在此种标准下要将所有外国投资者的持股数相加，国务院办公厅外资并购安全审查制度[②]即是以此为标准，它规定外国投资者取得实际控制不仅包括单个外国投资者在并购后持股超过 50%，还包括数个外国投资者在并购后持股总额超过 50%。举个例子，某公司有甲、乙、丙三个股东，甲为中国投资者，乙、丙为外国投资者，甲持股 45%，乙持股 35%，丙持股 20%，那么对该公司应当如何认定？其是否能从事特别管理措施目录列明的产业？如果按照个体标准，该公司的实际控制人是中国投资者，不受特别管理措施目录的限制，而如果按照身份标准，该公司由外国投资者实际控制，要受到准入许可的限制。[③]

① 参见吕卓、贺环豪：《外商投资法草案的 VIE 视角解读》，汉坤律师事务所，2018 年 12 月。

② 参见国务院办公厅《关于建立外国投资者并购境内企业安全审查制度的通知》（国办发〔2011〕6 号）。

③ 参见周思雨：《〈中华人民共和国外国投资法（草案）〉对 VIE 架构的影响》，载《人民法治》2016 年第 6 期，第 74 页。

外资并购安全审查制度采用身份标准认定“控制”与其作为安全审查的立法目的息息相关，《2018 年草案》中“控制”这一概念的含义自然也离不开草案立法目的的指引。同时，我们注意到《2018 年草案》将国家安全审查单独作为第四章，那么，其是否应当与 2006 年 9 月 8 日商务部、国资委、国家税务总局、国家工商总局、证监会、外管局、联合发布的《关于外国投资者并购境内企业的规定》（〔2006〕10 号）有关外资并购审查采用一致的标准尚存在疑问，也将对现存可变利益实体结构以及新增外购投资产生重要的影响。

（三）既存和新增可变利益实体结构企业将根据“实际控制”情况分别处理

根据《2018 年草案》及其说明的相关规定，我们可以按时间和可变利益实体结构企业的实际控制人将所有的可变利益实体结构企业分为四类：草案生效前既存的受中国投资者实际控制的可变利益实体结构企业、草案生效前既存的受外国投资者实际控制的可变利益实体结构企业、草案生效后新增的受中国投资者实际控制的可变利益实体结构企业以及草案生效后新增的受外国投资者实际控制的可变利益实体结构企业。后两种草案生效后新增的可变利益实体结构企业将直接适用草案对外国投资审查的规定，其中，根据《2018 年草案》第 45 条的规定，受中国投资者控制的可变利益实体结构企业从事限制实施目录规定的投资需要申请准入许可，同时向商务部提交证明材料申请将其投资作为中国投资者的投资，并由商务部作出审查后决定是否视为中国投资者的投资，而受中国投资者控制的可变利益实体结构企业从事禁止实施目录规定的投资则不在该条的范围内。

对于前两种类型的可变利益实体结构企业，《2018 年草案》中并未作出直接的规定，但与《2018 年草案》配套的说明专门就协议控制的处理对理论界和实务界的观点作了总结。说明总结的三种观点可以按照其严苛性递增的顺序概括为“申报制”、“申请认定制”和“准入许可制”。（1）“申报制”要求可变利益实体结构企业向商务部申报其受中国投资者实际控制，之后可以继续保留可变利益实体结构并继续其经营活动；（2）“申请认定制”要求可变利益实体结构企业向商务部申请认定其受中国投资者实际控制，经商务部认定受中国投资者实际控制后可以继续保留可变利益实体结构并继续其经营活动；（3）“准入许可制”要求可变利益实体结构企业向商务部申请准入许可，由商务部会同有关部门对其实际控制人等因素进行综合考察后作出决定。

前两种观点（“申报制”和“申请认定制”）讨论了可变利益实体结构实际控制人为中国投资者的处理方法，不涉及实际控制人为外国投资者的情形，其中，“申请认定制”与《2018年草案》对生效后新增的受中国投资者实际控制的可变利益实体结构企业的规定（第45条）相一致，监管者都享有一定的自由裁量权，认定存在不确定性。第三种观点兼容了可变利益实体结构实际控制人为外国投资者的情形，监管者有非常大的自由裁量权来认定既存的可变利益实体结构究竟是受到中国投资者还是外国投资者的实际控制，因而该种观点中可变利益实体结构处于一种非常不确定的状态。

（四）特别管理措施目录明确了外资准入的负面清单管理模式

自1995年起，国家发改委和商务部每隔一段时间都会更新《外商投资产业指导目录》，以指导外商投资的方向，适应中国经济发展的要求。此次《2018年草案》在第三章准入管理中明确提出将实行统一的外国投资准入制度，设立特别管理措施目录，对禁止或限制外国投资的领域依据此目录实施管理。

2017年新修订的《外商投资产业指导目录》相比于2015年的旧版已在鼓励外商投资产业目录后增加了外商投资准入特别管理制度（外商投资准入负面清单）的说明，并将限制和禁止外商投资产业目录作为两个部分放在其后。另外，《2018年草案》第22条、第23条明确规定、由国务院统一制定并发布特别管理措施目录，对于外国投资者给予低于国民待遇的应当由法律、行政法规或国务院决定予以规定，这一规定将改变原目录在法律上的效力级别，可变利益实体结构是否会因为违反更高效力级别的规范而导致其认定为无效存在疑问。

（五）国家安全审查制度和信息报告制度得以完善

《2018年草案》出台之前，有关国家去安全审查制度的规定散见于行政法规、部门规章等各类规范性文件之中（上文已作归纳），[①]而《2018年草案》将国家安全审查单独列为第四章，对其作出了较为系统的规定。

在审查主体方面，国家安全审查的责任主体是国务院，由其建立外国

① 参见叶军、鲍治著：《外资并购境内企业的法律分析》，法律出版社2008年版，第373、350页。

投资国家安全审查部际联席会议(以下简称联席会议),发改委和商务部会同外国投资所涉及的相关部门具体实施国家安全审查,当然此处的相关部门尚缺乏明确的指引,权责不够明确;[①]审查启动方式上,可以由外国投资者提出申请并提交相关申请材料(申请安审前还可就程序性问题请求预约商谈),也可以由联席会议依职权启动安审或者再次安审。

在审查阶段方面,一般性审查阶段应在30个工作日内完成,认为可能存在危害国家安全风险应决定进行特别审查,特别审查阶段在60个工作日内完成;在安审的考量因素方面,明确列举了要考虑的十种因素并给予联席会议考虑其他因素的自助裁量权;在安审决定类型方面,分为予以通过、予以附条件通过和不予通过三种结果;救济路径方面,对国家安全审查决定不得提起行政复议和行政诉讼;此外,《2018年草案》还授予商务部在安审过程中采取临时措施以及根据安审结果采取强制措施的权力。经认定为外国投资的可变利益实体结构企业须严格遵守上述规定。

市场的逐利性极易导致信息的不对称以及失真,信息披露制度的存在因而具有重要价值。[②]《2018年草案》的信息报告制度方面包括了制度的一般性规定、外国投资事项报告、投资事项变更报告、定期报告(年度)和外国投资统计几个方面的内容,《2018年草案》一旦生效,经认定为外国投资者的可变利益实体结构企业将按照上述要求披露外国投资者、外国投资和外国投资企业的各项基本信息以及获得准入许可的情况,有关可变利益实体结构的信息将变得更加清晰透明。

(六)股东变更国籍的规定与现行红筹模式之间的法规有待协调

《2018年草案》和2006年商务部等六部委发布的《关于外国投资者并购境内企业的规定》(以下简称《并购境内企业规定》)均对股东(或者可变利益实体结构中的实际控制人)变更国籍后外国投资企业的性质做出了规定,但两者之间存在冲突。《2018年草案》第159条规定,自然人由中国国籍变更为外国国籍的,其在中国境内的投资应认定为外国投资,由此适用有关外国投资的规定;而根据《并购境内企业规定》第58条的规定,

---

① Hamel C. Hartge, "China's National Security Review: Motivations and the Implications for Investors", (2013) 239 Stan. J. Int'l L. 49.

② 参见李昌麒著:《经济法学》,中国政法大学出版社2002年版,第71页。

境内公司的自然人股东即使变更国籍,也不能改变该企业的性质。

关于外国投资的上述两条规定之所以存在冲突,主要是由于立法目的上的差异。《并购境内企业规定》旨在防止股东改变国籍以规避关联并购审查,所以,即便股东将其外国国籍变更为中国国籍也无法逃避审查;而《2018 年草案》的目的在于鼓励可变利益实体架构所青睐产业的实际控制人保留其中国国籍,因此,中国国籍实际控制人一旦变更国籍将按照外国投资者的标准对其监管。《2018 年草案》第 159 条规定最后一句"国务院另有规定的除外"似乎是为外国投资法体系内采用不同标准认定外国投资企业保留了一定余地。

第四节　可变利益实体结构的合法化路径

一、可变利益实体结构的发展方向分析

从宏观上看,随着资本市场的飞速发展,我国经济的市场化程度和对外开放程度都将得到很大程度的提高,境内企业直接实现海外融资或者境外投资者进入国内相关行业都会更加便利可行;另一方面,国家对于外商投资的监管模式也会发生相应的转变,更为高效的事后审查(包括反垄断和反不当竞争审查)将会逐步取代当前严苛的审批制,而使我国外商投资监管朝着开放式形态发展,[①]更加细化和完善的监管制度将会使可变利益实体结构规避监管获利的空间逐渐减小,境内企业选择可变利益实体结构实现融资的必要性也会随之减弱。

具体来看我国的资本市场,境内上市公司的估值在 2015 年牛市时已经达到较高的水平,市盈率方面,已经回归拆除可变利益实体结构回归境内资本市场的暴风影音于 2015 年 3 月 24 日上市,不足两个月的时间内,其股价由发行时的 7.14 元上涨为 289 元(2015 年 5 月 24 日收盘价),当天

① 参见黄永庆:《外国投资法草稿:VIE 企业挑战和机遇并存》,北京市竞天公诚律师事务所,2015 年 11 月。

总市值达到346.8亿元。[①] 而暴风影音所在的深圳创业板2015年上半年涨幅超过140%,境外同类指数中俄罗斯RTS涨幅最高也仅为30.51%。[②] 再以游戏行业为例,境内游戏公司轻松可达50~60倍市盈率,而美国公司的平均水平仅在8倍左右。[③] 面对低市盈率低估值,企业无外乎只有退市重回境内和不退市两种选择。如若选择不退市,则需要与做空势力抗衡或者采用两地上市模式(如"A+H""A+N")修复价值偏离;如若选择退市,则需要拆除可变利益实体结构,实现企业私有化。而受到国内政策利好等其他因素的影响,中国概股企业私有化的浪潮此起彼伏。在此背景之下,实现境内资本市场回归成为当下可变利益实体结构企业的重要出路。[④]

二、可变利益实体结构的拆除及其法律要点

(一)可变利益实体结构拆除的步骤

在拆除可变利益实体结构时,我们首先要看境外上市主体是否有足够的美元收回投资人手中的股权,如果有足够的美元,可以通过回购投资人股权,直接实现退市。

如果没有足够的美元,那我们可以考虑以下几种方法:

1.由境内运营实体(可变利益实体公司)购买外商投资企业(WFOE)全部股权

由创始人联合境内其他投资人以人民币投资境内运营实体(可变利益实体公司),再由境内运营实体收购外商投资企业(WFOE)的全部股权,香港公司收到的股权对价支付给境外上市主体,再由境外上市主体支付给投资人作为股权回购价款,至此,实现境外投资人退出,境外部分注销,如图8-3所示。

2.由境内运营实体(可变利益实体公司)购买外商投资企业(WFOE)全部资产

由创始人联合境内其他投资人以人民币投资境内运营实体(可变利

① 数据来源WIND数据库。

② 参见刘辉:《VIE架构企业"拆迁"回归难题》,载《董事会》2015年第8期,第78页。

③ 数据来源WIND数据库。

④ 参见李行健、李广子:《中概股退市的动机及其溢价来源研究》,载《经济科学》2017年第4期,第47~62页。

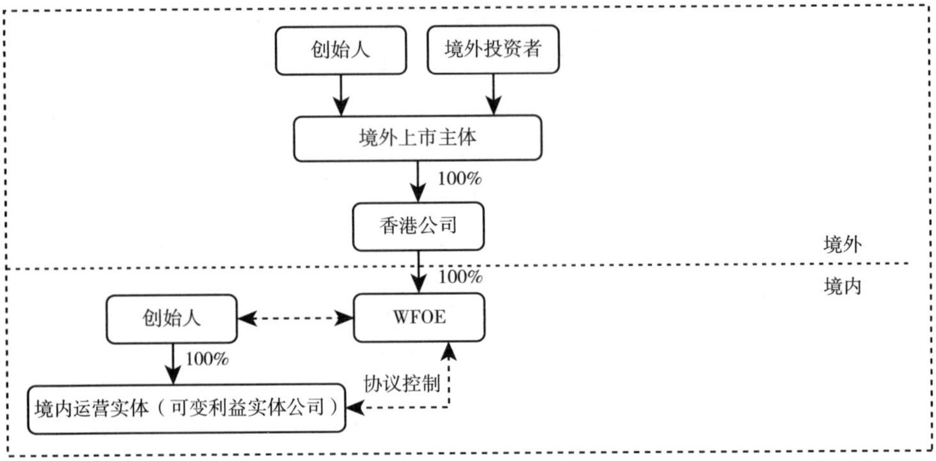

图 8-3　可变利益实体拆除前结构

益实体公司），再由境内运营实体收购外商投资企业（WFOE）的全部资产，外商投资企业以分红或清算途径将回购价款逐层转回境外上市主体，实现境外投资人的退出，如图 8-4 所示。

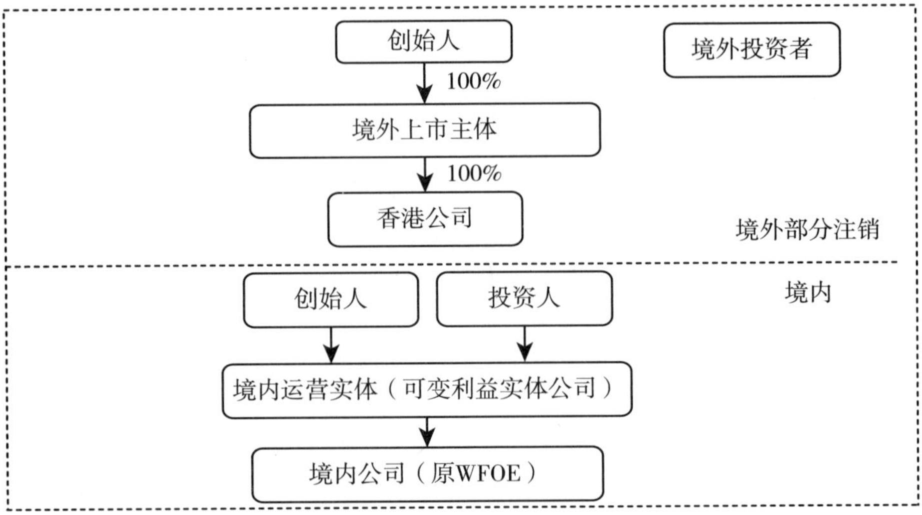

图 8-4　境内运营实体购买外商投资企业股权流程

3. 创始人（投资人）直接购买外商投资企业（WFOE）全部股权

由创始人联合境内其他投资人直接高价购买外商投资企业股权，继而以较低价格买入境内运营实体股权,最后,将外商投资企业注销,如图 8-5 所示。

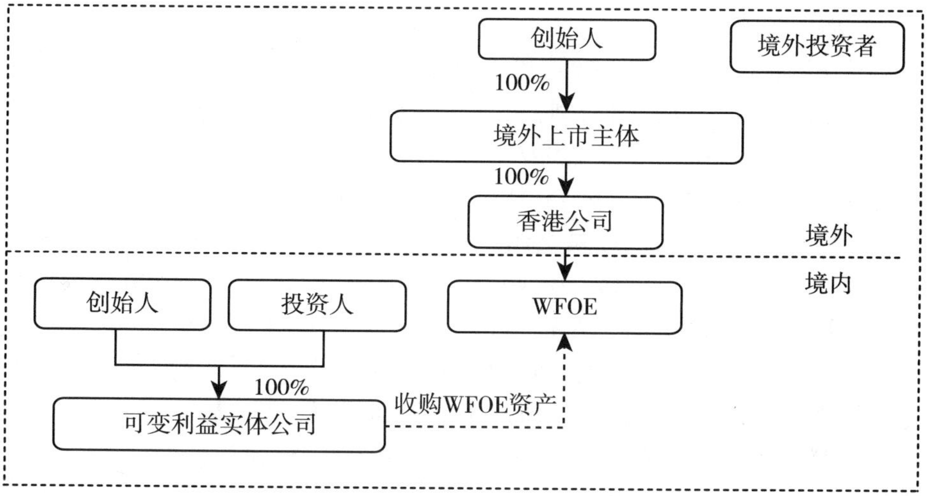

图 8-5　境内运营实体购买外商投资企业资产流程

4. 创始人解除其与外商投资企业(WFOE)的控制协议

创始人也可以根据原控制协议,通过支付违约金或者履行其他合同义务的方法终止或解除原控制协议,从而使境内运营实体不再受外商投资企业的控制,如图 8-6 所示。

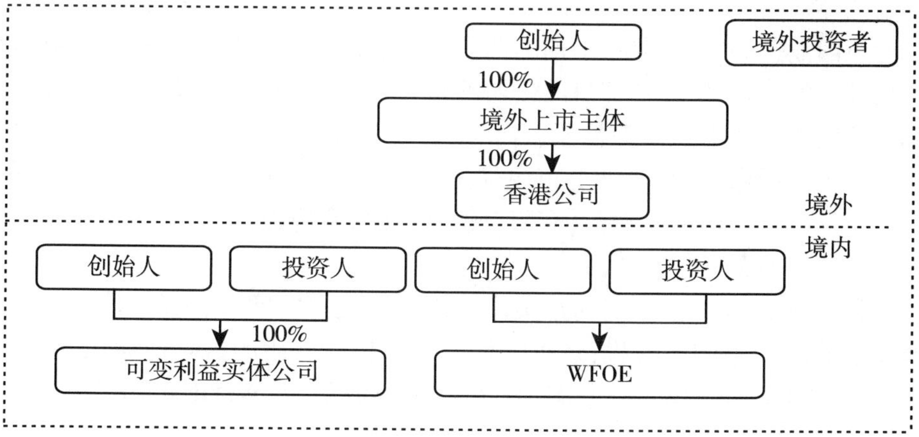

图 8-6　创始人购买外商投资企业股权

（二）拆除过程关注的要点

1. 境外退市

境外退市（私有化）是拆除可变利益实体结构的关键步骤，也是一个非常复杂的过程。以美国为例，上市公司退市通常是由公司创始人或高管层（联合外部投资者）作为要约人向公司董事会提出私有化要约，董事会收到该要约后成立特别委员会，特别委员会聘用律师、会计师进行尽职调查并出具独立意见，特别委员会组织主要股东与要约人针对要约价格和具体条款进行谈判，谈判达成一致则召开特别股东大会进行表决通过，随后停止股票交易，实现退市。在整个私有化退市过程中至关重要的因素是充足的资金。要约人必须就股权回购价格与主要股东达成一致，而这一谈判过程通常伴随着股价随私有化风声水涨船高，如果要约人与主要股东谈判不顺利则有可能卷入股东诉讼的风险中，因此，定价是这一过程中的核心难点。私有化过程中非常关键的一步是人民币基金接盘退出的美元基金，不改变原股权结构直接向美元投资者回购股份是一种最为简化的选择，但是对于外国投资者投资所产生的溢价应当如何计算却需要通过多轮博弈决定，一旦沟通失败，私有化可能会陷入僵局。[①]

2. 可变利益实体结构清理

通过谈判协商达成一致后，就要着手签订各项书面解除协议，终止可变利益实体结构。在这一过程中，需要处理的问题包括原可变利益实体结构企业境内业务的重组、股权结构的调整，原境外员工持股计划以及股票期权激励计划的终止，境外特殊目的公司的转让、注销或返程投资外汇登记的注销。这些程序性事项看似简单，却依旧要耗费很大时间精力。比如管理层或员工股权激烈计划，境外上市主体退市后，就需要在境内重新设立，一般操作包括设立境内持股平台（有限合伙）间接持有境内运营实体的股权。

3. 税务规划

税务成本是拆除可变利益实体结构必须关注的问题，拆除过程不仅涉及多次收购产生的所得税，还可能涉及原结构拆除后的税款追缴风险。在股权收购环节，根据企业所得税法和相关税收协定，WFOE 需要先按照收

① 参见欧阳瑭珂：《后红筹时代的外资私募股权基金——以上市退出机制为中心》，载北京大学金融法研究中心编：《金融法苑》2010 年第 1 期，中国金融出版社 2010 年版，第 11 页。

购定价缴纳10%的预提所得税,后续交易中若境内运营实体再转让WFOE的股权,则以未来转让价格与投资成本差价作为应税所得额,按居民企业所得税25%比例纳税。可变利益实体结构存续期间,境内运营实体与WFOE之间通过控制协议转移利润,在税法规定之下,①若上述转让定价不符合独立交易规定,税务机关有权力作出调整,也就是说,境内运营实体向WFOE支付的费用(无实质性经营)有可能需要缴纳25%比例的居民企业所得税。

4. 外汇管理

可变利益实体结构的拆除涉及多次复杂的股权或资产收购环节和逐层向境外投资者回款的过程,此过程将产生大量的跨境外汇流动。相关可变利益实体主体应当按照现行法规的要求,履行好外汇注销登记等程序,以避免未来回归境内资本市场时面临合规风险。

三、境内资本市场概况及其门槛

我国多层次的资本市场主要包括三个层次:第一层次是沪深交易所的主板(沪市)、中小板(深市)和创业板(深市);第二层次是全国性场外交易市场——新三板;第三层次是地区性场外交易市场——区域股权交易中心,以上均受到我国《公司法》和《证券法》的规范。第一层次沪深交易所首次公开发行均适用首发管理办法的规定,②其中,主板适用上交所上市规则,③中小板适用深交所上市规则,④创业板适用深交所创业板上市规则。⑤ 通常情况下,发行股票数量超过8000万股的大企业选择主板上市,发行股票数量少于5000万股的企业选择中小板或是创业板上市,5000万股至8000万股之间的企业可以根据自身地域、融资要求等因素自由选择,而中小板和创业板之间的选择主要关注国家的政策支持、所处行业、企业的技术创新能力以及业绩的持续增长能力,创业板估值相对较高,对所处行业和业绩持续增长都有特定的要求。第二层次股转交易系统属于场外交易市场(OTC),适用《全国中小企业股份转让系统业务规则(试行)》。

---

① 参见国家税务总局《关于企业向境外关联方支付费用有关企业所得税问题的公告》(2015年第16号)。

② 参见中国证监会《首次公开发行股票并上市管理办法》(2016年)。

③ 参见《上海证券交易所股票上市规则》(2014年)。

④ 参见《深圳证券交易所股票上市规则》(2014年)。

⑤ 参见《深圳证券交易所创业板股票上市规则》(2014年)。

企业无法满足第一层次三大板块上市的要求时可以考虑新三板挂牌，另外，当下新三板纳入了政府政绩考核，企业新三板挂牌可以获得一定政策性补贴，加上首次公开发行排队时间长一定程度上影响到企业融资，企业也可以考虑先上新三板等时机成熟后再转板，这样既可以拿到补贴又可以尽快促进银行贷款、质押融资等业务。第三层次的区域性股权交易中心相比较而言不易于满足可变利益实体结构企业回归的融资要求，在实务中通常也是作为大型企业首次公开发行之前获得政府补贴的途径。

四、可变利益实体结构回归境内资本市场的运作

对于已经拆除可变利益实体结构的企业来说，在回归境内资本市场时应当综合考量国家政策法规趋势、行业现状与发展趋势、境外上市主体投资人情况、公司自身经营管理能力和发展阶段以及创始人意愿等多重因素，作出最有利的选择。[①] 拆除的可变利益实体结构公司一般有回归境内A股或者回归新三板两种选择：

（一）可变利益实体结构回归境内A股

1. 首次公开发行（IPO）——以暴风科技为例

根据企业首次公开发行适用的首发管理办法，在历史变更合规性问题上，发行人在外汇、税收方面都必须合法合规，还需要符合关联并购的安全审查要求；在上市主体的选择上，既要具有持续盈利能力、满足上市的盈利要求，又要保证主营业务、实际控制人和管理层没有重大变化；在股权变动问题上，不仅要满足相关法律法规对股东人数、股东身份的要求，还要满足股权转让的相关规定，保证股权结构清晰不存在争议。

具体来说，企业首次公开发行适用的首发管理办法对发行人的持续经营期限、独立性、盈利能力、实际控制人的稳定性都有较高的要求。根据中国证监会2015年12月30日发布的《首次公开发行股票并上市管理办法》（以下简称《首发管理办法》）（证监会令第120号）第9条的规定，发行人持续经营的时间应当在3年以上，有限责任公司整体变更为股份有限公司的可以从有限公司成立之日起计算，在可变利益实体结构中，持续经营时

① 参见邬国华、彭俊、王明凯、王弼宇：《VIE结构企业回归国内资本市场——相关法律问题简析与综合考量》，载《中国律师》2015年第8期，第82页。

间是否可以从外商投资企业成立之日起算尚不确定。“独立性”是发行审核重点关注的问题之一,《首发管理办法》14 条对发行人业务完整和独立经营能力做出了总体的规定,而第 16 条~第 20 条也作出了具体的规定,发行人应当具有独立、完整的资产、人员、财务、机构及业务,具备面向市场自主经营的能力。在可变利益实体结构中,境内运营实体作为“可变利益实体”,其在 3 年报告期内的独立性问题难免受到质疑。《首发管理办法》第 33 条对发行人最近 3 个会计年度的净利润等财务指标作出了要求,在可变利益实体结构中,境内企业往往通过协议控制将利润转移至境外特殊目的公司,该因素在发行审核时容易在盈利性指标方面产生障碍。《首发管理办法》第 12 条还要求发行人在 3 年报告期内没有发生实际控制人和董监高的重大变更,而在可变利益实体结构私有化的过程中实际控制人变动的概率非现场大,这就为境内上市带来非常大的不确定性。此外,可变利益实体结构企业还面临着政策风险,比如,2015 年上证综指大幅度下跌,证监会紧急叫停 IPO,可变利益实体结构企业的回归暂时受阻。

最早期拆除可变利益实体结构登陆我国创业板便是我国的互联网视频公司——暴风科技,从 2010 年开始着手起,历时多年于 2015 年 3 月在创业板成功上市,成为往后可变利益实体结构企业争相效仿的典型,如图 8-7 所示。

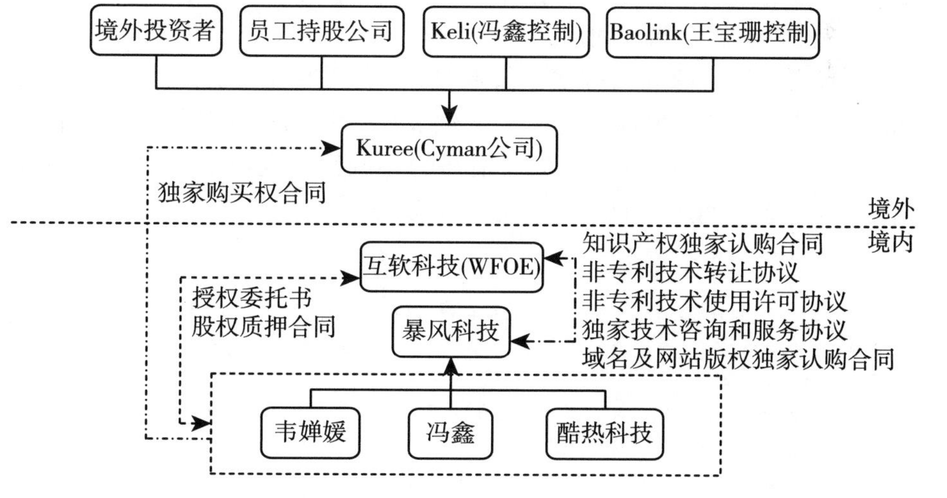

图 8-7　暴风科技搭建的可变利益实体结构

暴风科技境外上市时搭建的可变利益实体结构,如图 8-7 所示,[①]为了实现回归境内资本市场的目标,和谐成长、金石投资等投资者向境外上市主体 Kurees 收购了互软科技(WFOE)的全部股权并注销,而暴风科技作为境内拟上市主体受让暴风影音的知识产权;境外上市主体 Kurees 回购投资者全部股份,并完成境外部分的注销;境内控制协议终止,拟上市主体暴风科技通过股权转让等方式进行股权结构调整。调整完成后,暴风科技的结构如图 8-8 所示。

2. 并购、重大资产重组

针对重大资产重组中标的资产历史上曾拆除可变利益实体结构的情形,中国证监会于 2015 年 12 月发布解答,[②]要求对重大资产重组中标的资产曾经拆除可变利益实体结构的历史作出披露,具体要求财务顾问对上市公司可变利益实体协议控制架构搭建和拆除的过程在外贸、外汇、税收方面是否符合相关规定(行政处罚风险),架构是否彻底拆除,拆除后标的资产的生产经营是否符合国家相关产业政策的规定(政策风险)以及标的资产的股权权属是否清晰(诉讼风险),标的资产是否曾筹划境外上市等情况进行核查并发表明确意见,如果该重大资产重组构成借壳上市的还需要符合《首发管理办法》[③]第 12 条的相关规定,重点说明可变利益实体架构的拆除是否对主营业务、实际控制人和董监高产生影响。这一解答为拟与上市公司进行重大资产重组的可变利益实体结构企业拆除该结构提供了明确的指导。

(1)宋城演艺并购六间房

六间房作为一家互联网演艺行业公司(其可变利益实体结构,如图 8-9 所示),其选择被宋城演艺并购进入创业板,一方面看中创业板的估值优势,另一方面两家公司的业务存在很强的协调性。在此案例中,可变利益实体结构企业六间房的收购主要分两个步骤:[④]

① 参见《暴风科技:首次公开发行股票招股说明书》(2015 年 3 月 3 日);《暴风科技:北京市环球律师事务所关于首次公开发行人民币普通股(A 股)并在创业板上市的补充法律意见书(一)》(2015 年 3 月 11 日),WIND 数据库。

② 参见 2015 年 12 月 18 日中国证监会发布《关于重大资产重组中标的资产曾拆除 VIE 协议控制架构的信息披露要求的相关问题与解答》。

③ 参见中国证监会《首次公开发行股票并上市管理办法》第 12 条的规定。

④ 参见《宋城演艺:发行股份支付现金购买资产并募集配套资金暨关联交易报告书(草案)》(2015 年 3 月 18 日),WIND 数据库。

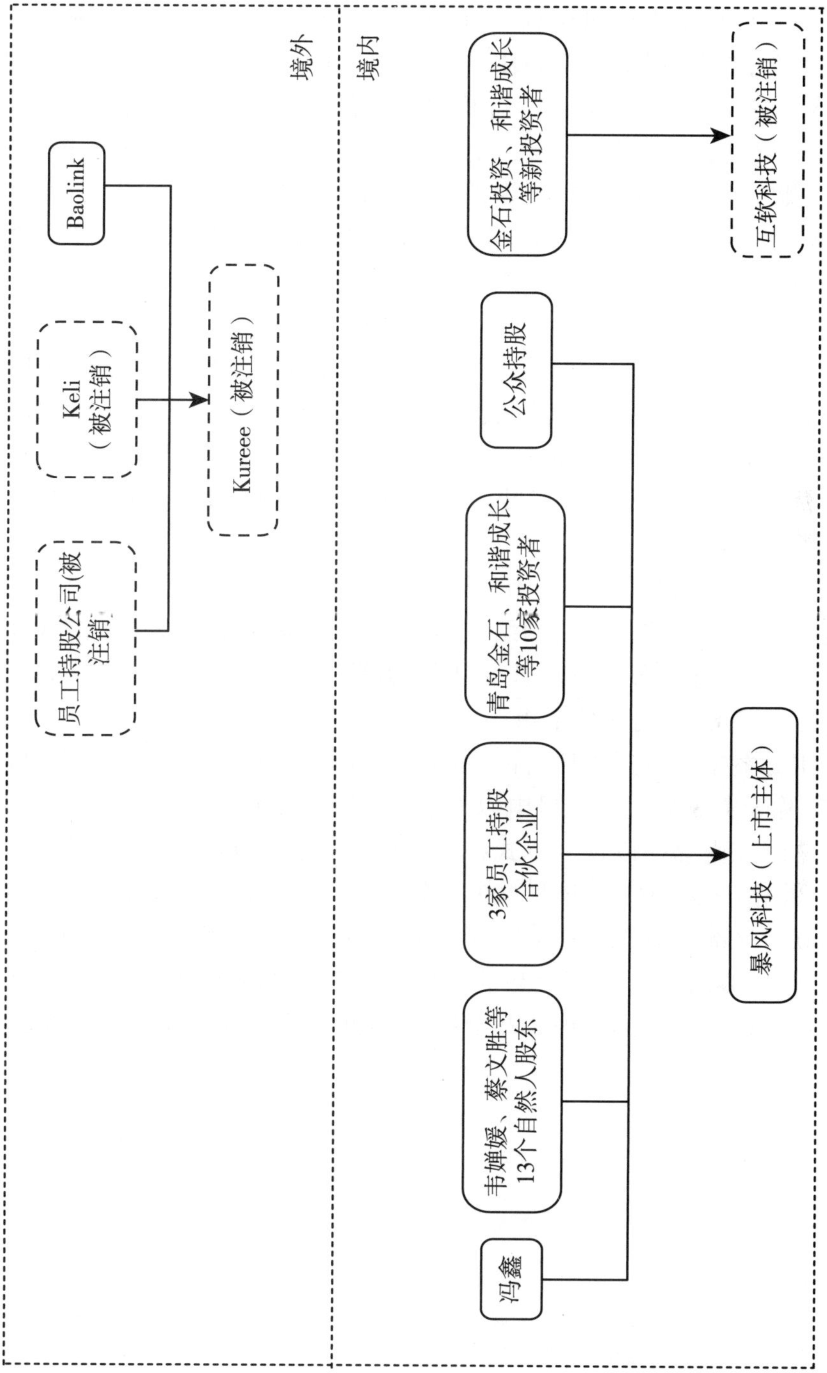

图8-8　调整后的暴风科技股权结构

第一个步骤是先行过桥收购，由宋城集团（宋城演艺的控股股东）提供过桥资金，收购太阳庄（WFOE）全部股权以及六间房（目标公司）62%股权，该部分定价为16.12亿元，其中向六间房控股（Cayman）支付的价款为15.996亿元人民币（分5期完成），支付完成后太阳庄（WFOE）注销；收购六间房股东刘岩等八人持有的62%股权支付的价款为0.124亿元。在此过程中完成可变利益实体结构的拆除包括控制协议的终止以及原太阳庄的（WFOE）资产、负债、业务、人员向六间房（目标公司）转移。

第二个步骤在过桥收购完成后开始，由宋城演艺以现金收购宋城集团之前先行收购的62%六间房股权，以发行股份方式购买六间房剩余股东的全部股权（持股比例38%），至此完成全部六间房股权的收购，新的股权结构如图8-10所示，宋城演艺完成本次收购的合计定价约为26亿元。①

（2）奇虎360科技借壳江南嘉捷

近期最为引人关注的是网络安全软件商奇虎360科技。奇虎360科技从2016年7月宣布在境外退市以来，历经一年多时间于2017年11月3日于A股“借壳”江南嘉捷上市。

重组方案主要包括出售、置换重大资产以及发行新股购买资产。江南嘉捷将（除全资子公司嘉捷机电以外的）全部资产负债、业务、人员转移至嘉捷机电。江南嘉捷以现金方式将嘉捷机电的90.29%的股权转让给原控股股东，剩余的9.71%与奇虎360的全部股份中等值部分置换，之后再由奇虎360将这部分股权转让给嘉捷机电原控股股东。其中，奇虎360全部股权作价约504亿元，一部分与佳捷机电9.71%的股权进行置换，余下部分由江南嘉捷发新股向奇虎360全体股东购买。具体交易结构如图8-11所示。

① 参见刘伟：《VIE架构企业回归A股无障碍》，载凤凰财经频道，http://finance.ifeng.com/a/20150320/13567617_0.shtml，2017年11月21日访问。

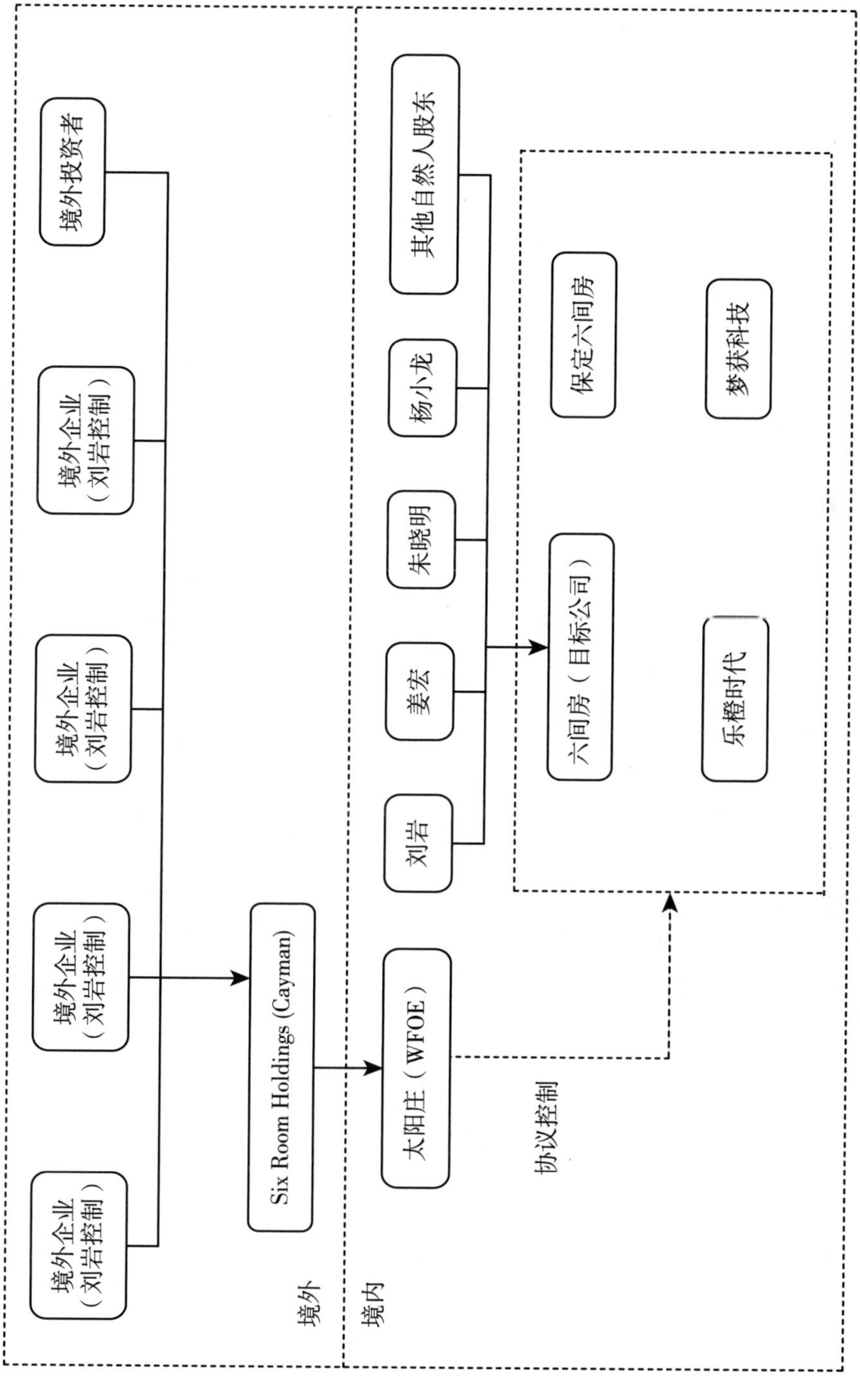

图8-9 宋城演艺并购六间房流程

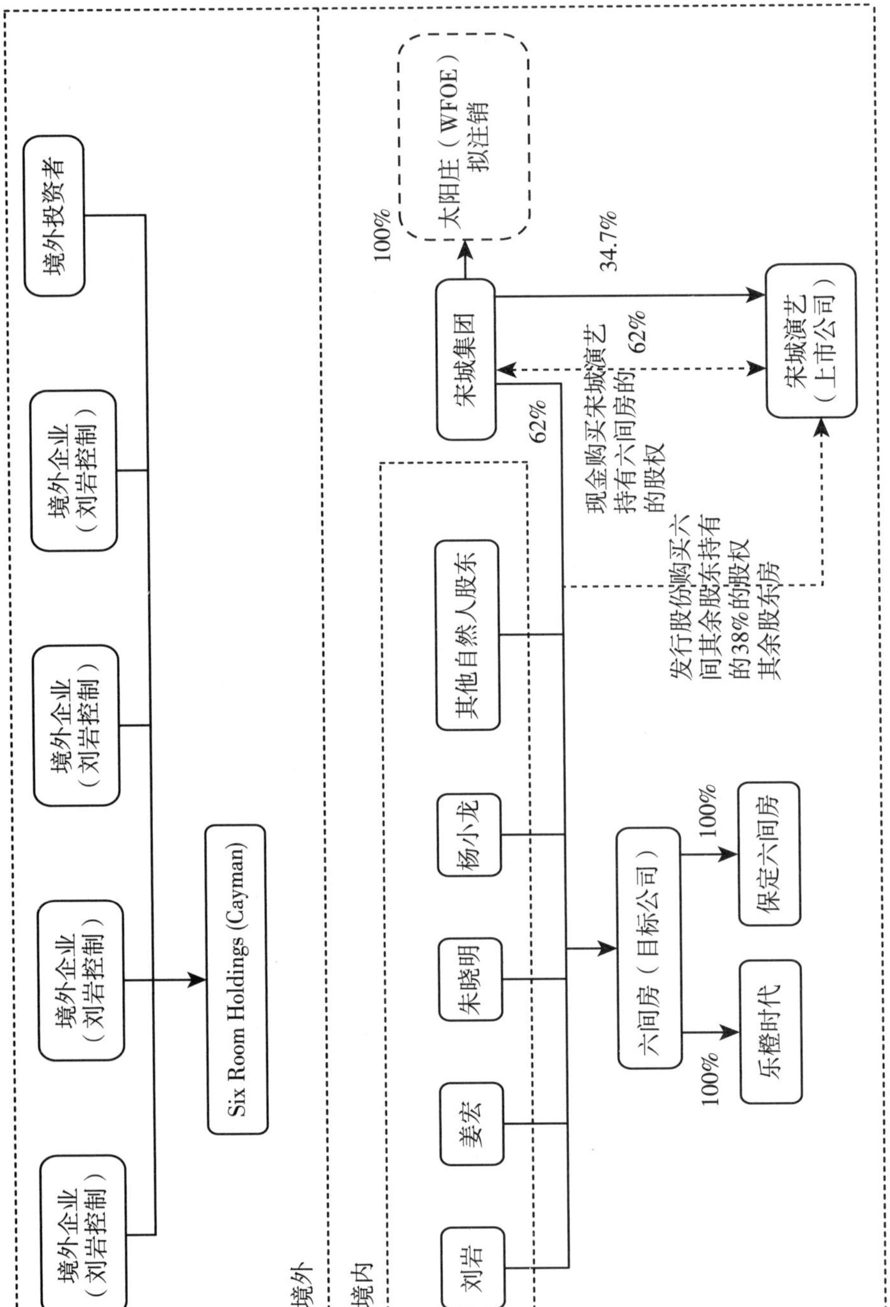

图8-10 宋城演艺收购六间房全部股权后股权结构

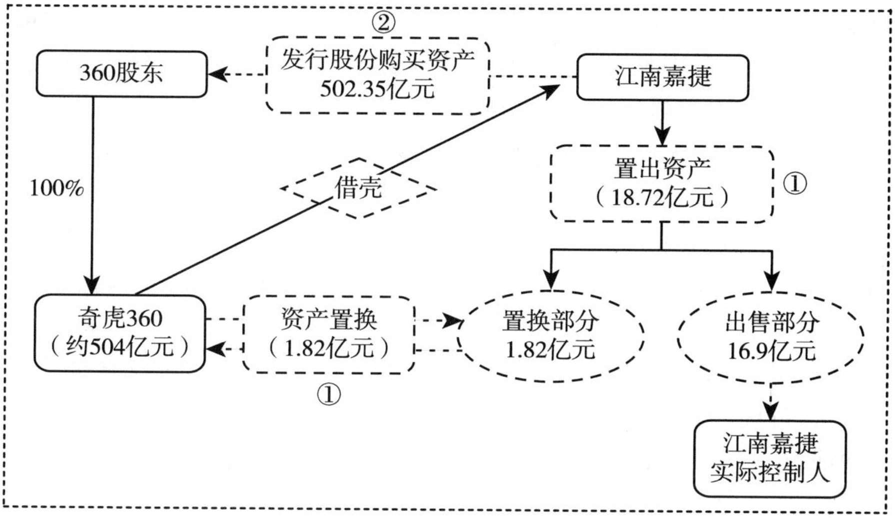

图 8-11　奇虎 360 科技借壳江南嘉捷交易结构

"借壳"完成后,周鸿祎将成为上市主体的实际控制人,奇信志成(周鸿祎为实际控制人)则成为上市主体的控股股东,新的持股结构,如图 8-12 所示。

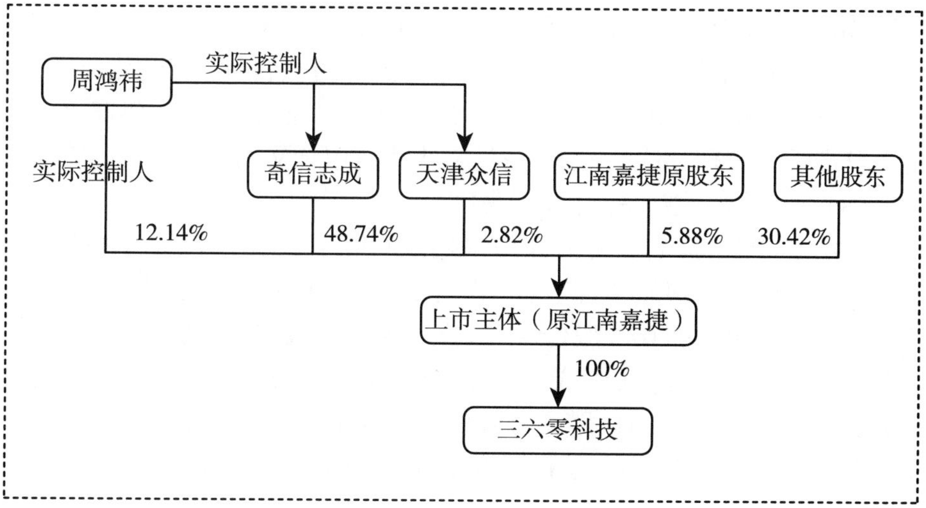

图 8-12　奇虎 360 科技借壳成功后新的持股结构

2015 年时 A 股市场并购重组交易活跃,同为可变利益实体结构的分众传媒“借壳”七喜控股上市、巨人网络“借壳”世纪游轮上市等案例都取得了成功,激发了中概股企业回归境内资本市场的热情。然而,证监会2016年出台了史上最严的借壳新规,中概股企业纷纷止步观望。此次奇虎360的“借壳”回归无疑是给观望中的中概股企业提供了较强的信号。根据中国证监会新闻发言人11月3日在新闻发布会上的回应,①证监会对于获得市场认可的优质境外上市中资企业参与境内市场并购重组表示支持,并且将符合国家产业政策发展方向、掌握核心技术、具有一定规模的中概股公司境外上市公司纳入重点支持的范围。而据相关消息人士称,证监会为包括蚂蚁金服、众安财保等国内最大的科技公司提供上市的快捷通道。

结合奇虎360的并购重组安排以及监管层的态度,该案例的成功对其他中概股企业的回归并不具有普适性。奇虎360此前从纽交所退市时的估值约为614亿元人民币,而此次“借壳”的全部股权作价仅为504亿元人民币左右,根据奇虎360良好的财务状况,该估值的调低很大程度上是可能是为了尽快通过证监会审批。奇虎360在私有化完成后还剥离了金融业务、手机业务等与网络服务关联度不高的业务,专注网络安全领域,做到了与我国产业战略部署保持高度一致。此外,奇虎360还对未来三年扣非净利润做出了承诺,预测三年平均利润约30亿元人民币,以当前股权估值计算,市盈率约为17倍,高于市场普遍水平(10~15倍)。奇虎360为尽快“借壳”作出的努力显然非常具体且具有较大的独特性。当然,奇虎360的借壳方案中不存在配套融资,这一点符合中国证监会2017年新修改的重大资产重组管理办法的要求,是具有普遍适用意义的。

(3)众信旅游收购华远国旅(失败)

2016年3月,众信旅游公布拟采用发行新股及支付现金方式购买上海携程持有的华远国旅全部股权(作价26亿元),预计交易完成后,上海携程持有众信旅游5.07%股份,成为公司第三大股东,原实际控制人兼控股股东保持控股地位。众信旅游披露的关联交易报告根据中国证监会的信息披露准则要求详细披露了上海携程的基本工商信息及其在境外的可变利益实体结构。在该结构中,上海携程是协议控制下的中国境内运营

① 参见范晓琳:《证监会回应奇虎360借壳》,载中国证券监督管理委员会官网,http://www.cs.com.cn/sylm/jsbd/201711/t20171103_5552277.html?open_source=weibo_search,2017年11月21日访问。

实体。

根据众信旅游公布的收购草案,公司将通过定向增发新股加上现金支付的方法,作价26亿元人民币收购华远国旅100%的股权。一方面以发行新股收购方式支付90%左右的收购价款(约合23.5亿元人民币),该方案中众信旅游需发行新股6560万股左右,每股价格约为35.8元;另一方面定增募集资金并通过现金支付方式收购中信夹层持有的收购标的9%左右的股权(约合2.5亿元人民币)。

此前曾经有可变利益实体结构公司持有上市公司股份超过5%但不构成控股股东的案例(不构成重大资产重组),但这些案例中并未披露相应交易对手方的可变利益实体结构。本案是A股首次募集股权或重大资产重组交易中详细披露重要股东(上海携程)可变利益实体结构的首例,因此,在业内一直颇受关注,如果交易能通过证监会审核,将在很大程度上表明证监会对可变利益实体机构的认可而成为今后中概股回归的重要指向标。

在上报证监会时,众信旅游曾被问询有关可变利益实体结构的问题,包括被要求披露可变利益实体结构中股权是否清晰、协议控制是否存在法律纠纷和风险、可变利益实体结构中境外上市主体注销进展等情况。最终,中国证监会审核委员会有条件通过了该重大资产重组交易。然而,交易获通过后一直没有实质性进展。直到2017年2月,众信旅游发布公告宣布该公司已经决定终止此前的收购事项并撤回所有申请文件,标志着众信收购华远国旅终止。众信旅游相关负责人在接受采访时提出公司决定终止的理由主要是中概股回归A股市场政策不明确、交易耗时长导致交易有较大不确定性。业内人士也作出相关分析,认为华远背后第一大股东携程存在可变利益实体结构是交易终止的主要原因之一,另一大原因是众信旅游股价与股份支付股价之间悬殊。截至终止公告前,众信旅游的股价仅为13.95元,相较于此前重组草案中定向增发的价格显然严重倒挂。同时,在A股市场估值下降的大背景之下,众信旅游的估值也有很大程度下滑,之前已经过会的草案只能因此放弃。

(二)可变利益实体结构回归境内新三板

1.可变利益实体结构公司新三板挂牌——以随视传媒为例

随视传媒是一家集数据、广告技术和服务为一体的平台提供商(可变

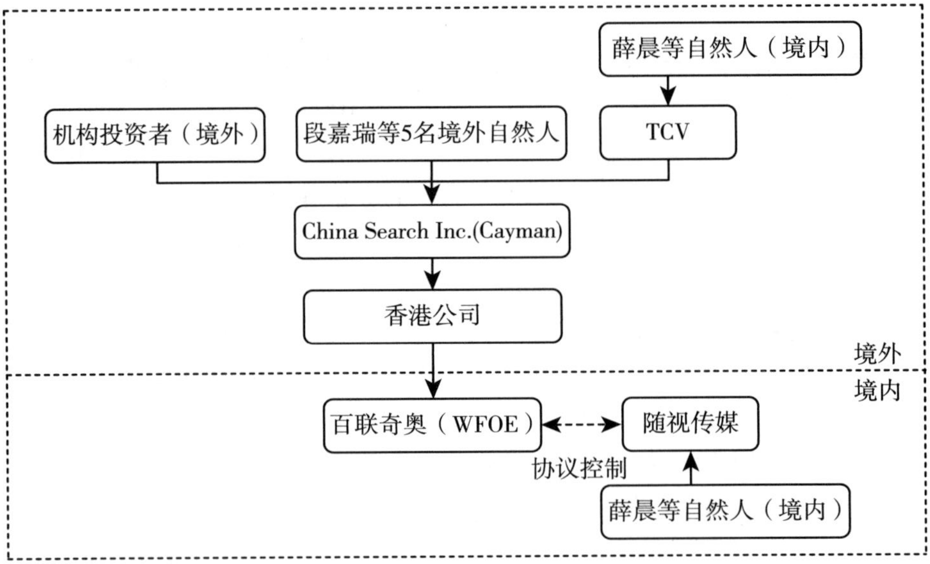

图 8-13　随视传媒架构

利益实体结构如图 8-13 所示)，回归境内新三板挂牌主要经历了三大步骤。第一步是可变利益实体结构内部的股权结构调整：通过转让随视传媒(挂牌主体)股权的方式将境外上市主体股东(除境外投资者)在可变利益实体结构中的实际权益转移至随视传媒层面，从而完成这些股东在境外上市主体层面的退出；设立员工激励计划，通过 3 家员工持股平台持有随视传媒部门股权；以股权转让或增资扩股方式引入 7 家境内投资机构。第二步是境外上市主体回购股份完成注销：以香港公司同比例发行新股的方式回购境外机构投资者、自然人(除段嘉瑞)以及 TCV 持有的境外上市主体的股份，回购完成后注销境外上市主体。第三步是解除或终止可变利益实体结构中的控制协议①。境内新三板挂牌完成后，随视传媒新的股权结构如图 8-14 所示。

2. 可变利益实体结构公司作为控股股东的公司完成新三板挂牌——以九成教育为例

九城教育成功挂牌新三板是可变利益实体结构公司作为控股股东的

① 参见《随视传媒：公开转让说明书》(2013 年 6 月 5 日)，WIND 数据库。

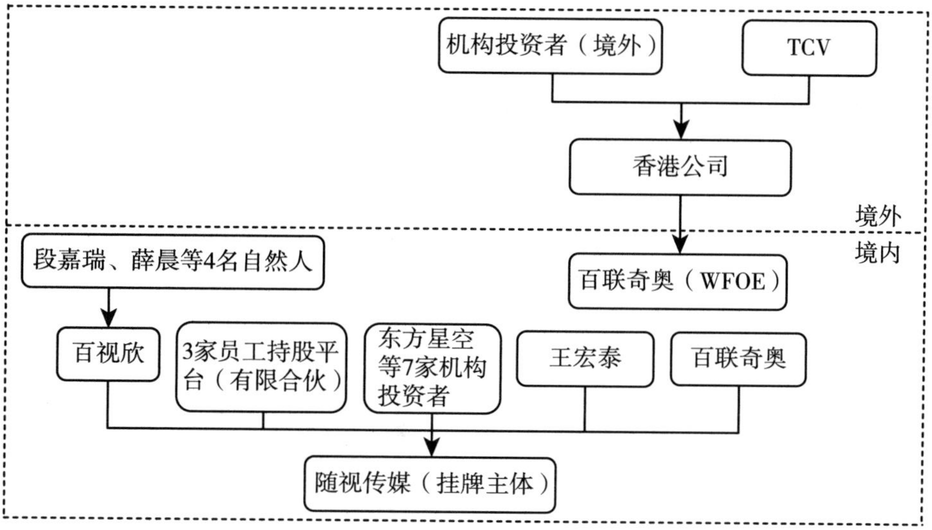

图 8-14

公司完成新三板挂牌的首例。根据新三板挂牌的交易文件,[①]九成教育挂牌新三板时,其股东九城信息存在以下可变利益实体结构,如图 8-15 所示。

九城教育上报中小企业股转系统时曾被问及控股股东的可变利益实体结构是否合法合规、股权清晰,符合挂牌条件。中介机构就挂牌主体的股东权利、业务收入分配、可变利益实体结构搭建过程是否合法合规以及挂牌主体公司是否可能借此可变利益实体结构规避国家政策作出了答复。首先,可变利益实体结构的控制协议主体是九成信息而非挂牌主体九成教育,因此,挂牌主体九成教育并不受控制协议约束。在股东权利方面,挂牌主体的股东未签订任何有关股东权利的协议,而是根据公司章程的规定按比例行使其参与权和表决权;在业务收入分配方面,公司不曾与任何第三方签订业务收入转移协议,公司股东享有对公司全部收入的分配权利,且挂牌主体非九成信息唯一的控股子公司,利润方面不会对其产生重大影响;在可变利益实体搭建过程中,九成信息合法合规,虽外汇登记略有瑕疵,但并不构成法律方面的实质性障碍,且挂牌主体九成教育均不曾涉及其中;对于挂牌主体公司九成教育是否可能借此股东结构规避

① 参见九成教育《公开转让说明书》和《法律意见书》,WIND 数据库。

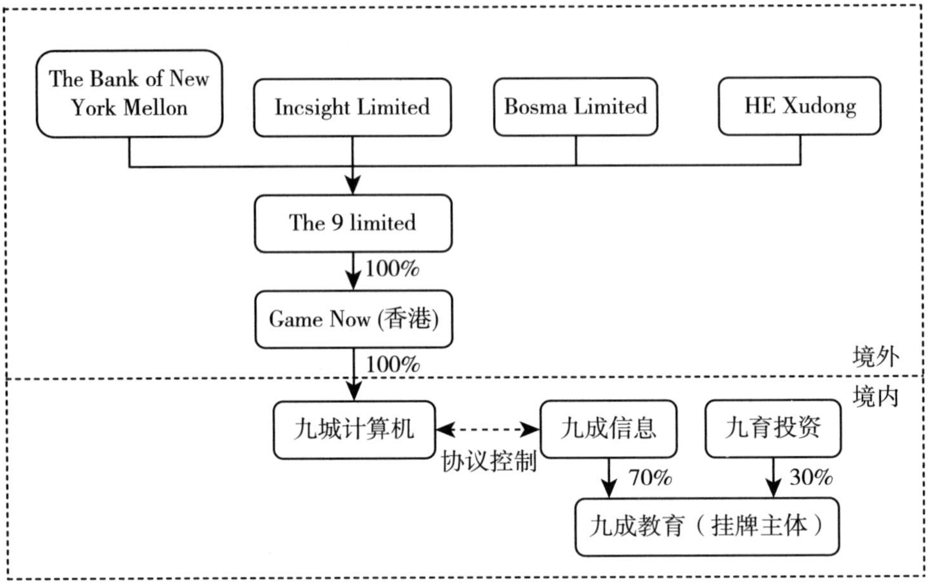

图 8-15　九成信息可变利益实体结构

国家产业政策，由于挂牌主体及其子公司从事业务均不属于商务部外商投资产业知道目录特别管理措施的范围，因此，不存在这一规避政策的风险。

九成教育作为新三板领域的首例，具有重要价值，但其对于商务部外商投资产业指导目录中规定的限制或禁止类行业却不完全具有参考意义，因为该类公司是否存在规避政策的风险尚不易判断。当然，在此背景之下，可变利益实体结构公司是否会考虑作为（控股）股东回归新三板，依然值得市场拭目以待。

（三）可变利益实体企业回归境内资本市场的相关制度建议

从上述可变利益实体结构公司境内资本市场回归的案例中可以看出，管理层的监管政策和态度对可变利益实体结构企业融资途径的选择具有重要影响，在个别案例中甚至具有关键性的作用，因此，完善监管成为促进可变利益实体结构境内资本市场回归的重要推动力。

2015 年由于监管层在分众传媒、巨人网络案例中均表现出了积极的态度，增强了中概股回归境内的信心和热情，但是，中国证监会在 2016 年出台重大资产组管理办法,严控借壳又使很多中概股公司偃旗息鼓,原地观望。2017年,奇虎360借壳江南嘉捷案例再一次引起大量中概股公司的热议。在一波三折的市场变化中,我们不难发现监管层态度的不明确、监管政策的不清晰导致了可变利益实体公司及投资者过多的揣摩与猜测,甚至众信旅游收购华远国旅由于政策的不确定性而终止了已经附条件通过的交易方案。这样的市场环境既有悖于法律的安定性,也不利于境内资本市场提高其运作效率。因此,监管层只有明确监管态度才能给投资者以明确的指引,避免不必要的市场资源浪费。

除了上述监管政策的不明晰以外,可变利益实体结构企业回归境内资本市场往往面临非常严苛的审核要求,多数刚刚拆除架构的可变利益实体结构公司很难达到。基于这一点,相关监管层可以更多考虑可变利益实体结构公司独特的股权架构和公司发展模式,针对部分上市条件予以豁免或者适当放宽,如实际控制人的稳定性、发行人持续经营时间、盈利能力和独立性等问题。

当然,推动境内资本市场制度改革也是确保可变利益实体结构公司顺利回归的重要途径,比如目前上交所正在筹备的战略新兴板是否可以考虑设立可变利益实体结构公司回归境内A股的特殊渠道就值得相关部门进行探索。

第五节　小结

境内资本市场融资的不便利与境外投资者准入相关行业的障碍为可变利益实体融资结构的发展提供了土壤,2000年新浪利用可变利益实体结构在美国纳斯达克上市成为国内首例,掀起了境内企业借助可变利益实体结构境外上市的热潮。然而,可变利益实体结构在我国一直处于灰色地带,不仅存在政策、法律、外汇、税务方面的各种风险,其效力也存在很大的不确定性。立场与价值判断的差异导致司法规制与行政规制之间冲突不曾消除,法院在对可变利益实体结构作出判断时留有余地,意在为行政部门的行政执法提供空间，而行政部门则更多基于当下的市场、行业背景采取更具特殊性的规制手段，可变利益实体结构的效力依旧存在很大不确定性，需要结合具体行业的监管政策作出判断。

当下对可变利益实体结构的监管多存在于部门规章和地方性行政法规之中，《外国投资法(草案征求意见稿)》的出台引起了业界普遍关注，“控制”概念的提出实际上确立了实际控制人标准，对可变利益实体结构的认定产生了重要的影响；既存和新增可变利益实体结构的处理处理方法为实践提供了一定的引导作用；外资准入的负面清单模式以及国家安全审查信息报告制度也得以完善。可以说，《外国投资法(草案征求意见稿)》的出台，对可变利益实体结构企业将既是一种机遇，也是一种限制。一方面，外国投资者难以再利用可变利益实体结构规避国内监管而实现对禁止或限制性产业的投资，现存可变利益实体结构也面临拆除处理；另一方面，中国投资者或者经许可进入特定领域的外国投资者可以继续保留可变利益实体结构，享有该结构在境外融资、税收优惠、股东身份保护等方面带来的收益。[①]

随着我国资本市场的飞速发展，我国经济的市场化程度和对外开放程度都将得到很大程度的提高，可变利益实体结构存在的必要性将逐渐消失；与此同时，国家对于外商投资的监管模式也会发生一定转变，更为高效的事后审查(包括反垄断和反不当竞争审查)将会逐步取代当前严苛的审批制，而使我国外商投资监管朝着开放式形态发展，[②]相关监管法规也会逐步细化和完善，使可变利益实体结构规避监管获利的空间逐渐减小，其价值亦将逐渐减弱，回归境内资本市场可能成为众多中概股公司的重要选择。

在回归境内资本市场的过程中，境外退市、可变利益实体结构清理、税务规划和外汇管理是拆除结构的关注要点。而对于已经完成拆除结构的中概股公司，一般有回归境内 A 股或者回归新三板两种选择。具体到 A 股市场，首次公开发行首次公开募股、并购与重大资产重组都有成功的先例可循；在新三板领域，挂牌或者成为其他挂牌公司的控股股东也是不错

① 参见马瑞清著：《中国企业境外上市指引》，中国金融出版社 2011 年版，第 34 页。

② 参见黄永庆：《外国投资法草稿：VIE 企业挑战和机遇并存》，北京市竞天公诚律师事务所，2015 年 11 月。

的选择。可变利益实体结构企业应当综合考量宏观经济情况、相关行业市场走势以及公司自身的经营特点作出最适宜的选择,还需要根据监管层的态度和相关监管政策的指示适时调整自己的交易策略,并在各种选择之间进行利益的多重博弈。在此背景之下,相关监管者明确监管态度、做好政策指引能为可变利益实体结构公司的境内回归提供良好的着陆点,对提高境内资本市场的运作效率、完善我国多层次的资本市场制度也显得尤为重要。

结　语

中国正逐渐成为国际私募股本投资者青睐的投资地。但是,中国版“硅谷”的成功对国际投资界和公司法学界的公认规律提出了挑战。首先,公司法学界普遍认同的定律是,证券市场发达的法域一定是私募股本投资活跃的法域,而证券市场不发达但银行业发达的法域,私募股本投资活动就相对薄弱。理论上,中国的私募股本市场不会太发达。但是,实际的情况恰恰相反。其次,由于私募股本的投资方式主要是以合同交易的方式完成收购目标公司的优先股,并依赖合同实现收益或撤出。以合同为基础的收益或退出安排有赖于目标公司所处法域的法院的裁判质量和效率。中国法院的司法审判和执法能力,以及中国法律体系和法制环境(如财产权保护)对私募股本投资的权益和市场活动的保护度仍然存疑。本书的理论价值是解答两个核心问题:(1)中国是不是以及为什么是私募股本投资定律的例外;(2)中国公司法制环境(包括司法环境)能不能以及如何能为私募股权投资在法律规范、市场监管和司法审判等方面提供良好的法律机制。

私募股本投资是源于“硅谷”的投资模式。美国“硅谷”是高科技、新科技、电信业和资讯产业的聚集地。私募股本投资促进了互联网、医药、生命科学、新能源等新兴产业在硅谷的生根发芽。其他国家纷纷借鉴“硅谷”

经验,力图创造各自的“硅谷”。中国也积极设立中关村和张江等高科技园区,为新科技和产业提供孵化。但是,政府往往关注产业孵化,模仿“硅谷”的产业集聚效应,而忽视与“硅谷”创造和积聚新兴产业链遥相呼应的以私募股本为主的新投资方式及其成长所必需的法制环境。以此为背景,本书的现实意义主要集中在两个方面:(1)源自于国外的私募股本投资方式如何在中国的法制语境中生根发芽,中国的法律规范、监管模式和司法制度如何为这类投资方式提供制度支撑;(2)由此引申开来,中国的法制环境和法律规范如何促进中小企业的融资和发展,进而创造以市场为导向的公平的竞争环境,造就中国“硅谷”。

国际金融危机爆发之后,私募股本投资有萎缩之势,但它作为银行贷款和直接投资的有效补充仍然为新生公司,特别是中小型企业的融资和孵化提供了强力支持。国外法学界对私募的研究主要是从两个方面入手:一是从公司融资角度,探讨私募股本对目标公司的股权介入。这方面以剑桥大学 Elis Ferran 教授的著作 The Principles of Corporate Finance 为代表;二是以私募基金在投资以及退出投资时同目标公司发生法律纠纷时司法介入为视角。Steven M. Davidoff 的 The Failure of Private Equity 是这方面的代表。国外法学界对私募法律问题的研究主要是从融资的角度进行,以国别作为研究框架,具体研究私募股本投资在每个具体国家的生存和发展情况。

国内法学界对私募股本投资方式的研究主要集中在介绍。比如,《中国 PE 的法律解读》《私募股权投资基金:理论及案例》《私募股权投资基金理论与操作》《中国风险投资与私募股权》《中国私募股权基金法律操作实务》等书籍都是纯粹介绍为主,没有对相关法律问题作深入的分析,缺乏研究的框架和范式。这些现有研究缺陷正是本书力图避免和重复的。学术界专门研究私募的具有深度的学术论文和著作仍然比较有限。

本书的研究目标:

1. 研究广义上的公司法(包括 2013 年修订的《公司法》《证券法》《破产法》《合伙法》等法律规范)是否为私募股本投资提供了制度支持。

2. 研究中国的司法制度,特别是法院的商事审判活动,对私募股权投资的(支撑或抑制)作用。2012 年最高人民法院对苏州海富诉甘肃世恒案中涉及的估值调整机制条款的有效性的判决凸显了中国法院和私募股权投资之间的紧张关系。这个个案更加有力地说明司法实践对私募股本投资的直接影响和作用。

3. 研究私募股本投资在中国市场采用的交易模式,遇到的监管障碍以及对这些监管障碍的回应,以便寻找中国市场、法律规范和法治语境的交叉点和盲点,以及这个特性同私募股本投资定律之间的关系。监管者和被监管者之间永远是猫捉老鼠的游戏。但是,中国市场的监管者又有本能的扩张的属性,在外汇、税收、市场准入方面设置了诸多监管障碍,设计了许多监管工具,这些无疑增加了市场主体的交易成本。中国政府目前力推的"放管服"和优化营商环境的诸多举措就是改变监管者监管思路,化监管为服务,减少交易成本的努力。

本书的主要研究方法:

1. 实证研究方法与规范研究方法相结合

本书的基本研究方法是实证研究,通过一定的田野调查,了解私募股本投资的市场运作,特别是投资人采取的交易模式(以规避中国公司法中的强行法规则)和投资者权益制度设计。本书调查了业界对法律风险和规制的许多反应,了解市场对法律、监管和司法的实际评价,以便做出具有针对性的对策建议。

2. 文献分析和调研访谈相结合

本书的研究建立在相关资料搜集和分析的基础上,比较私募基金在中国和其他国家的活动情况,特别是对不同国家法律背景和司法活动的差异,作定性和定量的分析。

3. 个案研究和宏观分析相结合

本书的研究目标和立意设计是宏观的,目的是分析私募投资和中国法制环境和法律规范之间的对接适应和回应情况。通过实证和比较的方式,对具体个案进行分析,关注境外投资模式和中国法律之间的衔接和适应问题。本书涉及两个核心个案。首先是阿里巴巴和雅虎之间的投资纠纷,其次是苏州海富和甘肃世恒之间就私募股权投资协议中的估值调整机制条款的有效性的争议案例。这类个案研究是重要的"事件研究"(event study)对象。

本书研究的主要内容:

本书研究立足于经济转型过程中的中国(广义上的)公司法制和法院

商事审判与私募股权投资的互动,试图分析中国公司法制和法院商事审判活动在私募股本投资领域的缺陷与不足,进而提出相关的政策建议。

1. 本书研究的主线

私募股本投资从创业(或风险)资本衍生而来,专指一系列专业化的融资活动,包括向新生公司和处在增长发展阶段的有潜力的公司通过购买优先股的方式提供融资和其他有附加值的管理服务。私募股本投资包括了融资—投资—撤出三个节点,涵盖了从寻找目标公司、目标公司设立、股东与投资者签订合同、完成交易、培育目标公司到目标公司上市、投资人撤出公司并盈利的整个过程。由于这个过程基本上覆盖了目标公司从设立、运营、股权转让到公司上市等一系列环节,私募股本投资要求目标公司所在的法域有比较完备的公司法、破产法、融资法、证券法、担保法、兼并法、投资基金法、反不正当竞争法等等,以保护投资人实现股东权益和有效撤出。

本书具体分析了中国(广义上的)公司法和私募股本投资各环节之间的实证关系,着力研究公司法、公司融资、证券市场、破产机制、公司税收和合同等方面的法律规范和司法实践是如何影响和作用私募股本在中国的投资活动。这些因素一般被视为是影响私募股本投资模式和路径选择的决定性因素,通常会影响投资人的投资行为。比如,退出机制是关系到私募股本投资是否成功的关键要素。现阶段外资私募退出中国的途径主要是海外上市。但是,被投资的公司也有可能破产,私募股本需要依靠投资合同的执行,获得投资返还。通过对这些决定性因素的梳理,进一步揭示中国的公司法律规范、市场监管模式和司法审判实践与私募股本投资之间到底是存在匹配还是抵触的关系。

2. 本书的研究思路

本书集中解决的难点主要是在四个方面:

(1)以(广义上的)公司法(包含破产法、融资法、税法、证券法)为视角,检视私募股本投资的特点。这同目前已有的纯介绍性质的研究方式相比有很大的不同。

(2)中国法院的商事审判活动和私募股权投资之间的互动和张力。这在目前国内的研究中从未涉及。

(3)通过比较研究的方法,揭示和解释为什么在其他法域成立的私募

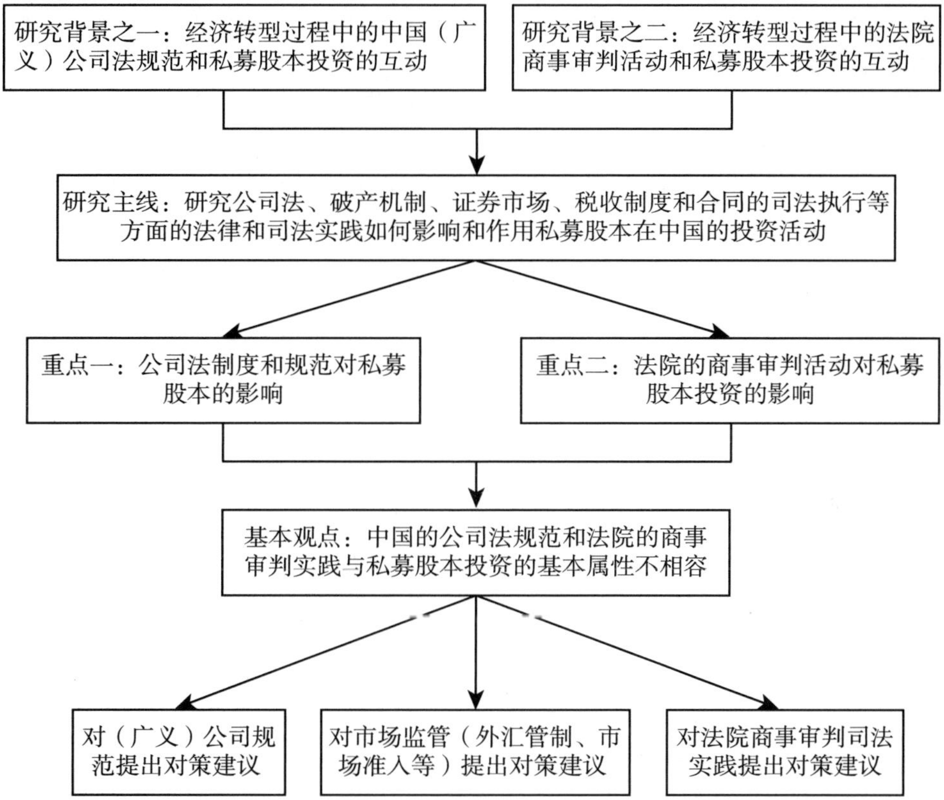

股权投资和市场发展的理论在中国不适用。

(4)以市场交易模式为视角,能使研究更加贴切私募股本投资的市场实践。本研究的终极任务是对公司规范和司法实践提出若干改进思路,对市场监管障碍提出克服之道。上图基本上反映了本书研究的线索和路线图。

本书的重点是三个方面:第一,分析现有公司法等主要法律规范对私募股本投资活动的影响和实际关系,以及改进的路径和对策。第二,分析中国市场监管部门在税法和外汇管制方面对私募管股权投资市场准入和交易模式的监管,和改进这些监管的路径和政策取向,以便减少监管和交易成本。第三,私募股权投资依赖法院对财产权和合同利益的保护,往往直接要求目标公司履行投资合同,获取投资利益。这对法院根据破产法、证券法、税法和合同法公平合理并且高质量地审判具体个案提出切实要求。法院的司法活动和私募股本投资的经济活动之间的互动是本书研究的一个重点。

本书的基本结论是,中国的公司法律规范和法院的商事审判司法实践实际上在很大程度上束缚了私募股本投资,与私募股本投资不具备完全的兼容性。这种国企强和资本市场的强监管层性有很大关系。私募股本投资者采用的交易模式是典型的"用脚投票"和"法域选择",以避开比较僵硬的和对投资者不友好的公司法律规范和司法制度。私募股本投资对中国的公司法制环境甚至是商事法律制度提出了新的挑战,立法者、监管者和司法者需要对此有所回应。

后记说明

本书的分工如下。引言、结语和第一章:沈伟;第二章:沈伟、胡曦彦;第三章:李先腾、张小元(第三、六节);第四章:胡曦彦、孙丽远(第六、七、八节)、张小元(第二节);第五章:张会会;第六章:康文、许建宝(第三节“合格投资者”部分);第七章:郑佩雯;第八章:周家玮。沈伟修改和补充了第二至第七章,校对了第一、二稿排版稿。林大山更新了第二章、第三章第三、六节,第四章第六、七、八节和第八章部分内容,校对了排版稿二稿。

本课题得到了国家社会科学基金(项目号 15BFX100)的资助,特此致谢!

沈 伟
于港岛皇后大道西 508 号
2019 年 8 月 2 日凌晨

图书在版编目(CIP)数据

私募投资和商事法契合法律问题研究：规则、监管与困境／沈伟著. -- 北京：法律出版社，2020
ISBN 978-7-5197-4242-3

Ⅰ. ①私… Ⅱ. ①沈… Ⅲ. ①股权－投资基金－证券投资基金法－研究－中国②商法－研究－中国 Ⅳ. ①D922.287.4②D923.990.4

中国版本图书馆 CIP 数据核字(2020)第 025148 号

私募投资和商事法契合法律问题研究
——规则、监管与困境
SIMU TOUZI HE SHANGSHIFA QIHE FALÜ WENTI YANJIU
—GUIZE、JIANGUAN YU KUNJING

沈 伟 著

策划编辑 郑 导
责任编辑 郑 导
装帧设计 汪奇峰

出版 法律出版社
总发行 中国法律图书有限公司
经销 新华书店
印刷 三河市龙大印装有限公司
责任校对 杨锦华
责任印制 张建伟

编辑统筹 独立项目策划部
开本 710 毫米×1000 毫米 1/16
印张 29.25
字数 440 千
版本 2020 年 3 月第 1 版
印次 2020 年 3 月第 1 次印刷

法律出版社／北京市丰台区莲花池西里 7 号(100073)
网址／www.lawpress.com.cn
投稿邮箱／info@lawpress.com.cn
举报维权邮箱／jbwq@lawpress.com.cn
销售热线／400-660-8393
咨询电话／010-63939796

中国法律图书有限公司／北京市丰台区莲花池西里 7 号(100073)
全国各地中法图分、子公司销售电话：
统一销售客服／400-660-8393/6393
第一法律书店／010-83938432/8433 西安分公司／029-85330678 重庆分公司／023-67453036
上海分公司／021-62071639/1636 深圳分公司／0755-83072995

书号：ISBN 978-7-5197-4242-3 **定价**：119.00 元
(如有缺页或倒装，中国法律图书有限公司负责退换)